DÉPUTÉS SOUS INFLUENCES

Des mêmes auteurs

Par Hélène Constanty

Warren Buffett. L'investisseur intelligent, Eyrolles, 2005.
Ma France à moi, avec Nathalie Funès, Seuil, 2003.
Le Lobby de la gâchette, Seuil, 2002.
Internet, les nouveaux maîtres de la planète, Seuil, 2000.

Par Vincent Nouzille

Les Empoisonneurs. Enquête sur ces polluants et produits qui nous tuent à petit feu, Fayard, 2005.
Les Parrains corses. Leur histoire, leurs réseaux, leurs protections, avec Jacques Follorou, Fayard, 2004.
La Traque fiscale, Albin Michel, 2000.
L'Acrobate. Jean-Luc Lagardère ou les armes du pouvoir, avec Alexandra Schwartzbrod, Seuil, 1998.
L'Anti-Drogue, avec Bernard de La Villardière, Seuil, 1994.
Citizen Bouygues, avec Élisabeth Campagnac, Belfond, 1988.

Hélène Constanty
Vincent Nouzille

Députés sous influences

Le vrai pouvoir des lobbies à l'Assemblée nationale

Fayard

À Christian.

À Dominique.

Introduction

Il se passe des choses bizarres à l'Assemblée nationale

Que se passe-t-il dans les coulisses du Palais-Bourbon ?

Que font nos 577 députés en dehors des séances de questions d'actualité, théâtre télévisé des joutes politiques ?

Sont-ils soumis à des pressions qui influencent leurs votes et leurs actions ? Lesquelles ? Qui y est le plus sensible, qui y résiste ?

Au fond, pour qui roulent-ils vraiment ?

Ces questions simples sont à l'origine de notre enquête.

Les députés élus en juin 2002 ont déjà passé plus de quatre ans à l'Assemblée. Nous avons voulu dresser un premier bilan de leur mandature, à quelques mois des échéances législatives du printemps 2007.

Pour évaluer leur participation au travail parlementaire, nous avons compulsé les données chiffrées officielles : interventions dans l'hémicycle, questions au gouvernement, amendements aux textes de loi, rapports et propositions de loi. Ces informations, croisées avec de nombreux entretiens, nous ont conduits à établir un « jeu des sept familles », un classement des députés en fonction de leur degré d'activité et de leur plus ou moins grande perméabilité aux influences[1].

Nous avons également cherché à mettre au jour les liens qu'entretiennent les parlementaires avec les lobbies, ces professions, entreprises ou associations organisées en groupes de pression pour défendre leurs intérêts.

Ces jeux de pouvoirs souterrains ne datent pas d'hier. Dans *Le Président*, film culte d'Henri Verneuil (1960), Jean Gabin, qui joue le rôle d'un président du Conseil sous la IVe République, fait scandale dans l'hémicycle en dénonçant la collusion des députés avec les « groupes d'intérêts » : « J'ai parlé tout à l'heure de syndicats d'intérêts. Voulez-vous, messieurs, que je fasse l'appel de cette Assemblée ? » Et il scande le pedigree de tous les députés présents : PDG de l'Omnium minier du Sénégal, fondé de pouvoir de la banque Isart Lebré, avocat-conseil de l'Anglo-française des pétroles... Gabin, magistral, conclut ainsi sa tirade, sous les huées des élus : « La politique devrait être une vocation. Je suis sûr qu'elle l'est pour certains d'entre vous. Mais pour le plus grand nombre, elle est un métier. Un métier qui ne rapporte pas aussi vite que beaucoup le souhaiteraient et qui nécessite de grosses mises de fonds. Une campagne électorale coûte cher. Mais pour certaines sociétés, c'est un placement amorti en quatre ans. »

Dans les années 90 encore, ces appuis pouvaient s'afficher jusque dans la participation aux dépenses électorales des candidats. De telles pratiques, désormais proscrites, ont laissé place à de subtiles manœuvres d'approche où l'argent, sujet toujours tabou, reste omniprésent.

Mais l'Assemblée nationale cultive un véritable talent pour garder ces choses-là secrètes. « En France, l'hypocrisie règne.

1. Voir première partie, chapitres 1 à 7.

On nie la réalité. On ne veut pas voir le poids grandissant de lobbies de mieux en mieux organisés [1] », estime Jacques Floch (PS, Loire-Atlantique), l'un des vieux routiers du Palais-Bourbon.

Pour l'opinion publique, le Parlement revêt souvent l'apparence d'une morne chambre d'enregistrement. Avec quelques bonnes raisons : en dehors des séances de questions du mardi et du mercredi matin, l'hémicycle est quasiment vide. L'absentéisme n'est pas une illusion : nous avons identifié près de 150 « députés fantômes », dont nous publions la liste. La perte de pans entiers de domaines de souveraineté (les trois quarts des textes votés sont issus de directives européennes, que les députés doivent transcrire en droit français), la maîtrise gouvernementale de l'ordre du jour et les règles imposées par le vote majoritaire contribuent à cette désertion et à la désillusion parlementaire. « Il ne nous reste plus qu'à jouer les assistantes sociales dans nos circonscriptions et à faire le siège des ministères pour défendre nos écoles, nos hôpitaux et nos emplois », se lamentent certains élus, accrochés à leurs mandats locaux.

La crise économique et le désarroi social ont pour effet de multiplier les sollicitations dont ils sont l'objet, et qui dépassent souvent leur champ de compétences : demandes d'emplois, de logements, d'aides sociales, de subventions, de médailles, de mutations, de sauvetage d'entreprises...

Cette image d'une Assemblée impuissante, remplie de députés cantonnés aux interventions locales, est pourtant partiellement trompeuse. Les électeurs qui se pressent dans les permanences parlementaires ne sont pas les seuls à occuper nos élus. Ceux-ci votent encore des lois (une centaine en moyenne par an pour la législature en cours), et les groupes d'intérêts le savent bien. La profusion est réelle : le *Journal officiel* publie annuellement 23 000 pages de textes contre

1. Entretien avec l'un des auteurs, 12 avril 2006.

15 000 dans les années 80[1]. Au quotidien, les députés sont soumis à des pressions multiples de la part d'industriels petits et grands, de corporations organisées, de consommateurs, de contribuables, d'associations de toutes sortes, de communautés religieuses, de représentants de pays étrangers. Chacun veut défendre ses intérêts particuliers et influencer les lois en sa faveur.

Officiellement, les parlementaires ne peuvent pas se faire les avocats de ces requérants de façon mécanique. L'article 79 du règlement intérieur de l'Assemblée nationale est précis à ce sujet. Il interdit au député « d'adhérer à une association ou à un groupement de défense d'intérêts particuliers, locaux ou professionnels ou de souscrire à l'égard de ceux-ci des engagements concernant sa propre activité parlementaire, lorsque cette adhésion ou ces engagements impliquent l'acceptation d'un mandat impératif[2] ». Une règle stricte, édictée pour éviter à la Ve République de subir les dérives constatées sous la IVe.

Les groupes d'intérêts n'ont pas droit de cité à l'Assemblée nationale, contrairement à ce qui se passe au Parlement européen et au Congrès américain. Dans ces institutions, leur existence est reconnue. Les lobbyistes peuvent se faire enregistrer auprès des services, remplir une fiche d'identité. Une fois répertoriés selon des critères connus à l'avance, ils obtiennent l'autorisation de pénétrer au Parlement et de circuler dans un périmètre limité[3]. Ils n'ont évidemment pas accès au lieu où se

1. « La complexité croissante des normes menace l'état de droit », rapport 2006 du Conseil d'État.

2. Voir en annexe la liste précise de ces règles d'incompatibilité, de l'usage du mandat électif et des obligations déclaratives des députés.

3. Au Parlement européen, à Strasbourg, 4 750 « représentants d'intérêts » sont ainsi enregistrés. À Bruxelles, 15 000 lobbyistes sont installés pour suivre les dossiers européens auprès de la Commission. Voir notamment « L'Europe à l'ombre des lobbies », *L'Express*, 4 mai 2006. Aux États-Unis, 17 000 lobbyistes travaillent à Washington autour de « K Street », le quartier du lobbying, non loin de la Maison-Blanche et du Congrès.

déroulent les débats parlementaires, mais ils peuvent croiser les députés dans les alentours, de façon plus informelle que sur rendez-vous.

Au Palais-Bourbon, rien de tel. Cachez ces lobbyistes que je ne saurais voir ! À entendre certains députés, les groupes de pression seraient quasiment inexistants. « Franchement, il n'y en a pas beaucoup [1] », estime Hervé Morin (UDF, Eure), président du groupe UDF. « Je constate qu'aucun lobby n'a cherché à m'influencer, ni même à me rencontrer », affirme Éric Besson (PS, Drôme), qui promet de « méditer sur cette carence [2] ». Yves Fromion (UMP, Cher), l'un des piliers de la commission de la Défense, s'en plaindrait presque : « On a parfois du mal à avoir des contacts avec les organisations professionnelles et les industriels [3]. »

Les lobbies, dont on fait tant de cas à Strasbourg et à Washington, s'arrêteraient-ils aux portes du Palais-Bourbon, comme le nuage de Tchernobyl aux frontières françaises ?

Pas vraiment. Dans les faits, les contacts existent. La présence des lobbies est d'abord physique : l'Assemblée nationale est loin d'être une forteresse. Les visiteurs sont simplement obligés, pour y entrer, d'avoir rendez-vous avec un député ou d'être invité par lui à assister à une séance depuis les tribunes du public.

Les représentants des groupes d'intérêts n'ont, en théorie, pas d'autre choix que de se soumettre à la règle commune. En théorie... Car certains disposent de cartes de « collaborateurs bénévoles » aimablement fournies par des députés amis [4]. Et une poignée de privilégiés possèdent une carte d'accès permanent, délivrée selon des critères bien mystérieux. L'existence de ce passe-droit ne figure dans aucun règlement de

1. Entretien avec l'un des auteurs, 26 avril 2006.
2. Courriel à l'un des auteurs, 16 mars 2006.
3. Entretien avec l'un des auteurs, 1er juin 2006.
4. Voir le chapitre 9.

l'Assemblée. Nous avons pu nous procurer la liste de ses bénéficiaires, que nous publions intégralement en annexe. Elle contient une cinquantaine de noms, principalement de fédérations professionnelles et de grandes entreprises, la plupart publiques... mais pas toutes. Pourquoi l'Association nationale de l'industrie alimentaire y figure-t-elle, et pas la Fédération nationale du bâtiment ? Pourquoi la CFDT et pas la CGT ? À ces questions légitimes, aucune réponse satisfaisante n'a pu nous être apportée.

Ce n'est pas tout. Au cours de la dernière législature, la discussion de certains projets de loi a donné lieu à des abus dont des élus se sont émus. En décembre 2005, on a vu des employés de Virgin et de la FNAC, invités par le ministre de la Culture, faire une démonstration de téléchargement de musique sur Internet dans l'antichambre de l'hémicycle et offrir aux députés des cartes prépayées, le jour même où s'ouvrait le débat sur le projet de loi relatif aux droits d'auteur dans la société de l'information[1]. Informé de ce dérapage, Jean-Louis Debré, président de l'Assemblée, a ordonné l'évacuation des démonstrateurs. La manœuvre était trop voyante...

L'influence est généralement plus discrète, sans être moins prégnante pour autant. Les deux techniques de « drague » les plus courantes utilisées par les groupes de pression consistent à cibler les élus en fonction de leur profession d'origine ou des intérêts économiques qui dominent dans leur circonscription. Le député agriculteur sera « naturellement » sollicité par la Fédération nationale des syndicats d'exploitants agricoles. Celui dont la circonscription abrite une usine Airbus sera l'interlocuteur privilégié de la compagnie aéronautique. Le député défend alors d'autant plus facilement la cause particulière qu'elle a un impact électoral. L'intérêt général devient une notion très élastique, manipulable à merci, ce que les

1. Voir le chapitre 8.

lobbies ont parfaitement compris. De plus, les élus ont le loisir d'adhérer au sein de l'Assemblée à près de 130 « groupes d'études », qui sont souvent les porte-voix d'intérêts privés. Qu'il s'agisse des professions de santé ou des laboratoires pharmaceutiques, de la chasse ou de la tauromachie, du pétrole ou du nucléaire, de l'armement ou de l'aéronautique, des cafetiers ou des exploitants de casinos, des betteraviers ou des viticulteurs, chaque lobby dispose de « son » groupe d'études. Signe d'une demande pressante, leur nombre a progressé de 40 % depuis 2002. Et la masse des questions écrites posées par les députés au gouvernement – canal de transmission privilégié des revendications des corporatismes – a doublé par rapport à la législature précédente. Le champ de la politique parlementaire a été envahi par la prolifération des intérêts catégoriels.

Les groupes d'intérêts ont élaboré des techniques très raffinées pour défendre la cause de leurs clients. Paul Boury, un lobbyiste du groupe de conseil Altedia, met rarement les pieds à l'Assemblée. Il a monté, avec le soutien de grandes entreprises (d'Areva à la Française des jeux), une série de clubs qui reçoivent les parlementaires lors de déjeuners ou de dîners autour d'un expert invité[1]. Des fédérations professionnelles ont suivi l'exemple, multipliant les rencontres de clubs parlementaires qu'elles ont créés *ex nihilo* afin de faire passer leurs messages dans un cadre « convivial », à l'instar du Club des amis du cochon, monté par la Fédération nationale porcine. D'autres entreprises préfèrent organiser des visites de leurs usines ou des voyages à l'étranger pour « former » les députés.

Un constat s'impose : les lobbies exercent une pression croissante sur les députés et emploient, pour parvenir à leurs fins, des méthodes de plus en plus sophistiquées. Si leurs efforts sont proportionnés aux bénéfices qu'ils retirent de leurs contacts avec les élus, il est permis de penser que le

1. Voir le chapitre 15.

Parlement n'est pas aussi démuni de pouvoirs qu'il en a l'air... Ces relais sont en effet souvent efficaces. Ils conduisent au vote de certaines lois, à l'adoption de mesures discrètement favorables à certaines professions, voire au torpillage de certains textes.

Bien sûr, les activités de lobbying ne sont pas blâmables par nature. « C'est le jeu d'une démocratie moderne que de permettre à chacun de faire valoir son point de vue. Les lobbies sont une source d'information parmi d'autres pour les parlementaires[1] », estime le consultant Olivier Le Picard, PDG de Communication & Institutions et coauteur d'un ouvrage pratique sur le sujet. Mais les contacts entre députés et groupes de pression prennent parfois des formes discutables, aux frontières des normes édictées par la loi et par le règlement de l'Assemblée nationale. Notre enquête nous a permis de découvrir, entre autres :

— des colloques d'initiative parlementaire, dans l'enceinte de l'Assemblée, totalement financés par des entreprises privées, où l'accès à la tribune est fonction de la contribution des « partenaires » ;

— des assistants parlementaires employés par des députés et rémunérés en parallèle par des lobbyistes, sous couvert de « veille législative » ;

— des députés invités « tous frais payés » à des missions de VRP au service de grands groupes dans des pays lointains ;

— des associations pilotées par des députés et financées par des industriels, dont certaines disposent de bureaux dans les locaux de l'Assemblée ;

— des députés et des conseillers politiques de ministres présents dans le capital de cabinets de lobbying et de communication, dont certains travaillent parfois avec... l'Assemblée.

1. Olivier Le Picard, Nicolas Bouvier et Jean-Christophe Adler, *Lobbying, les règles du jeu*, Éditions d'Organisation, 2000.

Rien de tout cela n'est de l'ordre de la rumeur. Les faits sont avérés. Notre surprise a été grande de mesurer l'ampleur de certaines de ces pratiques, et de constater qu'elles ne faisaient guère l'objet d'un contrôle approfondi de la part du Bureau de l'Assemblée, chargé de leur surveillance. Rappelons que le règlement de l'Assemblée érige une cloison étanche entre le député et les intérêts économiques[1] : « Il est interdit à tout député, sous les peines disciplinaires prévues aux articles 70 à 76, d'exciper ou de laisser user de sa qualité dans des entreprises financières, industrielles ou commerciales ou dans l'exercice des professions libérales ou autres et, d'une façon générale, d'user de son titre pour d'autres motifs que pour l'exercice de son mandat. » Dans la pratique, les vérifications sont minimes et les sanctions rares. L'universitaire Guillaume Courty, directeur du master de travail politique et parlementaire à l'université Paris X-Nanterre, explique la plupart des dérives observées par « le manque de contrôle de l'institution sur les députés[2] ». Le vice-président de l'Assemblée Maurice Leroy (UDF), en charge du statut du député au sein du Bureau, n'a pas répondu à nos demandes répétées d'entretien sur le sujet.

Au cours de nos six mois d'enquête, nous avons interrogé plusieurs centaines de personnes : parlementaires, assistants, fonctionnaires, lobbyistes, responsables d'organismes professionnels, d'associations, d'entreprises publiques et privées. La plupart du temps, nous avons été accueillis par des élus dévoués et des professionnels compétents qui ont passé de longues heures à répondre à nos questions, ce pour quoi nous les remercions. En revanche, certaines de nos sollicitations

1. Voir en annexe.

2. Entretien avec l'un des auteurs, 13 juin 2006, lors du colloque « Assistants parlementaires : 30 ans au cœur du pouvoir législatif », au Sénat. Guillaume Courty a coordonné l'ouvrage collectif *Le Travail de collaboration avec les élus*, Michel Houdiard, 2005.

sont restées sans réponse, malgré notre insistance. Nous avons été étonnés de nous heurter à un mur d'opacité dans ce qui devrait être le temple de la démocratie. Le service de presse de l'Assemblée nationale, auquel nous demandions de nous fournir, par exemple, la liste des colloques tenus dans l'enceinte du Palais-Bourbon, celle des badges autorisant l'accès de certains groupes d'intérêts ou celle des assistants sous contrat avec des députés, nous a répondu que ces informations étaient « non communicables ». La même absence de transparence règne autour de l'activité précise des groupes d'études, des contrats de travail des collaborateurs, de l'emploi du temps des députés et de leurs déclarations d'activité ou de patrimoine, qui restent confidentielles.

Pour compléter notre investigation, nous avons écrit au président de l'Assemblée nationale le 1er juin 2006, sollicitant un entretien afin de lui poser d'ultimes questions sur le fonctionnement de l'institution dont il a la charge et sur les sujets controversés. Au début du mois de juillet, il nous a fait répondre qu'il n'était pas disponible pour le moment...

Sans prétendre à la perfection ni à l'exhaustivité, notre constat est alarmant. À côté du travail méconnu et passionnant de nombreux élus, il se passe vraiment des choses étranges à l'Assemblée nationale, et personne ne semble vouloir les regarder en face.

PREMIÈRE PARTIE

LE JEU DES SEPT FAMILLES DE DÉPUTÉS

Vous êtes simple électeur, salarié, petit patron, membre d'un syndicat professionnel ou d'une corporation, représentant d'une grande entreprise, défenseur d'une cause morale ou matérielle ?

Comment vous repérer dans la masse des 577 élus de la nation ? Où sont les clés des bonnes portes ?

Comment faire pour ne pas perdre son temps dans l'antichambre d'un absent ou se retrouver devant un député qui n'a aucune envie de relayer votre demande ?

Voici une classification des principaux types de députés auxquels vous pouvez, ou non, vous adresser. Un jeu des sept familles, qui transcende les clivages partisans. Il permet de distinguer plusieurs groupes d'élus selon leur degré d'influence, leur perméabilité aux pressions et, surtout, leur activité.

Chapitre 1

Famille « Fantômes »

Commençons par une grande famille un peu spéciale, puisque les députés qui la composent sont la plupart du temps invisibles. Nous ne parlons pas ici de la coutume du Palais-Bourbon, déjà surprenante pour le non-initié : en effet, la grande majorité des 577 parlementaires ne sont physiquement présents dans l'hémicycle que deux jours par semaine. La création en 1995 d'une session parlementaire continue, d'octobre à juin, à la place des traditionnelles sessions de printemps et d'automne, était censée freiner cet absentéisme en étalant les travaux dans le temps. Il n'en a rien été. « L'absentéisme est l'un des grands maux qui entravent le fonctionnement des assemblées parlementaires en France et dans bon nombre de pays[1] », a déploré publiquement Jean-Louis Debré, dont les colères contre ses collègues qui passent en coup de vent au Palais-Bourbon sont aussi fréquentes qu'inefficaces.

1. Interview de Jean-Louis Debré dans *Les Échos*, 6 mars 2006.

La plupart des élus débarquent par le premier train ou le premier avion le mardi matin pour assister à la réunion de leur groupe politique et repartent dès la fin de la séance télévisée des questions d'actualité, le mercredi, vers 16 heures. Un député qui tient à garder l'anonymat raconte son escapade parisienne hebdomadaire : « J'enchaîne les rendez-vous dans les ministères, une réunion de groupe ou de commission, des invitations à déjeuner, dîner et petit-déjeuner. J'assiste aux deux séances d'actualité des mardi et mercredi parce qu'il faut être vu à la télévision, et puis je file aussitôt. Paris, c'est 36 heures chrono par semaine maximum. Le reste du temps, je suis sur le terrain, dans ma circonscription. » Encore celui-ci vient-il régulièrement.

Car une tendance plus grave à la désertion frappe une proportion notable de parlementaires. Lobbyistes, ne comptez pas sur eux ! Ne frappez pas à leur porte, ne cherchez pas à leur écrire ou à les influencer ! Ces hommes et ces femmes sont aussi discrets que des fantômes. Certains ne se donnent même pas la peine de faire semblant d'avoir une activité. Le minuscule bureau de quatorze mètres carrés qui leur est assigné en début de législature au Palais-Bourbon reste inoccupé. Et cela arrange du monde. À commencer par les collaborateurs de leurs voisins, ravis de pouvoir squatter un espace supplémentaire, en échange d'un petit service, comme la réexpédition du courrier.

Parmi ces invisibles, certains sont des cumulards : déjà très occupés avec leurs mandats de maire, de président de conseil général ou de conseil régional, ils se consacrent à 100 % à leurs responsabilités locales, sans jamais participer aux débats nationaux[1]. Ces laboureurs utilisent leur fonction de député comme un simple sésame leur ouvrant les portes des ministères afin de pousser leurs dossiers.

1. Voir à leur sujet le chapitre 7.

Tous les absents n'ont pas l'alibi de ces tâches de terrain très prenantes. L'âge aidant, nombre d'élus se donnent des allures importantes, en espérant que leur sagesse reconnue palliera leur oisiveté parisienne grandissante et leur absentéisme assumé. Députés enchaînant les mandats depuis dix ou vingt ans, ex-ministres en phase de décompression, ils ne veulent plus trop se fatiguer. À quoi bon s'ennuyer ferme dans les travées, à écouter d'une oreille distraite les vivats et les broncas des bancs voisins ? Ils ont perdu le goût de ces jeux convenus.

Ce manque d'assiduité fait d'ailleurs les affaires de certains groupes politiques. « Moins ils montent à Paris, mieux on se porte », entend-on à l'UMP, dont le groupe pléthorique ne compte pas moins de 364 membres. Il serait impossible, s'ils étaient toujours là, de les faire travailler tous, ou même de leur donner à chacun un temps de parole. « Que voulez-vous, se lamente un cacique de ce parti, pour se faire entendre en séance ou faire voter un amendement, il faut s'y prendre des mois à l'avance et jouer des coudes. C'est fatigant ! »

L'opposition aussi fournit des cohortes d'hommes et de femmes invisibles. Ils savent que s'agiter dans l'hémicycle ne leur est guère utile politiquement, à moins de planter publiquement des banderilles lors des séances de questions au gouvernement. Du théâtre ! Là, il fait bon être remarqué par ses électeurs ou ses amis politiques. Certains députés prennent soin de porter ce jour-là une veste ou un tailleur de couleur vive afin d'être facilement repérés par les téléspectateurs. D'autres viennent dire un mot à un collègue assis derrière un orateur pour être dans le champ des caméras. Mais, ailleurs, lors des séances ordinaires et des réunions de commissions, ils passent en courant, s'excusant du bout des lèvres, laissant aux plus besogneux et aux ambitieux le soin de ferrailler à leur place. Ces paresseux préfèrent profiter tranquillement de ces cinq années de congés aux frais de la République pour vaquer à leurs affaires politiques ou personnelles.

150 inactifs dont 50 cancres

Combien sont-ils, ces « fantômes » de l'Assemblée nationale ? Grosso modo de 150 à 200, selon les avis recueillis auprès de nombreux témoins, soit entre le quart et le tiers de l'effectif. Qui sont-ils ? Là, les bouches restent cousues. Les sourires se figent, embarrassés. « Je ne veux pas savoir ce que font mes collègues, ça les regarde », entend-on dans les couloirs. Personne ne veut dénoncer les « invisibles » du Palais-Bourbon. La solidarité entre élus et la crainte d'être soi-même un jour nominé dans cette catégorie font taire les députés interrogés.

Ces silences gênés ne nous ont pas découragés. Car, à défaut d'un registre de présence, l'activité des parlementaires est recensée, de manière imparfaite mais objective, dans les bases de données officielles de l'Assemblée. Les informations nominatives existent. Elles portent notamment sur plusieurs critères intéressants :

— les interventions dans l'hémicycle lors des débats sur les textes de loi ou lors des questions d'actualité ;

— les amendements aux textes en discussion ;

— les rapports sur un budget, un texte de loi, les conclusions d'une mission spéciale ou l'avis d'une des six grandes commissions permanentes de l'Assemblée ;

— les propositions de loi dont les députés sont les auteurs.

La collecte et l'analyse des chiffres permettent d'établir une « liste noire ». Le constat, affligeant, confirme les soupçons : l'absentéisme est bien une maladie grave, très répandue à l'Assemblée nationale. Pour définir la classe des « mauvais élèves », nous avons retenu un critère simple : ceux qui sont intervenus moins de dix fois en séance entre janvier 2004 et le 13 mai 2006 – ce qui représente la moitié de la législature. Ce critère rend assez bien compte du niveau de participation aux travaux de l'Assemblée, la plupart des activités se traduisant généralement un jour ou l'autre par une intervention dans l'hémicycle. Sur cette base, nous avons recensé exactement 146 « mauvais élèves », soit 25 % des effectifs[1].

Nous avons ensuite analysé en détail les autres activités parlementaires des 50 députés les moins bien classés dans la catégorie des « mauvais élèves ». Ceux qui n'interviennent quasiment jamais en séance, ne déposent pas de propositions de loi à leur nom, ne rédigent pas de rapports, ne signent guère d'amendements ou n'écrivent que quelques questions au gouvernement sont finalement repérables. Le cumul de ces critères est un indice de leur inactivité, si ce n'est de leur absentéisme.

Nous avons donc classé ces 50 « cancres » par ordre décroissant d'inactivité. Les champions sont Laurent Cathala (PS, Val-de-Marne), Jean Delobel (PS, Nord), Bernard Bosson (UDF, Haute-Savoie, maire d'Annecy), Jacques Lafleur (UMP, Nouvelle-Calédonie) et Joël Sarlot (non-inscrit, Vendée). Leurs mérites respectifs ne se distinguent guère. Laurent Cathala a réussi l'exploit de ne jamais intervenir en séance, de n'écrire aucun rapport, aucun amendement ni aucune proposition de loi – même s'il a tout de même cosigné 47 propositions de loi rédigées par ses amis politiques – et de ne poser que cinq questions au gouvernement en quatre ans ! Ses collègues Jean Delobel et Bernard Bosson ne font pas mieux, à l'exception d'un minuscule effort sur les questions écrites (respectivement 20 et 34 questions).

Difficile d'expliquer ce faible rendement. Si les soucis de santé excusent partiellement Bernard Bosson, ni l'âge, ni la couleur politique, ni le poids des mandats locaux ne sont des points communs aux autres inactifs. La distance pourrait éventuellement constituer une circonstance atténuante pour Jacques Lafleur, mais d'autres élus de contrées lointaines sont, eux, régulièrement présents à Paris. De plus, tout député

---

1. Le classement de tous les députés, dont ces « mauvais élèves », figure en annexe.

des territoires d'outre-mer a droit, chaque année, à seize voyages aller-retour gratuits en première classe entre Paris et sa circonscription. Quant à Laurent Cathala, maire de Créteil (Val-de-Marne), et Jean Delobel, enseignant retraité, maire de Bailleul (Nord), ils peuvent difficilement plaider la longueur des trajets !

Brèves interventions

Certains députés de la famille Fantômes n'expriment que très brièvement leur credo politique. Ainsi, Véronique Besse, élue en 2002, vice-présidente du conseil général de Vendée, proche du Mouvement pour la France de Philippe de Villiers, a pris une seule fois la parole, le 2 mai 2006, pour critiquer violemment le projet de loi de Nicolas Sarkozy sur l'immigration choisie : « L'immigration subie est un désastre et l'immigration choisie une imposture. Ce que préconise le Mouvement pour la France, c'est l'immigration tarie, c'est-à-dire l'immigration zéro. » Quelques députés présents ce jour-là se sont étonnés : qui était donc cette oratrice virulente qu'ils n'avaient jamais entendue auparavant ? « Certains ont compulsé le trombinoscope pour mettre un nom sur son visage[1] », raconte Thierry Mariani (UMP, Vaucluse), le rapporteur du projet de loi en question.

L'absentéisme se nourrit surtout d'un état d'esprit de rentier politique. Le découpage électoral, qui assure l'homogénéité sociologique de certaines circonscriptions, donne à quelques parlementaires une garantie de réélection. C'est notamment le cas de bon nombre d'élus du Nord-Pas-de-Calais, de l'Aquitaine, de la Côte d'Azur ou de la capitale, dont les fiefs ne semblent pas menacés. Cette sécurité ne les incite guère à l'activité. Député du XIIe arrondissement de

1. Entretien avec l'un des auteurs, 4 juillet 2006.

Paris depuis 1993, après avoir été élu des Deux-Sèvres à partir de 1986, Jean de Gaulle, petit-fils du fondateur de la Ve République, ne s'agite pas beaucoup au Palais-Bourbon. Entre juin 2002 et juin 2006, il n'a rédigé aucune proposition de loi et n'a commis qu'un seul rapport (sur les comptes 2004 de l'Assemblée). Depuis janvier 2004, il a pris six fois la parole dans l'hémicycle. Voici le compte rendu intégral de ses interventions :

— le 3 février 2004 : « Ce n'est pas sérieux ! »

— le 21 octobre 2004 : « Arrêtez votre cinéma » (au socialiste Augustin Bonrepaux, qui critiquait les déductions fiscales en faveur des plus riches).

— le 19 novembre 2004 : « Et à juste titre ! »

— le 10 décembre 2004 : « Absolument ! »

— le 5 juillet 2005 : « Très bien ! »

— le 5 mai 2006 : « Très bien ! »

Jean de Gaulle a le mérite d'être concis.

D'autres édiles locaux sont tout aussi effacés. Charles-Ange Ginesy, député UMP des Alpes-Maritimes depuis juillet 2005 en remplacement de son ami Christian Estrosi, devenu ministre auprès de Nicolas Sarkozy, est d'une modestie rare. En un an, cet élu, par ailleurs vice-président du conseil général des Alpes-Maritimes, n'a pas fait grand-chose à l'Assemblée, si l'on excepte la rédaction minutieuse de sept questions écrites au gouvernement : deux sur la passation de marchés publics par un président de conseil général ; une sur le trop-perçu d'impôts versé par des artistes et sportifs étrangers se produisant en France ; une sur l'achat de logiciels libres par l'administration des finances ; une sur la réforme du livret A ; une sur la filière d'accès au métier d'ostéopathe ; enfin, une concernant les dégâts causés par les éboulements réguliers sur la route départementale 6204 dans la vallée de la Roya, au sein de son département...

Anciens ministres et candidats

Quelques anciens ministres et personnalités politiques de premier plan profitent du statut confortable de député – lequel comporte tout de même indemnités, bureau, assistants, notes de frais, voyages gratuits et retraite agréable[1].

Des noms ? En voici. Parmi nos 146 « mauvais élèves », on trouve par exemple l'ex-président d'Air France et de la RATP, Christian Blanc (apparenté UDF, Yvelines), naguère remonté contre les grèves dans les services publics[2] ! La liste comporte également quelques anciens ministres de droite, tels Robert Pandraud (UMP, Seine-Saint-Denis), Alain Madelin (UMP, Ille-et-Vilaine) ou encore Bernard Debré (apparenté UMP, Paris). Y figurent aussi d'anciens membres de gouvernements de gauche, comme Jean-Louis Bianco (PS, Alpes-de-Haute-Provence) ou François Huwart (apparenté PS, Eure-et-Loir).

Plusieurs maires de grandes villes sont en pointe dans le domaine de l'inactivité, comme ceux de Grenoble (Michel Destot, PS), de Bordeaux (Hugues Martin, UMP), de Cannes (Bernard Brochand, UMP) ou de Caen (Brigitte Le Brethon, UMP). Ils côtoient des présidents de conseils généraux, dont celui des Deux-Sèvres (Jean-Marie Morisset, UMP) et celui des Yvelines (Pierre Bédier, UMP), ainsi que des présidents de conseils régionaux, tel celui de Rhône-Alpes (Jean-Jack Queyranne, PS) ou celui de Bretagne (Jean-Yves Le Drian, PS).

Nicolas Sarkozy, député des Hauts-de-Seine et président du conseil général de ce département, ne figure pas dans ce clas-

1. Voir en annexe la liste détaillée des avantages liés au statut de député.

2. Il a notamment déposé le 18 novembre 2003 une proposition de loi « visant à instaurer un service garanti pour les transports publics réguliers de voyageurs ».

sement. Ayant été nommé ministre de 2002 à 2004 puis de nouveau en juin 2005, il a peu siégé à l'Assemblée. Sa suppléante, Joëlle Ceccaldi-Raynaud, maire UMP de Puteaux, est d'une discrétion exemplaire. Depuis 2002, elle n'a posé qu'une seule question orale au gouvernement, le 8 mars 2006, au nom du groupe UMP, à propos de la suite des contrats de plan État-régions. Voilà une élue qui ne risque pas de faire de l'ombre à son ambitieux mentor.

Le plus surprenant est de retrouver, parmi les « mauvais élèves », quelques-uns des candidats à la candidature socialiste pour l'élection présidentielle. Jack Lang, député du Pas-de-Calais et vice-président du conseil régional du Nord-Pas-de-Calais, est le champion. Son bilan se résume à une seule intervention en séance, de quelques minutes, le 26 novembre 2004, au sujet de la proposition de loi sur le droit des malades à une fin de vie digne. À part cela, il n'a rédigé aucune proposition de loi, aucun amendement, aucun rapport, et n'est l'auteur que d'une petite poignée de questions écrites. De plus, sa participation à la commission des Affaires étrangères – présidée, il est vrai, par Édouard Balladur (UMP, Paris), qui n'est pas réputé pour son surmenage parlementaire – est purement symbolique.

Dominique Strauss-Kahn, élu du Val-d'Oise, se montre à peine plus bavard avec huit interventions en séance. Il devance d'une courte tête son rival Laurent Fabius, député de Seine-Maritime, qui ne totalise que sept interventions et dont la présence au sein de la commission des Affaires étrangères, où il siège, est également très discrète.

François Hollande, premier secrétaire du Parti socialiste, est plus loquace dans l'hémicycle puisqu'il comptabilise 78 interventions en séance. Mais, hormis cette ardeur en tant que leader de l'opposition, ses autres travaux parlementaires sont limités. Ses collègues de la commission de la Défense ne se souviennent pas de l'avoir beaucoup vu en réunion, à l'exception d'une fois où il était question des emplois menacés de l'arsenal GIAT près de Tulle (Corrèze), son fief. « Il a sans doute mieux à faire que de s'occuper de la taille des canons », ironise un membre – socialiste – de cette commission.

Néanmoins, le député de Corrèze prend soin de ne pas oublier complètement qu'il doit défendre les produits de son terroir d'élection. Le 19 avril 2005, par exemple, dans une question écrite, il attire l'attention du ministre de l'Agriculture sur les « inquiétudes des producteurs de veaux de lait sous la mère concernant l'application des arrêtés ministériels relatifs à la protection des veaux ». L'élu explique que « l'application des arrêtés de 1994 et 1997, imposant l'abandon de la muselière et la distribution obligatoire d'aliments fibreux, modifierait profondément la qualité du produit proposé aux consommateurs, qui deviendrait un produit banalisé de moindre valeur bouchère ». François Hollande demande par conséquent au ministre quelles décisions il entend prendre pour « sauvegarder cette production traditionnelle de qualité ».

La réponse ne tarde pas. Le 7 juin 2005, le ministère de l'Agriculture rappelle au député de Corrèze que la réglementation européenne impose des normes d'hygiène pour les veaux et bannit désormais la muselière ou l'attache des bêtes. Il ajoute que la France a obtenu de pouvoir aider les éleveurs afin qu'ils mettent leurs bâtiments aux normes, et que la région Limousin soutient ainsi de nombreux producteurs corréziens de « veaux sous la mère ». Le message est clair : M. Hollande est renvoyé dans ses prés...

Ségolène et les vaches parthenaises

Sa compagne Ségolène Royal, chouchou des sondages présidentiels, brille également par son absence à l'Assemblée nationale. Elle ne comptabilise que sept interventions en séance. Elle a rédigé deux propositions de loi, une sur « les violences faites aux femmes » en mai 2003 et une autre sur « l'utilisation marchande et dégradante du corps humain dans la publicité » en novembre 2003. Quant à ses apparitions à la commission des Lois, elles sont de plus en plus épisodiques. « Je l'ai connue naguère très active et mordante dans cette commission », l'excuse son ami Jacques Floch, élu socialiste de Loire-Atlantique.

Pour couper court aux critiques, la députée des Deux-Sèvres, présidente de la région Poitou-Charentes depuis 2004, a annoncé qu'elle ne briguerait pas de nouveau mandat en 2007. Elle souhaite donner l'exemple en matière de non-cumul, un thème qui figure désormais dans le projet du Parti socialiste. Vu sa modeste participation aux travaux du Parlement entre 2002 et 2006, on est en droit de s'interroger : pourquoi n'a-t-elle pas décidé de donner l'exemple plus tôt ?

L'élue des Deux-Sèvres a en revanche rédigé une rafale de près de 300 questions écrites au gouvernement, sur des thèmes très concrets allant de la prise en charge des personnes dépendantes à l'exportation du cognac en passant par le sort des infirmières scolaires, la retraite des gendarmes, le coût des études de masseur-kinésithérapeute, l'absence de statistiques sur les meurtres conjugaux, les problèmes de couverture de téléphonie mobile dans le sud de son département ou de distribution du courrier à Niort.

Ses démarches n'ont pas toujours été couronnées de succès. Le 8 décembre 2003, par exemple, elle « attire l'attention de Monsieur le ministre de l'Agriculture, de l'Alimentation, de la Pêche et des Affaires rurales sur les attentes de l'Association départementale des éleveurs des Deux-Sèvres (ADEDS) », dont l'agrément officiel semble tarder, « empêchant l'association de fonctionner et mettant en péril des exploitations ». Ségolène Royal ajoute que les subventions allouées aux éleveurs membres de l'ADEDS sont aussi tributaires de cet agrément. « Les producteurs de viande bovine de label Race parthenaise, fleuron de la région Poitou-Charentes, dont le centre de référence est à Melle, sont les premières victimes de ce dysfonctionnement. » La députée demande donc au ministère de « donner au plus vite à l'ADEDS l'agrément nécessaire à son fonctionnement et répondant à l'attente des éleveurs bovins du département ».

Ségolène Royal attendra douze mois – largement au-delà du délai légal – une réponse écrite, finalement publiée dans le *Journal officiel* le 7 décembre 2004. Le ministère de l'Agriculture a eu le temps de plancher sur le sujet. Il explique que la première demande d'agrément de l'ADEDS, déposée le 1er février 2002, a fait l'objet d'un « avis défavorable » d'une commission technique nationale le 26 novembre 2002 en raison d'un dossier insuffisant. L'association des éleveurs a dû revoir son organisation, et c'est seulement sur la base des efforts engagés que la commission a rendu un nouvel avis, favorable cette fois, le 1er avril 2004, avec obligation pour l'ADEDS de rendre un bilan d'activité un an plus tard « afin de constater la mise en œuvre effective des améliorations ».

Les retards concernant le fameux agrément relevaient donc d'abord des éleveurs eux-mêmes. « Notre association était naissante, il nous a fallu un peu de temps pour nous mettre en route et convaincre les pouvoirs publics de notre organisation », reconnaît l'un des responsables de l'ADEDS à Parthenay. Ségolène Royal, égérie de la Race parthenaise, avait relayé leur impatience sans y regarder de trop près.

Distraite, peut-être ?

CHAPITRE 2

Famille « VIP »

À l'autre extrême, voici la première famille visible, celle des piliers de l'Assemblée. Les incontournables. Une vingtaine de *very important persons* (VIP) qui se retrouvent chaque mardi pour la Conférence des présidents aux côtés du ministre chargé des Relations avec le Parlement. Ces présidents, vice-présidents et questeurs forment en quelque sorte l'exécutif de l'Assemblée. La fixation de l'ordre du jour « prioritaire » des travaux relève constitutionnellement du gouvernement, mais la Conférence des présidents doit, en fonction des urgences politiques du moment, adapter le programme des débats, peaufiner l'ordre des textes à discuter, répartir les temps de parole. De plus, les VIP s'accordent sur les dates des votes solennels, organisent les séances hebdomadaires de questions orales et peuvent décider de la création de missions d'information.

Honneur au maître de cérémonie : le président de l'Assemblée nationale, Jean-Louis Debré, toujours bien coiffé, est en haut de l'affiche protocolaire. Ancien magistrat, ce chiraquien fidèle de 62 ans est rompu aux arcanes politiques. Secrétaire général adjoint du RPR de 1993 à 1995, ministre de l'Intérieur sous le gouvernement Juppé, président du groupe RPR à l'Assemblée de 1997 à 2002, il a été remercié pour sa loyauté en se voyant confier le poste convoité de président de l'Assemblée. Du haut de son perchoir, assis sur un large fauteuil en acajou orné de bronzes dorés[1], embrassant du regard tout l'hémicycle, le député-maire d'Évreux (Eure), qui termine son cinquième mandat, domine sa classe chahuteuse de 577 élèves, les interpellant tous par leur nom, mélangeant bonhomie et rudesse. Ses pouvoirs sont colossaux : il peut influencer l'ordre du jour, mener les séances, faire respecter le règlement, tancer les bavards, interrompre un débat...

Les clés de l'hôtel de Lassay

En dépit d'une allure un peu pataude, Jean-Louis Debré s'acquitte de sa tâche avec fermeté et courtoisie, en y mêlant quelques pointes d'humour et la gourmandise visible de l'homme arrivé au faîte de sa carrière. C'est la perpétuation logique d'une tradition familiale : chez les Debré, on a la Ve République dans le sang. Michel Debré, le père de Jean-Louis, Premier ministre de Charles de Gaulle, n'est autre que le rédacteur de la Constitution de 1958. Et le frère jumeau du président, le professeur Bernard Debré (apparenté UMP, Paris), siège lui aussi au Palais-Bourbon.

Le président Debré dispose d'avantages qui lui valent le respect, teinté de flagornerie, de bon nombre d'élus. À commencer par les clés de l'hôtel de Lassay, sa somptueuse

1. Le Conseil des Cinq-Cents, institué par le Directoire en 1795, est l'ancêtre de l'actuelle Assemblée nationale. Le fauteuil et le bureau du président datent de cette époque.

résidence, adjacente au palais, auquel elle est reliée par la galerie des Fêtes, doublée d'une galerie des Tapisseries où sont accrochés neuf chefs-d'œuvre du XVIIIe siècle. Jean-Louis Debré reçoit les personnalités de passage et ses amis politiques dans cet hôtel tapissé de lambris, éclairé par d'immenses lustres en cristal. Il autorise à son gré les réceptions dans ses salons, notamment lors des colloques organisés par les députés. Quatre cuisiniers concoctent des repas savoureux, accompagnés de vins d'une cave exceptionnelle.

« Avoir l'appui du président facilite la vie d'un député et lui donne une visibilité politique et médiatique », estime un familier des lieux. Le président peut en effet peser de tout son poids pour faire nommer tel ou tel poulain à la tête d'une commission d'enquête ou d'une mission d'information, mais aussi suggérer au gouvernement le nom du rapporteur d'un projet de loi. Certains députés lui demandent son « haut patronage » lors de manifestations qui se déroulent dans ses murs, ou son feu vert pour faire visiter l'hôtel de Lassay à des électeurs de leur circonscription. Enfin, il dispose d'une « réserve » financière personnelle qui lui permet d'envoyer des députés en mission à l'étranger, en émissaires discrets sur des terrains sensibles, de son propre chef. Le Bureau de l'Assemblée régularise *a posteriori* ces initiatives.

Des présidents et vice-présidents à la pelle

Ne pouvant tenir le perchoir en permanence, Jean-Louis Debré est secondé par six vice-présidents aux pouvoirs étendus mais aux visages méconnus : trois UMP (Yves Bur, Éric Raoult, Jean-Luc Warsmann), un UDF (Maurice Leroy) et deux socialistes (Hélène Mignon et René Dosière).

Les bureaux de ces six seconds se succèdent le long d'un couloir étroit, dans l'aile est du Palais-Bourbon, qui permet d'accéder aisément à l'hémicycle. « C'est très pratique. Dès que l'on a besoin de nous en séance, nous y sommes en quelques secondes[1] », explique Jean-Luc Warsmann (UMP, Ardennes), 40 ans, le plus jeune locataire des lieux, nommé vice-président en octobre 2005. Selon lui, les vice-présidents sont généralement choisis pour leur disponibilité et leur implantation géographique : « Il est plus simple d'avoir des députés habitant non loin de Paris pour qu'ils puissent venir en urgence présider une séance. Nous devons souvent jouer les prolongations toute la nuit lorsque les débats s'éternisent. » Cette proximité requise peut expliquer la nomination d'Éric Raoult (Seine-Saint-Denis), de Maurice Leroy (Loir-et-Cher) et de René Dosière (Aisne). Les privilèges de la fonction sont nettement plus modestes que ceux du président de l'Assemblée : un accès prioritaire au pool de voitures de l'Assemblée, une prime spéciale pour compléter l'indemnité parlementaire de base, un secrétariat actif.

Les véritables locomotives politiques sont les présidents des groupes parlementaires. Hommes d'expérience (pas une femme ne figure parmi eux), ils s'occupent de faire régner l'ordre dans leurs rangs ; organisant les prises de parole, répartissant les rapports, ils essaient tant bien que mal de donner satisfaction à chacun tout en ménageant les ego. Une gageure lorsqu'on préside un groupe de 364 membres, comme celui de l'UMP ! Tous les mardis, vers midi, c'est le rassemblement général. « C'est là qu'on apprend qui fait quoi, quels rapports et quels amendements seront soutenus », raconte un soldat UMP.

Bernard Accoyer, chef du groupe UMP, doit louvoyer en permanence entre les partisans de Dominique de Villepin et ceux de Nicolas Sarkozy, qui se livrent une guérilla continue. Ce médecin ORL de Haute-Savoie, parfois rigide, consacre l'essentiel de son énergie à son rôle de surveillant général. « Sa tâche n'est pas facile, estime le sarkozyste Dominique

1. Entretien avec l'un des auteurs, 10 mai 2006.

Paillé, élu des Deux-Sèvres. Il sait écouter ses troupes et maintenir les équilibres[1]. » Il lui reste donc peu de temps pour s'impliquer dans le travail législatif. Au cours de cette législature, il n'a pu mettre au point qu'un seul rapport, celui du projet de loi sur la réforme des retraites.

Jean-Marc Ayrault (élu de Loire-Atlantique depuis 1986), président du groupe socialiste (150 membres), et Alain Bocquet (élu du Nord depuis 1978), président du groupe des communistes et républicains (22 membres), sont eux aussi réputés pour leur habileté diplomatique, leur connaissance intime des rouages de l'Assemblée et leur sens de la manœuvre. Le plus jeune de la bande est Hervé Morin, 45 ans, élu de l'Eure depuis 1998. Il préside depuis peu le groupe UDF et s'y sent très à l'aise : « Nous sommes trente députés très indépendants d'esprit qui s'apprécient... et avec assez peu de pouvoirs[2] », confie-t-il.

La Conférence des présidents rassemble également six autres incontournables, les présidents des six commissions permanentes : Lois[3] (Philippe Houillon), Finances[4] (Pierre Méhaignerie), Affaires économiques[5] (Patrick Ollier), Affaires sociales[6] (Jean-Michel Dubernard), Affaires étrangères (Édouard Balladur), Défense[7] (Guy Teissier). Sans leur imprimatur, point de salut. Tous les textes passent entre leurs mains. Ils maîtrisent l'ordre du jour de leurs travaux, donnent leur feu vert à l'audition de tel expert ou au voyage de tel député.

1. Entretien avec l'un des auteurs, 23 juin 2006.
2. Entretien avec l'un des auteurs, 26 avril 2006.
3. Commission des Lois constitutionnelles, de la Législation et de l'Administration générale de la République.
4. Commission des Finances, de l'Économie générale et du Plan.
5. Commission des Affaires économiques, de l'Environnement et du Territoire.
6. Commission des Affaires culturelles, familiales et sociales.
7. Commission de la Défense nationale et des Forces armées.

Le travail en commission a pour but de défricher le terrain avant l'examen des lois en séance. En France, le nombre de commissions permanentes est restreint à six, contrairement à ce qui se pratique dans la plupart des démocraties, où les commissions collent plus ou moins à la géographie ministérielle. L'idée de Michel Debré, lors de la fondation de la Vᵉ République, en limitant le nombre de commissions était de protéger le travail parlementaire des groupes de pression. On voit aujourd'hui les lacunes du système : l'accumulation des dossiers n'empêche pas les lobbies de s'activer. Au contraire !

Commissions fourre-tout et présidents débordés

Conséquence de ce découpage, l'activité des commissions – et de leurs présidents – est très inégale. Celle des Affaires économiques et celle des Affaires sociales – toutes deux pléthoriques, avec 145 députés contre un maximum de 73 dans les quatre autres – sont de vastes fourre-tout au sein desquels il est difficile de travailler efficacement. « Un peu comme deux grandes poubelles où l'on aurait jeté les matières les moins nobles de l'activité législative », écrit Marc Abélès dans son ouvrage *Un ethnologue à l'Assemblée*[1].

Jean-Michel Dubernard (UMP, Rhône), qui préside la commission des Affaires sociales, est forcément débordé : chirurgien réputé à l'hôpital Édouard-Herriot de Lyon, il continue d'opérer tout en s'occupant de ces travaux parlementaires. Couvrant les attributions de onze ministères, sa commission est saisie de dizaines de textes, qui vont de l'audiovisuel à la famille en passant par l'enseignement, la recherche, la santé, l'emploi, la réforme des retraites ou encore celle de l'assurance-maladie. « Vu la charge de travail et son emploi du temps, le président ne peut la manager

1. Marc Abélès, *Un ethnologue à l'Assemblée*, Odile Jacob, 2000.

sérieusement[1] », estime Martine Billard (Verts, Paris), qui s'intéresse de près à la législation sociale.

En janvier 2006, constatant la « charge excessive » de cette commission, le président de l'Assemblée nationale a proposé, dans le cadre d'une réforme du règlement, de la scinder en deux, en fusionnant parallèlement celles des Affaires étrangères et de la Défense[2]. La proposition a été rejetée le 30 mai 2006 par les membres de cette dernière commission. Les « affaires sociales » demeurent, pour l'instant, un dédale où les députés peinent à se retrouver. Une telle situation facilite l'entrisme des groupes de pression, qui les alimentent en argumentaires sur mesure.

De son côté, Patrick Ollier, président de la commission des Affaires économiques, est tout aussi surbooké. Maire de Rueil-Malmaison (Hauts-de-Seine), ce gaulliste à la silhouette élancée, ex-collaborateur de Jacques Chaban-Delmas à l'Assemblée nationale, compagnon à la ville de la ministre de la Défense Michèle Alliot-Marie, aime s'occuper de tout. À 62 ans, il avale les dossiers, court d'une réunion à l'autre, d'un micro à l'autre, garde un œil sur tout ce qui touche à la montagne – vestige de son ancienne fonction de maire de La Salle-les-Alpes (Hautes-Alpes). Pourfendeur des 35 heures avec Hervé Novelli (UMP, Indre-et-Loire), il se démène sans compter en faveur des entreprises. Partisan d'une « diplomatie économique », traditionnellement proche des pays arabes, il voyage beaucoup, notamment en Libye, où il a effectué

1. Entretien avec l'un des auteurs, 17 mai 2006.

2. La plupart des autres résolutions proposées par Jean-Louis Debré, visant notamment à globaliser le temps de parole lors de la discussion des textes (et non plus à procéder amendement par amendement), à n'autoriser le dépôt d'amendements que jusqu'à la veille d'une discussion, à assurer le pluralisme politique dans les commissions d'enquête, à attribuer la présidence d'une commission permanente à l'opposition ou encore à obliger les groupes politiques à remettre une déclaration d'appartenance à la majorité ou à l'opposition, ont été adoptées le 7 juin 2006. Mais la dernière,

plusieurs déplacements depuis 2002 en tant que président du groupe d'études à vocation internationale sur ce pays[1].

Résultat de cette boulimie : « Il est souvent injoignable », se plaignent nombre d'élus de la commission, où s'activent notamment d'autres poids lourds comme Jean Proriol (UMP, Haute-Loire), Léonce Deprez (UMP, Pas-de-Calais), Christian Bataille (PS, Nord) ou Jean-Pierre Abelin (UDF, Vienne). Les « affaires économiques » recouvrent, elles aussi, un champ très large de sujets comme les transports, l'énergie, l'environnement, le tourisme, la construction, le logement, le commerce, les entreprises publiques, l'agriculture ou encore les télécoms. Un casse-tête permanent, avec des lobbies puissants derrière chaque dossier.

Édouard Balladur, prestigieux inactif

Le président de la commission des Affaires étrangères, Édouard Balladur (UMP, Paris), est plus facile à cerner. Paradoxalement, il cumule le prestige et l'inaction. Édouard Balladur n'est pas du genre à bousculer l'Assemblée. Il n'assiste pas souvent à la Conférence des présidents, ne pose aucune question écrite, n'écrit aucun rapport, ne rédige que de rares propositions de loi et intervient parcimonieusement en séance publique[2].

Ce n'est pourtant pas son emploi du temps qui l'en empêche. Son seul autre mandat est celui de conseiller de Paris. La mairie du XVe arrondissement, où il est élu, est

---

concernant la déclaration d'appartenance, a été jugée anticonstitutionnelle par le Conseil constitutionnel le 22 juin 2006.

1. Voir le chapitre 18.

2. Selon les données de l'Assemblée au début de juin 2006, Édouard Balladur avait rédigé zéro rapport, zéro question écrite (de juin 2002 au 7 juin 2006), trois propositions de loi, et il était intervenu 12 fois en séance (de janvier 2004 au 13 mai 2006). Contacté par l'un des auteurs le 24 mai 2006, il n'a pas répondu.

distante de l'Assemblée nationale de dix stations de métro. L'ancien Premier ministre imprime à la commission un style des plus académiques. Il y est entouré d'une kyrielle d'ex-ministres presque aussi policés que lui, tels Hervé de Charette (UMP, Maine-et-Loire), Jacques Godfrain (UMP, Aveyron), Laurent Fabius (PS, Seine-Maritime), Dominique Strauss-Kahn (PS, Val-d'Oise), Paul Quilès (PS, Tarn), Jack Lang (PS, Pas-de-Calais) ou Jean Glavany (PS, Hautes-Pyrénées).

Respectueux des institutions de la Ve République, Édouard Balladur est adepte du minimalisme parlementaire. Il est vrai que la commission des Affaires étrangères ne croule pas sous l'ouvrage, sa principale tâche étant d'examiner consciencieusement les projets de loi autorisant l'approbation de traités ou de conventions internationales. « La commission des Affaires étrangères est une sorte de club, témoigne Bruno Bourg-Broc (UMP, Marne), fort de vingt-quatre années d'expérience parlementaire. Nous recevons des chefs d'État, des ministres des Affaires étrangères de passage à Paris [1]. » Ce vieux sage, maire de Châlons-en-Champagne, aime caresser l'idée que la commission exerce une « diplomatie parlementaire parallèle ». Mais chacun sait bien que la politique étrangère de la France se décide à l'Élysée et au Quai d'Orsay, pas au Palais-Bourbon.

« Les débats et les auditions au sein de la commission sont d'une haute tenue intellectuelle, ce qui permet de prendre du recul, confirme Jean-Paul Bacquet, élu socialiste du Puy-de-Dôme. Mais il ne s'y passe pas grand-chose d'autre. De plus, le président n'est guère porté sur les missions d'information ou les missions à l'étranger [2]. »

Ceux qui, au sein de la commission, seraient tentés de se bercer d'illusions quant à leur rôle sont vite rappelés à la réalité par Édouard Balladur. Jacques Myard (UMP, Yvelines),

1. Entretien avec l'un des auteurs, 22 juin 2006.
2. Entretien avec l'un des auteurs, 30 juin 2006.

souverainiste de choc, auteur d'un rapport sur le thème « Information, désinformation et géostratégie » dénonçant assez rudement les mensonges américains et britanniques lors du lancement de la guerre en Irak en 2003, l'a appris à ses dépens : « Le président m'a fait comprendre que mes conclusions risquaient de gêner nos bonnes relations avec les Américains et les Britanniques[1] », explique-t-il. À l'issue de la réunion de la commission du 29 mars 2006, Édouard Balladur, soutenu par quelques députés présents, a différé la publication du rapport en expliquant que la commission devait observer une « certaine réserve » et qu'il fallait modérer certaines expressions du document, jugées peu convenables. Jacques Myard a l'intention de publier ce texte chez un éditeur. « Cette commission des Affaires étrangères roupille », fulmine le bouillant député.

Guy Teissier, le grand muet de la Défense

Guy Teissier a un mérite : il ne cherche pas la publicité. Micros et caméras ne captent jamais ses bons mots ni ses déclarations tonitruantes. Et pour cause. Propulsé en 2002, sur injonction de l'Élysée, à la présidence de la commission de la Défense avec pour mission de ne pas faire de vagues, le député UMP des Bouches-du-Rhône, entré à l'Assemblée en 1988, exécute les ordres avec zèle. Obéissance et mutisme, telles sont les premières qualités de ce sexagénaire marseillais de souche, ancien clerc de notaire devenu administrateur de biens, réélu député en 2002 dans un fauteuil avec 76 % des suffrages – le meilleur score de France au second tour.

Mais sa discrétion n'empêche pas cet officier de réserve de travailler ses dossiers ni de suivre de près, avec quelques collègues, tout ce qui se passe dans le petit monde où il évolue,

1. Entretien avec l'un des auteurs, 25 avril 2006.

où chacun se connaît. Les états-majors des armées sont aux petits soins pour les VIP de la Défense. « Guy Teissier adore aller sur le terrain rencontrer les soldats pour montrer que les parlementaires ne sont pas des ronds-de-cuir[1] », explique Gilbert Le Bris, député socialiste du Finistère, vice-président de la commission, qui a sauté en parachute avec lui à l'île de la Réunion. Passionné d'escalade et de randonnée, Guy Teissier sait mouiller sa chemise. On l'a vu, accompagné de quelques fidèles de sa commission, dormir sous la tente avec les bidasses à Canjuers, mais aussi rendre visite aux soldats dans toutes les zones sensibles, au Kosovo ou en Côte-d'Ivoire.

À ce goût du contact militaire le président de la commission de la Défense ajoute plusieurs autres faits d'armes. Il a constamment appuyé la ministre Michèle Alliot-Marie lorsqu'elle défendait son budget face aux tentatives de coupes de la part de Bercy. « Il y a un certain accord droite-gauche sur ces questions[2] », estime Jean-Michel Boucheron (PS, Ille-et-Vilaine), un des experts de la commission. Le président a aussi institué, dès 2003, une pratique de contrôle trimestriel des dépenses du ministère. « C'est nouveau et très utile pour surveiller les grands programmes d'équipement[3] », commente Francis Hillmeyer (UDF, Haut-Rhin). Guy Teissier a enfin créé une « université d'été de la Défense », qui réunit chaque année toute la « communauté de la Défense » dans une ambiance décontractée. Les industriels du secteur, qui sollicitent en permanence les députés de la commission, sont évidemment aux premières loges[4].

Au vu de ce climat consensuel, il n'est guère étonnant que les membres de la commission aient refusé unanimement le

1. Entretien avec l'un des auteurs, 16 mai 2006.
2. Entretien avec l'un des auteurs, 22 mars 2006. Sur Jean-Michel Boucheron, voir le chapitre 3.
3. Entretien avec l'un des auteurs, 7 juillet 2006.
4. Voir le chapitre 17.

projet de Jean-Louis Debré de fusionner la commission de la Défense et celle des Affaires étrangères au prétexte que leur rôle législatif était de plus en plus limité. Une telle fusion aurait risqué, selon Guy Teissier, de réduire l'activité de la nouvelle commission « à l'audition annuelle du chef d'état-major des armées[1] ». L'un de ses proches ajoute : « À quelques mois des élections, c'eût été un mauvais signe envoyé aux 350 000 militaires et aux millions de personnes de leurs familles, alors que nous sommes là pour les écouter. » Mais les députés voulaient surtout que personne ne perturbe leurs bonnes habitudes !

Silence, on travaille

La commission des Lois, dirigée d'une main de fer par Pascal Clément (UMP, Loire) jusqu'en juin 2005, est désormais présidée par Philippe Houillon, un avocat plutôt effacé. Ce député UMP du Val-d'Oise a été propulsé sur le devant de la scène en 2006 en tant que rapporteur de la commission d'enquête sur l'affaire d'Outreau[2], aux côtés du président socialiste de cette commission, André Vallini. Le passionnant travail d'enquête mené à cette occasion a connu un retentissement populaire sans précédent dans la vie parlementaire de la Ve République : les auditions publiques, retransmises à la télévision, ont permis aux membres de la commission d'entendre 221 personnes, entre janvier et avril 2006. Grande première : l'Assemblée a gravé sur CD-Rom le texte intégral des 1 600 pages de comptes rendus d'auditions.

---

1. Compte rendu de la réunion de la commission de la Défense, 30 mai 2006.

2. Le rapport rédigé au nom de la commission d'enquête chargée de rechercher les causes des dysfonctionnements de la justice dans l'affaire dite d'Outreau et de formuler des propositions pour éviter leur renouvellement a été rendu le 6 juin 2006.

Habituellement, le travail de la commission des Lois est nettement moins « paillettes ». Composée en majorité de juristes (l'avocat socialiste Arnaud Montebourg est l'un de ses trois vice-présidents), cette commission a pour rôle de passer au filtre du droit tous les textes soumis au Parlement. L'avocat UMP Xavier de Roux, ex-associé au sein du grand cabinet Gide-Loyrette-Nouel, en est également vice-président. Cet élu de la Charente-Maritime, homme affable connu pour ses opinions libérales, dit s'épuiser à éplucher des textes toujours trop complexes : « C'est passionnant pour un avocat de pénétrer dans les cuisines des lois. Mais je me demande pourquoi on rédige désormais des textes longs comme le bras, plus déclamatoires et bavards qu'efficaces[1]. » Xavier de Roux a derrière lui quatre décennies d'expérience pratique du droit des affaires. C'est donc lui qui décortique tous les projets de loi concernant les entreprises, l'initiative économique, le Code du commerce ou les faillites. « Il reste en contact constant avec le monde des entreprises, notamment celles du CAC 40 », confie l'un de ses amis à l'Assemblée.

Les barons des Finances

La commission des Finances, réputée comme étant la plus technique, compte une autre belle brochette de VIP. Son président, Pierre Méhaignerie, élu UMP d'Ille-et-Vilaine et membre de la garde rapprochée de Nicolas Sarkozy, en fait bien sûr partie. Cet ancien ministre, ex-président du Centre des démocrates sociaux (CDS), s'est rallié en 2002 à l'UMP, dont il a été élu secrétaire général à la fin de 2004. Vieux routier de la politique, Pierre Méhaignerie garde un œil sur tout. Il est secondé par un homme de l'ombre, le rapporteur

1. Entretien avec l'un des auteurs, 18 mai 2006.

général Gilles Carrez, député UMP du Val-de-Marne et maire du Perreux-sur-Marne, aussi méconnu qu'incontournable.

Souriant, réservé, cet énarque plongé durant vingt ans dans la gestion des villes nouvelles est entré à l'Assemblée en 1993 comme suppléant de Michel Giraud. Il s'est immédiatement retrouvé embarqué dans la commission des Finances, son mentor ayant été nommé ministre dans le gouvernement Balladur[1]. En vrai novice, il a eu la sensation d'entrer dans le saint des saints : « Je connaissais déjà la fiscalité locale et je me suis initié aux finances de l'État, que je ne connaissais pas bien, confie-t-il. Mais, dans cette commission, il faut se battre, car les places sont chères. Durant mon premier mandat, on ne m'a donné aucun rapport à rédiger[2]. » Gilles Carrez réussit tout de même à se glisser dans la commission d'enquête sur le Crédit Lyonnais en 1994. Puis il donne son nom à la fameuse loi qui réglemente les surfaces habitables lors de cessions immobilières.

Rescapé de la débâcle du RPR en 1997, le député du Val-de-Marne s'impose comme un opposant de plus en plus pointu sur les questions budgétaires. Réélu en 2002, il pose sa candidature pour devenir rapporteur général du budget et l'emporte face à un ancien rapporteur, Philippe Auberger (UMP, Yonne).

Gilles Carrez forme aujourd'hui avec Pierre Méhaignerie un tandem redouté à un poste clé où il faut, selon lui, être « bon technicien, désintéressé et fiable ». Le rapporteur général sert en effet d'« articulation entre le gouvernement et la majorité sur toutes les questions budgétaires et fiscales ». Il voit passer sur son bureau l'ensemble des lois de finances, avec des dizaines de notes de Bercy, des centaines de tableaux

1. Michel Giraud, président du conseil régional d'Ile-de-France (de 1976 à 1988 et de 1992 à 1998), a été ministre du Travail dans le gouvernement Balladur de 1993 à 1995.

2. Entretien avec l'un des auteurs, 28 juin 2006.

de chiffres, des milliers d'amendements et autant de chausse-trappes politiques. Son prédécesseur socialiste, Didier Migaud, explique : « Les pressions sont fortes et les sollicitations nombreuses. Le rapporteur général doit être très rigoureux, sentir venir les coups, écouter sans être prisonnier de ses interlocuteurs[1]. » Gilles Carrez semble plus consensuel : « Nous jouons collectif, en faisant passer le maximum des demandes de nos collègues, dès lors qu'elles sont pertinentes et compatibles avec nos équilibres budgétaires. »

Cependant, le rapporteur général affirme détecter facilement les textes téléguidés par les lobbies : « Avec Pierre Méhaignerie, nous n'aimons pas les amendements estampillés, que ce soit du Medef ou de tout autre organisme. Au début, nos collègues nous en ont présenté beaucoup. Cela ne veut pas dire qu'on ne les prend pas, mais nous sommes très sélectifs et nous préférons que les députés aient une réflexion personnelle ! »

Pour « couvrir tout le terrain », Carrez et Méhaignerie s'appuient sur des poids lourds de la commission très impliqués, comme le libéral Hervé Novelli (UMP, Indre-et-Loire), le polytechnicien villepiniste Hervé Mariton (UMP, Drôme), le technicien Michel Bouvard (UMP, Savoie), l'inspecteur des finances Philippe Auberger (UMP, Yonne) ou l'incollable Charles de Courson (UDF, Marne), qui font figure d'experts[2]. Ces membres de la majorité échangent à fleurets mouchetés avec la poignée de connaisseurs de l'opposition, tels le fabiusien Didier Migaud (Isère), Augustin Bonrepaux (PS, Ariège), Jean-Pierre Balligand (PS, Aisne) ou Jean-Pierre Brard (PC, Seine-Saint-Denis), le tenace maire de Montreuil.

Le rapporteur général est fier du travail accompli « en équipe », notamment en matière de contrôle budgétaire, avec la mise en place d'une réforme importante sur les lois de

1. Entretien avec l'un des auteurs, 6 avril 2006.
2. Voir le chapitre 3.

finances (dite LOLF, loi organique relative aux lois de finances) qui avait été initiée par son prédécesseur. Mais le grand regret de Gilles Carrez est d'avoir mal apprécié en 2002 la situation économique, enjolivée, selon lui, par ses devanciers : « Nous sommes partis sur des illusions en matière de croissance et de marge budgétaire. Depuis, nous n'arrivons pas à faire comprendre la gravité de la situation budgétaire à nos collègues, ni aux ministres, qui se fichent des additions générales. C'est usant. »

Les banquiers de la réserve parlementaire

Le président de la commission des Finances et son rapporteur général ont beau jeu de se poser en économes et en pédagogues des finances publiques. Ils détiennent en effet un autre pouvoir, aussi discret que convoité : ce sont eux qui possèdent les clés du coffre de la « réserve parlementaire ».

Cette appellation peut prêter à confusion. Il ne s'agit pas d'une cagnotte prise sur le budget annuel de l'Assemblée nationale, ni d'une partie de son « trésor de guerre »[1]. La réserve parlementaire est, en réalité, une petite ligne du budget général de l'État. Son montant était en 2005 de 91 millions d'euros pour l'Assemblée et de 58 millions pour le Sénat[2]. L'attribution de ces crédits publics se fait à l'initiative

---

1. Le budget de l'Assemblée nationale était de 506 millions d'euros en 2004 (dont 480 millions pour le fonctionnement et 26 millions pour les investissements). De plus, l'Assemblée dispose d'un trésor de guerre, cumul des excédents des années précédentes, mis de côté et placé en « bon père de famille » sur des obligations. Ces « immobilisations financières » atteignaient 181 millions d'euros à la fin de 2004. Elles servent ponctuellement à compléter les dépenses d'investissements (26 millions d'euros en 2004), par exemple pour financer les travaux entrepris dans les bâtiments.

2. Sur le Sénat, voir le livre très détaillé de Claude Lévy, *La Bulle de la République. Enquête sur le Sénat*, Calmann-Lévy, 2006. Et, notamment, sur la réserve parlementaire, p. 129-139.

des parlementaires : ils demandent aux ministères, via le président et le rapporteur général de la commission des Finances, de débloquer des fonds en faveur d'investissements de collectivités locales (environ 80 % des sommes allouées) ou sous forme de subventions à des associations (20 %).

« Il me paraît tout à fait légitime que, sur un budget de près de 300 milliards décidé par le gouvernement, 90 millions puissent être affectés sur proposition des députés, argumente Gilles Carrez. Le circuit est transparent, comme pour n'importe quelle subvention publique. »

À une nuance près : les 91 millions d'euros disponibles – soit 157 000 euros par député – sont répartis de manière discrétionnaire par Pierre Méhaignerie et Gilles Carrez. « Traditionnellement, les sommes étaient réservées aux membres de la commission des Finances. J'ai contribué à ouvrir le cercle », révèle Didier Migaud, rapporteur des finances entre 1997 et 2002. Son successeur ajoute : « Quand nous sommes arrivés, Pierre Méhaignerie et moi avons décidé d'élargir encore plus et d'égaliser tout cela progressivement. »

Mais la *glasnost* n'est pas encore d'actualité sur les rives de la Seine. La liste des bénéficiaires et des montants accordés relève du « secret défense ». « J'ai tous les chiffres, mais je suis une tombe sur le sujet, répond, abrupt, Gilles Carrez. Nous ne voulons pas donner la liste par député car cela pourrait générer des dissensions ingérables entre parlementaires, certains estimant qu'ils en ont plus besoin que d'autres parce qu'ils ont des circonscriptions difficiles. » La transparence des crédits et le contrôle des dépenses publiques dont s'enorgueillissent les responsables de la commission des Finances s'arrêtent à la porte de leur propre coffre-fort.

Selon quels critères la réserve est-elle répartie ? « Il n'y a pas de tarifs, répond Gilles Carrez. Il y a des critères de présence ou de travail. C'est un peu un système de primes en fonction de l'implication dans le travail parlementaire. Et c'est assez efficace ! » Tel député assidu se verrait donc attribuer davantage de crédits pour les projets de sa circonscription que son collègue absent. Les deux patrons de la commission des Finances s'érigeraient ainsi en juges des mérites de leurs collègues. « Nous ne sommes pas seuls, nuance le rapporteur général, puisqu'une grande partie de ces sommes a été déléguée depuis 2002 aux groupes politiques. » C'est à eux qu'échoit désormais la tâche de sélectionner certains des « méritants ».

Il y a encore un autre bémol à la transparence : les VIP de l'Assemblée, présidents, vice-présidents, rapporteur général ou chefs de parti, sont les mieux servis, à commencer par Pierre Méhaignerie et Gilles Carrez ! Aucun des deux n'a voulu nous communiquer les montants dont il dispose pour sa propre circonscription [1]. De plus, selon un accord tacite entre les groupes au gré des alternances, les députés de la majorité sont mieux lotis que ceux de l'opposition. Le socialiste Didier Migaud évoque une moyenne inférieure à 50 000 euros pour ces derniers, tout en refusant d'indiquer la somme qui lui est attribuée personnellement – probablement largement supérieure, puisqu'il est à la fois un ancien rapporteur général et l'un des trois questeurs actuels de l'Assemblée.

Le fait du prince

« Les méthodes d'attribution de la réserve sont totalement opaques, à la tête du client, s'étonne François-Michel Gonnot (UMP, Oise). C'est le fait du prince. On sait combien on a, on ne sait pas combien a son voisin [2]. » Les écarts semblent même plus importants que les gardiens du coffre ne veulent bien le dire.

1. Sollicité à plusieurs reprises pour un rendez-vous, Pierre Méhaignerie n'a pas donné suite à nos demandes.

2. Entretien avec l'un des auteurs, 28 mars 2006.

Ainsi, Noël Mamère nous explique ce qu'il en est pour les Verts : « L'attribution de la réserve parlementaire obéit à des règles bien précises de partage entre les groupes politiques. Maintenant que nous sommes dans l'opposition, en qualité de non-inscrits, nous avons droit à beaucoup moins que lorsque nous étions dans la majorité. En début de législature, nous répondons à un questionnaire de la commission des Finances, qui effectue les calculs. Personnellement, j'ai droit à 45 000 euros par an, ce qui correspond à 30 000 euros à titre personnel plus 15 000 euros provenant d'une enveloppe de 45 000 euros répartie entre les trois élus verts[1]. »

Jacques Floch, élu socialiste de Loire-Atlantique qui ne se représentera pas en 2007, affirme qu'il a bénéficié de 40 000 à 50 000 euros ces dernières années. « Pour certains projets d'équipements locaux, cela peut représenter un complément de financement précieux[2] », dit-il. Il a notamment réussi grâce à cet apport à boucler des budgets pour construire des crèches. « Dans les discours d'inauguration, les remerciements vont ainsi au député, c'est important pour l'image locale et pour les relations avec les maires de ma circonscription. »

Député UMP de Meurthe-et-Moselle, le questeur Claude Gaillard livre son avis d'initié sur le sujet : « L'égalité n'est pas possible. Cela ne me choque pas que le député qui termine son quatrième mandat soit mieux servi que le nouvel élu, ni que les présents soient favorisés par rapport aux absents. En tant que premier questeur, membre de la commission des Affaires sociales, j'ai pu distribuer environ 300 000 euros par an. En 2006, par exemple, j'ai contribué aux travaux de rénovation de la mairie de Nancy afin que soient aménagés des accès pour les handicapés. Mais, pendant les quinze années précédentes, je demandais peu, sauf nécessité particulière[3]. »

1. Entretien avec l'un des auteurs, 28 mars 2006.
2. Entretien avec l'un des auteurs, 31 mars 2006.
3. Entretien avec l'un des auteurs, 4 avril 2006.

Enfin, Hervé Morin, patron des 30 députés UDF, explique comment se répartit la somme allouée à son groupe : « Nous avons décidé que les députés auraient tous le même montant, à l'exception de Charles de Courson, membre de la commission des Finances, du président du parti François Bayrou et de moi-même. Personnellement, je dispose d'une enveloppe de 300 000 euros par an[1]. » Ce député de l'Eure, qui n'avait que 30 000 euros par an en tant qu'élu de l'opposition lors de la précédente législature, reconnaît qu'il s'agit d'un système « discrétionnaire et clientéliste », mais « pas plus que s'il s'agissait de subventions venant des ministères ».

Ces témoignages prouvent que les disparités sont colossales. Et si quelques rares élus ne cachent pas à quoi leur sert cette enveloppe, l'opacité règne sur sa répartition, assurée par une poignée de députés qui sont aussi les plus favorisés par le système. La réserve parlementaire permet ainsi aux VIP de se constituer des réseaux de fidèles, et ce dans un épais brouillard que ni les caciques de droite ni ceux de gauche ne veulent dissiper. « Que voulez-vous, avec quelques millions d'euros de crédits, c'est fou l'influence qu'on peut avoir ! » ironise un initié de la commission des Finances.

Claude Gaillard, « ministre » des Finances et de l'Intérieur

Avec les présidents et les vice-présidents, les questeurs sont les autres grands détenteurs du pouvoir à l'Assemblée nationale. Questeur : « magistrat romain chargé surtout de fonctions financières », peut-on lire dans le Larousse. Les trois questeurs, élus par leurs pairs, occupent une fonction clé dans l'organisation interne du Palais-Bourbon. « Sous la haute direction du Bureau, ils sont chargés des services financiers et

---

1. Entretien avec l'un des auteurs, 30 juin 2006.

administratifs. Aucune dépense nouvelle ne peut être engagée sans leur avis préalable », précise l'article 15 du règlement. À la fois ministres des Finances et de l'Intérieur, ils sont les gardiens des secrets de la maison.

Dans la configuration actuelle de l'Assemblée, deux questeurs appartiennent à la majorité, un à l'opposition. Jusqu'à la fin de la législature, le premier questeur est Claude Gaillard (UMP, Meurthe-et-Moselle), le deuxième Guy Drut (UMP, Seine-et-Marne) et le troisième Didier Migaud (PS, Isère). Claude Gaillard et Didier Migaud ont été réélus chaque année par leurs pairs depuis 2002. Ce sont les plus influents.

Pour sa part, Guy Drut a succédé à Henri Cuq (UMP, Yvelines), nommé en avril 2004 ministre délégué aux Relations avec le Parlement auprès du Premier ministre. L'ancien champion d'athlétisme, membre du Comité international olympique, a défrayé la chronique en mai 2006 lorsque le président de la République lui a accordé une amnistie individuelle, une mesure qui efface la condamnation à quinze mois de prison avec sursis et 50 000 euros d'amende pour emploi fictif prononcée le 26 octobre 2005 par le tribunal correctionnel de Paris dans l'affaire des marchés publics d'Ile-de-France. Après la tempête médiatique soulevée par cette décision, Guy Drut aurait pu subir les avanies de ses collègues députés. Mais, dans les couloirs du Palais-Bourbon, personne n'a souhaité exploiter l'événement, ce qui n'est pas sans lien avec la position clé occupée par Guy Drut à la questure. « Se fâcher avec un questeur peut vous coûter des ennuis logistiques durant des mois », chuchote un de ces courageux qui souhaitent rester anonymes.

La fonction est prenante, les sollicitations constantes. Mais le questeur est un homme de l'ombre. Il demande rarement à prendre la parole lors des questions orales, ne se bagarre pas pour rédiger des rapports. Son influence est ailleurs. Responsables de la sécurité, les questeurs savent tout sur les députés, le personnel administratif, les assistants parlementaires, les journalistes accrédités. Ils gardent secrète la liste des titulaires d'un badge d'accès. Ils sont parfaitement au courant lorsque tel député emploie tel collaborateur, ou lorsque tel autre délivre un badge de complaisance à un lobbyiste sous couvert de collaboration bénévole... Mais chut !

Les questeurs tiennent une partie de leur pouvoir des informations qu'ils possèdent, et ils ne sont donc nullement enclins à prôner la transparence. Dotés de vastes bureaux, calmes et confortables, dans une aile attenante à l'hémicycle, ils partagent aussi avec le président de l'Assemblée le privilège de disposer de splendides appartements de réception, qu'ils prêtent volontiers aux membres de leur groupe ou à leurs amis politiques. Avoir un accès facile aux salons de la questure représente pour un député un gage d'influence et un avantage matériel considérable. Didier Migaud autorise ainsi nombre de ses amis, proches de Laurent Fabius, à tenir des réunions. « Mais pas seulement eux, précise le questeur socialiste. Dominique Strauss-Kahn ou Jean-Marc Ayrault s'en servent aussi régulièrement, chaque participant payant son écot. En réalité, tout député qui en fait la demande peut, en fonction des disponibilités, organiser des déjeuners ou des réceptions à la questure. »

Le vétéran Léonce Deprez, député-maire UMP du Touquet, a ainsi utilisé les salons de la questure le 3 mai 2006 pour présenter son dernier ouvrage sur le tourisme. Quelques lobbyistes privilégiés ont également leurs entrées, tel Nicolas Pilliet, qui y organise les petits déjeuners de son cercle Strategia, où se croisent industriels de l'armement et parlementaires. C'est encore dans ces agréables appartements qu'ont lieu de rituelles dégustations de foie gras, de charcuterie, de petits vins de terroir et de fromages d'appellation contrôlée ! Le Club parlementaire des amateurs de thé, présidé par Claude Goasguen (UMP, Paris), y teste chaque trimestre une vingtaine d'arômes différents sous les auspices de la maison de thé parisienne Mariage Frères, fondée en 1854.

« Le questeur est là pour rendre service », résume un connaisseur. Ou pour ne pas rendre service. Il a toute liberté de refuser des dépenses qu'il juge inutiles. Le questeur aime se faire prier. Rien ne le réjouit autant que de voir Édouard Balladur (UMP, Paris), désireux de faire meubler en style Louis XV son magnifique bureau de président de la commission des Affaires étrangères, suspendu à la décision de la questure : paiera, paiera pas la facture ? L'ancien Premier ministre, qui ne concevait pas de se servir des meubles de son prédécesseur Jack Lang, dont il ne partage pas le goût pour le design contemporain, a évidemment obtenu satisfaction. On est VIP ou on ne l'est pas.

CHAPITRE 3

Famille « Experts »

Ce troisième groupe est composé de personnages moins officiels mais influents grâce à l'expertise qu'ils ont acquise au fil des ans. Ils n'occupent pas forcément le devant de la scène et ne collectionnent pas les titres ronflants. Néanmoins, sur les sujets qui se rapportent à leur domaine d'excellence, ils sont systématiquement consultés, qu'ils soient dans la majorité ou dans l'opposition. Leur avis peut suffire à enterrer une proposition de loi, à clore un débat, à faire passer un amendement.

Les experts sont souvent désignés par leur groupe politique comme rapporteurs spécialisés. Au sein de la commission des Finances, par exemple, ils sont une quarantaine à jouer ce rôle – environ un par ministère. Lors de chaque session budgétaire, à l'automne, ces rapporteurs sont chargés de décortiquer les propositions de dépenses préparées par l'État. Leur poste est très convoité, car il procure des contacts privilégiés dans les allées du pouvoir exécutif : cela peut s'avérer utile pour faire avancer des idées ou débloquer des dossiers importants pour sa circonscription, voire servir de tremplin aux ambitieux. Quel député ne rêve pas de recevoir, la veille d'un remaniement ministériel, un coup de fil du Premier ministre lui proposant un maroquin ?

Les rapporteurs de la commission des Finances disposent également d'un pouvoir de contrôle « sur pièces et sur place » dans les administrations, sans qu'il soit nécessaire de déclencher une mission d'information ou une commission d'enquête. En cas de besoin, ils ont toute légitimité pour se faire communiquer des documents et dénoncer, le cas échéant, des dérapages gouvernementaux. Dans les faits, rares sont les députés qui utilisent cette arme. Unanimes à dénoncer les maigres pouvoirs du Parlement, nos élus manquent singulièrement de courage et de volonté lorsqu'il s'agit d'exercer leur fonction de contrôle, pourtant prévue par les institutions...

Des rapporteurs très courtisés

Ces rapporteurs spéciaux sont surveillés de près par les lobbyistes de tous horizons, car leur avis sur les budgets peut peser lourd. Les industriels de la pharmacie, par exemple, font chaque année la danse du ventre devant les rapporteurs du projet de loi de financement de la sécurité sociale (PLFSS) [1], un texte crucial qui détermine les prix et les profits du secteur. De façon plus ponctuelle, et en fonction de l'actualité législative, les rapporteurs désignés pour présenter les projets de loi lors du débat parlementaire sont également ciblés par les groupes de pression. Au printemps 2006, François Carlier, responsable du dossier « Eau » dans la petite équipe de l'association de consommateurs UFC-Que choisir chargée des relations avec les élus, a immédiatement demandé un rendez-vous

1. Voir à ce sujet le chapitre 12.

à André Flajolet lorsqu'il a appris que ce député UMP du Pas-de-Calais serait le rapporteur du projet de loi sur l'eau, adopté en première lecture à l'Assemblée nationale le 30 mai 2006. « Nous l'avions déjà vu en 2005, lors des auditions officielles organisées au moment de la préparation de ce texte, explique François Carlier. Mais il était impératif de le revoir pour exposer notre point de vue avant la discussion parlementaire. C'est bien connu, les amendements présentés par le rapporteur ont 90 % de chances d'être adoptés, ceux du député lambda seulement 10 %. »

La chasse au rapporteur est donc un exercice obligé. Dans un document daté de 2002 destiné aux participants d'un séminaire de l'École de guerre économique, un lobbyiste conseille ainsi les entreprises : « Une fois le projet de loi annoncé, mais avant que le texte ne soit transmis aux commissions compétentes d'une assemblée, il est possible de faire valoir des intérêts. La cible privilégiée est le rapporteur au sein de la (des) commission(s). En informant ce rapporteur le plus tôt possible des enjeux liés à nos intérêts, on le conditionne à voir dans certains articles des effets pervers. Informé par nos soins, il pourra ainsi faire valoir son sens des réalités et orienter les autres parlementaires dans la direction qui nous est la plus favorable[1]. »

Charles Amédée de Courson, empêcheur de gaspiller en rond

Tous les rapporteurs ne sont pas aisément malléables. Considéré comme « hors concours » et « incorruptible », « l'expert parmi les experts » de la commission des Finances n'est pas

1. *Lobbying. Influencer le résultat du processus législatif aux niveaux français et européen*, mémoire de Cédric Vasseau dans le cadre du séminaire de Bruno Gosselin, École de guerre économique, 2002.

un UMP, mais un UDF. Le 16 mai 2006, Charles Amédée de Courson s'est rangé derrière son chef François Bayrou, comme neuf autres de ses camarades UDF, pour voter la censure du gouvernement Villepin, en chœur avec l'opposition de gauche. Voilà pourtant un homme qui fait l'unanimité, à droite comme à gauche, pour son intense activité et ses compétences pointues.

Député de la Marne depuis 1993, réélu haut la main à chaque législative, ce quinquagénaire d'allure juvénile, les épaules cachées par une veste trop grande, une sage raie sur le côté, est omniprésent au Palais-Bourbon. Il met son grain de sel dans tous les dossiers liés de près ou de loin aux finances publiques. Ceux qui trouvent qu'il en fait trop chuchotent : « C'est le Fouquier-Tinville de l'Assemblée », en référence à ce cadet de petite noblesse, accusateur public du Tribunal révolutionnaire de 1793-1794, qui fit guillotiner la reine Marie-Antoinette, Robespierre et Saint-Just.

Fils d'un inspecteur général des finances et d'une comtesse, grand propriétaire terrien, l'énarque Charles de Courson a gardé de sa carrière à la Cour des comptes et à Bercy un formidable appétit pour les questions budgétaires. « C'est lui qui m'a initié aux finances de l'État lorsque j'ai été élu en 1993[1] », reconnaît l'UMP Gilles Carrez, aujourd'hui rapporteur général de la commission des Finances. Charles de Courson est l'un des membres les plus assidus de cette commission, dont il est secrétaire. Célibataire, il travaille douze heures par jour, sept jours sur sept, à un rythme qui épuise ses collaborateurs.

Charles de Courson fait partie de cette poignée de députés qui prennent très au sérieux leur tâche de contrôle du gouvernement et déplorent qu'elle ne soit pas mieux exercée : « C'est l'une des principales défaillances de l'action du Parlement[2] », reconnaît le député de la Marne, qui se démène pour que

1. Entretien avec l'un des auteurs, 29 juin 2006.
2. Entretien avec l'un des auteurs, 2 mai 2006.

soient créées davantage de commissions d'enquête disposant de réels moyens d'investigation. Au cours de cette législature, il a demandé la création de deux commissions d'enquête, sur les finances de la France et sur les biocarburants. Ses propositions n'ont pas été retenues, mais il a été rapporteur de l'une des six commissions d'enquête constituées depuis 2002, celle sur le scandale de la faillite de la compagnie aérienne Air Lib[1], qui a laissé sur le carreau plus de 3 000 salariés et a donné lieu à des poursuites pénales[2].

Le transport aérien est justement l'une des spécialités de Charles de Courson. Il n'a pas hésité à réaliser un coup fumant, en 2003, pour dénoncer le caractère illusoire des mesures de sécurité mises en place dans les aéroports à la suite des attaques terroristes : « J'ai fait des tests sur plusieurs vols intérieurs français, avec l'aide d'un ami spécialiste de l'antiterrorisme. Nous avons réussi à embarquer avec à chaque fois, dans nos bagages, une arme différente : un poignard de combat en carbone, un Beretta, un Magnum, des bouteilles remplies de produits inflammables, de la dynamite cachée dans des bandes vidéo... Dix fois sur onze, nous avons réussi à déjouer les systèmes de protection. Nous n'avons été arrêtés qu'une fois, pour une lime en métal ! »

---

1. Rapport fait au nom de la commission d'enquête sur les causes économiques et financières de la disparition d'Air Lib, juin 2003.

2. Le juge Renaud Van Ruymbeke, en charge du dossier, a signé en mars 2005 l'ordonnance de renvoi des principaux acteurs de la faillite de la compagnie aérienne devant le tribunal correctionnel, dont l'ancien PDG d'Air Liberté Jean-Charles Corbet, mis en examen pour abus de biens sociaux. Ils devraient être jugés avant la fin de 2006.

Le « nid d'experts » du boulevard Saint-Germain

Au 233, boulevard Saint-Germain, à quelques pas du Palais-Bourbon, se trouve un véritable « nid d'experts », d'apparence poussiéreuse, encore peu perméable aux techniques modernes de communication. Le mardi et le mercredi, à 16 heures, au sortir de la séance des questions au gouvernement à l'Assemblée, ses responsables passent inaperçus sous la forêt de micros et de caméras. Mais les députés les saluent avec la déférence due aux vieux sages.

Bienvenue à l'Office parlementaire d'évaluation des choix scientifiques et technologiques (OPECST) ! Derrière ce sigle alambiqué se cache une délégation commune aux deux assemblées, créée en 1983 dans le but d'éclairer la représentation nationale sur les grands thèmes scientifiques. L'« Office », comme on l'appelle communément, est composé de 22 députés et 22 sénateurs. Il dispose d'un budget annuel de 250 000 euros. La présidence tourne tous les trois ans. Lorsque le président est un sénateur, le premier vice-président est un député, et vice versa. Actuellement, le député Claude Birraux (UMP, Haute-Savoie), membre de cette institution depuis sa création, est premier vice-président.

L'Office est une structure excessivement masculine (en 2006, on dénombrait seulement trois sénatrices et aucune députée). Ses membres, des parlementaires plus âgés que la moyenne, se montrent très sensibles au discours « scientiste » et croient au salut universel par le progrès scientifique. Leurs rapports et leurs avis sont parole d'Évangile pour l'écrasante majorité des élus, qui ne comprennent pas grand-chose à ces questions complexes. « Nous travaillons sur des sujets éloignés des préoccupations quotidiennes, admet Claude Birraux. On nous fait confiance car notre conseil scientifique de 24 membres fait autorité et nous permet d'avoir accès à des spécialistes dans tous les domaines. Nous effectuons régulièrement des auditions et des visites dans des laboratoires, en

France et à l'étranger[1]. » Bref, les travaux de l'Office sur les biotechnologies, les télécommunications à haut débit, les nanosciences, la biométrie ou les nouvelles technologies de l'énergie suscitent peu de controverses, sauf de la part des Verts.

Birraux et Bataille, les duettistes de l'atome

Les membres de l'Office consacrent une large partie de leur temps aux questions énergétiques, et en particulier au nucléaire. Les deux plus célèbres défenseurs de l'atome sont Claude Birraux (UMP, Haute-Savoie) et Christian Bataille (PS, Nord). Le premier est un dinosaure du Palais-Bourbon : élu pour la première fois en 1978, le vice-président du conseil général de la Haute-Savoie n'a jamais perdu son siège depuis. Il a même amélioré son score à chaque élection. À 61 ans, il compte bien se représenter en 2007. Tout comme le second, professeur de lettres, ex-membre du conseil régional du Nord-Pas-de-Calais, qui a rejoint l'Assemblée en 1988. Membre influent de la franc-maçonnerie, Christian Bataille a présidé la Fraternelle parlementaire lors de la précédente législature[2].

Bien que l'un soit dans la majorité et l'autre dans l'opposition, ces deux-là sont inséparables. Birraux-Bataille : le duo est si bien rodé que leurs deux noms sont désormais accolés comme ceux des ascensoristes Roux et Combaluzier. Le

1. Entretien avec l'un des auteurs, 9 mai 2006.

2. La Fraternelle parlementaire, association non déclarée de frères de gauche et de droite, comprend environ 200 membres du Sénat, de l'Assemblée nationale, du Parlement européen et du Conseil économique et social. Depuis la fin de 2004, elle est présidée par le socialiste Pierre Bourguignon, député de Seine-Maritime. Au cours de la législature, la Fraternelle s'est fortement impliquée dans les débats sur la bioéthique, la laïcité ou encore le droit de mourir dans la dignité.

député de Haute-Savoie s'amuse de la comparaison : « J'espère seulement que ce n'est pas *Ascenseur pour l'échafaud* ! »

Lorsqu'ils souhaitent donner un peu de publicité à leur action, Christian Bataille et Claude Birraux organisent, ensemble, des colloques à l'Assemblée. Le 24 mars 2003, ils ont convié le gratin du secteur aux deuxièmes rencontres parlementaires sur l'énergie nucléaire, consacrées à la question des déchets radioactifs. Sponsors officiels de la journée : l'Agence nationale pour la gestion des déchets radioactifs (Andra), le spécialiste du combustible et du retraitement des déchets nucléaires Areva (ex-Cogema), son concurrent britannique British Nuclear Fuels (BNFL), le Commissariat à l'énergie atomique (CEA) et EDF. Le 21 juin 2004, les duettistes coprésidaient une nouvelle rencontre, sur le thème « Perspectives énergétiques : la place du nucléaire dans le monde ».

Cette belle harmonie a pour origine une fréquentation assidue et de longue date des milieux de l'énergie. Christian Bataille s'est retrouvé plongé dans la piscine radioactive dès le début des années 90. À l'époque, les premières tentatives du gouvernement pour trouver des sites de stockage de déchets radioactifs s'étaient heurtées à une forte opposition de l'opinion, qui s'était traduite par des manifestations violentes. « Nous étions au bord de l'insurrection dans le Maine-et-Loire et les Deux-Sèvres[1] », se souvient le député du Nord. En février 1990, l'État décida donc d'un moratoire. Pour calmer les esprits et préparer l'opinion, Christian Bataille fut chargé de réfléchir non seulement aux choix techniques, mais également à la meilleure façon de faire accepter par les populations concernées l'installation de centres de stockage, pudiquement appelés laboratoires. Pourquoi lui ? « Je n'étais ni cadre à EDF ni chercheur au CEA, donc neutre », explique-t-il. Son appartenance à la franc-maçonnerie fut certainement déterminante. « Comme la plupart des membres de l'Office,

1. Entretien avec l'un des auteurs, 11 juillet 2006.

dit-il, je crois aux vertus du progrès scientifique. Je défends une philosophie éclairée, qui s'oppose à l'obscurantisme des antinucléaires. »

La loi du 30 décembre 1991 relative aux recherches sur la gestion des déchets radioactifs et votée à la suite de ce rapport est restée sous le nom de « loi Bataille ». Depuis, le député du Nord n'a cessé de s'intéresser aux questions nucléaires, sur lesquelles l'Office produit des publications régulières.

Un poste avancé du lobby nucléaire

« Avant la création de l'Office, estime Frédéric Marillier, l'expert nucléaire de Greenpeace France, les questions nucléaires échappaient complètement au débat parlementaire. Mais, très rapidement, cet organisme, qui aurait pu être un lieu de débat démocratique, a été noyauté par le lobby nucléaire[1]. » Claude Birraux s'en défend avec véhémence : « Nous sommes la seule institution véritablement indépendante. Cette indépendance, j'y veille comme à la prunelle de mes yeux. J'ai refusé, sous deux législatures, d'être président du groupe d'études sur l'énergie. Vous connaissez beaucoup d'élus qui refusent une présidence ? Je ne voulais pas avoir à dire merci aux industriels qui gravitent autour de ces groupes, offrent des voyages à leurs membres... »

La première voix discordante à s'élever dans ce chœur d'hommes fut celle de Michèle Rivasi, élue socialiste de la Drôme de 1988 à 2002. Cette brune énergique, célèbre pour son combat en faveur de la transparence de l'information nucléaire – fondatrice de la CRIIRAD[2], elle fut la première

1. Entretien avec l'un des auteurs, 22 mars 2006.

2. Commission de recherche et d'information indépendante sur la radioactivité. En 1986, alors que les services officiels indiquaient que la France avait été épargnée par le nuage de Tchernobyl, Michèle Rivasi contribua à fonder cette association afin de réaliser des mesures de la radioactivité.

à dénoncer les mensonges qui ont suivi l'explosion de Tchernobyl –, avait bien l'intention, dès son élection, de mettre son grain de sel dans les travaux de l'OPECST. Elle dut faire des pieds et des mains pour s'y faire admettre ! « On m'a répondu que les postes étaient pris. Sur quels critères ? Pas celui de la compétence, en tout cas. En qualité de scientifique, j'avais la crédibilité requise. C'est finalement grâce à l'intervention de Laurent Fabius, alors président de l'Assemblée, que j'ai pu y entrer[1]. » Une fois dans la place, elle demanda à réaliser un rapport sur les déchets nucléaires. Pour s'entendre aussitôt répondre que le sujet était préempté par Claude Birraux et Christian Bataille.

Michèle Rivasi parvint finalement à ses fins. Mais il lui fallut se démener comme une diablesse pour auditionner des écologistes et inviter les représentants des associations à siéger aux côtés des industriels lors du colloque organisé pour présenter son rapport. « On n'imagine pas à quel point le lobby nucléaire imprègne les travaux de l'Office », dit-elle. En mission aux États-Unis, elle découvrit avec stupeur qu'elle serait accompagnée dans tous ses rendez-vous par un fonctionnaire du Commissariat à l'énergie atomique, conseiller nucléaire à l'ambassade de France à Washington. La députée eut recours à des ruses de jeune fille, prétextant un rendez-vous chez le coiffeur ou un après-midi shopping pour fausser compagnie à son chaperon et rencontrer en toute tranquillité des militants antinucléaire américains. Depuis 2002, une autre femme a repris le flambeau : la sénatrice verte Marie-Christine Blandin.

Les analyses effectuées permirent de révéler la contamination de nombreux aliments et d'alerter l'opinion. Une instruction judiciaire est en cours à Paris sur ce sujet, et la CRIIRAD est partie civile.

1. Entretien avec l'un des auteurs, 28 mars 2006.

Un bon cru pour le nucléaire

Hormis ces deux trouble-fête, les membres de l'Office partagent peu ou prou les mêmes idées sur le nucléaire. Et la majorité silencieuse de leurs collègues opine. Or, en matière d'environnement, les députés ne sont pas en phase avec l'opinion, comme l'a montré une étude réalisée en 2003 par Daniel Boy, directeur de recherches au Centre d'étude de la vie politique française (Cevipof)[1]. Selon lui, le décalage entre les parlementaires et les citoyens, flagrant pour l'ensemble des questions environnementales, est spectaculaire en matière nucléaire. Son enquête révèle que les Français ne sont que 41 % à souhaiter remplacer les anciennes centrales nucléaires. Les parlementaires, eux, sont favorables à ce remplacement à 77 %. Rien d'étonnant, dans ce contexte, à ce que les parlementaires aient voté la relance du programme nucléaire au cours de cette législature.

De même que la question des déchets, un autre sujet controversé était bloqué depuis 1999 : celui du réacteur nucléaire de nouvelle génération EPR (European Pressurized Reactor). L'enjeu ? Ni plus ni moins que l'avenir du nucléaire en France et la survie économique de cette filière industrielle. En 2020, les centrales les plus anciennes du parc, mises en service dans les années 80, devront être arrêtées pour cause de limite d'âge atteinte. EDF propose depuis des années leur remplacement par des centrales EPR, à la technologie plus moderne. Là encore, un rapport de l'Office d'évaluation des choix scientifiques et technologiques, signé Birraux-Bataille, a permis opportunément de donner le feu vert à la construction de ce réacteur[2].

1. « Les parlementaires et l'environnement » (rapport de recherche), *Les Cahiers du PROSES*, n° 7, septembre-octobre 2003. Également disponible sur le site www.proses.sciences-po.fr.

2. « La durée de vie des centrales nucléaires et les nouveaux types de réacteurs », rapport de l'OPECST, 13 mai 2003.

Le choix de l'EPR figure désormais à l'article 5 de la loi d'orientation sur l'énergie du 13 juillet 2005 : « Le troisième axe de la politique énergétique est de développer la recherche dans le secteur de l'énergie », ce qui passe notamment par « le soutien à l'industrie nucléaire nationale pour la mise au point et le perfectionnement du réacteur de troisième génération EPR et au développement des combustibles nucléaires innovants ». Le site a été choisi : ce sera Flamanville, dans la Manche. Mise en service prévue en 2012.

Quelques mois plus tard, la question des déchets a été réglée à son tour. La loi Bataille de 1991 prévoyait qu'une décision concernant les déchets nucléaires devrait être prise quinze ans plus tard. Trois options étaient envisagées : un entreposage en surface de longue durée (trois cents ans), un stockage géologique profond dans des terres argileuses, et une troisième voie futuriste, celle de la séparation-transmutation, une technique prometteuse mais qui ne sera pas au point avant 2040.

En 2006, c'est la deuxième option qui a été choisie : un laboratoire de stockage souterrain sera construit à Bure, dans la Meuse. Qui retrouve-t-on sur le devant de la scène ? Christian Bataille ! Le député socialiste du Nord fait désormais partie de l'opposition, mais la proposition de loi qu'il a rédigée en février 2006 ressemble comme une jumelle à la loi du 28 juin de la même année, dont Claude Birraux fut le rapporteur. Le texte s'inspire en particulier des thèses développées dans un rapport de l'Office parlementaire d'évaluation des choix scientifiques et technologiques de mars 2005 [1], rapport signé Christian Bataille et Claude Birraux, évidemment !

Pour réaliser ce rapport, les deux compères ont fait le tour du monde : Suisse, Allemagne, Belgique, Suède, Finlande, États-Unis. Ils ont visité le laboratoire national de Los Ala-

---

1. « L'état d'avancement et les perspectives de recherche sur la gestion des déchets radioactifs », rapport de l'OPECST, 15 mars 2005.

mos, une installation de stockage militaire à 700 mètres dans un sous-sol salé, au sud du Nouveau-Mexique, une autre dans le Nevada (Yucca Mountain), ont rencontré des chercheurs dans les universités Stanford et de Berkeley... La tournée s'est terminée par un dîner avec Burton Richter, Prix Nobel de physique. Lors du vote définitif de la loi sur les déchets, Claude Birraux a conclu sa présentation par : « Je voudrais rendre hommage à mon complice de toujours, Christian Bataille. »

Jean-Michel Boucheron ou la paix des armes

Les questions militaires font également partie de ces thèmes autour desquels règne une réelle paix des armes entre la majorité et l'opposition. Paix sur laquelle veille un vieux briscard socialiste, Jean-Michel Boucheron, député d'Ille-et-Vilaine. « C'est vrai que je fais partie des points fixes à l'Assemblée [1] », confie cet homme élégant de 58 ans, à la chevelure blanche et au verbe choisi. Élu depuis 1981, cet ancien assistant d'université a fait partie de la commission de la Défense dès 1986. Il l'a présidée de 1988 à 1993, avant d'en redevenir simple membre dans l'opposition de 1993 à 1997. Faute d'avoir été nommé ministre du gouvernement Jospin en 1997, Jean-Michel Boucheron s'est installé jusqu'en 2002 en vigie à la commission des Finances, où il a épluché méticuleusement tous les budgets de la Défense, sans rien laisser passer à son ami Alain Richard, le ministre en titre.

Depuis 2002, ce socialiste modéré proche de Laurent Fabius est l'une des personnalités les plus respectées de la commission de la Défense. « Boucheron ? Il y a peu de choses qui nous séparent sur la défense [2] », confirme Bernard Carayon (UMP,

1. Entretien avec l'un des auteurs, 22 mars 2006.
2. Entretien avec l'un des auteurs, 3 avril 2006.

Tarn), l'un des rapporteurs du budget de la défense à la commission des Finances. L'expert socialiste multiplie les rapports techniques, les voyages, les contacts. Incollable sur la géostratégie comme sur le monde du renseignement, il peut citer de mémoire tous les programmes d'équipement en cours dans les armées françaises et énumérer les lacunes européennes en matière de satellites militaires. Adepte de la dissuasion nucléaire, Jean-Michel Boucheron est cependant partisan d'une rénovation des modèles de défense et de sécurité depuis les attentats de septembre 2001. Il résume ainsi les nouveaux défis : « Nous n'avons plus de menaces aux frontières ni de frontières aux menaces. »

Sur ces questions, l'expert socialiste estime que la droite et la gauche doivent avoir une vision « consensuelle et responsable ». Chaque année, il organise à l'Assemblée, avec un collègue de la majorité, un colloque sur le thème « Paix et défense », auquel il convie le ministre de la Défense et les meilleurs spécialistes.

Deux fois par an, le député d'Ille-et-Vilaine se rend aux États-Unis : une fois pour un séminaire organisé par la très conservatrice Université nationale de défense, et la seconde pour écouter, en compagnie du député UMP Pierre Lellouche, le traditionnel discours sur l'état de l'Union prononcé par le président américain devant le Congrès. Ces habitudes ne l'empêchent pas de critiquer ouvertement l'unilatéralisme américain, ni de promouvoir le dialogue multilatéral, en tant que président du groupe Méditerranée au sein de l'assemblée parlementaire de l'Otan, lors de réunions à Naples, à Nouakchott, au Maroc ou au Qatar. « Nous y menons des débats fort instructifs, y compris entre les Israéliens et les Palestiniens », se félicite le député voyageur, chaud partisan de cette diplomatie parlementaire.

Même en déplacement, il ne se passe guère de jour sans que Jean-Michel Boucheron soit appelé au téléphone par le cabinet de l'actuelle ministre de la Défense, les états-majors des armées, les industriels ou les chercheurs spécialisés. « On me parle sans tabou et on me prévient de ce qui se passe d'important en matière de défense. En confiance, quel que soit le gouvernement, car je sais garder un secret. »

Les trois mousquetaires de la communication

La communication : voilà encore un sujet consensuel, autour duquel se forgent d'improbables amitiés. Ces trois-là ne se seraient sans doute jamais rencontrés si le hasard de la vie politique ne les avait réunis au Palais-Bourbon. Quoi de commun en effet entre les députés Patrick Bloche, 50 ans, grosse pointure socialiste parisienne (président de la fédération de Paris du PS), tendance gauche caviar, Patrice Martin-Lalande, 59 ans, notable UMP du Loir-et-Cher (vice-président du conseil général, où il siège depuis vingt-sept ans), ami des chasseurs solognots, et l'UDF André Santini, 66 ans, maire d'Issy-les-Moulineaux depuis 1983 et président « à vie » du Club des parlementaires amateurs de havane ? Pourquoi tiennent-ils tant à présider *ensemble* les rencontres parlementaires sur la société de l'information organisées chaque année depuis 1999 par le cabinet M&M et financées par les informaticiens Bull, HP, la Caisse des dépôts ou encore l'opérateur de téléphonie mobile Bouygues Telecom ?

Leurs liens remontent à 1997, date à laquelle ces trois mousquetaires décident de se partager la présidence d'un groupe d'études sur Internet, les technologies de l'information et de la communication et le commerce électronique. Bloche vient d'être élu pour la première fois, tandis que Martin-Lalande en est à son deuxième mandat et Santini à son troisième. Ces derniers ont eu l'occasion de travailler ensemble, lors de la législature précédente, au sein d'un groupe d'études sur le télétravail. Fin 1996, alors qu'Internet commence tout juste à émerger, Patrice Martin-Lalande est chargé d'un rapport sur le sujet pour le Premier ministre Alain Juppé, rapport remis quelques jours avant la dissolution de l'Assemblée.

La droite ayant été balayée lors des législatives de 1997, la nouvelle majorité de gauche a la haute main pour redistribuer les présidences de groupes d'études. Martin-Lalande et Santini voient donc débarquer Patrick Bloche dans leur petit comité. « Je m'intéresse à Internet depuis plus de dix ans, confie le député parisien. J'ai tout de suite senti qu'il y avait des enjeux politiques passionnants. J'ai été le premier député à créer un site personnel, dès 1997[1]. » Comme Martin-Lalande et Santini sont déjà reconnus en tant qu'experts, les trois hommes s'accordent sur une coprésidence à trois, reconduite après les élections de 2002. « Nous avons souhaité continuer à travailler en trio dans ce groupe, qui nous permet de recueillir l'information nécessaire sur l'actualité du secteur[2] », témoigne Patrice Martin-Lalande. « Notre coprésidence a prouvé son efficacité, puisqu'elle a survécu à l'alternance politique de 2002 », renchérit Patrick Bloche.

À chacun son domaine de prédilection. Patrice Martin-Lalande, membre de la commission des Finances, est un fin connaisseur des coulisses de l'audiovisuel public. C'est lui qui, chaque année, se penche sur le volet communication du projet de loi de finances : nouvelles modalités de perception de la redevance audiovisuelle (désormais adossée à la taxe d'habitation), création de la nouvelle chaîne d'information internationale (CII)... Il partage avec Patrick Bloche la vice-présidence d'un autre groupe d'études consacré au financement de la production audiovisuelle. André Santini, quant à lui, met surtout en avant les réalisations de sa ville : utilisation d'Internet pour les formalités administratives et les marchés publics, présence de nombreux sièges sociaux de sociétés de communication (de

1. Entretien avec l'un des auteurs, 17 mars 2006.
2. Entretien avec l'un des auteurs, 21 mars 2006.

la chaîne Arte au voyagiste en ligne Opodo en passant par le quotidien *L'Équipe*).

En 2004, le groupe d'études a été très sollicité par les industriels du secteur lors de la préparation de la loi sur la confiance dans l'économie numérique, votée le 21 juin. En 2005, les auditions ont repris à un rythme soutenu lorsque les parlementaires se sont saisis de la question des droits d'auteur sur Internet. Les trois camarades ont reçu les présidents de sociétés d'auteurs (Sacem, SACD), des représentants de l'association de consommateurs UFC-Que choisir ainsi que les opérateurs Internet. Mais le sujet est vite apparu comme trop épineux pour que le trio prenne une position commune lors du débat. C'est donc principalement Patrick Bloche, avec ses amis socialistes Christian Paul (Nièvre) et Didier Mathus (Saône-et-Loire), qui est monté au filet. Patrice Martin-Lalande et André Santini sont restés prudemment en retrait[1].

De l'expertise comme tremplin politique

Hormis ces poids lourds, les autres experts de l'Assemblée ne sont pas nombreux. On ne s'improvise pas expert. Le titre se conquiert au mérite. Avant d'être élevé à ce rang, il faut s'être fait remarquer par des opinions osées, une proposition de loi audacieuse, une commission d'enquête mordante, un rapport de référence. Dans la cohorte des aspirants, on croise un grand nombre de députés fraîchement élus, qui rêvent de dépasser d'une tête la masse des calvities de leurs collègues. D'exister, enfin, en se forgeant un nom sur un sujet pointu.

Lors de la législature précédente, il y a eu l'avocat Arnaud Montebourg, élu de Saône-et-Loire, chevau-léger du PS, fier d'incarner le combat contre certaines pratiques des tribunaux

1. L'histoire de la loi sur les droits d'auteur sur Internet est racontée en détail au chapitre 8.

de commerce, l'impunité du président de la République ou le blanchiment de l'argent noir. Les journalistes l'ont déniché, adulé, avant de lui trouver des airs d'accusateur public fort en gueule mais solitaire, Rastignac un peu trop voyant.

Depuis, un autre avocat socialiste lui a volé la vedette. André Vallini, député de l'Isère depuis 1997, s'est vu propulsé sous les feux de la rampe, à la fin de 2005, à l'occasion de la commission d'enquête parlementaire sur l'affaire d'Outreau. Secrétaire national du PS chargé des institutions, de la justice et de la sécurité, il s'est fait remarquer par la qualité de ses interventions et son sang-froid lors des auditions.

Côté UMP, de nombreux élus ont également tenté de se constituer une expertise afin d'en faire un tremplin politique. Les villepinistes Georges Tron (Essonne) et Hervé Mariton (Drôme) sont montés au créneau, le premier sur l'audiovisuel, le second sur l'énergie ou encore les transports. Le spécialiste de géopolitique Pierre Lellouche (Paris) s'est consacré à la présidence de l'assemblée parlementaire de l'Otan, multipliant les missions à l'étranger. La chiraquienne Valérie Pécresse (Yvelines), porte-parole de l'UMP, a tenté de s'imposer sur les thèmes de la jeunesse et de la famille, en concurrence avec la pétulante Nadine Morano (Meurthe-et-Moselle), surnommée « la Sarkozy en jupons ».

Une mission pour se faire un nom

Mieux, certains décrochent une mission directement confiée par un ministère pour une durée de six mois. Ce sont autant de galops d'essai pour creuser un sujet et se préparer une carrière. Sur la liste des « missionnés », on trouve par exemple :

— Martial Saddier, un trentenaire UMP de Haute-Savoie, ex-cadre à la chambre d'agriculture d'Annecy, chargé fin 2002 de plancher sur « le développement de l'agriculture biologique, le développement rural et le développement durable de la forêt » ;

— Emmanuel Hamelin, député UMP du Rhône, missionné en 2003 par le ministre de la Culture sur « la formation et la diffusion de la culture scientifique » et considéré, depuis quelques années, comme un spécialiste des questions audiovisuelles ;

— Luc Chatel, élu UMP de Haute-Marne, ancien cadre chez L'Oréal, bon connaisseur de la grande distribution et des PME après s'être notamment penché en 2003 sur « le niveau et la pertinence de l'information dont disposent les consommateurs » ;

— Laurent Wauquiez (UMP, Haute-Loire), élu pour la première fois en 2004, à l'âge de 29 ans, en remplacement du vétéran Jacques Barrot, et qui s'est vu confier en mai 2005 par le ministre de l'Éducation nationale une mission sur « l'action sociale auprès des étudiants » – une manière de se faire les dents sans prendre de risques.

Certains de ces députés en mission mordent tellement dans les sujets qu'ils en deviennent les « experts labellisés » et se présentent comme les inspirateurs du gouvernement. Bernard Carayon, député UMP du Tarn, le revendique sans modestie. « J'ai créé une nouvelle politique publique en matière d'intelligence économique [1] », clame ce gros fumeur de 49 ans, maire de la commune de Lavaur, élu à l'Assemblée en 1993 puis réélu en 2002 dans une circonscription difficile. Membre de la commission des Finances, cet avocat de profession, ancien dirigeant de la Ligue des contribuables passé par le cabinet de Jacques Chirac à la mairie de Paris, cherchait à s'imposer dans le monde clos du renseignement français, qu'il estime mal organisé face aux menaces économiques et terroristes. À défaut d'offrir à ce député un poste sur mesure, le Premier ministre Jean-Pierre Raffarin lui a donné en janvier 2003 une mission sur l'« intelligence économique ». Bernard Carayon

1. Entretien avec l'un des auteurs, 3 avril 2006.

n'a pas lésiné sur les moyens : six fonctionnaires mobilisés dans plusieurs ministères, 350 auditions, dix colloques et des voyages.

À l'arrivée, son rapport rendu public en juin 2003 proposait une politique offensive pour promouvoir la veille économique dans les entreprises et protéger, au nom du « patriotisme économique », quelques secteurs « stratégiques » : la défense, l'énergie, les technologies de l'information, l'aéronautique, mais aussi la pharmacie... Explication : Bernard Carayon défend les Laboratoires Pierre Fabre, implantés dans sa circonscription du Tarn, l'un des rares groupes pharmaceutiques encore indépendants dans l'Hexagone. « Il faut éviter que nos joyaux tombent entre les mains de fonds anglo-saxons », estime le député, qui a fait voter à l'Assemblée en 2005 un amendement destiné à faciliter la transmission d'entreprises familiales, comme Fabre, grâce à des fondations protectrices[1].

Bernard Carayon se mobilise également en faveur de secteurs *a priori* moins stratégiques. En juillet 2004, il a déposé une proposition de loi pour protéger le capital d'entreprises non cotées. Il s'était laissé convaincre des risques de prédation pesant sur certaines d'entre elles, dont le fabricant de cartons français Otor, alors en conflit avec l'un de ses actionnaires, le fonds américain Carlyle, parfois suspecté d'être lié à d'anciens dirigeants de la Maison-Blanche ou de la CIA. Or il ne s'agissait probablement que d'un conflit classique entre financiers et dirigeants. « La vigilance s'impose dans tous les cas », dit-il.

Soigné par le gouvernement de Dominique de Villepin, le député s'est vu confier à la fin de 2005 une nouvelle mission pour le ministre de l'Économie Thierry Breton sur « la dimension proactive de l'intelligence économique dans les relations internationales », autrement dit les faiblesses françaises en

---

1. Il s'agit d'un amendement voté dans le cadre de la loi Dutreil sur les entreprises (2005), autorisant les fondations à recueillir l'ensemble des parts sociales et des actions des sociétés industrielles et commerciales.

matière d'influence dans les instances économiques mondiales.

Baptisé « Monsieur IE » (pour « intelligence économique »), l'élu du Tarn garde des contacts réguliers avec le Medef comme avec le Secrétariat général de la Défense nationale. Et il cultive désormais son image d'expert sur tous les fronts : publication d'un ouvrage sur le patriotisme économique[1], conférences en série, de l'École polytechnique à la chambre de commerce de Castres-Mazamet, interviews sur les chaînes de télé et de radio, site Internet personnel dédié à son actualité sur le sujet... Une vraie campagne, qui peut préparer une éventuelle reconversion après 2007 ou un poste ministériel. Bernard Carayon, qui a été choisi à la fin de juin 2006 par Nicolas Sarkozy pour présider la commission nationale de l'UMP sur la mondialisation, dément : « Je ne suis ni tenté par le privé, ni candidat à un maroquin. »

Xavier Bertrand, expert bombardé ministre

Certains vont plus vite en besogne : sitôt repérés comme de fines lames, ils sont nommés ministres ! C'est le cas de Xavier Bertrand (UMP, Aisne), ancien maire adjoint de Saint-Quentin. À peine élu en 2002, il s'est imposé comme un député besogneux. Assureur de profession, il a pris la présidence du groupe d'études sur les professions libérales et s'est activé comme vice-président des groupes d'études sur l'assurance et les biocarburants. Pressé, il a aussi demandé aux spécialistes de la commission des Finances quelques cours accélérés sur les questions budgétaires, et a aussitôt réclamé de quoi assouvir son appétit législatif.

---

1. *Patriotisme économique. De la guerre à la paix économique*, préface de Charles Villeneuve, Éditions du Rocher, 2006.

En mai 2003, alors que le projet de loi sur les retraites préparé par le gouvernement Raffarin promettait de faire des vagues, Gilles Carrez et Pierre Méhaignerie, respectivement rapporteur et président de la commission des Finances, ont choisi Xavier Bertrand pour le défendre à l'Assemblée. « Nous étions partisans de donner du grain à moudre aux jeunes députés motivés. Xavier Bertrand était de ceux-là [1] », confirme Gilles Carrez. Pour le député de l'Aisne, ce fut une occasion unique de changer de braquet. « J'ai subi beaucoup de pressions. Mais j'aime travailler, cela ne m'a pas dérangé [2] », confie-t-il. Reconnu et apprécié en haut lieu, Xavier Bertrand a été nommé en avril 2004 secrétaire d'État à l'Assurance-maladie dans le gouvernement Raffarin pour défendre le projet de réforme sur le sujet. Un autre terrain miné dont il s'est visiblement sorti avec dextérité, avant d'être propulsé ministre de la Santé et des Solidarités dans le gouvernement Villepin en juin 2005. Un parcours d'expert météorite !

---

1. Entretien avec l'un des auteurs, 29 juin 2006.
2. Entretien avec l'un des auteurs, 19 juin 2006.

CHAPITRE 4

Famille « Multicartes »

Voici le groupe des hyperactifs, spécialistes des amendements ou des questions écrites, toujours prêts à en découdre, à porter le fer et la contradiction au cœur des débats. Rien ne les arrête, ni les séances de nuit, ni la complexité des lois. Nul ne peut leur reprocher leur paresse. Au contraire. Ils adorent s'écharper pour une virgule, rédiger un amendement dans l'urgence, bombarder les ministres des questions les plus saugrenues.

Interventionnistes à tout-va, omniprésents au Palais-Bourbon, ils peuvent relayer beaucoup de demandes sur nombre de sujets. Multicartes, ils sont très sollicités. Les lobbies ont compris qu'ils tenaient là de bons « clients », experts du copier-coller et de la chambre d'écho. Parfaits pour lancer une campagne de communication ou faire monter la pression sur une revendication particulière.

Les « grandes gueules » de l'hémicycle

Les multicartes ont plusieurs moyens de se faire entendre. Certains se focalisent sur la prise de parole dans l'hémicycle. Le classement des députés selon le nombre de leurs interventions en séance publique, qui figure en annexe, donne une liste précise de ceux qui s'activent sur ce front-là. Dans le hit-parade des élus les plus loquaces, il est naturel de retrouver quelques-uns des VIP, tels Jean-Marc Ayrault et Bernard Accoyer, respectivement présidents des groupes socialiste et UMP, ou encore Jean-Michel Dubernard et Patrick Ollier, qui pilotent de grandes commissions (Affaires sociales et Affaires économiques). Leurs discours sont rodés et ils parlent ès qualités. Figurent également dans cette liste des experts de certaines commissions, comme Jean-Pierre Brard (PC, Seine-Saint-Denis), toujours prêt à lâcher un bon mot en séance, ou Augustin Bonrepaux (PS, Ariège), dont l'accent rugueux ravit toujours ses collègues présents. D'autres orateurs – du bouillant communiste Maxime Gremetz (Somme) au discret Guy Geoffroy (UMP, Seine-et-Marne) en passant par le socialiste François Brottes (Isère) ou la verte Martine Billard (Paris) – se distinguent par la fréquence de leurs interventions, révélatrice d'une activité parlementaire intense.

Dans cette catégorie, Richard Mallié (UMP, Bouches-du-Rhône) fait figure de phénomène. Cet inconnu du grand public, ancien maire de Bouc-Bel-Air élu pour la première fois à l'Assemblée en 2002, arrive en tête de notre classement. Le noviciat ne l'a pas freiné. En quatre années, cet ex-chirurgien dentiste de 57 ans, militant à droite depuis 1982, s'est imposé comme l'une des « grandes gueules » du Palais-Bourbon. Il n'est guère étonné de se retrouver en haut de l'affiche. « Quand je fais les choses, je m'engage à fond. Et quand je parle, je dis ce que je pense [1] », affirme ce moustachu à la voix cassée.

1. Entretien avec l'un des auteurs, 31 mai 2006.

Richard Mallié aime se bagarrer sur tous les fronts, sans fatigue ni états d'âme apparents. Un jour il part en guerre contre l'entrée de la Turquie dans l'Europe et défend bec et ongles la communauté arménienne, très présente dans sa circonscription[1]. Le lendemain il s'escrime en séance sur les dépenses d'assurance-maladie en tant que membre de la commission des Finances, rapporteur d'une partie du budget de la sécurité sociale.

Président du groupe d'études sur les professions de santé, Richard Mallié reçoit en rangs serrés toutes les corporations médicales et bombarde les ministères de courriers concernant leurs revendications. Le 13 juin 2006, après des mois de délicates négociations avec les syndicats et les administrations, il a fait voter une proposition de loi qui instaure un Ordre national des infirmiers[2]. Ce défenseur des ouvriers des mines de Gardanne, situées sur ses terres d'élection, avait déjà réussi à faire passer en 2004 une proposition de loi garantissant les droits sociaux des anciens mineurs. « Avec deux de mes propositions de loi adoptées depuis 2002, je suis un député heureux », dit-il, fier de son score.

Mais ces dossiers ne lui suffisent pas. Proche d'Eurocopter, la filiale du géant aéronautique européen EADS implantée à Marignane, à deux pas de son fief, Richard Mallié s'est rendu plusieurs fois en Corée du Sud en tant que vice-président du groupe d'amitié avec ce pays pour soutenir les ventes d'hélicoptères[3]. En juin 2006, il a été choisi par le gouvernement, peut-être parce qu'il est un grand consommateur de cigarillos, pour mener une étude de six mois sur la situation des débitants de tabac, inquiets d'une possible interdiction absolue de

---

1. Voir le chapitre 10.
2. La proposition de loi était signée par l'ancienne infirmière Maryvonne Briot (UMP, Haute-Saône) et par Richard Mallié (UMP, Bouches-du-Rhône). Voir le chapitre 12.
3. Voir le chapitre 18.

fumer dans les lieux publics[1]. Richard Mallié ne s'offusque pas d'être sollicité de toutes parts : « J'aime rendre service », explique-t-il. Son assistante parlementaire, qui croule sous les dossiers dans le bureau étroit où elle tente de se concentrer, a du mal à suivre : « Je suis une bosseuse, mais Richard Mallié, c'est un cas. Avec lui, pas question de se reposer. »

Les mitrailleurs d'amendements

La deuxième technique pour faire entendre sa voix est celle du harcèlement textuel, notamment sous forme d'amendements destinés à modifier les textes soumis au vote. Le dépôt de milliers d'amendements a toujours été une méthode de contestation très courue par l'opposition. À défaut d'avoir une quelconque prise sur l'ordre du jour ou le contenu des lois, la gauche a abondamment pratiqué l'obstruction volontaire au cours de cette législature, inondant la séance d'amendements cosignés en groupe afin de bloquer la discussion.

Résultat : dans notre classement des mitrailleurs d'amendements de la session 2005-2006[2], les socialistes trustent presque toutes les meilleures places. Les plus gros artilleurs sont François Brottes, élu de l'Isère (970 amendements cosignés en un an), Jean-Louis Dumont (Meuse), Alain Vidalies (Landes), Christian Paul (Nièvre), Gérard Bapt (Haute-Garonne), Jean Gaubert (Côtes-d'Armor) et Pascal Terrasse (Ardèche). Durant la session précédente (2004-2005), les 150 députés du groupe socialiste ont déposé 18 974 amendements, soit 72,7 % du total des 26 471 amendements enregistrés à l'Assemblée[3]. Sans grand succès : seuls 142 amendements socialistes ont été adoptés – un taux de réussite de 0,7 %.

1. Voir le chapitre 13.
2. Voir le hit-parade des 50 mitrailleurs d'amendements en annexe.
3. Source : Bilan de session 2004-2005, Assemblée nationale.

Le trio des élus verts, Martine Billard (Paris), Yves Cochet (Paris) et Noël Mamère (Gironde), figure également en haut de notre hit-parade 2005-2006. Officiellement « non-inscrits » car trop peu nombreux pour constituer un groupe politique, ces députés n'ont guère d'autres voies pour se faire remarquer. « Nous n'avons droit qu'à une question d'actualité au gouvernement par an et notre temps de parole est limité à cinq minutes par projet de loi, se lamente Martine Billard. Alors il faut s'habituer à concentrer ses arguments en cinq minutes et nous nous lâchons sur les amendements. Ce sont les seuls moyens de contrer les projets du gouvernement, même si c'est peu efficace [1]. » Noël Mamère ajoute : « En tant que non-inscrit, il faut se servir de l'Assemblée nationale comme d'une caisse de résonance des combats que l'on mène par ailleurs [2]. »

Heureusement, tous les amendements ne vont pas à la poubelle. Sur les 26 471 déposés en 2004-2005, un peu plus de 3 000 (soit 11 %) ont été finalement adoptés ; 52 % provenaient des commissions (qui ont examiné les projets de loi en amont), 24 % des députés UMP, 16 % du gouvernement et 8 % des autres élus (UDF, socialistes, communistes et non-inscrits) [3]. Dans notre classement, en dépit de la domination socialiste, il n'est donc pas anormal qu'apparaissent Gilles Carrez (UMP, Val-de-Marne), rapporteur général de la commission des Finances, Xavier de Roux (UMP, Charente-Maritime), vice-président de la commission des Lois, ou encore Gérard Hamel (UMP, Eure-et-Loir), qui a notamment été le rapporteur du projet de loi sur le logement au printemps 2006.

Les lobbyistes ont bien compris l'avantage qu'ils pouvaient trouver à approcher les signataires d'amendements de toutes tendances. Dans un séminaire de formation à l'École de

1. Entretien avec l'un des auteurs, 17 mai 2006.
2. Entretien avec l'un des auteurs, 28 mars 2006.
3. Source : Bilan de session 2004-2005, Assemblée nationale.

guerre économique, les conseils suivants sont prodigués aux entreprises : « C'est par la voie d'amendements (article par article) que les parlementaires apportent des modifications (plus ou moins importantes) au texte initial, en assemblée plénière. Informer les parlementaires de telle ou telle préoccupation peut ainsi les amener à demander qu'une modification soit apportée [1]. »

Un flot de plus de 100 000 questions écrites

Un autre procédé permet aux multicartes de mettre en avant les souhaits des groupes de pression : les questions écrites. Le règlement interne de l'Assemblée ne limite pas le nombre de ces missives, dans lesquelles le député « attire l'attention de Monsieur le Ministre » sur une revendication soulevée par un électeur ou un organisme professionnel en lui demandant « quelles suites il entend donner » à sa demande.

En théorie, les ministères ont un mois pour répondre, mais les délais sont bien souvent dépassés et se prolongent parfois au-delà d'une année. Pour limiter les retards, l'Assemblée a institué une nouvelle catégorie, celle des « questions signalées », à traiter en urgence. Sans grand succès. L'embouteillage n'a pas été résorbé.

La pratique des questions écrites donne à l'élu l'impression de s'occuper de ses ouailles. Et à ces dernières la sensation d'être écoutées. Tant pis si le rite, très mécanique, n'engendre souvent que des réponses convenues. « C'est un jeu un peu ridicule, estime Rudy Salles (UDF, Alpes-Maritimes). En général, on pose les questions en connaissant les réponses par avance, simplement pour faire savoir à ceux qui nous ont

---

1. *Lobbying. Influencer le résultat du processus législatif aux niveaux français et européen, op. cit.*

sollicité que l'on a interrogé les autorités compétentes[1]. » Les ministères, contraints d'employer des services entiers de fonctionnaires pour traiter les demandes des élus, pestent en sourdine contre ces envois en série et ces réponses obligées, publiées au *Journal officiel*.

À force d'obstination, cependant, certains parlementaires glanent au bout du compte quelques bribes d'informations inédites. René Dosière, député socialiste de l'Aisne et vice-président de l'Assemblée, s'est ainsi spécialisé dans les questions pointues sur les dépenses de la présidence de la République, dont l'opacité le scandalise. Il interroge sur tout : le nombre d'agents affectés à l'Élysée, l'inventaire détaillé des biens immobiliers, le parc de voitures, le montant des dépenses de téléphone ou d'Internet, le coût de la garden-party du 14 juillet, le profil des participants aux chasses présidentielles à Rambouillet, le montant de la taxe d'habitation pour le logement privé du chef de l'État, la prise en charge des déplacements de Bernadette Chirac... « Je finis par obtenir quelques réponses, mais comme elles sont à chaque fois parcimonieuses et insuffisantes, j'insiste[2] », s'amuse le député.

Plus sage, le président de l'Assemblée nationale, Jean-Louis Debré, élu de l'Eure, s'est contenté de rédiger sept questions écrites depuis 2002 afin, sans doute, de ne pas encombrer les ministères. Parmi celles-ci, trois ont porté, le 19 avril 2005, sur les gardes champêtres. La première demandait au ministre de l'Intérieur si leurs compétences ne pouvaient pas être étendues à la constatation de nouvelles infractions au Code de la route, comme l'absence de gyrophares sur les engins de chantier, le non-respect de l'interdiction de l'usage du téléphone portable ou le bruit émanant des véhicules à moteur. Pourquoi pas, a admis le ministère le 12 juillet 2005. Dans sa deuxième question, Jean-Louis Debré souhaitait savoir « si le

1. Entretien avec l'un des auteurs, 11 juillet 2006.
2. Entretien avec l'un des auteurs, 10 mai 2006.

moment ne serait pas venu de mieux préciser, afin de l'harmoniser, la tenue des gardes champêtres et de la rendre obligatoire dans le ressort de leur compétence et l'exercice de leurs fonctions ». Réponse des services de la place Beauvau : une « réflexion » est en cours sur « la mise en œuvre d'une tenue réglementaire unique ». La troisième question concernait la formation des gardes champêtres : ne devrait-elle pas être allongée de trois à six mois, « compte tenu de la complexité et de la technicité croissantes du métier » ? Le sujet était si épineux que le ministère de l'Intérieur, tenu depuis juin 2005 par Nicolas Sarkozy, ennemi intime de Jean-Louis Debré, n'avait toujours pas répondu à cette dernière question en juin 2006...

Il est vrai que le flot des questions écrites n'a cessé de grossir ces dernières années. Entre juin 2002 et juin 2006, les 577 députés en ont rédigé un peu plus de 100 000, soit une moyenne de 173 par élu. Le nombre de questions par an a presque doublé par rapport à la législature précédente (25 000 contre environ 13 000). Certains députés se sont spécialisés dans ce sport, avec un score dix à quinze fois plus élevé que la moyenne ! Ils retranscrivent presque tout ce qui leur est envoyé, questions particulières autant que générales, thèmes d'actualité ou communiqués de presse locaux, devenant les canaux presque automatiques de tous les électeurs ou lobbies qui les contactent.

Le champion des Ardennes

Dans le hit-parade de ces stakhanovistes qui figure en annexe[1], Jean-Luc Warsmann, élu UMP des Ardennes, détient le record absolu avec 2 671 questions au compteur,

1. Voir le hit-parade des 50 stakhanovistes des questions écrites en annexe.

soit un rythme hallucinant de 13 par semaine ! « Je vous jure que je ne fais pas la course, s'excuse ce député plutôt rondouillard, également vice-président de l'Assemblée. Mais les courriers et les visites que je reçois à ma permanence inspirent facilement ma plume. Il suffit de m'écrire pour que j'écrive[1]. »

Liquidation des retraites, aides au logement, coût des inscriptions aux concours des grandes écoles, problèmes de succession, réglementation fiscale des microentreprises, revendications des bateliers en crise, des directeurs d'école mécontents ou des agriculteurs inquiets... Jean-Luc Warsmann monte au créneau sur une vaste palette de sujets. Cet élu fort réactif s'inspire de la lecture des journaux pour poser des questions sur « l'attitude de la France » dans telle ou telle crise internationale, ou sur « les mesures que le gouvernement entend prendre » sur un sujet qui défraie la chronique. Il demande des statistiques en série à tous les ministères, ou formule plusieurs fois la même question quand il n'obtient pas la réponse.

Interrogé sur l'utilité d'une production aussi massive, le champion explique : « C'est un outil de travail parmi d'autres pour le parlementaire. Les questions et les réponses ont le mérite d'être publiées au *Journal officiel*. Elles ont un caractère juridique, utilisable dans le domaine financier et fiscal. Lorsque nos électeurs sont confrontés à des lois controversées, à diverses interprétations des textes et de la jurisprudence fiscale, il n'est pas inutile d'obtenir des clarifications écrites de la part des ministères. Et puis, c'est un bon thermomètre politique des préoccupations de nos concitoyens. Quand un ministre reçoit 40 questions écrites de députés sur le même sujet, c'est probablement qu'il y a un problème à traiter. »

Jean-Luc Warsmann s'est aussi concentré sur la mise en œuvre effective des lois votées, multipliant les questions sur les dates de publication des décrets d'application. Navré de constater les fréquents retards, l'élu des Ardennes a fait voter

---

1. Entretien avec l'un des auteurs, 10 mai 2006.

à l'Assemblée une réforme permettant à tous les députés de surveiller l'application des lois qu'ils ont initiées six mois après leur vote. « Cela aiguillonne un peu les ministères, dit-il. L'avenir du travail parlementaire, c'est le contrôle. »

Notre graphomane devance d'une petite longueur ses principaux poursuivants, qui n'ont pas dit leur dernier mot : Francis Falala (UMP, Marne), Marie-Jo Zimmermann (UMP, Moselle), Thierry Mariani (UMP, Vaucluse) et Bruno Bourg-Broc (UMP, Marne). À eux cinq, ces députés ont rédigé 12 150 questions en quatre ans, soit 12 % du total.

Suivent une kyrielle d'élus de tous horizons, dont certains semblent se surveiller mutuellement pour ne pas se laisser distancer. « Je me fixe d'en rédiger à peu près six par semaine, ce n'est déjà pas mal[1] », précise Bérengère Poletti, autre élue UMP des Ardennes, laquelle, avec 1 209 questions écrites, court loin derrière son voisin Warsmann.

D'autres tandems locaux se marquent de près, comme Francis Saint-Léger[2] et Pierre Morel-A-L'Huissier, élus UMP de Lozère, ou encore le socialiste Kléber Mesquida et le communiste François Liberti, tous deux députés de l'Hérault. Quant aux frères ennemis du Gard, Jean-Marc Roubaud (UMP) et Yvan Lachaud (UDF), ils ne se lâchent pas d'une semelle : 1 449 questions pour le premier et 1 435 pour le second. Et c'est ainsi depuis des années.

1. Entretien avec l'un des auteurs, 3 mai 2006.

2. Parmi les 1 375 questions de Francis Saint-Léger, relevons les deux plus étonnantes : celles posées le 23 mai 2006 au garde des Sceaux, ministre de la Justice, « au sujet des titres de noblesse en déshérence ». Le député « désire savoir quelle est la procédure de rachat en la matière » et « quel service du ministère de la Justice a en charge cette question »...

Mariani, le scribe compulsif

Thierry Mariani, sarkozyste tendance « sécuritaire » qui achève son troisième mandat, fait partie des accros aux questions écrites. « Je suis quatrième, c'est vrai, mais j'espère bien finir la législature dans les trois premiers[1] », promet l'élu du Vaucluse. Ce quadra bronzé aux épaules carrées, le portable toujours collé à l'oreille, n'est pas surpris par son rang. Sur le mur de droite de son bureau à l'Assemblée nationale, juste à la hauteur de ses yeux, il a affiché un grand tableau où figure le nombre de questions écrites qu'il a déposées... et les scores de ses principaux challengers présumés. Son assistante actualise chaque semaine les données de son discret « Concours questions écrites ». « J'étais sixième en mai 2004, commente l'élu endurant. Je suis remonté à la première place en août 2005, puis je me suis fait à nouveau distancer au premier semestre 2006 à cause de mes autres travaux parlementaires, notamment comme rapporteur du projet de loi sur l'immigration de Nicolas Sarkozy. Mais, bon, j'ai plein de questions en stock, je vais pouvoir rattraper mon retard. »

Thierry Mariani ne voit pas là qu'une obsession de compétiteur. « Je suis dans une circonscription difficile [il s'agit de la région d'Orange-Valréas, où le Front national est fortement implanté]. Je rédige beaucoup de rapports sur les thèmes de l'Europe, de l'immigration ou de la sécurité civile, mais mes électeurs ne le voient pas forcément[2]. Il faut bien que je

---

1. Entretien avec l'un des auteurs, 13 juin et 4 juillet 2006.

2. Thierry Mariani a été le rapporteur, au nom de la commission des Lois, de la loi du 26 novembre 2003 sur la maîtrise de l'immigration (avec deux rapports complémentaires sur son application en mars et en décembre 2004), puis le rapporteur du nouveau projet de loi sur l'immigration et l'intégration adopté en mai 2006. Il a été également le rapporteur de la loi sur la modernisation de la sécurité civile votée le 13 août 2004. Membre de la délégation pour l'Union européenne, il a rédigé six rapports en son nom sur : la politique européenne d'asile (avril 2003) ; la politique européenne d'immigration (novembre 2003) ; la création d'une agence

m'occupe aussi de leurs problèmes quotidiens. Quand on me soumet des questions auxquelles je n'ai pas les réponses, par exemple sur les règles de débroussaillage ou sur les nuisances des nouveaux sports motorisés comme le moto-ball, j'interpelle le ministre concerné. »

Dans ces interventions, Thierry Mariani n'hésite pas à soutenir toutes sortes de lobbies : pompiers, syndicats de policiers, chasseurs, auto-écoles, sociétés de sécurité privées, fabricants de petites voitures, de matraques électriques pour la police ou d'épurateurs d'air pour les bars-tabacs.

Le député du Vaucluse se mobilise sur des thèmes électoralement sensibles. En tant que président du groupe d'études parlementaire sur les métiers de l'hôtellerie, de la restauration et des loisirs, Thierry Mariani réclame avec insistance depuis 2002 l'application du taux de TVA réduit (5,5 %) dans la restauration. Une revendication martelée par André Daguin, l'influent président de l'Union des métiers et des industries de l'hôtellerie (UMIH). « Je suis revenu à la charge quinze à vingt fois, par tous les moyens possibles, explique le député, regrettant que le gouvernement n'ait pas tenu la promesse faite aux restaurateurs sur ce sujet. Avec les syndicats professionnels, j'ai même fait revenir une cinquantaine de députés à l'Assemblée un vendredi soir pour voter la TVA réduite, mais le ministre du Budget a bloqué notre initiative. »

À défaut de TVA à 5,5 %, Thierry Mariani cajole les cafetiers. Tout d'abord, il a réussi à réformer les procédures de

---

européenne pour la gestion des frontières extérieures (mars 2004) ; la sécurité du transport aérien en Europe (avril 2005) ; la politique européenne des quotas d'immigration (juin 2005) ; le nouveau voisinage de l'Union européenne et la question de ses frontières (juin 2006). Président du groupe d'amitié France-Ukraine et membre de la délégation parlementaire à l'OSCE (Organisation pour la sécurité et la coopération en Europe), il a effectué de fréquents déplacements dans les pays de l'ex-bloc communiste. Il est, par ailleurs, responsable à l'UMP des Français de l'étranger, ce qui le conduit à souvent voyager.

fermeture administrative des bars en cas d'atteinte à l'ordre public, procédures jugées trop strictes par les exploitants, grâce à un amendement glissé dans la loi du 18 mars 2003 sur la sécurité intérieure. Ensuite, il a repris une proposition de l'UMIH sur la formation des exploitants de cafés à leurs responsabilités en matière d'ordre et de santé publique. « J'ai réuni tous les syndicats professionnels pour qu'ils se mettent d'accord sur un texte, que j'ai fait passer dans le projet de loi sur l'égalité des chances en mars 2006. »

Favorable au développement légal des machines à sous – qu'il estime nécessaire « pour lutter contre le trafic des machines clandestines, tenu par le milieu » –, Thierry Mariani s'est également démené pour qu'elles soient introduites dans les bars. Après avoir posé plusieurs questions écrites sur le sujet, il a été contacté à la fin de 2005 par le cabinet de lobbying Spin Partners. Celui-ci agissait au nom de la Confédération française des professionnels en jeux automatiques (CFA), qui réunit 400 exploitants et fabricants de billards, flippers et autres jeux « à gains limités ». L'élu du Vaucluse a accepté de « porter » l'un de leurs amendements fiscaux visant à limiter la taxe communale sur ces jeux récréatifs, taxe qui provoque, selon les exploitants, un déclin de ces animations dans les bistrots. « Mariani a été l'un des seuls à nous défendre. On peut vraiment compter sur lui », se félicite José Hody, président de la CFA, qui gère lui-même 350 machines dans les Ardennes.

L'amendement a été rejeté lors de la discussion budgétaire à la fin de 2005. Mais les professionnels sont repartis à l'offensive en élargissant le combat aux cafetiers, restaurateurs et autres promoteurs du développement rural. Une campagne nationale sur le thème « Sauvons les cafés, symbole de l'art de vivre à la française », a été lancée en mai 2006. Elle vise à glaner au moins 500 000 signatures de clients pour que « cesse l'hémorragie sociale, fiscale et culturelle de ce secteur d'activité, engendrée par la politique des gouvernements successifs[1] ». Thierry Mariani soutient leurs revendications sur les simplifications administratives et les autorisations de machines. « Dans les petites communes, les jeux peuvent représenter 20 à 25 % des revenus des cafetiers. Il faut les aider à se maintenir en zone rurale », explique-t-il.

Enfin, dès que le projet visant à interdire totalement la consommation de tabac dans les lieux ouverts au public a resurgi, au printemps 2006, le député du Vaucluse, lui-même très accro à la nicotine, est monté au créneau pour défendre le droit de fumer dans les bars-tabacs.

Des pompes funèbres aux profits de Total

Les groupes de pression savent parfaitement utiliser les députés en les bombardant de questions de manière à accroître la pression sur les ministères concernés. Les professionnels des pompes funèbres, par exemple, ont orchestré une opération de ce type grâce aux conseils d'un cabinet spécialisé.

Ainsi, à deux reprises, en mars et en avril 2006, et au même moment, plusieurs députés se sont émus auprès du ministre de l'Économie du taux de TVA (19,6 %) applicable à certains services des entreprises de pompes funèbres et de crémation.

---

1. Le collectif Sauvons les cafés français regroupe le Syndicat national des hôteliers, restaurateurs, cafetiers, traiteurs (Synhorcat), les Créateurs d'emplois et de richesse de France (Cerf), l'Union des métiers et des industries de l'hôtellerie (UMIH), le Syndicat des indépendants (SDI), la Confédération française des professionnels en jeux automatiques (CFA), la Confédération des commerçants de France (CDF). Déplorant que des milliers d'établissements disparaissent chaque année, le collectif réclame notamment des aides pour les travaux de mise aux normes, la simplification de la législation sur les débits de boissons, la suppression de la double taxation sur les jeux de bars et l'autorisation des machines récréatives à gains limités. Voir le site www.sauvonslescafes.com.

Ils ont réclamé en chœur un taux réduit, voire une exonération, ainsi que la réglementation européenne le permet. Étienne Pinte (UMP, Yvelines) s'est interrogé sur « le bien-fondé d'une taxation aussi élevée de services de première nécessité, pour la plupart obligatoires » ; Bernard Perrut (UMP, Rhône) a mis en avant les lourdes charges que représentent les funérailles pour de « nombreuses familles peu favorisées par la fortune » ; Marie-Françoise Pérol-Dumont (PS, Haute-Vienne) a dénoncé de son côté « l'absence d'harmonisation » qui peut « générer des distorsions importantes, principalement dans les zones frontalières ». Autant d'arguments savamment préparés par les lobbyistes.

Le ministère de l'Économie, flairant la manœuvre, ne s'est pas laissé impressionner, d'autant que le secteur a un poids limité. Pas question de réduire les taux applicables. Selon ses calculs, une telle opération coûterait au moins 145 millions d'euros par an à l'État et, de toute façon, « l'application du taux réduit à ces prestations, auxquelles il est obligatoirement recouru en cas de décès, n'aurait pas d'incidence significative sur l'emploi dans le secteur ». Cet enterrement de première classe n'a pas découragé le lobby, qui compte bien revenir à la charge.

Autre exemple des campagnes menées auprès de certains élus : au premier trimestre 2006, le ministère de l'Économie a reçu une salve de questions écrites, toutes rédigées dans les mêmes termes mais par des députés de tous bords politiques. Ils proposaient « une taxation exceptionnelle de 5 milliards d'euros sur les profits du groupe pétrolier Total, dont les bénéfices ont été surmultipliés grâce à la hausse des prix du pétrole ». Bercy ne s'attendait pas à trouver cette idée explosive sous la plume de notables de droite comme Bruno Bourg-Broc (UMP, Marne), Denis Jacquat (UMP, Moselle) ou François-Xavier Villain (apparenté UMP, Nord), lequel demandait à Thierry Breton « de bien vouloir [lui] indiquer les mesures que le gouvernement compte prendre s'agissant de cette action corrective que tant de consommateurs attendent » ! À question minée, réponse... en attente. À la fin de juin 2006, la position du ministre de l'Économie n'était toujours pas publiée au *JO*.

Quelle mouche a donc piqué nos députés ? En réalité, c'est l'Union fédérale des consommateurs (UFC) qui a rebondi sur une initiative du député vert parisien Yves Cochet. Dans le numéro de mars de sa revue *Que choisir*, l'association de défense des consommateurs a lancé une action choc. Un tract, titré « Total : à profits extraordinaires de 13 milliards, taxe exceptionnelle au bénéfice des consommateurs ! », a été glissé dans chacun des 500 000 exemplaires du mensuel sous forme de carte postale. Le lecteur n'avait plus qu'à inscrire son nom et son adresse et à envoyer la carte à la permanence de son député.

François Carlier, responsable de la campagne à l'UFC, est plutôt content du résultat : « Tous les parlementaires à qui nous en avons parlé ont reçu au moins une vingtaine de cartes. Or le travail du député se nourrit avant tout des courriers qu'il reçoit et des doléances qu'il entend dans sa permanence. Plus de 30 questions écrites ont été posées, qui reprennent les termes de notre tract. À partir de 50, le gouvernement commence à prendre le sujet au sérieux[1]. »

En tout cas, l'attaque a provoqué une montée d'adrénaline chez Christophe Cevasco, chargé des relations avec le Parlement et les élus chez Total, qui surveille au jour le jour les questions écrites et les questions au gouvernement : « L'argumentation de *Que choisir* est erronée et mensongère. Total réalise 95 % de ses profits à l'étranger, certainement pas sur le dos des consommateurs français[2]. » Le groupe pétrolier a donc rédigé un argumentaire dénonçant les allégations de la

1. Entretien avec l'un des auteurs, 22 mars 2006.
2. Entretien avec l'un des auteurs, 24 mars 2006.

revue et l'a envoyé à tous les députés qui avaient repris le tract des consommateurs.

Cependant, il sera difficile d'éteindre l'incendie. Déjà, le Parti socialiste a couché noir sur blanc la proposition dans son programme présidentiel : « Nous instaurerons un prélèvement exceptionnel sur les superprofits des compagnies pétrolières. »

La bagarre des lobbyistes, par multicartes interposés, ne fait que commencer.

CHAPITRE 5

Famille « Porte-voix »

La famille des porte-voix de groupes d'intérêts est l'une des plus surprenantes. Certains de ses membres sont connus comme tels dans le cénacle du Palais-Bourbon, d'autres se font plus discrets. Tous assurent, plus ou moins ouvertement, la défense d'une profession, d'une corporation ou d'une entreprise. Au premier coup de fil d'un de leurs amis, ils réagissent au quart de tour. Questions écrites ou orales, rapports, missions, amendements : ils mettent toutes les ficelles du métier de député au service de leur cause favorite.

La plupart de ces porte-voix se retrouvent à la tête des groupes d'études qui rassemblent les élus par thèmes et servent, de façon institutionnalisée, à relayer les demandes de tel ou tel lobby : constructeurs automobiles, laboratoires pharmaceutiques, viticulteurs[1]... Certains disposent en outre, on le verra, d'instruments encore plus puissants. Une association

1. Sur les groupes d'études, voir le chapitre 11.

installée au cœur même du Palais-Bourbon défend ainsi les intérêts du secteur des transports publics.

L'article 79 du règlement de l'Assemblée proscrit pourtant tout « mandat impératif » qui lierait le député à un groupement de défense d'intérêts particuliers, locaux ou professionnels. Mais les porte-voix ne voient pas leur action sous cet angle. Ils n'ont pas l'impression de prendre leurs ordres auprès d'un quelconque lobby. Leurs interventions, à leurs yeux, sont affaire de tradition, de conviction, de bonnes relations ou d'intérêt politique bien compris.

Dans la famille des porte-voix, on peut distinguer deux lignées : ceux qui sont restés fidèles, après leur élection, à leur profession d'origine, et ceux qui servent de courroie de transmission à l'industrie qui pèse le plus dans leur circonscription.

Charles Cova, la voix de la marine

Charles Cova est l'un des représentants les plus connus de la première branche, celle des professionnels. Ancien mousse devenu capitaine de vaisseau de la marine, ce député UMP de Seine-et-Marne, deux fois réélu depuis 1993, garde son passé chevillé au corps. Sur son site Internet, il pose en uniforme de la marine, le torse bardé de décorations. « Marin je resterai toute ma vie[1] », affirme ce solide septuagénaire, fier de défendre aujourd'hui la cause de son arme d'origine, qu'il a servie durant vingt-quatre ans. « Je suis le porte-parole de la marine et des soldats en général. Croyez-moi, nous ne sommes pas nombreux à l'Assemblée. »

Charles Cova est bichonné par l'état-major de la marine, où il a terminé sa carrière militaire. Il est sans cesse sollicité par les associations d'officiers, de sous-officiers, de militaires

1. Entretien avec l'un des auteurs, 29 mars 2006.

retraités et d'anciens combattants. « Je ne compte plus les centaines de courriers que je reçois ni les demandes que je relaie », explique l'élu. Vice-président de la commission de la Défense, Charles Cova est chargé du rapport budgétaire annuel sur... la marine, évidemment. En 2003, il s'est penché sur le mode de propulsion du futur deuxième porte-avions français et n'a pas caché sa préférence pour une propulsion nucléaire, copiée sur celle de l'actuel *Charles-de-Gaulle* – contre l'arbitrage de l'Élysée[1]. Charles Cova est également un préposé aux rapports sur le « moral des troupes ». Moral qui s'améliore, selon lui, avec la revalorisation des crédits d'équipement et des conditions de vie des familles. « Mais je voudrais bien faire une dernière tournée des navires et des casernes pour sonder les cœurs avant 2007. »

Jean-Claude Lenoir, ex-EDF

Celui-ci pourrait se contenter d'être le député du camembert (le célèbre village fromager se situe dans sa circonscription) et du boudin (Mortagne-au-Perche, dont il est maire, revendique le titre de capitale internationale de cette spécialité charcutière). En pratique, Jean-Claude Lenoir, député UMP de l'Orne depuis 1993, confortablement réélu en 1997 et en 2002, s'intéresse davantage à l'électricité qu'aux vaches et aux cochons normands. Par tropisme professionnel : dans une vie antérieure, Jean-Claude Lenoir était cadre chez EDF. Il a même été le lobbyiste attitré de l'électricien avant de devenir député.

Secrétaire du groupe d'études sur les énergies, il ne manque pas un débat sur EDF, GDF ou le nucléaire. En novembre 2002,

1. Rapport d'information sur le mode de propulsion du second porte-avions, par Patricia Adam (PS, Finistère), Marguerite Lamour (UMP, Finistère), Jérôme Rivière (UMP, Alpes-Maritimes) et Charles Cova (UMP, Seine-et-Marne), 5 novembre 2003.

il a été nommé président du Conseil supérieur de l'électricité et du gaz (rebaptisé depuis Conseil supérieur de l'énergie), l'un des « fromages » les plus convoités par les parlementaires. Ce titre lui permet de disposer d'un bureau plus spacieux que celui qui lui est réservé à l'Assemblée, d'un secrétariat et d'une voiture de fonction. Avantages appréciables pour un poste peu prenant : ce conseil, composé de trois députés, de deux sénateurs et d'une trentaine de représentants des ministères, des entreprises et des consommateurs, se réunit de temps en temps pour émettre des avis purement consultatifs.

« Les raisons qui ont fait que j'ai été choisi pour occuper cette fonction, précise Jean-Claude Lenoir, appartiennent à ceux qui m'ont nommé : cabinet du Premier ministre et du ministre de l'Industrie. Je veux croire que ma connaissance des dossiers de l'énergie y a contribué [1]. »

Nul ne connaît aussi bien que lui les coulisses du Palais-Bourbon et du ministère de l'Industrie. Il a fait ses premières armes à l'Assemblée au début des années 70, d'abord comme assistant parlementaire, puis comme secrétaire général du groupe centriste. Il a ensuite travaillé une bonne dizaine d'années dans les cabinets de plusieurs ministres de l'Industrie successifs (Michel d'Ornano, René Monory, Alain Madelin). En 1988, il est passé dans le camp d'EDF, qui lui a confié la responsabilité de ses relations avec le Parlement, jusqu'à son élection en 1993.

Jean-Claude Lenoir fait partie des réseaux qui comptent, comme le Club des parlementaires amateurs de havane. Il aime recevoir ses visiteurs, un barreau de chaise à la bouche, confortablement installé dans son fauteuil, les mains croisées sur son ventre rondelet.

L'élu normand est évidemment un proche de Gérard Trouvé, directeur adjoint de la communication et des affaires publiques de l'électricien et l'un des cinquante lobbyistes pri-

1. Entretien avec l'un des auteurs, 23 mai 2006.

vilégiés disposant d'une carte d'accès permanent à l'Assemblée nationale [1]. Les deux hommes ont une carrière quasiment identique. Avec quelques années de décalage, Gérard Trouvé a suivi les traces de son prédécesseur : secrétaire général du groupe UDF à l'Assemblée, conseiller dans les cabinets ministériels de Bercy, enfin EDF depuis 1995.

Jean-Claude Lenoir est très présent dans l'hémicycle lors des débats sur l'énergie. En 2004, il s'est occupé de la préparation de l'introduction en Bourse d'EDF en tant que rapporteur du projet de loi sur le changement de statut. En mai 2006, il a été choisi comme rapporteur du projet de loi de privatisation de GDF, préalable à une éventuelle fusion avec Suez. Les responsables syndicaux le connaissent comme le loup blanc. Lorsqu'en juin 2004 la CGT a organisé une opération « Robin des bois » pour protester contre le changement de statut, ses militants ont démonté les compteurs de trois députés, dont celui de Jean-Claude Lenoir.

Le député de l'Orne a horreur qu'on mette en avant ses liens avec EDF. « J'ai bien compris que vos questions visent à mettre en doute mon indépendance vis-à-vis d'EDF, nous écrit-il. Vous pourriez utilement vous intéresser à certains amendements que j'ai fait adopter lors de la réforme du statut d'EDF, dont j'étais le rapporteur en 2004, amendements auxquels EDF s'opposait et qui faisaient droit aux demandes légitimes de ses concurrents, notamment sur la question du financement des retraites [2]. » Dont acte.

Il lui arrive cependant de « suivre », lors de ses voyages parlementaires, les affaires de son ancien employeur, notamment au Brésil et en Argentine, pays dans lesquels le groupe a connu de gros déboires ces dernières années. Coïncidence ? Jean-Claude Lenoir est président du groupe d'amitié avec le Brésil et vice-président du groupe d'amitié avec l'Argentine.

1. Voir en annexe la liste exclusive des lobbyistes badgés.
2. Courriel du 4 juillet 2006.

Le groupe Brésil n'est allé qu'une fois en mission dans le pays au cours de la législature, en mai 2005, pendant l'année du Brésil en France. Mais son président a eu de nombreuses autres occasions de s'y rendre. En février 2003, il a passé deux semaines sur le continent sud-américain à l'occasion d'une mission spéciale d'EDF, en compagnie d'Hervé Novelli (UMP, Indre-et-Loire) et de trois dirigeants du groupe chargés d'auditer les comptes des filiales argentine et brésilienne. Novelli et Lenoir se connaissent bien : le premier était chef de cabinet du ministre de l'Industrie Alain Madelin, entre 1986 et 1988, lorsque le second était son conseiller parlementaire. « Lenoir était là comme président du groupe d'amitié avec le Brésil. Mais je l'ai à peine vu durant ma mission [1] », commente Hervé Novelli.

Dernière escapade brésilienne en date : le député de l'Orne a accompagné Jacques Chirac en visite d'État en mai 2006, en compagnie, entre autres, d'Anne Lauvergeon, présidente du directoire d'Areva, et de Gérard Mestrallet, PDG de Suez, candidat au rachat de la société gazière. Les deux hommes ont eu tout le loisir d'échanger leurs vues sur la privatisation de GDF, alors en pleine discussion à l'Assemblée.

Paul-Henri Cugnenc, blouse blanche et verre à la main

À quelle famille faut-il rattacher Paul-Henri Cugnenc [2] ? À celle des médecins ou à celle des viticulteurs ? L'hyperactif député UMP de l'Hérault défend à la fois les intérêts de la profession médicale, en tant qu'éminent chirurgien, et ceux des vignerons, car il cultive lui-même quelques dizaines d'hectares de vigne à Thézan-lès-Béziers, dans une circonscription où le gros rouge coule à flots. Chef du service de chirurgie diges-

1. Entretien avec l'un des auteurs, 1er juin 2006.
2. Pour plus de détails sur Paul-Henri Cugnenc, voir le chapitre 12.

tive à l'hôpital Georges-Pompidou, à Paris, il fait le grand écart entre ces deux activités en apparence incompatibles.

Comment peut-on, le soir, au journal de 20 heures, encourager les Français à boire du vin quand on a opéré le matin même un alcoolique au foie déglingué ? « La consommation excessive est condamnable, pas la consommation modérée [1] », rétorque Cugnenc. Entre les opérations le lundi matin à Paris, les séances dans l'hémicycle et les dimanches passés dans l'Hérault à inspecter ses ceps, l'élu trouve encore le temps d'organiser un colloque sur le cancer ainsi que la Convention santé de l'UMP. Il se fait fort de répercuter directement au Palais-Bourbon les communiqués de l'assemblée générale du syndicat des chirurgiens de l'Assistance publique-hôpitaux de Paris (AP-HP), qu'il préside. Ainsi, le 12 décembre 2005, il a rédigé pas moins de six questions écrites au gouvernement, reprenant chacune des revendications des membres de cette organisation.

Charié et Fourgous, porte-drapeaux des petits patrons

Jean-Paul Charié (UMP, Loiret) et Jean-Michel Fourgous (UMP, Yvelines) revendiquent le rôle de porte-drapeaux des entreprises en général et des PME en particulier. Par atavisme familial autant que par conviction politique.

Le premier, âgé de 54 ans, est issu d'une famille de grossistes en boissons. Directeur multimédia dans une société de presse, il s'est passionné très tôt pour la défense du petit patronat. « Dès ma première élection en 1981, Jacques Chirac m'a demandé de suivre les dossiers des PME et du commerce, raconte-t-il. Je suis devenu l'interlocuteur privilégié des organisations professionnelles et le porte-parole du petit

1. Entretien avec l'un des auteurs, 19 juin 2006.

commerce à l'Assemblée[1]. » Pas un texte sur le droit de la concurrence ou du commerce n'échappe à sa vigilance. Expert en foires et en salons, il a rédigé en janvier 2006 un rapport sur le sujet.

Dans le bras de fer permanent qui oppose les petites enseignes à la grande distribution, Jean-Paul Charié est toujours du côté des petits. « Les cinq principales centrales d'achat de la grande distribution contrôlent 93 % du chiffre d'affaires de l'agroalimentaire et de la droguerie. C'est un combat déséquilibré ! » s'indigne l'élu, qui préside le groupe d'études sur les PME.

Le député du Loiret concurrence sur ce thème Jean-Michel Fourgous, autre militant ardent. Ancien chercheur en sciences humaines, ce fils d'un restaurateur de Montreuil-sur-Seine a quitté la fonction publique en 1983 pour créer son entreprise de logiciels, avec quelques brevets en poche. « Ce jour-là, j'ai compris que l'entreprise était mal aimée en France et qu'il fallait la réhabiliter[2] », explique ce quinquagénaire au débit rapide. Jean-Michel Fourgous a été élu en 1993 puis en 2002 à l'Assemblée, et il est devenu un véritable héraut des PME, à la limite de la caricature. « Ce sont elles qui créent les richesses en France, pas les fonctionnaires », répète inlassablement le missionnaire.

Pour porter la bonne parole, Jean-Michel Fourgous a réanimé en 2002 le club Génération entreprise avec son ami Olivier Dassault (UMP, Oise), l'un des héritiers de l'empire aéronautique familial. Ce club ne cache ni ses opinions ultralibérales ni son rôle de défense des entreprises[3]. « Pourquoi aurions-nous honte de quoi que ce soit ? » interroge Jean-Michel Fourgous.

1. Entretien avec l'un des auteurs, 28 juin 2006.
2. Entretien avec l'un des auteurs, 13 avril 2006.
3. Voir sur ce sujet le chapitre 16.

Léonce Deprez, le défenseur du tourisme

La seconde branche de la famille des porte-voix, celle des clientélistes locaux, est tout aussi peuplée que la première. On y trouve, par exemple, dans le rôle de relais de la filière porcine, l'UMP Marc Le Fur, élu dans une circonscription des Côtes-d'Armor qui concentre un grand nombre d'élevages de porcs ; dans le rôle de porte-parole des rapatriés, l'UMP Christian Kert (Bouches-du-Rhône) et le socialiste Kléber Mesquida (Hérault), élus dans des régions où vivent d'importantes communautés de pieds-noirs et de harkis. L'engagement de ces porte-voix va parfois très loin. Plus loin sans doute que ne le souhaitent une large part de leurs électeurs. Tous les Bretons ne mangent pas de porc. Tous les Marseillais ne sont pas partisans de manuels scolaires défendant le caractère « positif » de la colonisation, à la différence de certains amis des rapatriés qui ont déclenché une vaste polémique à ce sujet à la fin de 2005.

Le plus vieux représentant de cette famille est Léonce Deprez, député UMP du Pas-de-Calais et maire du Touquet. Élu depuis 1986, ce vétéran de 79 ans n'est devancé en âge que par Georges Hage, 85 ans, le doyen communiste du Palais-Bourbon. Léonce Deprez, haute stature, allure sportive – il fut gardien de but de l'équipe de France olympique de football –, n'est pas de ceux qui se laissent aller à une retraite oisive. Cet homme au planning toujours serré est du genre tenace, obsédé qu'il est par sa mission d'élu d'une ville balnéaire, dont il assure la promotion. « Le Touquet est ma passion [1] », dit-il.

Cet imprimeur à la retraite incarne le combat de tout un secteur : le tourisme, « gisement de croissance et d'emploi pour la France ». On ne compte plus les rapports et les

1. Entretien avec l'un des auteurs, 13 avril 2006.

ouvrages signés de son nom sur le sujet[1]. « Notre région du Pas-de-Calais a souffert le martyre des reconversions industrielles. Sans le tourisme en toutes saisons sur la Côte d'Opale, nous serions bien mal en point. Et mon combat local rejoint l'intérêt national. »

Ancien président de l'Association française des maires des villes de congrès, Léonce Deprez a logiquement pris la présidence du groupe d'études sur le tourisme aux côtés de Jean-Michel Couve (UMP, Var), maire de Saint-Tropez. Le député du Pas-de-Calais, qui effectue chaque année un tour de France des stations thermales, a multiplié les initiatives parlementaires sur ce thème[2]. Il a notamment rédigé en 2005 une proposition de loi visant à labelliser les 2 280 communes touristiques métropolitaines, avec les subventions et les dérogations possibles au droit du travail qui en découlent.

Le texte défendait également un agrément sélectif des 520 « stations classées » préservant leur possibilité exclusive d'exploiter des casinos. « Il faut les réserver aux stations qui font le plus d'efforts pour accueillir la clientèle. Les grands exploitants l'ont très bien compris. » Maire d'une station de cette catégorie, avec des casinos tenus par les groupes Barrière et Partouche, Léonce Deprez peut surveiller d'un œil de lynx toute nouvelle autorisation d'ouverture de casino délivrée par le ministère de l'Intérieur puisqu'il siège à la commission nationale chargée de donner son avis sur le sujet.

Son travail a porté ses fruits. L'Assemblée nationale a voté à l'unanimité, le 5 avril 2006, un texte de loi défendu par Léon

1. Léonce Deprez a été chargé en 1995 d'une mission sur « l'économie touristique plurisaisonnière » auprès du ministre de l'Équipement, des Transports et du Tourisme, Bernard Bosson. Son dernier ouvrage *L'Économie touristique ou une croissance accessible* a été publié en 2006 aux éditions Publibook.com.

2. Voir notamment sa proposition de loi « pour le développement d'une économie touristique plurisaisonnière à partir du territoire français », 11 mai 2005, rectifiée en janvier 2006.

Bertrand, ministre délégué au Tourisme, créant un code du tourisme qui reprend l'essentiel des idées de Léonce Deprez. Ce jour-là, dans l'hémicycle, le septuagénaire avait un sourire de gamin ravi : « Nous devons être à la pointe de l'économie touristique européenne, parce que nous sommes la France, et parce que la France est le plus beau pays du monde ! » s'est-il exclamé, sous les applaudissements de ses collègues...

Claude Gatignol, député du nucléaire

Cela fait si longtemps que Claude Gatignol défend l'énergie nucléaire, et avec tant de constance, que la plupart de ses collègues le croient lui-même ancien ingénieur d'EDF. Eh bien non : il était vétérinaire. Mais la quatrième circonscription de la Manche, bout du monde battu par les vents, à l'ouest de Cherbourg, est bien la circonscription française la plus riche en nucléaire. Au cap de La Hague s'étend sur près de 300 hectares l'immense complexe de retraitement des combustibles irradiés d'Areva, en exploitation depuis 1966. Le cap de Flamanville, un peu plus au sud, est dominé par les silhouettes massives des cheminées de la centrale nucléaire du même nom, dont les deux réacteurs à eau pressurisée (2 600 MW) produisent de l'électricité depuis 1985. Claude Gatignol a été élu dans ce département pour la première fois en 1988 et réélu depuis, sans un nuage, en 1993, 1997 et 2002.

À l'Assemblée, l'ancien vétérinaire à l'élégante chevelure blanche préempte depuis des années les sujets liés à l'électricité nucléaire. Président du groupe d'études sur les énergies, il est également vice-président de l'Office parlementaire des choix scientifiques et technologiques. Pas un colloque sur l'énergie ne peut se tenir sans sa bénédiction. Ses interventions dans l'hémicycle sont ciblées : loi d'orientation sur l'énergie en mai 2004 et mars 2005, loi relative à la transparence et à la sécurité en matière nucléaire en mars 2006, loi de programme relative à la gestion des matières et des déchets radioactifs en avril 2006...

En octobre 2004, alors que la loi d'orientation sur l'énergie n'est pas encore définitivement votée, EDF a annoncé le site choisi pour la construction du réacteur de nouvelle génération à eau pressurisée (EPR). Le vainqueur est... Flamanville, dans le périmètre de la centrale nucléaire existante. Claude Gatignol, 68 ans, ne briguera pas de nouveau mandat en 2007. Mais il peut partir en beauté. La mise en service de l'EPR est prévue pour 2012. D'ici là, le chantier devrait générer quelque 1 500 emplois. Et, à terme, 350 personnes seront employées dans la nouvelle unité.

Christian Philip, entre parkings et tramways

Christian Philip, 58 ans, élu pour la première fois en 2002 dans la quatrième circonscription du Rhône, est, quant à lui, le chouchou du lobby des transports publics. Alstom, Veolia Transport, la RATP, la SNCF, Aéroports de Paris et Air France peuvent dire merci à cet homme à la coupe de cheveux militaire, car il s'occupe fort bien d'eux depuis quatre ans. Lui non plus n'est pas un professionnel du secteur. Mais il est tombé dans la marmite en tant qu'élu local.

Professeur de droit public à l'université Lyon-III, où il dirige le DEA de droit communautaire depuis 1995, père de sept enfants, Christian Philip a la réputation d'un homme d'une grande rigueur. Il est aussi sec et austère que son frère cadet Thierry Philip, professeur de médecine et directeur du Centre régional de lutte contre le cancer, est rond et volubile. Et aussi à droite que son frère est à gauche : Thierry Philip, socialiste, est vice-président du conseil régional.

Alors qu'il était adjoint de Raymond Barre à la mairie de Lyon, de 1995 à 2001, Christian Philip a consacré toute son énergie à la réalisation du tramway, mis en service en 2001.

Élu en 2002 à l'Assemblée nationale, cet UDF passé dans le camp de l'UMP a commencé par créer un groupe d'études sur les déplacements urbains. « Les plans de déplacement urbains sont devenus un instrument essentiel dans la définition des stratégies des agglomérations. Il n'y a aucune raison de laisser à la gauche le monopole de l'initiative dans ce secteur, comme on le voit à Paris[1] ! » argumentait alors le parlementaire sur son site Internet.

Surtout, il a hérité de la présidence d'une solide association, hébergée dans les locaux mêmes de l'Assemblée, comme l'indique son adresse postale officielle :

AVENIR TRANSPORTS
BP 11 Paris Palais-Bourbon
75355 PARIS 07 SP

Cette association compte parmi ses membres une trentaine de grandes entreprises (dont la SNCF, Voies navigables de France, Renault), une vingtaine d'organisations professionnelles, 150 personnes issues de la société civile et plus de 200 élus. Le trésorier, François Messina, est cadre supérieur à Aéroports de Paris (chef du service environnement à Paris Orly) et le secrétaire général, Jean-Paul Tran Thiet, avocat associé au Bureau Francis Lefebvre.

Pour fonctionner, Avenir Transports dépend des cotisations de ses membres : 2 300 euros par an pour les industriels, 800 euros pour les organisations professionnelles, 35 euros pour les individuels. Budget 2005 : 75 000 euros. Les parlementaires, naturellement, ne paient rien. Le secrétariat de l'association est assuré par l'attachée parlementaire parisienne de Christian Philip.

Comment le lobby des transports a-t-il réussi à se construire un si joli nid à l'intérieur même du Palais-Bourbon ? L'initiative en revient à Dominique Bussereau, fondateur de l'association en 1995 alors qu'il était député UMP de Charente-Maritime. Réélu en 2002, ce proche de Jean-Pierre Raffarin a

1. www.christian-philip.fr.

immédiatement été nommé secrétaire d'État aux Transports et à la Mer. Il est aujourd'hui ministre de l'Agriculture et de la Pêche dans le gouvernement Villepin.

Dès sa nomination, « Bubusse » a transmis la présidence d'Avenir Transports à Christian Philip, qui avait le bon pedigree. Président de Lyon Parc Auto (la société d'économie mixte qui gère les parkings lyonnais), le professeur de droit est également premier vice-président délégué du GART (Groupement des autorités responsables de transports publics), une influente association d'élus présidée par Michel Destot (PS, Isère).

Tous les mardis, Avenir Transports convie les parlementaires et les professionnels à une rencontre avec un invité. « Ce rendez-vous ne fait l'objet d'aucun acte écrit et n'est pas ouvert à la presse [1] », précise l'association. On ne connaîtra donc pas les confidences échangées entre les députés et Stéphane Richard, le directeur général de Veolia Transport, au sujet des transports maritimes entre la Corse et le continent, le 16 mai 2006 (le 31 mai, Veolia signait le rachat de la compagnie SNCM). Ni les projets de Georges Di Lallo, président des Chargeurs européens, invité à peine un mois plus tard, le 20 juin.

Le député du Rhône ne fait pas partie des grands orateurs du Palais-Bourbon, mais ses prises de parole sont ciblées. Le 3 novembre 2005, lors de la discussion de la loi de finances pour 2006, il a pesé chaque mot de son plaidoyer en faveur des déplacements urbains : « Je ne suis pas ici le porte-parole du lobby des déplacements urbains ou du lobby antivoitures », a-t-il jugé bon de préciser, avant de demander « un programme lourd d'investissement au cours des prochaines années ».

Depuis son élection, Christian Philip s'est beaucoup mobilisé pour une décentralisation totale du stationnement automobile

1. Contacté par l'un des auteurs, Christian Philip n'a pas souhaité commenter nos informations.

payant. Actuellement, le stationnement payant sur voirie est une compétence des communes, mais la fixation du montant de l'amende et son recouvrement relèvent de l'État. Le député du Rhône est l'auteur d'une proposition de loi, en date du 24 novembre 2004, relative à la dépénalisation et à la décentralisation du contrôle du stationnement payant sur voirie, proposition signée par une centaine de ses collègues UMP. Ce sujet le concerne au plus haut point en tant que gestionnaire des parkings lyonnais. La mesure est à l'étude à Bercy.

L'association organise également un colloque par an. Le dernier en date s'est tenu le 23 mars 2006 au Conservatoire national des arts et métiers, en présence d'environ 200 professionnels, sur le thème « Le transport aérien, entre concurrences et réglementations ». Il était financé, entre autres, par Aéroports de Paris, Thalys et la SNCF, qui avaient déjà mis la main à la poche l'année précédente pour une autre grand-messe sur le thème « Ville et transport : innover pour surmonter les contradictions ».

Les parlementaires membres d'Avenir Transports sont fréquemment conviés par leurs amis à des visites sur le terrain, en France et à l'étranger. En juin 2003, ils se sont promenés sur le viaduc de Millau où ils ont été reçus par son constructeur Eiffage, qui a obtenu une concession de soixante-quinze ans pour son exploitation (« bel exemple d'un financement totalement privé d'une infrastructure routière », peut-on lire dans le compte rendu). En octobre 2004, ils ont visité les équipements et les ferries de Seafrance à Calais ; en décembre 2004, le technocentre de Renault ; en juin 2005, les installations de la Société des autoroutes Paris-Normandie ; en novembre 2005, les deux terminaux d'Eurotunnel ; en mars 2006, les sites de fabrication d'Airbus à Toulouse et à Hambourg, à l'invitation du groupe aéronautique EADS ; en juin 2006, le réseau ferroviaire de Veolia Transport à Munich. Sans parler des déplacements plus lointains, au Canada et en Russie [1].

1. Voir le chapitre 18.

CHAPITRE 6

Famille « Croisés »

Les croisés se battent envers et contre tout, sans fléchir, pour imposer leurs convictions, fussent-elles radicales. Du genre têtu, ils peuvent aller très loin pour obtenir ce qu'ils souhaitent, quitte à se fâcher avec bon nombre de leurs amis. Leurs collègues les respectent, tout en essayant de les dissuader d'aller jusqu'à l'affrontement. Car ces intraitables impressionnent autant qu'ils dérangent, à l'image de la catholique Christine Boutin (UMP, Yvelines), critiquée à gauche comme à droite pour son combat contre le Pacs mais admirée à l'Assemblée pour son engagement en faveur des prisons en tant que présidente d'un groupe d'études sur les conditions carcérales.

Les croisés peuvent être soutenus par des entreprises ou des organismes qui voient dans leur combat un moyen d'asseoir leurs intérêts ou de promouvoir leurs idées. Ainsi, les associations de défense des handicapés et d'aide aux personnes fragilisées appuient l'action déterminée d'un Jean-

François Chossy (UMP, Loire) en faveur des handicapés. Mais nos missionnaires ne sont pas du genre à se laisser facilement embrigader. Ils sont les militants d'une cause avant d'être ceux d'un lobby. Et ils n'hésitent pas à heurter les groupes d'intérêts qui leur déplaisent.

Bur, le dur

Ses collègues l'appellent « Shérif ». Yves Bur, député-maire de Lingolsheim (Bas-Rhin), élu depuis 1995, s'est peu à peu forgé une stature de « dur ». Membre de la commission des Finances, il a acquis encore plus d'autorité depuis son élection au poste de vice-président de l'Assemblée, en 2004. Yves Bur s'est rendu célèbre par son combat contre la cigarette : c'est lui qui est à l'origine de la proposition de loi sur l'interdiction de fumer dans les lieux publics[1]. Mais la fumée des autres n'est pas le seul souci de ce centriste rallié à l'UMP, qui s'est spécialisé dans la lutte contre des lobbies très actifs sur les dossiers de santé.

Confortablement réélu dans sa circonscription en 2002 avec 58 % des voix au premier tour, il peut se permettre de mener des combats parfois impopulaires au sein de sa propre majorité, dont il est l'homme fort dans le Bas-Rhin en tant que président départemental de l'UMP. Ainsi, en 2004, le Shérif s'est attaqué aux alcooliers en faisant voter une nouvelle taxe sur les « premix » ou « alcopops », ces boissons alcoolisées à haute teneur en sucre spécialement conçues pour séduire les jeunes consommateurs. « J'ai découvert ces produits par hasard, en faisant un parcours santé dans ma circonscription, raconte-t-il. De drôles de petites bouteilles aux couleurs vives jonchaient le sol. J'ai demandé à mon fils de 18 ans de m'expliquer de quoi il s'agissait. J'ai été scandalisé. Les ado-

1. Sur cette intense polémique politico-économique, voir le chapitre 13.

lescents qui les achètent n'ont pas conscience de consommer de l'alcool, alors que chaque bouteille contient l'équivalent d'un verre de whisky[1]. » L'affaire n'est pas nouvelle. En 1996 déjà, le Parlement avait voté une loi taxant spécialement les mélanges de sucre et d'alcool. Mais, à l'époque, les brasseurs avaient habilement manœuvré pour être exclus du dispositif au prétexte qu'il ne fallait pas contrarier les malheureux consommateurs de panaché, un breuvage moins alcoolisé qu'un demi !

Les fabricants se sont immédiatement engouffrés dans la brèche et ont mis au point de nouvelles boissons bon marché prétendument à base de bière, avec un taux d'alcool de 5 ou 6 %, présentées dans de petites bouteilles de 25 centilitres au design branché – par exemple Smirnoff Ice (Moët Hennessy), Eristoff Ice (Bacardi-Martini), Boomerang (Interbrew) ou VooDoo San Jose (William Peters). La « taxe Bur », votée sous forme d'amendement dans la loi de santé publique de 2004, a atteint son objectif : le marché des « premix », déstabilisé, a reculé de 40 % en 2005.

Encouragé par ce succès, le député alsacien s'est trouvé une nouvelle cible : les transporteurs routiers, accusés de dégrader les routes et de polluer l'atmosphère. En décembre 2005, il a réussi à faire voter un amendement antipoids lourds dans le cadre de la loi sur les transports, contre l'avis du ministre concerné, Dominique Perben, qui a jugé cette initiative « déraisonnable sur le plan économique ». Ce texte permet à la région Alsace d'instaurer une taxe expérimentale sur les poids lourds[2]. Depuis le 1er janvier 2005, les transporteurs étaient soumis à un péage spécial sur les autoroutes allemandes. Des flots de 36-tonnes souhaitant éviter ce surcoût se sont déversés sur

1. Entretien avec l'un des auteurs, 4 avril 2006.
2. Loi du 5 janvier 2006 relative à la sécurité et au développement des transports.

les routes alsaciennes, provoquant des embouteillages et une pollution monstres aux abords de Strasbourg.

Comme on pouvait s'y attendre, l'« amendement Bur » a mis les routiers en fureur. « On fait passer une loi dont on ne sait même pas si elle sera efficace et on en arrive à pénaliser toute l'économie alsacienne. Nos députés sont fous[1] ! » pestait Gérard Klinzing, de l'Union régionale des transports, dans le quotidien *Libération* en décembre 2005. Le 6 janvier 2006, une centaine de camions ont bloqué la circulation sur les routes alsaciennes lors d'une « opération escargot ». Le ministre des Transports, lui aussi, a adopté la stratégie de l'escargot face à un amendement qui le contrariait fort : au début de juillet 2006, le décret d'application de ce texte n'avait toujours pas été publié. Les écologistes, eux, ne boudent pas leur plaisir. Le 3 mai 2006, Yves Bur s'est vu décerner le prix « Hérisson de cristal » par la fédération France Nature Environnement, dans les salons du Palais-Bourbon, pour avoir « osé se confronter au lobby routier ».

Les avocates des animaux

On peut être à la gauche du Parti socialiste, proche d'Arnaud Montebourg, et défendre la cause... des animaux. Geneviève Gaillard, députée socialiste des Deux-Sèvres, n'y voit aucune contradiction. « J'en suis fière, car le combat pour les animaux, c'est le combat pour les hommes. On ne peut pas faire l'un aux dépens de l'autre[2] », estime cette vétérinaire de formation, qui a longtemps exercé en tant que chercheuse en pathologie animale. Déçue que le nouveau projet du Parti socialiste comporte peu de propositions sur ce thème, elle a

1. « Les routiers contre la taxe "antipoids lourds" en Alsace », *Libération*, 29 décembre 2005.
2. Entretien avec l'un des auteurs, 22 juin 2006.

tenté d'y apporter de menus amendements, avec cette idée-force : « Il faut défendre notre environnement menacé, que ce soient les espaces ou les espèces. »

Native de Niort, fille d'un ancien maire socialiste de la ville, elle-même ancienne adjointe à la mairie, Geneviève Gaillard a été élue à l'Assemblée en 1997. Amie de l'ancienne ministre verte de l'Environnement Dominique Voynet, elle s'est passionnée très tôt pour les problèmes environnementaux comme les OGM, les transports, l'énergie ou le nucléaire. « Sur ces sujets, il n'y a pas grand monde à l'Assemblée, déplore-t-elle. Et, compte tenu du mode de fonctionnement politique du Parlement, dès qu'on aborde ces thèmes transpartis, il est très difficile de travailler. D'autant que les lobbies pèsent de tout leur poids. » Parallèlement, elle a mené une mission d'information sur le trafic international des animaux domestiques. « On s'est moqué de moi parce que je m'intéressais aux chiens et aux chats. Mais ce sont les mêmes réseaux de trafiquants qui s'activent sur la drogue ou le proxénétisme. »

Dans l'opposition depuis 2002, Geneviève Gaillard s'est impliquée dans les dossiers de santé animale et de santé publique, de la grippe aviaire au virus du chikungunya. « Les interactions entre le monde animal et le monde humain sont permanentes », estime-t-elle. La députée de Niort préside également un groupe d'études sur la protection des animaux qu'elle a créé avec Lionnel Luca (UMP, Alpes-Maritimes), Jacques Remiller (UMP, Isère) et Gérard Bapt (PS, Haute-Garonne). « Nous sommes très différents au plan politique, mais unis dans notre combat », se félicite-t-elle. Leur thème favori ? Le statut de l'animal dans le Code civil. La présidente explique : « Il faut savoir que l'animal est considéré comme un meuble dans le Code civil, pas comme un être vivant. Nous pensons qu'il faut combler cette lacune en redéfinissant un statut juridique équilibré pour les animaux, en les qualifiant d'êtres vivants sensibles. » Le groupe d'études s'est également penché sur le problème des corridas. « Nous avons invité les villes taurines, les conseils généraux, nos collègues membres du groupe d'études sur la tauromachie à dialoguer avec nous. Pas un n'est venu. »

L'élue socialiste n'est pas la seule à s'intéresser à ce sujet sensible. Une autre « pasionaria » des animaux s'active dans les rangs à droite de l'hémicycle : Muriel Marland-Militello, députée UMP des Alpes-Maritimes et épouse du préfet Philippe Marland, directeur de cabinet de la ministre de la Défense, Michèle Alliot-Marie. « Petite fille, j'hébergeais tous les animaux que je croyais abandonnés[1] », explique cette femme BCBG sur son site Internet, où on la voit posant avec deux magnifiques chiens.

Depuis son arrivée à l'Assemblée en 2002, la députée de Nice, membre de la commission des Affaires sociales, a rédigé des rapports sur l'éducation artistique et les assistantes maternelles. « Je voulais d'abord prouver que j'étais quelqu'un de sérieux et de compétent[2] », confie-t-elle.

En 2004, à la surprise générale, Muriel Marland-Militello est partie en croisade contre les corridas. « J'ai toujours été révoltée par les mutilations et les tortures infligées aux taureaux. Je me suis juré d'y mettre fin. Tant pis si je heurte mes amis politiques. » Sa proposition de loi, déposée à l'Assemblée le 8 juin 2004, vise à « interdire tous les sévices graves envers les animaux domestiques ou apprivoisés, ou tenus en captivité, susceptibles d'être exercés lorsqu'une tradition locale ininterrompue peut être invoquée ». En clair : interdire les corridas et les combats de coqs, auxquels l'article 321-1 du Code pénal réprimant les sévices graves aux animaux ne s'applique pas, justement parce qu'une « tradition locale ininterrompue peut être invoquée ».

La proposition de loi a été cosignée par une soixantaine de députés de tous bords, y compris Jean-Marc Roubaud (UMP),

1. www.m-m-m.fr.
2. Entretien avec l'un des auteurs, 5 juillet 2006.

pourtant élu du Gard, un département à forte tradition taurine. Muriel Marland-Militello a reçu plus de 5 000 lettres de soutien de toute la France et l'appui actif d'associations anticorrida, qui l'ont invitée à leur congrès.

Mais elle a aussitôt déclenché une riposte active des aficionados de la tauromachie. Dirigé à l'Assemblée par Jean Grenet, député-maire UMP de Bayonne (Pyrénées-Atlantiques) et président de l'Union des villes taurines françaises, le groupe d'études sur la tauromachie, composé d'une cinquantaine d'élus, s'est réveillé[1]. Il a protesté contre l'initiative de Muriel Marland-Militello auprès de Bernard Accoyer, le président du groupe UMP, ainsi qu'auprès de Michèle Alliot-Marie, longtemps élue des Pyrénées-Atlantiques et patronne du mari de la députée des Alpes-Maritimes.

De son côté, Jean-Paul Fournier, le maire UMP de Nîmes, principale ville taurine de France, a pris sa plus belle plume en octobre 2004 pour s'adresser à certains députés cosignataires de la proposition de loi de Muriel Marland-Militello. « Vous semblez ignorer que le rapport au taureau est inscrit de façon fondamentale dans la réalité, l'imaginaire et la métaphysique des sociétés humaines depuis la nuit des temps », écrivait-il dans ce courrier. Rappelant le caractère légal des courses de taureaux, il revendiquait le « respect des convictions de chacun » et la liberté qui doit « transcender toutes les démagogies, notamment politiques ». Le maire de Nîmes concluait : « J'informerai bien évidemment l'ensemble des clubs taurins de France de votre position. » La guérilla était bien déclarée.

Geneviève Gaillard, pourtant partisane de la création d'une mission d'information parlementaire sur les corridas, critique la tactique employée par sa collègue UMP : « En attaquant de front le lobby des villes taurines, elle n'a aucune chance. Il

1. Contacté par l'un des auteurs le 15 mai 2006, Jean Grenet n'a pas répondu.

faut plutôt passer par l'élaboration d'un statut de l'animal. » Initiatrice d'une autre proposition de loi sur ce sujet, Muriel Marland-Militello est d'accord avec la position juridique de Geneviève Gaillard. Mais elle estime que celle-ci aurait pu prendre davantage d'initiatives durant la législature précédente. Entre ces deux militantes aux antipodes de l'échiquier politique, la communication est difficile !

La députée de Nice ne s'attend pas à des résultats immédiats : « Je sais que l'interdiction des corridas sera un combat de longue haleine, face à des intérêts puissants. Il me faudra peut-être deux mandats pour y arriver. Mais je pense que c'est inéluctable, parce que l'opinion publique évolue sur ces sujets, y compris en Espagne, où plusieurs villes de Catalogne se sont déclarées anticorrida. »

Yves Cochet, le Vert sombre

D'autres croisés, aussi sombres que déterminés, ont des allures de Don Quichotte. Yves Cochet, 60 ans, chercheur en mathématiques né à Rennes, est l'un des fondateurs du parti écologiste. Dans les années 70, il a participé aux luttes antinucléaire en Bretagne et au combat contre les pollutions de l'eau par l'agriculture intensive. Élu pour la première fois en 1997 dans le Val-d'Oise, il a été vice-président de l'Assemblée nationale, puis a brièvement succédé à Dominique Voynet, en 2001, au ministère de l'Aménagement du territoire et de l'Environnement dans le gouvernement de Lionel Jospin. Réélu en 2002, cette fois dans le IVe arrondissement de Paris, il est l'un des membres actifs de la commission des Affaires économiques. S'il ne figure pas dans notre hit-parade des 50 députés qui interviennent le plus en séance publique, il est l'un de ceux qui rédigent le plus d'amendements, avec ses amis verts, sur les sujets qui intéressent les écologistes : énergie, environnement, eau, parcs naturels... En juillet 2006, il a perdu la bataille qui l'opposait à son amie Dominique Voynet pour la candidature des Verts à la présidentielle de 2007.

Au moment de la discussion de la loi d'orientation sur l'énergie, le 24 mars 2005, il était en train de rédiger un livre, *Pétrole apocalypse*[1]. C'était l'occasion inespérée de tester, *in vivo*, devant un public hostile, ses thèses de fin du monde. De sa voix profonde et éraillée, c'est un Yves Cochet au meilleur de sa forme qui a défendu une salve d'amendements à faire dresser les cheveux sur la tête des députés présents. En sachant parfaitement qu'il n'avait aucune chance de les voir adopter.

« Monsieur le président, je vais présenter quelques amendements relatifs à l'application de la politique énergétique que je propose pour notre pays, orthogonale à celle qui est malheureusement prévue dans le projet de loi. » Yves Cochet commence par proposer le rétablissement de la vignette automobile, progressive en fonction de la cylindrée. Amendement rejeté.

Il embraye : « Voici une autre mesure pour inciter nos concitoyens à la sobriété : je propose que, à partir du 1er janvier 2007, les voitures autorisées à circuler sur le territoire français soient bridées à 130 kilomètres/heure. » Rejeté.

Le député vert continue, crescendo. « Je propose d'interdire, avant 2010, de fabriquer, d'importer et de commercialiser à l'intérieur de l'Union des véhicules de cylindrée supérieure à 1,5 litre. Adieu les 607, adieu les VelSatis, adieu les Mercedes et les BMW ! Monsieur le ministre, monsieur le président, monsieur le rapporteur, êtes-vous prêts à abandonner dès cette année vos véhicules de grosse cylindrée au profit de voitures de petite cylindrée ? » Sur les bancs communistes, Daniel Paul, député de Seine-Maritime, s'exclame : « Tous à pédales ! » Amendement rejeté.

---

1. Yves Cochet, *Pétrole apocalypse*, Fayard, 2005.

Ensuite, Yves Cochet s'en prend au kérosène : « Le *jet fuel* n'est pas taxé, contrairement au carburant des transports terrestres, qui est soumis à la TIPP ou à la TVA, ou à d'autres taxes. » Selon lui, cet avantage historique en faveur de l'aviation va se retourner contre elle. « Prenons les prix des compagnies low cost et de charters : le carburant représente un tiers du prix du billet. Lorsque le carburant va augmenter parce qu'il n'est pas taxé et qu'il suit donc mécaniquement la hausse des cours du pétrole, ce coût de production, donc le coût du billet, va aboutir d'ici à deux ou trois ans à un effondrement de ces compagnies, qui ne pourront plus suivre. Puis ce sera le tour des grandes compagnies internationales. Dans les années 2015-2020, donc bientôt, il n'y aura plus d'aviation civile commerciale de masse parce que ça coûtera trop cher. Il y aura encore des avions privés, des avions militaires, mais cette aviation-là n'existera plus. Par conséquent, des dizaines de milliers d'emplois seront supprimés. » Rejeté.

Yves Cochet porte alors l'estocade finale : « En 2004, par un simple effet mécanique de la hausse des prix du baril à New York, Total a gagné près de 5 milliards d'euros sans investir le moindre centime d'euro dans la prospection, l'extraction ou la distribution. Dès lors, je propose que la moitié de ses 10 milliards d'euros de bénéfice net soit redistribuée à la nation. »

Le ministre délégué à l'Industrie, qui avait gardé un sourire ironique aux lèvres durant les tirades précédentes, lance sèchement : « Je suis défavorable à cet amendement inconstitutionnel. » Le député UDF Jean Dionis du Séjour (UDF, Lot-et-Garonne) renchérit : « Manipuler ce genre d'argument est dangereux et démagogique. Vous ne pouvez pas prendre comme bouc émissaire une entreprise française et l'ensemble de ses salariés. » Les communistes s'indignent eux aussi d'une telle proposition. Rejetée, évidemment.

Pourtant, ce jour-là, Yves Cochet avait la mine radieuse en regagnant son morne bureau, au premier étage du 101, rue de l'Université, avec vue sur la rampe d'accès au parking. Au mur est aujourd'hui punaisée une petite photo sur laquelle on voit le député vert en combinaison orange, debout devant la porte d'un hélicoptère, sur l'aire d'atterrissage d'une plate-forme pétrolière. Une plate-forme Total, bien sûr. « Les dirigeants de Total ne m'en ont pas voulu de vouloir taxer leurs profits, s'esclaffe-t-il, puisqu'ils m'ont invité à visiter leurs installations en mer du Nord[1] ! »

Nathalie Kosciusko-Morizet, l'écolo de droite

Yves Cochet trouve parfois, à l'autre bout de l'hémicycle, une complice inattendue qui partage certaines de ses vues pessimistes : Nathalie Kosciusko-Morizet, 33 ans, élue UMP de l'Essonne, pouliche de l'écurie Chirac. « Elle est un des rares députés UMP à avoir l'esprit indépendant », reconnaît Yves Cochet. À gauche comme à droite, peu de voix contestent l'aura prometteuse de la plus jeune élue féminine de l'Assemblée. Pourtant, sa vive intelligence fascine autant que ses opinions tranchées agacent.

Chevelure blonde soignée, regard perçant, débit rapide, « NKM » a démarré avec de solides atouts dans son jeu : petite-fille d'un grand résistant devenu ambassadeur du général de Gaulle, fille du maire de Sèvres (Hauts-de-Seine), diplômée de Polytechnique, ingénieur du génie rural, des eaux et forêts. Sa carrière a débuté au ministère des Finances comme spécialiste des questions fiscales et environnementales, notamment lors des négociations du protocole de Kyoto sur l'effet de serre. Elle s'est poursuivie dans le privé avec un poste de chargée de mission auprès du directeur du développement et de la stratégie d'Alstom.

1. Entretien avec l'un des auteurs, 22 mars 2006.

Repérée par Jacques Chirac et Jean-Pierre Raffarin, NKM a mené campagne en 2002 comme suppléante de Pierre-André Wiltzer, député de l'Essonne. Lorsque ce dernier a été nommé ministre en juillet 2002, elle a pris rapidement ses marques de benjamine du Palais-Bourbon au sein de la commission des Affaires sociales, puis de celle des Lois. Experte en environnement, elle s'est saisie de ces thèmes peu courus à droite. « Pensez-vous, je suis une femme, jeune, scientifique, soucieuse d'environnement, à l'UMP. Il n'y a rien de tout cela ici [1] », s'amuse-t-elle.

Nathalie Kosciusko-Morizet bouscule les esprits de son camp, peu habitués à subir les foudres d'une X écolo libérale, mordue de publications savantes. Elle a contribué à convaincre Jacques Chirac de faire inscrire la Charte de l'environnement dans la Constitution. Le vote à l'Assemblée et au Sénat n'a pas été une partie facile, un grand nombre de parlementaires UMP se montrant farouchement hostiles à cette idée. Les contraintes imposées aux entreprises seront un frein à l'investissement, tempêtaient les uns. Les autres dénonçaient une application démesurée du principe de précaution. « Je n'étais pas d'accord avec cette charte, qui peut provoquer une judiciarisation excessive des problèmes [2] », explique Daniel Garrigue, député de Dordogne, pilier du courant villepiniste à l'UMP.

Rapporteuse du projet de loi constitutionnelle, NKM s'est attelée à sa tâche avec fougue, aidée par le gouvernement et quelques poids lourds du Parlement, notamment Jean-Louis Debré, président de l'Assemblée, ou encore Robert Pandraud, figure influente de la commission des Lois. La Charte a été adoptée le 28 février 2005, avec quelques rares voix de gauche. « J'ai été déçue que cette avancée ne soit pas davan-

1. Entretien avec l'un des auteurs, 23 mars 2006.
2. Entretien avec l'un des auteurs, 28 juin 2006.

tage soutenue par les socialistes et que les Verts ne s'y intéressent pas plus », reconnaît la jeune députée.

En créant à la fin de 2002 un groupe d'études sur le thème « Santé et environnement » regroupant environ 90 élus, Nathalie Kosciusko-Morizet s'est également heurtée à certains de ses collègues sur des sujets délicats : les contaminations, le nucléaire, le bruit, les pesticides, les OGM, les ondes électromagnétiques. « J'énerve les députés qui représentent de puissants groupes d'intérêts, dit-elle. Mais ce sont des sujets essentiels que les industriels et les milieux politiques doivent regarder en face au lieu de les enterrer. Faute de transparence, on finit par provoquer des fantasmes et des peurs. »

Une poignée d'élus, parmi lesquels Christian Decocq (UMP, Nord), président du groupe d'études sur les pollutions industrielles historiques, ou encore le socialiste Gérard Bapt (Haute-Garonne), cardiologue rapporteur du budget de la santé à la commission des Finances, s'activent à ses côtés. « C'est l'un des seuls groupes d'études qui servent d'antilobby face aux industriels de la chimie ou des télécoms, estime Yves Cochet, vice-président de ce groupe. Nous nous sommes intéressés par exemple aux risques pour la santé des antennes-relais de téléphone mobile. »

Les colloques annuels « Santé et environnement », auxquels NKM convie aussi bien les professionnels que des médecins, des chercheurs ou des associations d'usagers, ont du mal à trouver des partenaires. L'Union des industries chimiques a ainsi refusé en décembre 2004 de contribuer financièrement à celui que la députée organisait sur le thème de « L'impact des pollutions chimiques ». « Nous sommes très sollicités, on ne peut pas être partout », a expliqué Jean Pelin, le directeur général de ce syndicat professionnel, qui ne cache guère son opposition aux thèses de Nathalie Kosciusko-Morizet.

Malgré sa fidélité à Jacques Chirac, la bouillante écolo de droite n'a pas été nommée ministre de l'Écologie dans le gouvernement Villepin, en juin 2005, contrairement à ce que certains de ses proches pronostiquaient. Trop remuante. Incontrôlable. « Mon indépendance me dessert », dit-elle. Déçue, mais ambitieuse, elle s'est plongée dans la mission d'information sur l'effet de serre. Elle a rédigé le rapport en avril 2006, en accord avec son président socialiste, Jean-Yves Le Déaut (Meuthe-et-Moselle), dont elle avait naguère refusé de voter le texte sur les OGM, le trouvant trop favorable aux industriels.

Nommée déléguée générale à l'écologie à l'UMP, elle a inspiré la convention de son parti sur ce thème, tenue le 19 octobre 2005 avec un parterre d'experts de tous horizons. La manifestation aurait pu être applaudie par les amis de Dominique Voynet et d'Yves Cochet ! Nicolas Sarkozy, venu conclure les débats, a admis qu'il était un converti de fraîche date... Depuis lors, Nathalie Kosciusko-Morizet a décidé d'« écologiser » le siège de l'UMP à Paris : pose de minuteries pour économiser l'énergie, changement des ampoules, recyclage... « C'est mieux, non ? »

Les droits-de-l'hommistes

Il existe à l'Assemblée d'autres groupes de croisés surprenants. L'un des moins connus est composé de députés libéraux, ardents défenseurs des droits de l'homme. Ce combat, traditionnellement chasse gardée des partis de gauche, est incarné par quelques figures de l'UMP et de l'UDF, dont trois députés des Alpes-Maritimes.

Le premier est Lionnel Luca, UMP membre de la commission des Affaires sociales, ancien professeur d'histoire géographie, connu pour ses positions ultralibérales sur le plan économique et pour son anticommunisme viscéral. « Mes origines roumaines m'ont vacciné contre le totalitarisme communiste, dit-il. Je défends mes idées, même si elles dérangent[1]. » Son collègue Jérôme Rivière, jeune élu de Nice, ancien créateur d'entreprise, adhérent à l'UMP et au parti de droite CNI, est actif sur de multiples fronts et ne déteste pas jouer les francs-tireurs. « Nous croyons à certaines valeurs démocratiques et nous choisissons nos camps[2] », affirme ce grand escogriffe toujours en mouvement. Ex-conseiller de François Léotard au ministère de la Défense, il est à la fois un membre influent de la commission de la Défense et un avocat des professions libérales à l'Assemblée. Enfin, Rudy Salles, élu UDF, est actuellement membre de la commission des Affaires étrangères, après avoir passé son premier mandat aux Affaires sociales et son deuxième à la commission des Lois. Cet avocat niçois préside le groupe d'études sur les droits de l'homme. « Je ne me gêne pas pour faire des déclarations qui bousculent les positions officielles[3] », explique-t-il, fier de se mobiliser, par exemple, sur la situation humanitaire au Darfour (Soudan). Fervent supporter d'Israël – « et de sa démocratie » –, Rudy Salles préside également le groupe d'amitié parlementaire avec ce pays.

Le trio de la Riviera est complété par le député du Var Philippe Vitel, l'un des vice-présidents du groupe UMP au Palais-Bourbon. Cet ancien chirurgien plasticien au physique bonhomme, également vice-président du conseil général du Var, croit en sa mission de député engagé : « Je ne mets pas mes convictions dans ma poche. Mon père, médecin et élu connu de Toulon, avait le cœur sur la main. Il m'a appris à aimer les gens. Moi, j'ai opéré des accidentés, reconstruit des visages. Peut-être cela m'a-t-il donné une forme de mysticisme[4]. » Philippe Vitel préside à l'Assemblée le groupe

1. Entretien avec l'un des auteurs, 28 juin 2006.
2. Entretien avec l'un des auteurs, 28 mars 2006.
3. Entretien avec l'un des auteurs, 11 juillet 2006.
4. Entretien avec l'un des auteurs, 13 juin 2006.

d'études sur les personnes âgées, relancé en 2002, quand son ami Hubert Falco, maire de Toulon, était secrétaire d'État aux Personnes âgées. Il est également l'auteur d'un rapport sur « Les entreprises et l'action humanitaire », remis au Premier ministre Jean-Pierre Raffarin en décembre 2003. « Depuis, j'ai voulu créer un groupe d'études sur l'action humanitaire d'urgence, pour prolonger l'action ministérielle entreprise par mon copain marseillais Renaud Muselier. On ne m'y a pas autorisé, notamment à cause des réticences de la commission des Affaires étrangères. »

La foi habite également Jacques Remiller, autre pilier de ce groupe de militants. Député-maire UMP de Vienne (Isère), ce sosie de l'acteur Jean-Pierre Marielle explique d'une voix grave, dans sa cellule quasi monacale de l'Assemblée : « J'ai vécu des choses qui m'ont marqué. Mon épouse est décédée il y a trois ans après une longue maladie et cela a changé ma vie. Depuis, je m'investis encore davantage dans mes activités politiques, de maire et de député, et je n'ai pas peur de dire ce que je pense[1]. » Le mercredi soir, quand il le peut, Jacques Remiller rejoint quelques-uns de ses collègues parlementaires, membres d'un groupe « spiritualité », pour une messe à l'église Sainte-Clotilde de Paris.

À ces croyants s'ajoutent encore Richard Cazenave (UMP, Isère), qui rencontra en 2000 le commandant Massoud en Afghanistan, le jeune Pierre-Christophe Baguet (UDF, Hauts-de-Seine), président du groupe d'études sur le scoutisme, et Philippe Folliot (apparenté UDF, Tarn), qui milite pour la libération de l'otage colombienne Ingrid Bétancourt, dont il soutient la candidature au prix Nobel de la paix. « Comme j'ai le privilège d'avoir une voix publique, je considère qu'il est de mon devoir de défendre des sans-voix[2] », explique ce fils

1. Entretien avec l'un des auteurs, 22 mars 2006.
2. Entretien avec l'un des auteurs, 27 juin 2006.

d'ouvrier agricole à l'accent rugueux de Castres, par ailleurs promoteur du ballon ovale et de produits de son terroir.

Une partie de cette bande se retrouve naturellement dans le groupe d'études à vocation internationale sur les relations avec le Saint-Siège que préside Bruno Bourg-Broc, élu UMP de la Marne, réputé pour sa piété et son goût des voyages. BBB est secondé par les inévitables Jacques Remiller, Philippe Vitel et Philippe Folliot, ainsi que par Marcelle Ramonet (UMP, Finistère) et Armand Jung (PS, Bas-Rhin).

Tous ces croisés s'activent autour de plusieurs causes, qui font parfois grincer des dents au Quai d'Orsay. Jacques Remiller et Rudy Salles, par exemple, sont très présents au sein du groupe d'amitié parlementaire France-Arménie, présidé par leur collègue François Rochebloine (UDF, Loire). Ils se sont battus pour la reconnaissance du génocide arménien par l'Assemblée et restent, pour la plupart, hostiles à l'adhésion de la Turquie à l'Union européenne[1]. « Je me mobilise aussi pour défendre la cause des opposants cubains et celle des homosexuels égyptiens », précise Lionnel Luca. En juin 2006, il a créé un Collectif des parlementaires français pour la Birmanie libre. Il raconte : « Nous avons écrit au secrétaire général de l'ONU, avec 113 signataires de droite et de gauche, pour que le Conseil de sécurité engage ses membres à exiger la restauration de la démocratie en Birmanie et la libération immédiate d'Aung San Suu Kyi, Prix Nobel de la paix toujours en résidence surveillée. »

De fervents Tibétains

Alors que le président de la République et le Quai d'Orsay aiment souligner leurs bonnes relations politiques et économiques avec Pékin, nos députés dissidents soutiennent

1. Voir le chapitre 10.

ouvertement la cause du Tibet contre l'occupation chinoise. Ils forment l'armature du groupe d'études sur cette question, présidé par Lionnel Luca, qui a succédé à Richard Cazenave. Le noyau dur de ce groupe est composé de Jacques Remiller, Pierre-Christophe Baguet, Philippe Folliot, Gabriel Biancheri (UMP, Drôme). On y trouve aussi des militants de gauche comme Patrick Bloche (PS, Paris), Chantal Robin-Rodrigo (apparentée PS, Hautes-Pyrénées), Jean-Louis Bianco (PS, Alpes-de-Haute-Provence) et Geneviève Gaillard (PS, Deux-Sèvres), qui a accueilli des jeunes Tibétains chez elle, à Niort.

Avec près de 130 membres déclarés, le groupe Tibet est l'un des plus nombreux de l'Assemblée, grâce à l'intense mobilisation de ses animateurs. Les représentants en Europe du Bureau du Tibet et des associations comme Amnesty International leur fournissent régulièrement des informations sur la situation des droits de l'homme dans ce pays. Les parlementaires transmettent des listes de prisonniers politiques tibétains aux ministres français qui se rendent en voyage officiel à Pékin. Ils envoient des courriers aux autorités chinoises pour obtenir que des peines de mort soient commuées, puis réduites.

Chaque année, les membres du groupe écrivent également aux maires de leur circonscription pour qu'ils hissent le drapeau du Tibet au fronton de leur bâtiment public le 10 mars, date anniversaire des massacres de Lhassa, en 1959, lorsque l'armée chinoise réprima les manifestations tibétaines. « J'ai réussi cette année à convaincre un bon nombre des 63 élus de ma circonscription de le faire », témoigne Jacques Remiller.

Le jour où le président de la République populaire de Chine, Hu Jintao, a prononcé un discours à l'Assemblée nationale, le 27 janvier 2004, plusieurs députés pro-Tibet ont déserté les lieux. Philippe Folliot, lui, s'est bâillonné dans l'hémicycle. « J'ai fait cela spontanément, en restant silencieux et debout pour montrer le sort des millions de Chinois et des minorités opprimées dans ce pays », raconte le député apparenté UDF du Tarn. Au cours du cocktail chic qui a suivi dans les salons de l'hôtel de Lassay, le président chinois s'est vu remettre une liste de prisonniers politiques par deux députés du groupe Tibet, Lionnel Luca et Hervé Mariton (UMP, Drôme). « Il faut montrer son opposition à ce régime liberticide », explique Jérôme Rivière, engagé par ailleurs avec quelques-uns de ses amis dans le groupe d'études à vocation internationale sur les problèmes liés à l'expansion de l'économie taïwanaise [1].

Les députés tibétains ont également organisé, du 20 au 26 mars 2005, une mission parlementaire officieuse dans la ville indienne de Dharamsala, capitale du Tibet en exil, à l'invitation du président de l'Assemblée tibétaine. « Nous avons payé nous-mêmes nos billets et pris des visas touristiques, sans demander l'aval du Quai d'Orsay », précise Lionnel Luca. Sept députés UMP, un UDF et quatre socialistes – « les douze apôtres », s'amuse l'un d'eux – ont participé à cette expédition peu banale [2]. Après deux jours de visites et de rencontres avec le Premier ministre et les 46 députés tibétains venus du monde entier pour une session budgétaire, les parlementaires français ont dialogué durant deux heures avec Sa Sainteté le dalaï-lama, chef spirituel et politique de la communauté. « Cet homme est animé d'une volonté de paix et il est ouvert au dialogue. Ce fut une des rencontres les plus bouleversantes de ma vie », raconte Jacques Remiller.

1. L'île nationaliste en butte aux appétits de Pékin n'étant pas reconnue diplomatiquement par la France, aucun groupe d'amitié avec ce pays ne peut exister officiellement.

2. Les participants à ce voyage étaient : Lionnel Luca (UMP, Alpes-Maritimes) Jacques Remiller (UMP, Isère), Philippe Vitel (UMP, Var), Richard Mallié (UMP, Bouches-du-Rhône), Dominique Tian (UMP, Bouches-du-Rhône), Gabriel Biancheri (UMP, Drôme), Marcelle Ramonet (UMP, Finistère), Philippe Folliot (apparenté UDF, Tarn), Patrick Bloche (PS, Paris), Jean-Louis Bianco (PS, Alpes-de-Haute-Provence), Chantal Robin-Rodrigo (apparentée PS, Hautes-Pyrénées), Geneviève Gaillard (PS, Deux-Sèvres).

Dans son compte rendu de mission, Lionnel Luca, le président du groupe, enfonce le clou : « Le peuple tibétain a plus à craindre aujourd'hui du capitalisme d'État chinois que du maoïsme d'hier ; la répression qui se poursuit, masquée par le commerce, fait que le Tibet est un sujet qui pourrait fâcher et mettre en péril les carnets de commandes que se disputent les grandes puissances. » Et l'élu des Alpes-Maritimes de dénoncer la « chape de plomb » et l'« attitude déshonorante » des démocraties sur le sujet.

Avant les échéances électorales de 2007, les mêmes députés ont prévu de se rendre au Tibet, à Lhassa, dans la foulée d'une mission de sénateurs qui était sur place à la fin d'août 2006, et ce malgré les conseils de prudence du Quai d'Orsay. « J'ai rencontré l'ambassadeur de Chine en France qui attend l'aval de Pékin, expliquait Lionnel Luca à la fin de juin 2006. Malgré les pressions diplomatiques, économiques et même médiatiques pour nous dissuader de faire ce voyage, nous sommes tenaces. »

Rien n'arrête les croisés.

Chapitre 7

Famille « Laboureurs »

Un matin de mars 2006, il s'est assis sur la banquette de velours rouge à gauche de l'entrée de l'hémicycle, dans la salle des Quatre Colonnes, une bouteille d'eau minérale à portée de main, et il n'en a plus bougé. Pendant cinq semaines et demie. Au début, les députés et les journalistes qui se pressent dans cette salle tous les mardis et mercredis, lors de la séance des questions au gouvernement, n'ont pas trop prêté attention à ce grand gaillard coiffé d'un béret, au physique de rugbyman : on était alors en plein remue-ménage politique autour du contrat première embauche. Mais au fil des semaines ils ont réalisé que ce n'était pas du cinéma. Pour la première fois dans l'histoire de la Ve République, un député faisait la grève de la faim au Palais-Bourbon.

C'est ainsi que Jean Lassalle, député UDF de la quatrième circonscription des Pyrénées-Atlantiques, est entré dans l'histoire. Son action spectaculaire et désespérée avait pour but d'alerter les pouvoirs publics sur les menaces pesant sur une usine d'aluminium de la vallée d'Aspe. « Sa » vallée. Le groupe japonais Toyal, propriétaire de cette usine, désirait en effet étendre son activité. Or le site d'Accous, au pied des montagnes, est contigu au parc national des Pyrénées. Un paysage naturel magnifique et fragile, dans lequel il paraît plus logique de développer le tourisme que l'industrie polluante. Toyal avait donc décidé d'agrandir son unité dans une vallée distante d'une soixantaine de kilomètres, au sein de la zone de reconversion industrielle de Lacq. Pour Jean Lassalle, le bout du monde. Le drame. Sa vallée transformée en désert, livrée aux ours. Jusqu'alors, le berger béarnais s'était surtout illustré à l'Assemblée par son combat contre la réintroduction des plantigrades dans le massif pyrénéen.

Au bout de trente-neuf jours, Jean Lassalle a cessé sa grève de la faim. Il avait perdu 21 kilos mais gagné la promesse de la firme japonaise de renoncer à s'installer à Lacq. « C'est la première fois de ma vie politique que j'ai le sentiment d'être aussi utile [1] », déclarait-il. Nul n'a mis en doute le courage ni les convictions de Jean Lassalle. « Un homme droit dans ses bottes [2] », dit son ami Philippe Folliot, député apparenté UDF du Tarn. Quel terrible aveu d'impuissance, pourtant ! Élue UMP d'une région des Ardennes frappée par des délocalisations industrielles en série, Bérengère Poletti s'interroge : « Jean Lassalle m'a impressionnée, mais serons-nous tous réduits à faire des grèves de la faim pour défendre les emplois de nos circonscriptions [3] ? »

1. *Le Monde*, 8 avril 2006.
2. Entretien avec l'un des auteurs, 27 juin 2006.
3. Entretien avec l'un des auteurs, 3 mai 2006.

Laboure et tais-toi !

Cet épisode inédit illustre de façon caricaturale l'emprise des problématiques locales sur une grande majorité des députés. Le local, encore le local, toujours le local : les députés n'ont que ce mot-là à la bouche. C'est souvent l'alpha et l'oméga de leur mandat, au point qu'il se confond à leurs yeux avec l'intérêt général.

« Il y a de moins en moins de députés de la nation et de plus en plus de députés de circonscription, centrés sur la défense des intérêts locaux, regrette Jean-Louis Debré, le président de l'Assemblée nationale. Cela se voit lors du dépôt des propositions de loi : un tel veut faire une loi pour mettre des distributeurs d'eau dans les écoles de son département, un autre pour régler les problèmes de route de sa circonscription [1]. »

De nombreux jeunes élus de la fournée 2002 auraient bien aimé, pourtant, s'entraîner à des exercices d'intérêt national. Mais, en début de législature, les responsables de l'UMP ont fait passer le message aux petits nouveaux du groupe majoritaire : « Occupez-vous d'abord de votre circonscription. » Sous-entendu : laissez aux aînés le soin des travaux parlementaires, on en reparlera si vous êtes réélu en 2007.

Édouard Courtial, le benjamin de l'Assemblée, fait partie du lot. Élu en juin 2002, à l'âge de 28 ans, dans la septième circonscription de l'Oise sous les couleurs de l'UMP, ce grand garçon au visage poupin, natif de Neuilly-sur-Seine, consultant de profession, n'en revenait pas. À peine les résultats connus, le préfet du département l'appelle pour le saluer d'un déférent « Monsieur le Député ». Les médias le harcèlent, désireux de faire le portrait du plus jeune député de France, diplômé de Dauphine et de l'Essec et adhérent enthousiaste de l'UMP dès sa création. Le lendemain de son élection surprise, le « bébé Sarkozy » reçoit au Palais-Bourbon la cocarde

1. *Les Échos*, 6 mars 2006.

et la mallette destinées aux nouveaux arrivants. « Le soir, je participais au dîner des parlementaires avec Jean-Pierre Raffarin, se souvient-il. J'avais toujours rêvé d'un mandat politique, j'étais sur un petit nuage[1]. »

Mais, très vite, le novice déchante. « J'étais naïf. Personne ne vous donne les bonnes informations lorsque vous arrivez à l'Assemblée. Vos amis politiques ne vous aident pas, au contraire. Toutes les bonnes places dans les commissions et les groupes d'études me sont passées sous le nez en quinze jours sans que je m'en rende compte. » Édouard Courtial se retrouve d'office à la commission des Affaires sociales, la moins demandée, et hérite de la vice-présidence de la délégation aux droits de la femme – un poste peu couru. Dans les groupes d'amitié, il n'obtient que des vice-présidences (Finlande, Grande-Bretagne et République de Tchéquie), dépourvues de réels pouvoirs. Le jeune élu UMP est même contraint par son groupe de laisser à un ancien ministre le bureau qu'il guignait, au 3, rue Aristide-Briand, avec une belle vue sur Paris. Quelques menus travaux parlementaires sur l'égalité professionnelle ou le budget des sports ne suffisent pas à l'occuper dans la capitale.

Édouard Courtial, qui en septembre 2003 a succédé à son père, décédé, en tant que maire d'Agnetz (2 637 habitants), a donc fait contre mauvaise fortune bon cœur. Il s'est mis à labourer : participation à l'assemblée générale des chasseurs de l'Oise, commémorations et inaugurations en série, permanences bondées à Nogent-sur-Oise, visites d'usines et de fermes, questions écrites et courriers en rafale, défense des usines chimiques et des PME du département, site Internet personnel avec photos tout sourires... L'élu de terrain – « toujours proche de vous », selon son slogan – ne laisse rien au hasard. Le métier commence à rentrer.

1. Entretien avec l'un des auteurs, 6 avril 2006.

De l'eau et des châtaignes

Les lettres d'information que les députés envoient régulièrement à leurs électeurs témoignent de cette obsession du terroir. Prenons Jean-Claude Flory, au hasard. Le jeune maire de Vals-les-Bains (3 700 habitants), 40 ans, élu député UMP pour la première fois en 2002 dans la troisième circonscription de l'Ardèche, commence ainsi l'éditorial de son numéro de novembre 2004, titré « Jean-Claude Flory, votre député » : « Par ma présence sur le terrain dans vos cantons, dans vos communes, par le lien permanent que je tisse avec les élus locaux, le monde associatif, les acteurs économiques et la sphère publique de notre territoire, je suis à l'écoute de vos problèmes et de vos projets. » Le député n'oublie jamais d'apposer la mention manuscrite « À vos côtés » au-dessus de sa signature.

Cheveux en brosse et costume bleu marine, Jean-Claude Flory est un bon élève, qui a appris la leçon enseignée d'abord à Sciences Po, puis à l'UMP. « Je fais ce qu'on m'a conseillé de faire lorsque j'ai été élu. À Paris, je me concentre sur un petit nombre de sujets d'intérêt local : l'eau (Vals-les-Bains est une station thermale) et la châtaigne. On m'a donné la présidence du groupe d'études sur la châtaigneraie, l'une des principales activités économiques de mon massif. Sinon, je consacre l'essentiel de mon énergie à ma circonscription[1]. » Le député se passe fort bien de collaborateur à Paris, mais il emploie cinq personnes (à temps partiel) à Vals-les-Bains.

Pour lui, le meilleur indicateur de son activité n'est ni le nombre de ses interventions dans l'hémicycle, ni celui de ses propositions de loi. C'est la quantité de courriers qu'il envoie depuis sa permanence locale : 42 000 lettres rien que pour l'année 2005 !

---

1. Entretien avec l'un des auteurs, 6 juin 2006.

En théorie, un député n'a aucun pouvoir institutionnel sur sa circonscription, si ce n'est celui de l'influence. Ce n'est pas lui qui décide de l'attribution du RMI, de la construction d'un rond-point ou des subventions accordées aux associations sportives. Pourtant, le clientélisme local paie. « Le plus triste pour la démocratie, c'est que ceux qui font le moins de travail parlementaire sont souvent les mieux réélus, déplore Yves Cochet (Verts, Paris). Cela n'incite pas les députés à s'intéresser au débat public[1]. »

Jean-Claude Flory n'a cure de ces critiques. Depuis le début de la législature, il n'a pris la parole en séance publique qu'une seule fois. C'était le 12 octobre 2004, à propos de la loi sur les territoires ruraux, pour soutenir un amendement demandant que le pigeon ramier soit classé comme espèce nuisible dans la région Rhône-Alpes. Certains chasseurs des cols ardéchois ont en effet l'habitude de tirer ces pigeons lors de leur migration de printemps, ce qui est strictement interdit et cause chaque année des échauffourées, arbitrées par les gendarmes, entre porteurs de fusil et écologistes. L'amendement, adopté à l'Assemblée, a été retoqué au Sénat[2].

Le rituel du mardi matin

Jean-Claude Flory est également intervenu à quatre reprises lors de la session du mardi matin, consacrée aux questions orales sans débat[3]. Une séance à laquelle aucun média

1. Entretien avec l'un des auteurs, 22 mars 2006.
2. Sur la chasse, voir également le chapitre 11.
3. Vingt-cinq « questions orales sans débat » peuvent être inscrites à chaque séance du mardi matin. Ces sessions se déroulent tout au long de l'année, sauf pendant la période de la discussion budgétaire. Chaque question, après avoir été exposée par son auteur, donne lieu à une intervention du ministre concerné. L'auteur, s'il le désire, peut faire une réplique, à laquelle le ministre peut répondre.

télévisé ne s'intéresse, à part La Chaîne parlementaire, mais dont les laboureurs sont particulièrement friands.

Le décor : des travées vides, à l'exception d'une dizaine de députés, bien coiffés pour ce moment solennel ; un président de séance entouré d'une poignée d'administrateurs et d'appariteurs ; et, sur les bancs du gouvernement, un ou deux ministres résignés à répondre, d'un air las, aux interventions des élus, qui ont pris soin d'envoyer le texte de leur intervention plusieurs semaines à l'avance. Chaque mardi, les têtes sont différentes. Les questions, elles, sont souvent les mêmes. Seule la localisation change. Fermetures d'usines, suppression de classes, construction de routes, équipements collectifs, aides aux agriculteurs sinistrés – un jour par la grippe aviaire, le lendemain par la sécheresse...

C'est fou le nombre de dossiers locaux qui « remontent » jusqu'au ministre, dans notre pays de tradition jacobine ! Le 20 décembre 2005, par exemple, voilà Philippe Folliot qui prend la parole. Le député apparenté UDF du Tarn s'inquiète des conséquences sociales de la fin de la dernière mine de spath fluor de France sur les communes de Paulinet, Rayssac et Montroc, où doivent être supprimés 80 emplois. « La fermeture de cette mine est, toutes proportions gardées, un traumatisme économique plus important pour ce territoire que la fermeture d'Airbus pour Toulouse », note le député, auquel François Loos, ministre délégué à l'Industrie, répond en énumérant les mesures de reconversion envisagées.

Pascal Terrasse (PS, Ardèche) enchaîne, interpellant le même ministre sur la fermeture annoncée de l'usine de céramique Novoceram à Bourg-Saint-Andéol, qui doit faire disparaître 63 emplois. En réponse, il n'obtient que des déclarations d'intention de reclassement. « Si je dis aux salariés de Novoceram que le gouvernement leur propose d'aller travailler dans la Vienne, ils me pendront haut et court après m'avoir enduit de goudron et de plumes », proteste le député.

Changement de sujet. Bérengère Poletti (UMP, Ardennes) prend la parole au nom de son collègue Christian Decocq (UMP, Nord), qui aurait aimé entendre le ministre des Transports à propos de la fermeture de deux autoponts vétustes, boulevard Pierre-de-Coubertin, entre les villes de Lille et de La Madeleine. Les axes avoisinants sont engorgés et les avis divergent quant à la possibilité de réparer ces équipements. « Quelle solution propose le gouvernement ? » demande la députée. Le ministre des Transports n'est pas venu. C'est son collègue de l'Industrie qui répond. Oui, les autoponts seront démontés. Non, leur remise en état ne permettrait pas de respecter les normes de sécurité. « Seul l'aménagement du carrefour pour augmenter sa capacité est désormais envisageable », conclut le ministre, qui précise : « L'État est prêt à participer financièrement à cet aménagement, seul susceptible, je le répète, de résoudre le problème que vous avez évoqué. »

Le député corse Paul Giacobbi a moins de chance que son collègue du Nord. Cela fait des années que ce radical de gauche, élu de Haute-Corse et qui en préside le conseil général, souhaite faire atterrir les avions, de nuit, sur l'aéroport de Calvi. De multiples études ont été réalisées, mais l'affaire piétine. En réponse, le ministre délégué à l'Industrie décrit la « topographie particulière » du terrain qui rend impossibles, pour le moment, des atterrissages de gros porteurs dans des conditions de sécurité satisfaisantes. Paul Giacobbi s'énerve : « D'un côté, on nous dit que pour rendre possibles les atterrissages de nuit il faudrait mettre en place des équipements de sécurité. De l'autre, on nous explique que ces équipements ne sont pas nécessaires puisque les atterrissages de nuit ne sont pas autorisés. » Il ressort furieux de la séance.

Visite au palais

Abonnés à ces séances du mardi matin où ils obtiennent des réponses ministérielles convenues à leurs soucis locaux, les laboureurs adorent également fréquenter le Palais-Bourbon... en qualité de guides pour leurs électeurs. Le règlement de l'Assemblée autorise les groupes de 50 personnes maximum conduits par un député à des visites hors des jours de séance publique. Ces sorties parisiennes sont aussi prisées par les parlementaires que par leurs invités [1].

Stéphane Demilly est député UDF de la Somme depuis 2002. À 43 ans, il connaît autant de ruses qu'un vieux renard de la politique pour avoir été suppléant d'un député, dans la même circonscription, de 1988 à 2002, plus jeune maire de France d'une ville de plus de 10 000 habitants – il avait 25 ans lorsqu'il a été élu maire d'Albert, sa commune natale, en 1989 – et conseiller régional de Picardie pendant dix ans. « J'adore être au contact de la population [2] », dit cet homme mince au profil acéré.

Il sait que rien ne fait plus plaisir aux électeurs qu'une invitation à découvrir les ors du Palais-Bourbon. Cet ex-consultant en management organise au moins une visite par mois pour les habitants des 195 petites communes de sa circonscription, les écoles ou les associations de personnes âgées.

Ce vendredi 28 avril 2006, il reçoit le club des aînés d'Esmery-Hallon, accompagné d'une journaliste de la radio locale. Les trente personnes âgées sont arrivées le matin en car. On leur projette d'abord un film de douze minutes de découverte de l'Assemblée, dans la salle de cinéma. Le député les rejoint lorsque les lumières se rallument pour leur commenter la visite : le salon de la Paix (Stéphane Demilly raconte comment on nettoie les lustres), les salons Delacroix,

1. En 2005, l'Assemblée nationale a reçu plus de 150 000 visiteurs, dont près de 20 000 lors des Journées du patrimoine.

2. Entretien avec l'un des auteurs, 28 avril 2006.

Casimir-Périer et Pujol (« Personnellement, je préfère le salon Delacroix, bien qu'il soit plutôt celui des députés de gauche, car situé près de l'aile gauche de l'hémicycle »), la bibliothèque avec ses cinq coupoles décorées par Delacroix (« Elle contient 350 000 volumes »), le balcon du public dans l'hémicycle (« Je vais vous raconter une anecdote... »). Les aînés d'Esmery-Hallon sont aux anges. Le guide connaît son palais par cœur.

La permanence ou le bureau des pleurs

On reconnaît aussi les laboureurs au nombre d'heures qu'ils passent dans leur permanence à écouter les doléances de leurs électeurs, qui n'ont le plus souvent aucun rapport avec le travail parlementaire. Leur expression favorite ? « Je suis l'assistante sociale de ma circonscription. »

Jean-Claude Thomas (UMP, Marne) fait partie de ces hommes de terrain, très rarement présents à Paris, dont l'emploi du temps ressemble davantage à celui d'un conseiller municipal qu'à celui d'un élu de la nation tout entière.

Ce député constamment réélu depuis 1988 tient boutique dans un quartier populaire de Reims, au coin de la place Luton, animée par un marché coloré. Une grande affiche barre la vitrine : « Non au tramway, inutile et ruineux ». La permanence est ouverte tous les jours de 9 heures à midi et de 14 heures à 19 heures, le samedi de 9 heures à midi uniquement. À l'entrée, une charmante dame accueille les visiteurs. Au fond du couloir, deux secrétaires ouvrent le courrier, tapent les lettres, rangent les dossiers. À gauche, le bureau du député, isolé par une cloison vitrée.

Voici son carnet de rendez-vous pour le jeudi 22 juin 2006 :

— 9 heures : deux commerçants viennent dire leur opposition au projet de tramway.

— 9 h 30 : le président d'une association d'écocitoyens expose sa position anti-OGM (un projet de loi doit être prochainement discuté à l'Assemblée).

— 9 h 45 : le propriétaire d'une maison dégradée demande de l'aide.

— 10 heures : une dame récemment installée dans un village de la circonscription propose son aide bénévole à l'UMP.

— 10 h 30 : deux habitants du quartier d'Orgeval réclament plus de présence policière pour lutter contre les dégradations occasionnées par une bande de jeunes.

— 11 heures : un syndicaliste CGT aimerait que le député soutienne le plan de reprise par les salariés d'une entreprise de sous-traitance aéronautique.

L'après-midi, comme chaque jeudi, « Monsieur le Député » tournera dans les villages pour y entendre les doléances des habitants. « C'est mon point fort, souligne Jean-Claude Thomas. Toute personne qui demande un rendez-vous est reçue. J'ai reçu 6 000 familles et traité plus de 9 000 dossiers depuis 2002[1]. »

Le cumul des mandats, une maladie française

Comme Jean-Claude Thomas (conseiller municipal et conseiller général), une écrasante majorité de députés cumulent leur fonction parlementaire avec un mandat d'élu local. C'est même une spécialité française. Sur les 577 députés, 381 (soit les deux tiers) sont également élus municipaux, 141 élus départementaux et 67 élus régionaux. En additionnant ces chiffres, on arrive à un total supérieur au nombre de députés. Rien d'anormal : on peut être à la fois conseiller municipal,

1. Entretien avec l'un des auteurs, 22 juin 2006.

voire maire d'une petite commune (moins de 3 500 habitants), conseiller général et député[1].

La figure tutélaire du député-maire se porte très bien à l'Assemblée. Mais comment peut-on prétendre gérer efficacement une grande ville, une région ou un département et exercer sérieusement sa fonction d'élu de la nation ? Comment Jean-Marc Ayrault peut-il être à la fois président du groupe socialiste à l'Assemblée et maire de Nantes, une ville de 270 000 habitants ? Et Ségolène Royal, députée et présidente du conseil régional de Poitou-Charentes ? On compte à l'Assemblée neuf maires de villes de plus de 100 000 habitants et treize maires d'arrondissement (Paris et Marseille). Quinze députés sont également présidents de conseils généraux et six présidents de région[2].

---

1. L'article LO 141 du Code électoral limite le cumul du mandat de parlementaire avec un seul mandat local. Depuis la loi organique du 5 avril 2000, un député ou un sénateur ne peut conserver qu'un seul des mandats suivants : conseiller régional, conseiller général, conseiller municipal d'une commune d'au moins 3 500 habitants (au-dessous de ce seuil, un deuxième mandat local est accepté), conseiller de Paris, conseiller de l'Assemblée de Corse. Pour plus de détails sur les incompatibilités, voir en annexe.

2. Les maires de villes de plus de 100 000 habitants sont : Pierre Albertini (Rouen), Jean-Marc Ayrault (Nantes), Michel Destot (Grenoble), Serge Grouard (Orléans), Maryse Joissains-Masini (Aix-en-Provence), Brigitte Le Brethon (Caen), Hugues Martin (Bordeaux), Alain Rodet (Limoges) et René-Paul Victoria (Saint-Denis-de-la-Réunion).

Les présidents de conseils généraux sont : Pierre Bédier (Yvelines), Jean-Louis Bianco (Alpes-de-Haute-Provence), Augustin Bonrepaux (Ariège), Thierry Carcenac (Tarn), Bernard Derosier (Nord), Michel Diefenbacher (Lot-et-Garonne), Jean-Pierre Dupont (Corrèze), Henri Emmanuelli (Landes), Paul Giacobbi (Haute-Corse), Maurice Leroy (Loir-et-Cher), Philippe Martin (Gers) Jean-Marie Morisset (Deux-Sèvres), Marie-Françoise Pérol-Dumont (Haute-Vienne), François Scellier (Val-d'Oise) et André Vallini (Isère).

Les présidents de conseils régionaux sont : Jean-Yves Le Drian (Bretagne), Victorin Lurel (Guadeloupe), Alfred Marie-Jeanne (Martinique), Jean-Jack Queyranne (Rhône-Alpes), Ségolène Royal (Poitou-Charentes) et Camille de Rocca Serra (Corse).

Une telle pratique est impensable dans la plupart des démocraties. Le cumul est strictement interdit au Portugal et en Grèce et fortement déconseillé en Allemagne, en Grande-Bretagne, en Italie et en Espagne. En France, il s'agit d'une tradition bien ancrée. Le nombre de députés détenant un mandat local s'élevait déjà à près de 36 % sous la IIIe République et à 42 % sous la IVe. La tendance s'est encore accentuée sous la Ve, pour atteindre les records actuels.

« Rien d'anormal à cela, plaide Jacques Remiller, député-maire UMP de Vienne (Isère). Les fonctions se complètent. Le mandat municipal me permet de garder le contact avec les réalités locales, tandis que le mandat parlementaire me donne accès à des débats nationaux et m'aide pour ma ville. Quant au temps passé, c'est une question d'organisation [1]. »

Un avis que ne partagent pas tous ses collègues. « Je trouve cela scandaleux, en particulier pour les maires de grandes villes. Ce n'est pas sérieux. Cela signifie que d'autres font leur travail à leur place [2] », s'indigne le député vert Noël Mamère, lui-même maire de Bègles, en Gironde (22 500 habitants). Reprenant ce thème, défendu depuis longtemps par Arnaud Montebourg (PS, Saône-et-Loire) dans son projet de VIe République, le Parti socialiste a inscrit le non-cumul des mandats dans son programme pour 2007. Au risque de faire tousser quelques cumulards du groupe.

Car posséder plusieurs mandats offre de nombreux avantages. À commencer par des émoluments confortables. Les maires de grandes villes (plus de 100 000 habitants), les présidents de conseils régionaux et les présidents de conseils généraux perçoivent une indemnité de 5 321 euros bruts mensuels [3]. Toutefois, la loi du 25 février 1992 limite le cumul

1. Entretien avec l'un des auteurs, 22 mars 2006.
2. Entretien avec l'un des auteurs, 28 mars 2006.
3. Circulaire « Indemnités de fonction des titulaires de mandats locaux » du ministre délégué aux Collectivités territoriales, 25 novembre 2005.

des indemnités à une fois et demie le montant de l'indemnité parlementaire de base, soit 7 989 euros bruts[1]. C'est le système dit de l'« écrêtement automatique ». En pratique, il n'est pas si automatique que cela. Car l'Assemblée verse au député, quoi qu'il arrive, 100 % de son indemnité. Ce que les collectivités font des sommes dépassant le plafond n'est pas de son ressort. Le surplus peut être reversé à d'autres élus, sous réserve qu'ils appartiennent à la même assemblée et à la même formation politique.

En outre, les indemnités additionnelles (emploi de collaborateurs, frais de mandat, logement, voiture, chauffeur) ne sont pas concernées par l'écrêtement, ce qui assure au député cumulard un confort de travail fort appréciable. « Faire partie d'un exécutif local est très utile, observe Claude Gaillard, questeur UMP (Meurthe-et-Moselle). Cela procure une assistance qui fait vraiment la différence. J'ai été longtemps premier adjoint à Nancy et président de la communauté urbaine. Lorsqu'un projet de loi arrive, on peut le donner à décortiquer à de vrais experts, hauts fonctionnaires territoriaux, qui vous rédigent une excellente note en 48 heures[2]. »

Les secrets d'un laboureur expérimenté

Les lobbies ont bien compris le bénéfice à tirer de cette attention de tous les instants que portent les députés aux problématiques locales. Les mieux organisés d'entre eux savent que, pour être efficace, mieux vaut d'abord mobiliser tous les relais locaux possible, avant d'engager une action nationale.

C'est ce que confirme le témoignage de Jean-Claude Morisset, député UMP des Deux-Sèvres et – surtout – président du conseil général de son département. Interrogé sur ce qu'il a

1. Sur les avantages du statut de député, voir en annexe.
2. Entretien avec l'un des auteurs, 4 avril 2006.

fait au Palais-Bourbon depuis juin 2002, ce colosse débonnaire de 59 ans, à la poigne rude, ne tourne pas autour du pot : « C'est vrai, j'ai pris un peu de recul avec tout ce qui se passe ici[1] », et l'état de son bureau de l'Assemblée, fort peu encombré, ne semble pas le démentir. Député centriste passé du CDS à l'UMP, il fait relâche sur sa fin de troisième mandat. Sa participation aux travaux de la commission des Affaires économiques est minimale. Il n'a rédigé aucun rapport et intervient rarement dans l'hémicycle.

Ah, si ! En mai 2006, l'élu des Deux-Sèvres s'est activé en coulisses lors de la discussion du projet de loi sur l'eau. Dans son département, où la sécheresse sévit depuis plusieurs années, les artisans du bâtiment, relayant une campagne de lobbying national, lui ont suggéré de défendre un amendement fiscal destiné à favoriser l'installation de récupérateurs d'eaux pluviales. La disposition a été adoptée par l'Assemblée nationale[2]. « C'était une bonne idée, je l'ai soutenue », explique Jean-Marie Morisset. Tant mieux si les artisans du bâtiment y gagnent des travaux : « Quand je peux favoriser le tissu économique local, je le fais avec plaisir. »

Jean-Marie Morisset se consacre à 99 % à son département. Et il l'assume. « Oui, j'ai fait des choix, je suis un laboureur », dit-il, fier de cumuler son mandat de député avec celui, très prenant, de président du conseil général depuis 2000. Né à Parthenay, il a gravi les échelons au sein du Crédit agricole comme directeur informatique, fréquentant toutes les agences locales et côtoyant l'ensemble des réseaux économiques. Son père, adjoint à la mairie de Mazières-en-Gâtine et ami de l'ex-député UDF Jean Pineau, autre pilier du Crédit agricole, l'a lancé lors des élections cantonales de 1988. Dans le département, Jean-Marie Morisset a rapidement fait son trou.

1. Entretien avec l'un des auteurs, 14 juin 2006.

2. L'amendement adopté le 17 mai 2006, dans l'article 23 du projet de loi sur l'eau, instaure un crédit d'impôt pour les contribuables installant un système de récupération des eaux de pluie à leur domicile.

« Je cultive les relations locales, c'est capital », explique ce besogneux qui rend très régulièrement visite aux 104 maires de sa circonscription et reçoit une dizaine de personnes par semaine dans sa permanence de Parthenay. Il faut le voir, un jour de juin 2006, inaugurer une zone d'activité à Mazières-en-Gâtine, au cœur de son fief rural. En bras de chemise, le « député président » tutoie les élus, embrasse les dames, coupe le ruban en rigolant, qualifie Mazières de « nombril du département » en levant son verre dans le foyer communal.

Puis il présente le directeur de la coopérative de fruits Sica-Sèvres-Gâtine, implantée à deux pas : « Dis-lui, toi, au journaliste, pourquoi vous souffrez à cause des importations de pommes chinoises. » Et Yves Gazeau, le responsable de la coopérative, se lance dans un couplet sur la production locale de pommes (120 000 tonnes par an), dont les exportations vers la Chine et le Brésil sont interdites alors que les fruits à bas prix en provenance de ces pays envahissent l'Europe. Puis il se tourne vers son député : « Jean-Marie, il faudra revoir ce que tu peux faire avec le ministère de l'Agriculture. » Jean-Marie opine : « Je m'en occupe. »

Difficile, dans les Deux-Sèvres, de trouver quelqu'un qui soit fâché avec Jean-Marie Morisset. D'abord parce que personne n'y a intérêt, vu son rôle de chef d'orchestre dans l'attribution des subventions départementales. Et surtout parce que le député, d'un naturel affable, est réputé pour traiter avec pragmatisme tous les dossiers qui lui sont adressés. « Il est facile d'accès et nous soutient depuis longtemps, avance Jacques Pigeau, éleveur de bovins et président de l'Association de promotion de la race parthenaise, en passe d'obtenir un label AOC. Et vu la majorité au pouvoir, Morisset a plutôt le vent de son côté[1]. » Le député UMP n'a, en effet, guère de mal à décrocher des rendez-vous avec le ministre de l'Agri-

1. Entretien avec l'un des auteurs, 20 juin 2006.

culture Dominique Bussereau, ancien député de la Charente-Maritime voisine.

L'un des responsables de la Fédération départementale des syndicats d'exploitants agricoles, Alain Chabauty, solide moustachu installé avec 250 charolaises dans le bocage près de Bressuire, le confirme : « Morisset ? On le fait souvent intervenir pour nous au ministère. Et c'est efficace[1]. » Lors de la discussion de la loi d'orientation agricole en 2005, le député a été appelé à la rescousse sur les problèmes d'équarrissage ; en février 2006, sur le déblocage des aides d'État aux éleveurs de poulets touchés par les conséquences de la grippe aviaire ; au printemps 2006, sur l'utilisation des foins des jachères pour nourrir le bétail. « SVP Morisset » répond toujours présent.

Pour faire face aux sollicitations multiples, l'élu se promène toujours avec, sous le bras, une douzaine de dossiers en cours. « Dès que j'ai un battement de cinq minutes, je peux avancer, en appelant un ministère ou un électeur », confie-t-il. Son arme secrète ? Un logiciel mis au point par des emplois jeunes du conseil général et installé sur son ordinateur portable. « Je sais en permanence où j'en suis pour chaque intervention, dit-il en pointant les tableaux sur son écran. Je note les dates des rendez-vous, les thèmes, les numéros de téléphone de mes interlocuteurs, les questions ou les courriers que j'ai reçus et envoyés, les relances effectuées, les tâches que je dois exécuter tel ou tel jour. Je suis sûr de ne rien oublier. »

À la mi-juin 2006, l'élu suivait ainsi 1 239 dossiers sur son ordinateur : 166 concernaient des recherches d'emploi, 78 des demandes de logement, 36 des affaires agricoles. Les autres traitaient de questions diverses : handicapés, retraites, anciens combattants, aides sociales, PME, commerçants, mutations, adoptions, fisc, urbanisme... « On ne peut pas aider tous ceux qui nous demandent assistance. Mais il faut au moins écouter tout le monde et tenter d'agir rapidement », résume Jean-

1. Entretien avec l'un des auteurs, 23 juin 2006.

Marie Morisset. Il affirme avoir ainsi réalisé 20 000 interventions depuis 1997.

« Je ne suis pas un jouet mécanique »

Au cours de notre enquête, nous avons rencontré quelques laboureurs qui réussissent très bien à faire le lien entre le local et le national, l'un nourrissant l'autre et vice versa. Ils ne sont pas nombreux.

André Chassaigne (PC, Puy-de-Dôme) est l'un d'entre eux. À 56 ans, c'est un petit nouveau à l'Assemblée, élu de la fournée 2002 dans une circonscription rurale où personne n'attendait un communiste, fils d'un ouvrier de Michelin. Robert Hue y avait fait 4 % des voix à l'élection présidentielle de 2002 ! Maire de Saint-Amant-Roche-Savine (531 habitants), ce moustachu grisonnant a choisi, en 2004, de ne pas se représenter au conseil général (où il a siégé pendant un quart de siècle) afin de se consacrer pleinement à son mandat de député. Mandat qu'il exerce en concertation avec ses électeurs.

« Pendant ma campagne électorale, j'avais dit aux gens que je ne serais pas comme ces singes en bois de mon enfance, avec une clé dans le dos, que l'on remontait pour les faire avancer tout seuls. Je m'étais engagé à associer les électeurs à mon travail parlementaire [1] », explique-t-il avec son accent chantant. André Chassaigne s'est entouré d'une équipe solide : trois collaborateurs dans le Puy-de-Dôme et un à Paris, tous à plein temps. L'enveloppe dévolue à la rémunération des collaborateurs [2] (8 784 euros par mois) n'y suffit pas et le député doit piocher dans son indemnité représentative de frais de mandat (6 192 euros), que d'autres préfèrent dépenser en

1. Entretien avec l'un des auteurs, 10 mai 2006.
2. Pour plus de détails sur les indemnités des députés, voir en annexe.

biscuits à la cuiller et en mousseux pour organiser des pots dans les maisons de retraite.

L'ancien principal de collège a créé un site Internet alimenté quotidiennement en bulletins d'actualité sur son action parlementaire, qui reçoit environ 300 visites par jour et devient un lieu d'échanges grâce à un forum ouvert aux commentaires des internautes.

L'information circule dans les deux sens. Lorsqu'un projet de loi important est programmé à Paris, André Chassaigne organise localement ce qu'il appelle des « conseils de circonscription » dans la salle des fêtes d'un petit village. Il expose brièvement le projet puis écoute ce que chacun a à dire. En 2005 et 2006, il a ainsi tenu une bonne quinzaine de réunions autour de la loi sur l'eau, votée en première lecture le 30 mai 2006. « J'ai monté deux ateliers, dans lesquels une centaine de personnes se sont impliquées. Le premier consacré aux questions d'adduction et d'assainissement, avec de nombreux élus et des consommateurs. Le deuxième atelier, composé d'agriculteurs, de pêcheurs ou de gérants de microcentrales, a étudié le problème des eaux vives. » Un gros travail pour l'un de ses collaborateurs locaux : invitations, comptes rendus, réservations de salles. L'assistant parisien y participe aussi. Lui et le député se sont nourris de ces réunions pour rédiger des amendements qui ont été exposés lors du débat dans l'hémicycle.

Vive la concertation législative !

Dans la majorité, d'autres pratiquent ce type d'allers-retours entre la circonscription et le Palais-Bourbon. Patrice Martin-Lalande appelle cela la « concertation législative ». Ce député UMP du Loir-et-Cher, dont la circonscription recouvre une belle portion de la Sologne, organise régulièrement de grands forums sur des thèmes d'actualité législative susceptibles d'intéresser ses électeurs ruraux. Depuis 2002, il a réuni à plusieurs reprises des assemblées de 30 à 150 personnes dans des salles des fêtes autour de la loi sur les territoires ruraux, la loi d'orientation agricole, la loi sur les services à la personne ou encore la loi d'orientation sur l'énergie. « On prend le texte, on l'épluche ligne par ligne. Cela me permet de remonter à Paris en ayant entendu les arguments des uns et des autres, avec des idées précises d'amendements[1] », explique-t-il.

La loi sur les territoires ruraux comprenait par exemple un article sur le domaine de Chambord, situé dans la circonscription et que le gouvernement souhaitait transformer en établissement public industriel et commercial (Epic). « J'ai réuni la totalité des 250 habitants de Chambord pour en discuter », raconte le député. Au début de mai 2006, pour préparer la loi sur l'eau, il a convié propriétaires d'étangs et de rivières, pêcheurs, chasseurs, pisciculteurs, naturalistes, maires, professionnels du tourisme et gestionnaires de la ressource en eau à débattre des mesures envisagées par le gouvernement. « Les gens voient que je sais faire passer leurs messages. » Patrice Martin-Lalande est convaincu que ces pratiques, si elles étaient généralisées, permettraient d'améliorer l'image déplorable que les Français ont de leurs parlementaires.

1. Entretien avec l'un des auteurs, 21 mars 2006.

DEUXIÈME PARTIE

LES LOBBIES À LA MANŒUVRE

Voilà le décor planté, les acteurs présentés. En coulisses, les groupes d'intérêts et les lobbyistes professionnels s'activent. Ils repèrent les élus les plus influents, les plus résistants, les plus malléables. Ils surveillent les textes, rédigent des amendements « prêts à l'emploi », écrivent sans relâche aux parlementaires ciblés. Le lobbying s'est infiltré par toutes les voies d'accès possibles au cœur des lieux de pouvoir. Bien que officiellement proscrit, il a profité du flou des règlements et des usages pour devenir omniprésent. Ses techniques de séduction se sont sophistiquées : recrutement discret des collaborateurs de députés, prolifération de « groupes d'études » chargés de relayer les revendications, multiplication de « colloques parlementaires » et de clubs sponsorisés par des industriels, missions à l'étranger au nom de la « diplomatie économique ».

Les corporations puissantes et traditionnellement marquées à droite, comme celles des médecins et des chefs d'entreprise, sont bien armées pour défendre leurs intérêts. Elles disposent, depuis 2002, de bataillons de députés qui les représentent de manière active. Les secteurs économiques de poids, des industriels de l'armement aux laboratoires pharmaceutiques, profitent, eux aussi, d'excellentes relations nouées avec des élus, qui leur permettent de se prémunir contre d'éventuelles déconvenues. Car les projets de loi et les budgets représentent des enjeux souvent plus économiques que politiques. Le moindre amendement peut avoir des effets en chaîne sur leurs bénéfices et leurs emplois. Des groupes de pression de toute nature, des consommateurs aux vignerons, ont également constitué leurs réseaux à l'Assemblée. Ils se surveillent mutuellement, toujours prompts à l'offensive. Plus question de dormir : leurs opposants risquent d'être plus réactifs ou plus malins qu'eux !

Les histoires récentes, lors des discussions parlementaires sur les droits d'auteur sur Internet, le génocide arménien, l'interdiction de fumer dans les lieux publics, la publicité sur le vin ou la fiscalité des entreprises, l'illustrent. Le Palais-Bourbon est devenu un champ de bataille où les lobbies s'affrontent sans relâche. Ils ne reculent devant rien pour marquer des points. Rebondissements et coups tordus, manipulations et manœuvres, déclarations tonitruantes et boules puantes... Du grand spectacle.

Chapitre 8

Empoignade sur les droits d'auteur Internet

Le vendredi 30 juin 2006, l'Assemblée nationale a adopté, à main levée, la loi sur le droit d'auteur et les droits voisins dans la société de l'information (DADVSI). Ce matin-là, dans l'hémicycle, les députés avaient la « gueule de bois ». Les quelques élus de l'opposition présents ont hué les représentants de la majorité dans une ultime bronca avant les vacances parlementaires d'été. « Un texte exemplaire pour toute l'Europe », a conclu Christian Vanneste (UMP, Nord), rapporteur du texte rédigé en commission mixte paritaire par les deux assemblées[1]. « Un exemple de désastre », a répondu Martine Billard, élue verte de Paris. « L'examen de ce projet

1. La commission mixte paritaire, composée d'un nombre égal de députés et de sénateurs, est une procédure de conciliation à laquelle le gouvernement a recours afin de limiter le nombre des lectures d'un texte sur lequel les deux chambres sont en désaccord. La CMP est chargée d'harmoniser les versions votées à l'Assemblée et au Sénat. Selon la Constitution, le dernier mot revient à l'Assemblée nationale.

par l'Assemblée nationale a suscité un véritable débat de société, riche, passionné et passionnant », a osé le ministre de la Culture, Renaud Donnedieu de Vabres. « Un fiasco législatif », a rétorqué Christian Paul (PS, Nièvre).

De part et d'autre, nul n'était très fier de ce qui venait de se passer au cours des six mois écoulés. Jamais les groupes de pression ne s'étaient invités de façon aussi visible dans un débat parlementaire, provoquant de violentes réactions de rejet de la part des élus et d'une opinion publique prise à témoin par des internautes prompts à relayer tous les dérapages. On a vu des industriels des médias réaliser des démonstrations commerciales dans l'enceinte de l'Assemblée, un lobbyiste circuler dans une zone interdite du Palais-Bourbon, des tracts diffamatoires sur les députés envoyés par courriel... Les noms d'oiseau ont fusé en séance, les uns accusant les autres d'être vendus à tel ou tel groupe d'intérêts.

Au terme de cette empoignade, la loi adoptée le 30 juin tente de protéger les auteurs tout en respectant la liberté des internautes. Cet équilibre fragile repose sur des contraventions pour les amateurs de musique ou de cinéma qui téléchargent illégalement des œuvres en ligne, et sur de lourdes amendes pour les pirates professionnels, ceux qui mettent au point les logiciels capables de contourner les mesures techniques de protection des œuvres installées par les industriels[1].

---

1. Un nouvel article du Code de la propriété intellectuelle punit de trois ans d'emprisonnement et de 300 000 euros d'amende le fait d'éditer, de mettre à la disposition du public ou de communiquer au public, sciemment et sous quelque forme que ce soit, un logiciel manifestement destiné à la mise à disposition du public non autorisée d'œuvres ou d'objets protégés. Pour plus de détails sur les autres mesures du texte de loi, voir www.assemblee-nationale.fr.

Coup de théâtre à la veille de Noël 2005

Tout a commencé par un coup de théâtre, dans la soirée du mercredi 21 décembre 2005. Alors que les Parisiens se pressent dans les boutiques pour effectuer leurs derniers achats de Noël, une cinquantaine de députés sont réunis pour examiner, en première lecture, un texte qui moisissait dans les placards du gouvernement depuis plus de deux ans. Il s'agit de transposer en droit français une directive européenne du 22 mai 2001 dont l'objectif est d'harmoniser les législations des États membres en matière de propriété artistique, en prenant en compte l'émergence des technologies de l'information. L'intention est louable : protéger les auteurs contre les copies de leurs œuvres, rendues possibles grâce à l'Internet haut débit et à la multiplication de sites de téléchargement gratuit (dits *peer to peer*) de musique et de films.

La transposition de la directive aurait pu se borner à un simple coup de tampon, comme dans la plupart des pays européens. Mais la France est la patrie de l'« exception culturelle ». Certains députés veulent saisir l'occasion pour inventer une conception totalement nouvelle du droit d'auteur au XXIe siècle, qui placerait la France à l'avant-garde du monde numérique. Parmi eux, Alain Suguenot (UMP, Côte-d'Or) se rêve en Beaumarchais [1]. Cet avocat de 55 ans, maigre et nerveux, député-maire de Beaune et président du groupe d'études sur la viticulture, était surtout connu, jusqu'alors, pour son combat en faveur du vin [2]. Il va se révéler en militant de la liberté sur Internet.

---

1. Le dramaturge français Pierre Augustin Caron de Beaumarchais (1732-1799), fondateur en 1777 de la Société des auteurs et compositeurs dramatiques, obtint à la Révolution la reconnaissance des droits d'auteur, garantissant aux artistes des droits patrimoniaux et moraux sur leurs œuvres.

2. Voir le chapitre 14.

Ce 21 décembre 2005 au soir, la discussion, entamée la veille, se poursuit mollement lorsque, tout à coup, l'élu bourguignon prend le micro pour défendre un amendement qu'il a concocté dans son coin, sans en débattre avec son groupe politique. Son idée ? Abandonner toute répression du piratage et créer une « licence globale optionnelle », un forfait dont s'acquitteraient les internautes désireux de télécharger de la musique en ligne et dont le produit serait versé aux auteurs et interprètes selon un système de péréquation.

Sur le banc des ministres, au premier rang, Renaud Donnedieu de Vabres n'en croit pas ses oreilles. Cette proposition revient à dynamiter tout l'échafaudage législatif qu'il a construit sur les DADVSI. Car le projet du gouvernement vise, au contraire, à punir sévèrement le piratage afin de mieux protéger les artistes, « en créant les conditions pour que se développe une offre légale et diversifiée de musique et de films » et « en facilitant l'achat sécurisé d'œuvres protégées par le droit d'auteur » sur Internet. La surprise du ministre s'accroît encore lorsqu'il constate que le poseur de bombe de l'UMP est chaudement soutenu par plusieurs députés socialistes, qui ont déposé un amendement rédigé exactement dans les mêmes termes. Cela ressemble à un complot... Pourquoi n'a-t-on rien vu venir ? Christian Vanneste, le rapporteur du projet de loi, allié du gouvernement, s'indigne à la tribune : « Il faut être sérieux, ces amendements sont parfaitement irresponsables. Autant admettre que le piratage, c'est bien, et que la culture, ça ne vaut rien ! »

Mais il a beau s'époumoner, c'est trop tard. Un à un, les députés de la majorité, venus initialement pour soutenir le texte du gouvernement, en bons « godillots », se laissent retourner par les arguments conjoints d'Alain Suguenot, de Christine Boutin (UMP, Yvelines) et de quelques socialistes très en verve. Marc Le Fur (UMP, Côtes-d'Armor) déclare ainsi, au milieu du tohu-bohu général : « J'ai des enfants de 14 et 16 ans dont Internet constitue la culture et l'espace de liberté. C'est ainsi, mes chers collègues ! Sans doute téléchargent-ils des fichiers, et je suis incapable de les contrôler, ne maîtrisant pas comme eux ces techniques. Dans la situation actuelle, ils pourraient être considérés comme des délinquants. Seule la licence globale permet d'éviter ce risque en leur permettant, pour quelques euros par mois, de retrouver la liberté de télécharger sans porter atteinte au droit d'auteur puisque les sommes prélevées seront mutualisées et redistribuées aux auteurs. »

Pour le gouvernement, c'est la déconfiture. Un incident, survenu la veille, premier jour de la discussion du projet DADVSI, aurait pourtant dû lui mettre la puce à l'oreille. Deux distributeurs, soucieux de protéger leurs ventes de CD et de DVD, ont fait une démonstration de lobbying un peu trop voyante à l'intérieur même du Palais-Bourbon, à l'invitation du ministère de la Culture. La FNAC et Virgin ont installé, dans l'un des salons attenants à l'hémicycle, un stand de démonstration de leurs plates-formes de téléchargement payantes, qui permettent d'acheter de la musique en ligne en toute légalité. C'est ce que font régulièrement ces deux sociétés dans des centres commerciaux ou des salons professionnels. Seulement, le Palais-Bourbon n'est pas un champ de foire, et la vue de ces jeunes commerciaux a provoqué une première poussée d'urticaire chez certains députés. Après l'intervention du Parti socialiste auprès de la présidence de l'Assemblée, les marchands du Temple ont dû remballer leurs cartons. Ulcéré, Christian Paul (PS, Nièvre) a pris la parole, mardi 20 décembre, à 21 h 30, dès l'ouverture du débat : « Cet après-midi, les lobbies ont pris possession de l'Assemblée nationale. Il était remis à chacun des parlementaires qui le souhaitaient une carte prépayée de 9,99 euros donnant droit à télécharger gratuitement une dizaine de morceaux de musique. Il est bon de rappeler que nos travaux ne sont pas influencés par des intérêts économiques mais par la recherche de l'intérêt général. »

Le lendemain, le souvenir de cet incident, qui a choqué autant à gauche qu'à droite, est toujours vif dans l'hémicycle. L'initiative d'Alain Suguenot rassemble tous les élus remontés contre le gouvernement. À 23 heures, les amendements instaurant la licence globale sont donc adoptés, par 30 voix contre 28, dans un hémicycle quasiment désert.

Les socialistes descendent les marches en se congratulant. Le ministre affiche un visage défait. Christian Vanneste, le rapporteur UMP, est effondré. Cheveux gris, lunettes cerclées d'or, ce professeur de philosophie, catholique militant, était loin de se douter que ce projet allait lui attirer autant d'ennuis. Pour lui, l'année écoulée avait déjà été fertile en controverses[1]. « J'avais pourtant tenté de trouver un équilibre entre les créateurs, l'industrie culturelle, qui représente 250 000 emplois, et les usagers internautes. J'ai réalisé 50 auditions et entendu 90 personnes pour réaliser mon rapport sur le projet de loi, en juin 2005. Lors des réunions préparatoires, le sujet n'intéressait pas grand monde. Ces deux amendements, je ne les ai pas vus venir. Il a suffi que deux collègues traînent à la buvette au moment du vote, et patatras[2] ! »

La séance est interrompue. Pendant que le ministre et le rapporteur réunissent les maigres troupes de l'UMP pour pousser un « coup de gueule », les tribunes du public bruissent de commentaires. Ce soir-là, il y a beaucoup plus de monde

1. Christian Vanneste, membre de la commission des Lois, très actif sur les questions de loi et d'ordre, incarne la droite décomplexée. Le 24 janvier 2006, il a été condamné à 3 000 euros d'amende et 6 000 euros de dommages et intérêts par le tribunal correctionnel de Lille pour avoir réitéré dans le quotidien *La Voix du Nord* des propos homophobes tenus dans l'hémicycle. Il fait appel de ce jugement. Il est également l'auteur d'un amendement à la loi du 23 février 2005 pour que les programmes scolaires reconnaissent « le rôle positif de la présence française outre-mer », amendement qui a soulevé une intense polémique avant d'être abrogé par décret.

2. Entretien avec l'un des auteurs, 15 mars 2006.

que d'ordinaire sur les bancs étroits et haut perchés qui surplombent l'hémicycle. Une petite foule d'internautes, rameutés par le bouche-à-oreille électronique, ainsi que plusieurs représentants de l'industrie musicale sont venus suivre la séance. Ils étaient loin de se douter qu'ils assisteraient à un tel retournement de situation. Ni qu'ils seraient amenés à se croiser de nouveau dans ces mêmes tribunes, à de nombreuses reprises, au cours des six mois suivant, riches en rebondissements.

Le lendemain matin, branle-bas de combat à l'UMP. « Dominique de Villepin a convoqué les élus UMP. Il nous a passé un savon, surtout à ceux qui étaient censés soutenir le texte du gouvernement avec délégation de vote de leurs collègues [1] », raconte Alain Suguenot. Le député de Côte-d'Or n'a pas l'impression d'avoir trahi. Dès juillet 2005, il avait déposé une proposition de loi [2] dans laquelle il exposait son idée de licence globale : « La solution proposée consiste à placer dans un cadre légal les 8,5 millions d'internautes qui partagent de la musique, des œuvres audiovisuelles, des images et des photographies en ligne et, d'autre part, à prévoir un mode de rémunération pour toute la chaîne de création artistique », pouvait-on lire dans l'exposé des motifs. Sa proposition avait été cosignée par une quarantaine de ses collègues, dont le vice-président de l'Assemblée Yves Bur. La détermination du député frondeur n'a fait que se renforcer au fil des mois : « Au départ, il ne s'agissait que de transposer une directive européenne. Cela aurait pu se faire en douceur, comme dans d'autres pays. Mais je me suis rendu compte, au cours de

1. Entretien avec l'un des auteurs, 29 mars 2006.

2. Proposition de loi nº 2474, enregistrée le 13 juillet 2005, visant à légaliser les échanges de fichiers protégés sur des services de communication en ligne par des particuliers à des fins non commerciales et à la rémunération des ayants droit.

l'automne 2005, que le gouvernement s'apprêtait à aller bien au-delà, en mettant en place des dispositions liberticides, directement inspirées par les "majors". »

Les « majors ». Ces multinationales de la musique et du cinéma ont joué un rôle crucial dans ce débat passionné en mettant en avant leurs artistes vedettes. Dès le 22 décembre, le lendemain du vote de l'amendement controversé, plusieurs cinéastes (notamment les réalisateurs Claude Zidi et Pierre Jolivet) et quelques pointures du Parti socialiste opposés à la licence globale, comme Anne Hidalgo (adjointe au maire de Paris et secrétaire nationale à la culture au PS), convoquent les journalistes à une conférence de presse impromptue au Bourbon, la brasserie favorite des députés, située en face de l'entrée sud de l'Assemblée nationale. Dans les médias, les artistes se déchaînent : « Si ma musique devient gratuite, alors je demande aux représentants de l'État qui travaillent pour le bien public de le faire gratuitement », s'insurge Michel Sardou. « Légaliser le téléchargement de la musique presque gratuitement, c'est tuer notre travail », renchérit Johnny Hallyday.

L'après-midi, dans l'hémicycle, la température grimpe encore d'un cran. Le socialiste Christian Paul, décidément très véhément, s'écrie : « La loi de la République ne se fait pas au café Le Bourbon ! », et il demande la création d'une mission d'information parlementaire. « Donnons-nous le temps de travailler », conclut-il.

L'industrie musicale se mobilise

Voyant enfler la polémique, le gouvernement décide d'ajourner la discussion parlementaire, le temps de faire revenir les députés à davantage de raison. Les lobbies vont mettre à profit ces deux mois de battement pour donner un spectacle grandiose de leurs méthodes d'influence avant la reprise des débats, au début de mars 2006.

Le camp des partisans du texte gouvernemental regroupe les poids lourds de l'industrie musicale : maisons de disques et sociétés de gestion des droits d'auteur. Les plus présents à l'Assemblée sont Vivendi, le Syndicat national de l'édition phonographique (SNEP) et la Société des auteurs compositeurs et éditeurs de musique (Sacem).

Universal Music Group, filiale à 100 % de Vivendi, est numéro un mondial de la musique : un disque sur quatre vendu dans le monde porte l'un de ses labels. En ce 21 décembre fatidique, la directrice des affaires institutionnelles et européennes de Vivendi, Sylvie Forbin, était aux premières loges, dans la tribune du public, assise à côté d'Hervé Rony, directeur général du SNEP, et de son fidèle directeur juridique Frédéric Goldsmith. La carrière de Sylvie Forbin est typique du « pantouflage » des hauts fonctionnaires français. Cette jeune femme blonde, diplômée en langues orientales, a commencé sa carrière aux affaires européennes du Quai d'Orsay, avant de passer chez Vivendi en 2001. Est-ce en raison de son intense activité de lobbying, tout au long de la discussion de la loi DADVSI ? Toujours est-il que, le 20 juin 2006, elle a été décorée des insignes de chevalier de l'ordre national du mérite par Catherine Colonna, ministre déléguée aux Affaires européennes. Dans son discours, la ministre a loué le « travail d'influence » de son amie, accompli « sur un sujet qui a mobilisé la France entière, de Charles Aznavour à l'internaute militant », avant de conclure : « J'espère de tout cœur qu'un jour vous ferez à nouveau profiter ce ministère de votre talent, de vos compétences et de votre charme. »

Au cours de la discussion parlementaire, on a bien entendu prononcer le nom de Vivendi dans l'hémicycle, mais pas sur un ton aussi louangeur. L'une des principales dispositions du texte adopté par le Parlement a même été baptisée

« amendement Vivendi »[1], car elle était directement inspiré par la multinationale.

Le 16 mars, la discussion du texte, interrompue le 22 décembre, vient de reprendre. La séance débute par une intervention de Didier Mathus (PS, Saône-et-Loire) :

« J'ai découvert ce matin que l'acronyme du nom du ministre s'est enrichi d'une lettre : après l'adoption de l'amendement n° 150, c'est désormais RDDVV, c'est-à-dire Renaud Donnedieu de Vabres de Vivendi. »

Ses collègues ont beau s'insurger (« Ces propos sont insultants », « Consternant », « Honteux », « Lamentable »), Didier Mathus enchaîne :

« La chargée des relations institutionnelles de la société Vivendi a fait le tour de l'Assemblée pour proposer son amendement, en toute bonne foi. Peut-être faudrait-il suspendre la séance pour vérifier dans les archives s'il est déjà arrivé à l'Assemblée d'adopter, pratiquement sans débat, un amendement servant aussi manifestement les intérêts d'une société privée. »

La séance est retransmise en direct sur Internet. Aussitôt, l'anecdote, reprise de blog en blog, fait le tour de la planète

1. Voici le texte intégral de cet amendement très controversé :

Après l'article L. 335-2 du Code de la propriété intellectuelle, il est inséré un article L. 335-2-1 ainsi rédigé :

« Art. L. 335-2-1. – Est puni de trois ans d'emprisonnement et de 300 000 euros d'amende le fait : 1° de mettre à la disposition du public ou de communiquer au public, sciemment et sous quelque forme que ce soit, un dispositif manifestement destiné à la mise à disposition du public non autorisée d'œuvres ou d'objets protégés ; 2° d'inciter sciemment à l'usage d'un dispositif mentionné au 1°. »

Dans l'exposé des motifs, les auteurs de l'amendement, les députés Thierry Mariani (UMP, Vaucluse) et Christian Vanneste (UMP, Nord), mettent en avant les dégâts causés par le téléchargement sur l'industrie musicale : « pertes d'emplois et restructurations, crise de la distribution spécialisée, perte de revenus pour les ayants droit et diminution drastique des opportunités offertes aux jeunes artistes ».

informatique. Le ministre de la Culture ne parviendra plus à se défaire de cet encombrant surnom, qui n'est pas sans rappeler celui de l'ex-patron de Vivendi, J4M, pour Jean-Marie Messier Maître du Monde...

Un lobbyiste trop voyant

Deuxième acteur majeur du psychodrame parlementaire : la Sacem, principale institution de collecte et de répartition des droits d'auteur (757 millions d'euros perçus en 2005). Elle aussi s'oppose résolument à la licence globale, qui n'apporterait qu'une « rémunération dérisoire » aux ayants droit, selon « un mode de répartition injuste », portant « un coup fatal à la création française[1] ». Jacques Blache, directeur des relations institutionnelles de la Sacem depuis quinze ans, est bien connu des appariteurs du Palais-Bourbon. Sa présence continuelle au cours de cette discussion électrique a fini par provoquer des étincelles. « On le surnomme la cinquième colonne, à force de le voir rôder dans la salle des Quatre Colonnes[2] », explique Christian Paul. Un lobbyiste n'a théoriquement rien à faire dans cette antichambre de l'hémicycle, réservée aux députés, aux membres du gouvernement et aux journalistes. Une photo, un peu floue, de Jacques Blache a été prise dans cette salle avec un téléphone portable. Ce cliché a aussitôt circulé à la vitesse de la lumière parmi les internautes opposés au projet de loi.

Bernard Miyet, président du directoire de la Sacem, minimise l'importance de l'incident : « La présence d'une personne dans les couloirs de l'Assemblée est anecdotique. Le vrai lobbying, c'est autre chose, et c'est moi qui en suis responsable.

1. Communiqué « Licence globale : le contexte, la position de la Sacem », sur www.sacem.fr.

2. Entretien avec l'un des auteurs, 9 mai 2006.

J'ai rencontré, en compagnie de Thierry Desurmont, notre vice-président, tous les parlementaires concernés par la question du droit d'auteur sur Internet : présidents de groupes politiques, porte-parole, ainsi que les responsables politiques : Nicolas Sarkozy à l'UMP, François Bayrou à l'UDF, François Hollande et Anne Hidalgo au PS. Nous emmenons souvent des artistes avec nous à ces rendez-vous, comme Alain Chamfort, membre du conseil d'administration[1]. »

La Sacem a remué ciel et terre pour faire barrage à la licence globale pendant les deux mois d'interruption des débats. Cet activisme lui a valu d'être désignée comme l'auteur d'un pamphlet anonyme qui a circulé sur Internet au printemps de 2006, suscitant l'émoi au Palais-Bourbon. Ce feuillet, titré « Les défaites de la musique », était illustré par les photos officielles de huit députés, tirées du site Internet de l'Assemblée. Chacun d'eux était affublé d'un prix. Marc Le Fur (UMP, Côtes-d'Armor) et Jean-Pierre Brard (PC, Seine-Saint-Denis) remportaient, ex aequo, le « prix de la musique pour enfants », avec ce commentaire saignant : « Dépassés par les débats, c'est sur les conseils de leurs enfants internautes qu'ils ont voté pour la légalisation du *peer to peer*. Allez les enfants, demandez la légalisation du cannabis à papa ! » Alain Suguenot était épinglé comme la « révélation masculine de l'année », avec ces lignes : « Jusque-là député anonyme de Côte-d'Or et maire de Beaune, il a éclaté cette année avec un amendement contre son propre parti, qui fait dire à Nicolas Sarkozy en public : “Il y a des crétins partout.” Un grand espoir de la démocratie parlementaire. » Quant à Christian Paul, qui se voyait décerner le « prix du pire concert de l'année », il a protesté auprès du président de la Sacem. Lequel a aussitôt répondu, le 28 février 2006, réfutant toute responsabilité de son institution dans la confection de ce pamphlet. « Nous déplorons cet incident inexcusable, a écrit

1. Entretien avec l'un des auteurs, 21 juillet 2006.

Bernard Miyet dans une lettre adressée à chacun des députés diffamés ainsi qu'au président de l'Assemblée. Nous tenons à vous affirmer que ni la Sacem ni aucune de ses instances ne sauraient concevoir ou s'associer à la moindre initiative de cette nature, quelles que soient les divergences d'appréciation ou d'intérêt qui peuvent parfois survenir à l'occasion de l'examen d'un texte législatif. »

Ambiance, ambiance.

De son côté, le ministère de la Culture s'active pour convaincre, un par un, les députés UMP de se rallier au projet initial du gouvernement et de laisser tomber cette idée « romantique » de licence globale. Déjeuners et dîners de parlementaires se succèdent dans les salons de la rue de Valois.

Le gouvernement confie à Publicis la réalisation d'un site Internet, www.lestelechargements.com, cofinancé par la Sacem et la SACD (Société des auteurs et compositeurs dramatiques). Ce site vante les mérites du projet de loi et donne la parole aux artistes « jeunes » (Corneille, Thomas Fersen, Chimène Badi) qui encouragent les internautes à acheter de la musique au lieu de la télécharger gratuitement.

Enfin, le président de l'Assemblée décide d'employer les grands moyens pour s'assurer que le regrettable accident du 21 décembre ne se reproduira pas lors de la reprise des débats. Mardi 28 février, à 19 h 30, la foule des grands jours est conviée à boire une coupe de champagne et à déguster des petits-fours dans les salons de la présidence, à l'hôtel de Lassay. Sont présents les cinéastes Jean-Jacques Annaud, Costa Gavras, Claude Lelouch, Bertrand Tavernier, et de nombreux professionnels du cinéma. Le lendemain, à l'heure du déjeuner, c'est au tour de Jean-Jacques Goldmann, Charles Aznavour, Jean-Michel Jarre, Enrico Macias, Amel Bent et d'une vingtaine de musiciens et chanteurs connus. Les dirigeants de la Sacem, du SNEP et de la FNAC sont naturellement de la fête. Charles Aznavour profite de l'occasion pour remettre au président de l'Assemblée Jean-Louis Debré une pétition contre la licence globale signée par 10 000 personnes. Au cours de ces deux rencontres exceptionnelles, plus de 200 députés de la majorité et de l'opposition se pressent sous les lustres pour entendre les artistes leur expliquer qu'il est important de préserver la création artistique et, au passage, se faire prendre en photo en compagnie des stars. Pour l'album de famille et le journal local.

Internautes, consommateurs et artistes anonymes

Dans le camp d'en face, celui des partisans de la liberté sur Internet, si les méthodes sont radicalement différentes, le lobbying est tout aussi actif. Faute de stars et de cartons d'invitation pour accéder aux salons dorés, on fait appel aux ressources de l'opinion publique et de la communication en ligne. Associations de consommateurs et d'internautes, artistes anonymes, informaticiens partisans du « logiciel libre » : les principaux acteurs de cette mobilisation inédite forment une coalition *a priori* hétéroclite.

L'Union fédérale des consommateurs UFC-Que choisir (105 000 adhérents, 420 000 abonnés au mensuel *Que choisir*) estime que les consommateurs contribuent déjà largement à l'économie de la musique et du cinéma en achetant des baladeurs à 300 euros, des supports vierges sur lesquels ils paient une redevance pour copie privée, et en s'abonnant à des accès Internet. « Bien que technique, abstraite et politique, cette affaire est à la confluence de nombreuses questions consuméristes[1] », estime Julien Dourgnon, responsable des études et de la communication, qui a joué un rôle clé contre le projet gouvernemental. Dégaine de rocker, cheveux noirs en bataille, le lobbyiste en chef de l'UFC-Que choisir s'est lancé dans cette croisade avec l'ardeur du nouveau converti. La

1. Entretien avec l'un des auteurs, 22 mars 2006.

petite équipe qu'il dirige n'a que deux ans d'existence au sein de l'association des consommateurs, mais elle est experte en agit-prop. Les premiers temps, le jeune homme a eu du mal à faire entendre sa voix auprès des pouvoirs publics : « Le ministère de la Culture n'est plus la maison de Malraux, celle de la culture pour tous, c'est devenu la forteresse des lobbies de l'industrie culturelle. Lors de mes premiers rendez-vous rue de Valois, on me regardait de haut, du style : "Retournez plutôt vous occuper de faire des essais comparatifs de boîtes de petits pois." »

Face à ce mur d'incompréhension, les militants consuméristes ont choisi de mobiliser l'opinion afin de faire pression sur le législateur. Et de constituer un front aussi large que possible, incluant des artistes. « Si nous voulions faire entendre un autre son de cloche, il fallait faire en sorte que les "majors" ne soient pas dépositaires de 100 % de la parole des artistes », explique Julien Dourgnon. L'UFC-Que choisir a donc rallié à sa cause les artistes interprètes, hommes et femmes de l'ombre à côté des stars de la Sacem. Les contacts entre consommateurs et organismes de gestion des droits d'artistes interprètes ont abouti à la création de l'Alliance public-artistes en septembre 2005[1]. L'association réunit une quinzaine d'organismes représentant les intérêts des consommateurs, des musiciens et comédiens, des photographes, dessinateurs et plasticiens, des producteurs indépendants, des éducateurs et des familles.

Ce front comprend également l'Association des audionautes, créée en septembre 2004 par un jeune et brillant lycéen, Aziz Ridouan, 17 ans, « suite aux poursuites pénales lancées par l'industrie du disque contre des internautes dont le seul "crime" avait été de télécharger et d'écouter de la musique[2] », explique-t-il. L'influence du jeune Aziz auprès de

1. Sur l'Alliance public-artistes, voir www.lalliance.org.
2. Voir www.audionautes.net.

la députée UMP Christine Boutin s'est avérée déterminante. Convaincue par les arguments du lycéen de Saumur, cette élue connue pour son engagement contre le Pacs, qui jouit d'un grand respect parmi ses collègues en raison de ses prises de position courageuses, a manifesté haut et fort son opposition au projet gouvernemental lors de la discussion du projet de loi, contribuant à semer la zizanie au sein du groupe UMP de l'Assemblée.

Parallèlement à l'Alliance public-artistes, les partisans du « logiciel libre » ont mené eux aussi une campagne d'influence active contre la loi DADVSI. Ces férus d'informatique appartiennent à une mouvance internationale, la Fondation pour le logiciel libre (FSF) [1], qui lutte contre la mainmise de Microsoft sur l'univers informatique. En France, ils ont créé à la fin de 2002 l'initiative EUCD.INFO : un blog [2], des conférences et une expertise juridique fondée sur une approche très libertaire, à l'image de ses promoteurs. « Dès qu'un parlementaire propose un amendement, le texte est aussitôt disséqué par les juristes du réseau, en direct sur le blog [3] », explique Christophe Espern, l'un des fondateurs d'EUCD.INFO.

Les thèses des partisans du logiciel libre ont fait mouche auprès de deux députés UMP : l'élu du Tarn Bernard Carayon et sa collègue des Alpes-Maritimes Muriel Marland-Militello. Dès le 21 décembre 2005, deuxième jour de discussion de la loi, ces deux élus ont signé dans *Libération* une tribune très remarquée, largement inspirée par les thèses de EUCD.INFO. Sous le titre « Coup de frein sur le Net », ils dénonçaient la « ligne

1. La fondation américaine FSF (Free Software Foundation) est le principal sponsor du projet GNU (www.gnu.org), lancé en 1984 afin de développer un système d'exploitation (connu sous le nom de Linux) qui serait un logiciel libre, c'est-à-dire qui permettrait aux utilisateurs « d'exécuter, de copier, de distribuer, d'étudier, de modifier et d'améliorer le logiciel ».

2. http://eucd.info/.

3. « Ipod law unleashes lobbyists », *International Herald Tribune*, 22 mai 2006.

Maginot » que le gouvernement tente de mettre en place, « inadaptée aux nouvelles pratiques numériques ». Dans ce texte technique, ils expliquaient en substance que la loi reviendrait à livrer les consommateurs pieds et poings liés aux multinationales de l'informatique. « Je suis entré dans la bagarre pour préserver l'interopérabilité, explique Bernard Carayon, spécialiste de l'intelligence économique. Le droit, très neuf sur ces questions, ne doit pas être prisonnier d'une technologie propre à un industriel, qui peut vite devenir obsolète[1]. »

Après l'« accident parlementaire » du 21 décembre, consommateurs, artistes interprètes et partisans du logiciel libre se sont déchaînés : manifestations, interventions dans les médias... EUCD.INFO a lancé une pétition, qui portait 153 000 signatures lors de la reprise des débats parlementaires, au début de mars 2006.

Mais l'industrie musicale, soutenue par le gouvernement, a fait mieux : elle a réussi à faire rentrer les députés UMP dans le rang. Quant à la Sacem, « elle dispose d'une arme de dissuasion puissante auprès des députés-maires qui organisent des manifestations culturelles dans leur ville[2] », explique Patrick Bloche (PS, Paris), l'un des opposants les plus virulents au projet de loi. En effet, l'organisme gestionnaire des droits d'auteur soutient financièrement une multitude de festivals de musique locaux, certains très connus, comme les Francofolies de La Rochelle, et d'autres moins prestigieux mais importants pour l'animation et l'image des petites villes où ils se tiennent.

Le plus mauvais score de la législature

Lorsque la discussion redémarre à l'Assemblée nationale, en mars 2006, les députés sont saturés de pressions. En outre,

---

1. Entretien avec l'un des auteurs, 3 avril 2006.
2. Entretien avec l'un des auteurs, 17 mars 2006.

ils viennent de vivre un autre psychodrame politique, celui-là autour du contrat première embauche (CPE), qui a mis le gouvernement Villepin en grande difficulté. Le 21 mars, la loi relative au droit d'auteur et aux droits voisins dans la société de l'information est votée en première lecture par 286 voix pour et 196 contre. Le plus mauvais score de la législature. « J'ai baissé la garde, bien que la licence globale ait été rayée du texte », avoue piteusement Alain Suguenot, absent le jour du vote. Comme lui, la plupart des UMP rebelles ont préféré capituler, soit en désertant l'hémicycle, soit en se ralliant au projet, comme Bernard Carayon et Muriel Marland-Militello, qui estiment cependant avoir obtenu une avancée intéressante par rapport au projet initial. Le texte voté en mars prévoit en effet que les internautes ayant téléchargé légalement un morceau de musique ou un film pourront le lire et le copier sur le support de leur choix. Seuls sept députés UMP maintiennent leur opposition au projet, dont la tenace Christine Boutin, qui soutient jusqu'au bout les audionautes.

Au Sénat, un mois et demi plus tard, le climat est toujours aussi passionnel. Le 4 mai, le socialiste Michel Charasse prend le premier la parole en séance : « Rarement dans la vie parlementaire les élus de la nation, députés et sénateurs, auront été assaillis d'autant de lettres, de courriels, de mises en garde, de menaces, de pressions... » Il ajoute : « Madame le président, je vous demande de prier les services du Sénat de faire rigoureusement leur métier d'ordre et de sécurité en “nettoyant” les couloirs des lobbyistes de tout poil qui ne manqueront pas de nous sauter dessus dès que nous sortirons de la salle des séances. »

Le vote définitif de la loi, le 30 juin 2006, n'a pas fait taire la polémique. Une semaine plus tard, une soixantaine de parlementaires socialistes, rejoints par les Verts, les communistes et deux UDF (François Bayrou et Hervé Morin), ont déposé un recours devant le Conseil constitutionnel. Le 27 juillet, la décision est tombée. Elle fait de nouveau vaciller tout l'édifice, détruisant sa clé de voûte. En effet, l'article 24 de la loi, introduit à la suite de la fronde des députés, prévoyait des sanctions allégées pour les internautes téléchargeant illégalement de la musique et des films sur Internet (simples contraventions échelonnées de 38 à 150 euros, montants qu'un décret devait préciser). Cet article est jugé « contraire au principe d'égalité devant la loi pénale », donc « contraire à la Constitution » et par conséquent annulé[1].

Résultat : les simples internautes qui téléchargent quelques morceaux de musique sur des sites de *peer to peer* encourent en théorie les mêmes peines de prison que les « pirates professionnels » qui mettent au point ces plates-formes. « Je regrette que la saisine des députés de l'opposition ait eu pour conséquence de rétablir ces peines, a déploré le ministre de la Culture dans un communiqué du 28 juillet. Je vais saisir le garde des Sceaux afin que les poursuites soient orientées vers les cas les plus graves. Je le répète, il n'y aura pas de peines de prison contre les internautes qui téléchargent. »

Bref, après neuf mois de débats enflammés, la confusion continue de régner.

Alain Suguenot, pour sa part, paie les pots cassés : il a été contraint d'annuler les Rencontres cinématographiques de Beaune, qui se tenaient dans sa ville depuis quinze ans. Ces rencontres, organisées conjointement par la commune et par l'Association des réalisateurs producteurs (ARP), le principal groupe de pression de la profession cinématographique, n'ont pas survécu à la discorde provoquée par les prises de position de l'élu. « Dès le 22 février 2006, j'ai su que le divorce était consommé, raconte Alain Suguenot. J'ai été convoqué à un véritable tribunal du septième art, au Cinéma des cinéastes, place de Clichy, à Paris. » Le député-maire se retrouve seul face à une demi-douzaine de professionnels, dont Bertrand Tavernier, Jean-Jacques Annaud et Claude Zidi, qui lui disent

1. Décision n° 2006-540 DC du 27 juillet 2006.

qu'ils se sentent trahis. « La confrontation a été très dure[1] », confirme Michel Gomez, délégué général de l'ARP.

En octobre 2006, les Rencontres du cinéma se tiendront à Dijon. À Beaune, Alain Suguenot se demande s'il ne va pas remplacer l'événement par une journée de débats autour de la question du lobbying, en présence des consommateurs et des groupes de pression. « Les lobbies sont tabous en France, observe-t-il. Arrêtons de nous cacher derrière notre petit doigt ! Jamais on ne les a autant vus qu'à l'occasion de ce débat. Il est urgent de légiférer pour introduire davantage de transparence. »

1. Entretien avec l'un des auteurs, 21 juillet 2006.

CHAPITRE 9

Assistants parlementaires : le maillon faible

Le 18 février 2005, Séverine Tessier, collaboratrice parlementaire du député Christian Paul (PS, Nièvre), trouve une drôle de lettre dans son courrier. La missive est datée de la veille et porte l'en-tête d'une mystérieuse société M, basée dans une région chic des Yvelines, en banlieue parisienne. Elle est ainsi rédigée :

Madame l'Assistante Parlementaire,

Votre expérience de collaborateur Parlementaire vous a permis d'acquérir une expérience très appréciable du relationnel politique et administratif.

Dans le respect de votre déontologie professionnelle et en toute loyauté vis-à-vis du Parlementaire que vous assistez, il serait intéressant pour notre société de bénéficier de vos conseils ou de vos consultations qui donneraient lieu alors à des versements de vacations appropriées.

Si cette perspective vous agrée, je vous suggère de prendre contact avec Melle X.

Vous remerciant par avance de tout l'intérêt que vous porterez à cette demande, je vous prie de croire, Madame l'Assistante Parlementaire, en l'assurance de ma très haute considération.

Séverine Tessier, estomaquée, se précipite à la machine à café et interroge ses collègues : « Vous avez reçu une lettre du cabinet M ? » Sourires complices. Visiblement, elle n'est pas la seule destinataire d'un tel courrier. La jeune femme a entendu dire que certains autres collaborateurs de députés travaillaient à temps partiel pour des organismes extérieurs à l'Assemblée. Mais elle n'avait encore jamais été démarchée ouvertement pour devenir « consultante » d'une société privée qui semble vouloir tirer profit de son « expérience du personnel politique ». « En toute loyauté », bien évidemment.

Ce que la société M ignore, c'est que l'assistante de Christian Paul est une fervente militante anticorruption. Conseillère municipale socialiste à Clichy-sous-Bois, en banlieue parisienne, cette jolie blonde aux yeux d'un bleu limpide préside l'association Anticor, association des élus contre la corruption qu'elle a fondée avec quelques amis en juin 2002[1]. « Le choc du vote Le Pen, le 21 avril 2002, nous a fait prendre conscience, de façon brutale, que les Français n'avaient plus confiance en leurs élus. Il suffit d'une poignée d'élus corrompus pour discréditer l'ensemble de la classe politique. Voilà pourquoi nous avons créé Anticor. Balayons devant notre porte[2] ! » explique-t-elle.

Séverine Tessier a également été à l'origine de la création, en 1998, de l'Union syndicale des collaborateurs parlementaires (USCP-UNSA), un syndicat très remuant qui milite pour la reconnaissance de cette profession.

À notre demande, elle a essayé d'en savoir plus sur cette offre de « vacations » de consultant. Le 11 mai 2006, depuis le

1. Pour plus d'informations sur Anticor, voir son blog http://anticor.wordpress.com.

2. Entretien avec l'un des auteurs, 19 avril 2006.

minuscule bureau du 126, rue de l'Université qu'elle partage avec son député (absent ce jour-là), Séverine Tessier décroche donc son téléphone, compose le numéro indiqué et demande à parler à Mlle X.

« Bonjour, je suis assistante d'un député. En février de l'an dernier, j'ai reçu un courrier de votre part. Je reviens vers vous pour connaître un peu mieux les conditions.

— Très bien. Je suis la responsable du lobbying au sein du cabinet. J'ai une quarantaine de clients et huit ou neuf consultants qui m'aident à toucher les bonnes personnes et à essayer de trouver les bons contacts pour ces clients. Nos clients sont de taille et d'horizons très variés : intelligence informatique, produits laitiers, nettoyage, goûters pour enfants... Les missions sont choisies en fonction des domaines de compétence du consultant. Une lettre de mission est rédigée et la rémunération s'effectue selon un barème, selon le dossier traité. Je fais le point environ une fois par semaine avec les consultants.

— Mais, euh, je travaille à plein temps pour mon député. Comment faire par rapport à lui ?

— Je comprends... Ce n'est pas très évident pour vous d'être assise entre deux chaises. [Rire.] Comment dirais-je ? Nous sommes très discrets au niveau relationnel. Certains de nos consultants ne veulent pas que leur nom apparaisse. Nos clients ne connaissent pas forcément votre activité de collaborateur parlementaire. Voulez-vous que nous nous rencontrions demain ? »

Séverine Tessier bredouille une excuse et raccroche, rose de confusion. « Je n'en reviens pas ! s'exclame-t-elle. Cela dépasse ce que j'imaginais. »

Une armée de l'ombre aux contours flous

Les assistants parlementaires sont environ 2 000 à l'Assemblée. Chaque député en emploie trois ou quatre en moyenne. Le cas de figure le plus fréquent ? Un collaborateur à Paris et deux ou trois en circonscription. Le premier est chargé de préparer les dossiers législatifs, de gérer les rendez-vous dans la capitale, d'aider à la rédaction d'amendements, de propositions de loi ou de questions au gouvernement. Il s'agit souvent d'un jeune diplômé en droit ou en sciences politiques qui acquiert ainsi une bonne expérience de ce monde avant de s'envoler faire carrière sous d'autres cieux. En circonscription, les assistants gèrent les rendez-vous de la permanence, organisent les déplacements du député, rédigent ses courriers, alimentent son site Internet, etc. Des configurations alternatives sont possibles : certains n'emploient personne à Paris, d'autres font travailler leur femme ou leur enfant, quelques-uns partagent leur collaborateur parisien avec un collègue de la même région et du même bord politique.

Impossible de connaître avec précision les contours de cette armée de femmes et d'hommes de l'ombre. Ils ne figurent sur aucun document public. Nous avons demandé à l'Assemblée nationale si nous pouvions consulter la liste des assistants, dont les salaires sont réglés par les services du Palais-Bourbon. Elle n'est pas accessible, nous a-t-on répondu. Ces « soutiers » ne disposent même pas d'une adresse électronique personnelle du type untel@assemblee-nationale.fr. « Le député recrute librement les personnes qu'il souhaite rémunérer sur les crédits mis à sa disposition. Le contrat conclu suppose une prestation de travail effective en rapport avec la rémunération accordée [1] », précise, laconique, une note interne à l'attention des députés.

1. « Indemnité représentative de frais de mandat, crédit pour la rémunération des collaborateurs et gestion du secrétariat parlementaire », note issue du site Intranet de l'Assemblée nationale, avril 2006. La note précise

Selon cette même note, un député peut employer jusqu'à cinq personnes. Il dispose pour cela d'une enveloppe de 8 784 euros par mois. Il embauche qui il veut, au salaire qu'il veut, selon des contrats de droit privé. S'il décide de salarier son conjoint ou son enfant, le crédit est alors plafonné à la moitié du montant mensuel, soit 4 392 euros.

Au-delà de ce quota de cinq personnes, rien ne l'empêche de recruter, en plus, des collaborateurs « bénévoles », retraités dévoués ou admirateurs transis. « Ceux-là, comme les salariés, ont droit à un badge d'accès permanent à l'Assemblée[1] », confirme le questeur Claude Gaillard.

Cette tolérance ouvre la porte à de nombreuses dérives. Officiellement, les lobbies sont interdits de séjour au Palais-Bourbon, sauf à avoir rendez-vous, en bonne et due forme, avec un élu. Seuls 50 privilégiés disposent d'une carte d'accès délivrée par la questure, qui leur permet d'aller et venir dans la zone dite « sensible » : Grande Rotonde, salon de la Paix, salle des Quatre Colonnes, salle des conférences[2].

Dans ces conditions, que fait le lobbyiste désireux de circuler dans ces salons qui fourmillent de députés ? Il demande un badge de collaborateur « bénévole » à un élu ami. Lequel aura le plus grand mal à le lui refuser si ce monsieur ou cette dame défend les intérêts d'un gros employeur de sa circonscription ou ceux de la profession à laquelle lui-même appartient. En 2003, la journaliste Florence Autret dénonçait déjà « ce système obsolète et discriminatoire » : « Celui qui n'a pas eu la chance d'entrer par la grande porte de la questure ou de la présidence trouvera en effet le moyen d'emprunter celle, plus petite, du bureau d'un député. Comment ? En lui demandant de devenir tout simplement... l'un de ses assistants. Pour

---

que le député peut céder son crédit, s'il ne l'utilise pas, à son groupe politique, à hauteur de 4 392 euros par mois.

1. Entretien avec l'un des auteurs, 4 avril 2006.

2. Voir en annexe la liste exclusive des lobbyistes badgés.

de faux, évidemment. Pas un vrai assistant. Un assistant “de complaisance”, pourrait-on dire[1]. »

L’assistante d’une députée UMP, vingt ans d’ancienneté dans la maison, s’en amuse : « Cela se pratique couramment. Le député n’a pas besoin de justifier à qui il donne un badge. Depuis quelques mois, la questure a décidé de restreindre l’accès au restaurant en self-service aux seuls titulaires d’un contrat de travail, ce qui exclut de fait les collaborateurs de complaisance. Je constate qu’il y a nettement moins de monde à l’heure du déjeuner. »

Mais ce n’est pas tout. La précarité et le manque de transparence du statut des collaborateurs donnent lieu à d’autres pratiques controversées. Les assistants parlementaires constituent véritablement le maillon faible de l’Assemblée nationale, un sas d’entrée idéal pour des lobbies avides d’informations et d’influence. C’est vrai à un point que nous étions loin de soupçonner en commençant cette enquête, et que la plupart des députés ignorent eux aussi !

Les collaborateurs parisiens passent leurs journées au cœur de l’institution. Ils en connaissent tous les secrets, petits et grands. Bien mieux que leurs employeurs, qui le plus souvent n’y font qu’un saut le mardi et le mercredi. Les cabinets de lobbying, de leur côté, vendent très cher des prestations de « veille parlementaire » à leurs clients. Dans ces notes mensuelles, ces derniers trouvent tout ce qui s’est passé à l’Assemblée concernant leur domaine d’activité : questions au gouvernement, réunions de commissions, propositions et projets de loi déposés, interventions des députés en séance. Lorsqu’un projet de loi se profile à l’horizon, ces cabinets veulent savoir qui en sera le rapporteur, quels députés vont s’y intéresser au sein des commissions, quel va être le calendrier au cours des semaines à venir. Leurs clients peuvent ainsi cibler

1. Florence Autret, *Les Manipulateurs : le pouvoir des lobbys*, Denoël, 2003.

avec précision les élus auprès desquels ils vont tenter de faire passer leur message.

Les lobbyistes employés par des industriels ou des fédérations professionnelles ont les mêmes attentes. Ils ne peuvent pas être au courant de tout en permanence et sont donc tentés de faire appel à ces précieux informateurs que sont les assistants parlementaires.

On pourrait penser que les outils modernes de communication, et notamment Internet, permettent de collecter toutes ces données. De fait, le site officiel de l'Assemblée[1] est une véritable mine d'informations, actualisée heure par heure. On y trouve des fiches nominatives sur chaque député, la liste des groupes d'études et de leurs membres, les comptes rendus des séances et des réunions de commissions, les textes de loi avec toutes les étapes du travail législatif, des bases de données sur les amendements, les questions écrites, les rapports, etc. Mais, en pratique, rien ne vaut un collaborateur dans la place. Rien ne remplace la présence et les contacts.

Quand le chat n'est pas là, les souris dansent avec les lobbies

« Des assistants parlementaires employés par des entreprises ? Non, cela n'existe pas », nous ont répondu, sincèrement étonnés, plusieurs députés à qui nous faisions part de notre surprise en découvrant l'offre envoyée par la société M à des collaborateurs d'élus. L'usage semble pourtant largement répandu si l'on en croit les associations d'assistants, les mieux placées pour savoir ce qui se passe dans les bureaux vides du Palais-Bourbon lorsque les députés font la tournée des ministères parisiens ou des communes de leur circonscription.

1. www.assemblee-nationale.fr.

« Les assistants doivent être une centaine, à Paris, à cumuler leur travail pour un député avec des missions de veille parlementaire pour des lobbies[1] », estime Pascal Favre, vice-président de l'Association française des collaborateurs parlementaires (AFCP), qui regroupe les collaborateurs d'élus de droite. Ce juriste de 43 ans à la fine barbe grisonnante, après avoir effectué plusieurs allers-retours entre le Palais-Bourbon et des collectivités territoriales, est aujourd'hui le principal collaborateur d'Yves Bur (UMP, Bas-Rhin), l'un des vice-présidents de l'Assemblée. « Je gagne 2 300 euros par mois, détaillait-il en 2005 dans une interview au magazine spécialisé *Courrier cadres*. Ce n'est pas le Pérou, mais je vis dans l'un des plus beaux palais de la République, dont les salles ont été décorées par Delacroix. La soupe est mauvaise, mais l'assiette est belle[2]. » Selon lui, il ne faut pas chercher ailleurs la raison pour laquelle les collaborateurs cèdent si facilement aux sirènes des lobbies : « Il faut bien gagner sa vie. »

Comme Pascal Favre, de nombreux collaborateurs de droite estiment que « [leur] statut ne [leur] interdit nullement d'avoir un autre emploi à l'extérieur[3] », confirme Catherine Folus, assistante de Gilles Bourdouleix (UMP, Maine-et-Loire). En effet, la note interne de l'Assemblée précise seulement que « si le salarié travaille pour un ou plusieurs autres employeurs, la durée totale de travail associée à ces différents contrats ne doit pas dépasser la durée maximale de travail, soit 10 heures par jour et 48 heures par semaine ».

« Il n'y a aucune règle déontologique, tout est permis[4] », s'indigne Jean-François Cassant, ex-collaborateur de Noël Mamère, qui a succédé à Séverine Tessier comme secrétaire général de l'USCP-UNSA.

---

1. Entretien avec l'un des auteurs, 21 avril 2006.
2. *Courrier cadres*, 20 janvier 2005.
3. Entretien avec l'un des auteurs, 13 juin 2006.
4. Entretien avec l'un des auteurs, 22 mai 2006.

L'assistante travaillait pour les labos

La pratique ne surprend pas le député UMP Dominique Paillé : « À mon avis, il doit y avoir actuellement entre trente et quarante collaborateurs de députés qui font de la veille parlementaire. C'est parfaitement légal, mais ce n'est peut-être pas très sain[1]. » Selon lui, pour éviter tout risque de dérive, il faudrait que les collaborateurs aient un véritable statut, comme aux États-Unis, ce qui permettrait de mieux les rémunérer. L'élu des Deux-Sèvres est bien placé pour en parler : il a eu quelques démêlés avec la justice au sujet de deux de ses assistants.

En mars 2006 a eu lieu à Paris le procès des emplois fictifs de l'ex-Mutuelle nationale des étudiants de France (MNEF), au cours duquel a été décortiqué le système de financement d'une grande partie de la gauche (élus socialistes, syndicalistes, militants associatifs) par la mutuelle dans les années 80 et 90. On y a vu, en larmes, Caroline Fiorito, une ancienne collaboratrice parlementaire de Dominique Paillé. En enquêtant sur la MNEF, les limiers de la brigade financière avaient découvert que la jeune femme avait été rémunérée comme administratrice de la MIF, une filiale de la mutuelle, de mai 1996 à décembre 1998, pour un montant de 22 900 euros. Elle avait été mise en examen pour recel d'abus de confiance, comme Dominique Paillé. Celui-ci a bénéficié d'un non-lieu en décembre 2001, avant d'être réélu aux législatives de juin 2002. Caroline Fiorito, elle, a finalement été relaxée en juin 2006, à l'issue du procès de la MNEF[2].

---

1. Entretien avec l'un des auteurs, 23 juin 2006.

2. Dans son jugement, rendu le 2 juin 2006, la 11e chambre du tribunal correctionnel de Paris a condamné l'ancien patron de la MNEF Olivier Spithakis (qui a fait appel) à deux ans de prison avec sursis et 50 000 euros d'amende. L'actuel député socialiste de Paris Jean-Christophe Cambadélis a été, de son côté, condamné à six mois avec sursis et 20 000 euros d'amende pour « recel d'abus de confiance », pour avoir bénéficié d'un emploi fictif entre 1991 et 1995 pour un montant de 94 000 euros. Le

Les enquêteurs ont également établi, de manière incidente, que l'assistante parlementaire avait, durant ces années-là, une activité de veille législative, notamment pour la société Cegedim, spécialisée dans les bases de données médicales, et pour le Syndicat national de l'industrie pharmaceutique (SNIP). Cet organisme professionnel, rebaptisé depuis Les Entreprises du médicament (LEEM), a reconnu avoir versé 1 500 euros par mois à la collaboratrice du député, de juin 1996 à novembre 1998, pour des prestations de « veille parlementaire ». En revanche, il a démenti que Dominique Paillé lui ait servi de relais politique : « Cela relève de la fantaisie la plus gratuite et infondée[1]. » Le député était au courant des « piges » effectuées par son ancienne assistante de manière légale. « À l'époque, je faisais partie de la commission des Affaires étrangères. Je ne suis jamais intervenu sur les sujets dont ma collaboratrice s'occupait », confie-t-il. Dans ce deuxième volet judiciaire, l'assistante et son député ont bénéficié d'un non-lieu à la fin de 2002, tout comme les dirigeants du SNIP et de la Cegedim.

Dominique Paillé a par ailleurs été jugé pour une affaire en lien avec un autre collaborateur, dans laquelle apparaissaient également des firmes pharmaceutiques. Le 26 mars 2004, le tribunal correctionnel de Paris l'a condamné à une peine de dix mois de prison avec sursis et 30 000 euros d'amende pour « abus de confiance[2] ». Il était accusé d'avoir détourné près de 40 000 euros au préjudice d'une association, Appel Europe, qu'il avait créée en janvier 1996 dans le but de promouvoir l'Union européenne. Parmi les donateurs de cette association,

---

tribunal a prononcé sept relaxes sur les 29 prévenus, notamment pour Caroline Fiorito au titre de son poste d'administratrice de la MIF.

1. Lettre de Bernard Lemoine, vice-président délégué du SNIP, publiée dans le courrier des lecteurs des *Échos*, 24 août 2000.

2. Tribunal de grande instance de Paris, 11e chambre correctionnelle, jugement du 26 mars 2004.

dissoute en février 1997, figuraient la MNEF, le laboratoire pharmaceutique Glaxo et la Cegedim. Dominique Paillé était le président d'Appel Europe et l'un de ses assistants parlementaires, Philippe Reiller, embauché à mi-temps d'octobre 1995 à décembre 1996, en assurait le secrétariat général. L'instruction judiciaire a établi que l'essentiel des chèques et des retraits en espèces du compte d'Appel Europe – 39 321 euros sur un total de 44 821 – avaient été utilisés par le député pour régler des frais sans rapport avec l'objet de l'association, notamment des achats, repas et déplacements privés en compagnie de son autre assistante Caroline Fiorito : chambre dans des Relais et Châteaux, voyage pour deux personnes en Guadeloupe, à Marrakech et à Venise, achat de meubles, etc. Interrogée par la justice, Caroline Fiorito a confirmé l'existence de ces dépenses privées, affirmant ne rien savoir d'Appel Europe. Elle a bénéficié d'un non-lieu. L'élu a contesté cette version, justifiant ces dépenses par la préparation de colloques parlementaires et par les défraiements en liquide de son assistant Philippe Reiller. Deux explications qui n'ont été que très partiellement étayées par l'enquête et qui n'ont pas convaincu le tribunal, lequel a souligné dans son jugement les mensonges du député tout au long de l'instruction. Dominique Paillé n'a pas fait appel de sa condamnation de 2004.

Tous ces ennuis judiciaires ont marqué le député, qui assure que, désormais, ses assistants se consacrent exclusivement à l'activité politique. « Chat échaudé craint l'eau froide », dit-il.

La bonne amie de l'industrie alimentaire

Notre enquête nous a permis de découvrir plusieurs cas de collaborateurs actuellement employés par des entreprises. Sandrine Lesperat est, depuis 2002, l'assistante parlementaire du député UMP du Var Jean-Michel Couve. C'est bien elle qui répond au téléphone lorsqu'on demande M. Couve au standard. Mais Sandrine Lesperat est également, et de façon tout aussi officielle, responsable des relations institutionnelles de l'Association nationale des industries alimentaires (ANIA) depuis le 15 juin 2005.

Cette puissante organisation défend les intérêts du premier secteur industriel national : 140 milliards d'euros de chiffre d'affaires, plus de 10 000 entreprises, 420 000 salariés, des fleuves de yaourts, des montagnes de pâtes, de sucre et de biscuits, des océans d'eau minérale... À ce titre, l'ANIA fait partie des 50 privilégiés détenteurs d'un badge délivré par la questure. Mais cela ne lui suffit visiblement pas. Jean-René Buisson, ancien dirigeant de Danone élu président de l'ANIA en juillet 2004[1], a ressenti de besoin de renforcer son action de lobbying face aux menaces qui pèsent sur la profession. L'été 2004 a en effet été « chaud » pour l'industrie alimentaire : accusée de favoriser l'obésité avec des aliments trop riches en sucre, en sel et en graisses, elle a été la cible de différentes mesures votées dans la loi de santé publique d'août 2004[2].

Jean-René Buisson va d'abord chercher de l'appui au sein même du pouvoir qui le vise, le cabinet du ministre de la Santé, à l'époque Philippe Douste-Blazy, dont il débauche la conseillère chargée des relations avec le Parlement, Anne Peyricot. Cette dernière est nommée directrice des relations

1. Jean-René Buisson est également président de la commission protection sociale du Medef depuis l'élection de Laurence Parisot à la tête de l'organisation patronale, en juillet 2005.

2. La loi de santé publique du 9 août 2004 prévoit notamment que les industriels de l'alimentaire devront insérer une mention sanitaire dans toutes leurs publicités sur les produits gras, salés ou sucrés, faute de quoi, ils devront payer une taxe de 1,5 % de leur budget publicitaire, qui servira à financer la sécurité sociale. La mesure a fortement déplu à l'ANIA, qui a réussi à faire repousser (sans doute jusqu'au début de 2007) la parution des décrets d'application. Sur ce sujet, voir le chapitre 12.

institutionnelles du lobby alimentaire en décembre 2004. Mais la jeune femme, également conseillère UMP dans le XVIIe arrondissement de Paris, aime trop la politique. Six mois plus tard, elle quitte l'ANIA pour rejoindre le cabinet de Brice Hortefeux, ministre délégué aux Collectivités territoriales auprès du ministre de l'Intérieur, en tant que conseillère chargée des relations avec le Parlement. L'ANIA se retourne alors vers un cabinet spécialisé en lobbying, Pic Conseil, lui confiant la charge de ses relations institutionnelles. Et Pic Conseil recrute Sandrine Lesperat dans le bureau du député-maire de Saint-Tropez, Jean-Michel Couve.

Interrogée sur ce double emploi, l'intéressée répond : « Je les aide, je leur donne un coup de main[1]. » Jean-René Buisson, pour sa part, n'y voit aucun problème : « Elle travaille à mi-temps pour le député et à mi-temps pour nous. Ce n'est pas choquant. Son député est au courant. Elle effectue une bonne veille parlementaire. C'est intéressant d'avoir quelqu'un sur place en période d'examen des projets de loi, capable de surveiller le travail en commission, le dépôt d'amendements, et de nous alerter rapidement[2]. »

Sandrine Lesperat est chargée d'entretenir de bons rapports avec les membres du groupe d'études sur l'agroalimentaire[3], présidé par Marc Le Fur (UMP, Côtes-d'Armor), et avec tous les députés qui s'intéressent, de façon plus ou de moins poussée, au secteur, comme Luc Chatel (UMP, Haute-Marne), qui suit de près les questions relatives aux relations commerciales entre industriels et grandes surfaces, Patrick Ollier (UMP, Hauts-de-Seine), président de la commission des Affaires sociales, ou encore Jean-Marie Le Guen (PS, Paris), spécialiste de la santé au sein du groupe socialiste et qui, selon Jean-

1. Entretien avec l'un des auteurs, 24 avril 2006.
2. Entretien avec l'un des auteurs, 19 juin 2006.
3. Groupe d'études sur le développement agro-industriel et l'industrie agroalimentaire.

René Buisson « ne rêve que de taxer les industriels de l'alimentaire pour financer la lutte contre l'obésité ».

Jean-Michel Couve, il est vrai, n'a sans doute pas besoin d'une collaboratrice à plein temps à Paris[1]. Dans sa mairie de Saint-Tropez, sur laquelle il règne depuis 1983, il emploie déjà plusieurs secrétaires et une chargée de communication. Il se paie en outre sur la capitale les services d'un cabinet de relations publiques, KL Com, chargé d'assurer la promotion à la fois de sa ville et de son action législative. Au Palais-Bourbon, il s'intéresse surtout à un sujet, en lien direct avec Saint-Tropez : le tourisme.

Un lobbyiste proche de Nicolas Sarkozy

La société de conseil qui emploie Sandrine Lesperat mérite un instant d'attention. Le « Pic » de Pic Conseil signifie Perroquet Institutionnel Communication. Rien à voir avec le « corbeau » de l'affaire Clearstream. Ce « perroquet » fait référence à une ancienne coutume de l'Assemblée nationale. Autrefois, les bureaux des députés étaient tous équipés d'un petit haut-parleur, aussi appelé « perroquet », qui retransmettait en permanence les débats en cours dans l'hémicycle. La télévision a remplacé cet accessoire, qui irritait fort les députés : impossible d'éteindre le son !

Pic Conseil a été fondé en 1996 par deux hommes, Steven Zunz et Frédéric Lefebvre. Aujourd'hui, c'est le premier, tout en rondeurs, qui dirige la société. Le second fait partie de la garde rapprochée de Nicolas Sarkozy : il possède toujours 51 % du capital de Pic Conseil, en nue-propriété, c'est-à-dire qu'il conserve les titres sans en toucher les bénéfices pour l'instant[2]. En 2002, il en a confié l'usufruit temporaire à son

1. Contacté par l'un des auteurs, Jean-Michel Couve n'a pas répondu.

2. Sur l'actionnariat de Pic Conseil, voir le fac-similé en annexe. Frédéric Lefebvre a aussi créé, en janvier 2005, une société unipersonnelle de

associé jusqu'au 30 juin 2007. À ce moment-là, la France aura un nouveau président et Frédéric Lefebvre pourra, si son patron est battu, retourner à ses premières amours : le lobbying.

« Je ne m'occupe absolument plus de Pic Conseil depuis 2000. Je n'y exerce aucune responsabilité et ne touche aucun dividende [1] », précise Frédéric Lefebvre, croisé dans les sous-sols de l'Assemblée nationale lors de la Convention santé de l'UMP. Le souhaiterait-il qu'il n'en aurait guère le temps. Ce quadragénaire à l'élégance de Borsalino, cheveux longs gominés, cravates voyantes et montre Bulgari, passe une grande partie de ses journées dans les allées du Palais-Bourbon en tant que conseiller pour les relations avec le Parlement du ministre de l'Intérieur Nicolas Sarkozy. Lorsqu'ils l'aperçoivent au bout du couloir, le portable collé à l'oreille, les députés interrompent leur conversation. « Voilà le porte-flingue de Sarko », chuchotent-ils. Frédéric Lefebvre jouit d'un respect mêlé de crainte parmi les parlementaires de la majorité. Les députés savent qu'il est là pour s'assurer de leur loyauté envers son mentor, président de l'UMP. Un seul faux pas et leur investiture aux prochaines législatives peut être compromise...

Steven Zunz, diplômé de Sciences Po Paris, a commencé sa carrière comme salarié du RPR au moment de la campagne pour les législatives de 1993. Il est ensuite devenu assistant parlementaire d'Alain Suguenot [2] puis de Christian Estrosi [3], avant de rejoindre à nouveau le RPR au moment de sa transformation en UMP, et enfin de fonder Pic Conseil en 1996.

---

conseil en communication, dénommée Frédéric Lefebvre Conseil, dont le siège social se trouve à Garches (Hauts-de-Seine).

1. Entretien avec l'un des auteurs, 27 juin 2006.

2. On retrouvera Alain Suguenot (UMP, Côte-d'Or), député d'une circonscription viticole de Bourgogne, au chapitre 14.

3. Christian Estrosi, ancien député UMP des Alpes-Maritimes, est depuis juin 2005 ministre délégué à l'Aménagement du territoire auprès du ministre de l'Intérieur Nicolas Sarkozy.

L'équipe dirigeante de Pic Conseil compte un autre proche de Christian Estrosi : Stéphan Denoyes (actionnaire minoritaire de Pic Conseil depuis 2003), lui aussi ancien assistant parlementaire du député des Alpes-Maritimes. Pour compléter le tableau, Anne Peyricot, membre du cabinet du ministre délégué aux Collectivités territoriales auprès de Nicolas Sarkozy, a fait de la veille pour Pic Conseil lorsqu'elle était attachée parlementaire du député corrézien Jean-Pierre Dupont (UMP).

Les bonnes relations que les dirigeants de Pic Conseil entretiennent avec l'entourage de « Nicolas » sont-elles pour quelque chose dans leur succès ? Rien ne le prouve. Une seule chose est sûre : le cabinet a le vent en poupe. Ses profits font pâlir d'envie la profession : 792 000 euros de bénéfice net en 2005, pour un chiffre d'affaires de 1,582 million d'euros, en progression de 60 % par rapport à l'année précédente. « Nous vendons notre matière grise plutôt cher [1] », reconnaît Steven Zunz.

En 2004, celui-ci s'est rapproché d'un autre cabinet de lobbying, Causalis, qui avait réalisé un million d'euros de chiffre d'affaires cette année-là. Son président, Jean-Michel Arnaud, a un profil d'homme d'affaires très différent de celui, plus politique, de Steven Zunz. Crâne rasé, costume rayé, chaussures cirées, ce diplômé de Sup de Co Paris et docteur en gestion a travaillé pour plusieurs grands groupes américains et français (McKinsey, Cap Gemini, Rhône-Poulenc), avant de créer Causalis en 1998. En 2000, il s'est occupé du lancement en France du quotidien gratuit *Metro* et, en 2003, de la candidature de la ville de Marseille à l'organisation de la Coupe de l'America, la célèbre course de voiliers.

Pic Conseil et Causalis commercialisent désormais leurs prestations d'« intelligence économique » sous le nom de « Domaines publics », en attendant une éventuelle fusion, en

1. Entretien avec l'un des auteurs, 7 juin 2006.

2007, lorsque l'hypothèque Lefebvre/Sarkozy sera levée. La liste des clients de Domaines publics est impressionnante. On y trouve à la fois des syndicats professionnels (industrie alimentaire, masseurs-kinésithérapeutes, répartiteurs en pharmacie, producteurs audiovisuels, agents immobiliers, pompes funèbres) et des industriels (Suez, Bouygues, Alcatel, Sodexho, les casinos Lucien Barrière, le fabricant de rhum Bacardi, le cigarettier Altadis).

Domaines publics n'est aucunement gêné de faire travailler des collaborateurs de députés pour nourrir les notes mensuelles de veille parlementaire que Zunz et Arnaud vendent à prix d'or à leurs clients. Dans le cas de Sandrine Lesperat et de l'ANIA, la situation ne semble pas trop embarrassante puisque le député Jean-Michel Couve ne manifeste aucun appétit, dans son activité parlementaire, pour l'industrie alimentaire.

La collaboratrice et son député aiment l'eau claire

La situation est moins limpide pour d'autres députés dont les collaborateurs font eux aussi des « ménages » pour d'autres « clients ». C'est le cas d'Aimé Kergueris (UMP, Morbihan), par exemple, élu bien enraciné. Âgé de 66 ans, il siège depuis 1973 au conseil général du Morbihan, dont il est le premier vice-président, et depuis 1978 à l'Assemblée. Cet agriculteur de la petite ville côtière de Plouhinec, au crâne dégarni et au cou de taureau, termine son septième mandat. Ce sera le dernier. Ainsi en a-t-il décidé dès 2002. « Lorsque j'ai été réélu, j'ai prévenu mon assistante, Geneviève Salsat, que je ne me représenterais pas en 2007. Geneviève travaille avec moi depuis vingt et un ans. Je prépare mon départ. Elle aussi prépare sa reconversion [1] », justifie-t-il. Dès 2002, Gene-

1. Entretien avec l'un des auteurs, 10 juin 2006.

viève Salsat, par ailleurs conseillère municipale UMP à Suresnes, en région parisienne, a donc trouvé un revenu d'appoint auprès du groupe Saur.

Cette ex-filiale de Bouygues[1] est le numéro trois français de la distribution d'eau. Elle est particulièrement bien implantée dans les petites communes campagnardes, tandis que ses deux puissantes concurrentes, Veolia et Suez, trustent les grandes villes. Entretenir un bon réseau de relations avec les maires ruraux est donc pour Saur une nécessité vitale. Quel meilleur quartier général, pour cela, que l'Assemblée nationale, où fourmillent 271 députés-maires ?

François Vieillard, directeur de la communication de Saur, explique son mode de fonctionnement : « Geneviève Salsat travaille pour nous trois jours sur cinq. De nombreux députés n'ont pas besoin d'un assistant parisien à 100 % du temps. Elle ne fait pas de lobbying, mais des relations publiques. Nous ne lui demandons pas d'intervenir sur les textes législatifs. L'important, pour nous, est d'avoir accès aux maires et aux conseillers généraux qui siègent à l'Assemblée[2]. »

Pourtant, le poisson pilote de Saur au Palais-Bourbon s'est beaucoup activé, au premier semestre 2006, lors de la préparation et de la discussion de la loi sur l'eau[3]. « J'ai aidé le Syndicat professionnel des entreprises de services d'eau et d'assainissement (SPDE) à rédiger des amendements, transmis aux députés, explique-t-elle. Les élus mesurent mal les effets pervers d'une loi. On l'a vu avec la loi littoral, qui aujourd'hui bloque toute action de la part des collectivités territoriales. Il est normal de chercher à les éclairer, pour éviter des erreurs ensuite irréparables[4]. »

---

1. Le groupe Saur appartient, depuis novembre 2004, au fonds d'investissement européen PAI Partners.

2. Entretien avec l'un des auteurs, 14 juin 2006.

3. Projet de loi sur l'eau et les milieux aquatiques, adopté en première lecture à l'Assemblée nationale le 30 mai 2006.

4. Entretien avec l'un des auteurs, 20 avril 2006.

L'assistante parlementaire s'occupe aussi d'inviter les députés à rencontrer les dirigeants de Saur. En janvier 2006, elle a écrit à quelques-uns d'entre eux pour leur proposer un déjeuner chez Tante Marguerite, l'une des bonnes adresses de la rue de Bourgogne, à deux pas du Palais-Bourbon, où les lobbyistes tiennent table ouverte. Thème du repas : « une meilleure utilisation de l'eau ». Les députés étaient conviés à échanger leurs vues sur « la gestion raisonnée de cette ressource » avec Hervé Le Bouc, PDG du groupe Saur, et Patrick Barthélemy, PDG de Saur France.

Et Aimé Kergueris, dans tout ça ? Le député affirme que sa collaboratrice se consacre à lui les mardis et les mercredis. Mais ce sont également les deux jours où ses collègues, ceux qui intéressent Saur, sont présents à Paris. Le déjeuner chez Tante Marguerite, par exemple, avait lieu un mercredi.

En réalité, le Breton est très peu présent à l'Assemblée. Il n'est intervenu que dix fois en séance publique depuis le début de 2004. Élu de la circonscription maritime où se trouvent Belle-Ile et Quiberon, il ne monte à Paris que lorsqu'il est question de pêche, de marine marchande ou d'arsenaux[1]. Il rédige chaque année, lors de la discussion budgétaire, un avis sur la pêche dans lequel il rend hommage à l'action du gouvernement en faveur des pêcheurs.

Aimé Kergueris est resté muet lors de la discussion de la loi sur l'eau. En revanche, il entretient des liens étroits avec Saur au niveau local en tant que président du Syndicat intercommunal pour l'alimentation en eau potable (SIAEP) des cantons d'Hennebont et Port-Louis – ce qui présente 25 000 abonnés. Le 30 mars 2006, le SIAEP a renouvelé le

---

1. Aimé Kergueris a déposé 12 amendements au cours de la législature, dont 10 concernaient la création du registre national français pour les armateurs. En mars 2005, il a notamment soutenu en séance un amendement exonérant de charges sociales patronales les armateurs français de la marine marchande.

contrat d'exploitation qui le liait à Saur pour une durée de quinze ans. La procédure d'appel d'offres avait permis de retenir trois candidats sur cinq. L'offre de Saur a finalement été choisie, car elle était « la seule à décrire et évaluer les travaux de remise à niveau des infrastructures, avec une offre nettement plus complète que celles des deux autres candidats et aussi nettement la moins chère[1] », a déclaré Aimé Kergueris.

Où commence l'emploi fictif ?

Bien que parfaitement légal, l'emploi de collaborateurs parlementaires par des groupes d'intérêts repose sur un équilibre fragile. Il est susceptible de verser facilement dans la catégorie de l'emploi fictif, une pratique régulièrement condamnée par les tribunaux, au pénal comme au civil. Si le salarié ne travaille pas, dans les faits, pour celui qui le rémunère, l'employeur fictif peut être accusé d'abus de bien social et le bénéficiaire de recel d'abus de bien social.

En 2005, les parlementaires ont eu tout le loisir de réviser le sens de l'expression « emploi fictif » en découvrant, dans *Le Parisien* du 15 mars, l'affaire qui éclaboussait Christian Poncelet. Le journaliste Laurent Valdiguié révélait en effet que la fidèle assistante du président du Sénat attaquait son ex-employeur devant les prud'hommes. Marie-Josèphe Aucouturier, qui avait travaillé pendant vingt-huit ans aux côtés de l'élu – à l'Assemblée nationale à partir de 1972, puis au gouvernement, et enfin au Sénat à partir de 1977 –, avant d'être remerciée en novembre 2004, s'estimait victime d'un licenciement abusif.

Au cœur de ce conflit du travail inhabituel se trouve le fait que Marie-Josèphe Aucouturier a été payée, de 1972 à 2000,

1. *Le Télégramme*, 1er avril 2006.

par l'administration des Postes et Télécommunications, puis par France Telecom. « Au début de ma carrière de député, les PTT ont mis à ma disposition une collaboratrice. Mais je ne savais pas que cela avait duré si longtemps », s'est défendu Christian Poncelet dans *Le Parisien*. France Telecom, dès son introduction en Bourse, en octobre 1997, a souhaité mettre fin à ce contrat. L'assistante du président du Sénat n'effectuant aucun travail pour l'entreprise de télécommunications, il était anormal que celle-ci continue à la payer. La situation a été finalement régularisée en 2000 : Marie-Josèphe Aucouturier a signé un contrat de collaboratrice parlementaire avec Christian Poncelet, lequel lui a versé son salaire jusqu'à son licenciement, à la fin de 2004.

Le président du Sénat a bondi en lisant les mots « emploi fictif » utilisés dans l'article du *Parisien*. Il a menacé de porter plainte pour diffamation (menace non mise à exécution) et publié un communiqué dénonçant « des propos infondés qui relèvent d'une atteinte grave à l'honneur et à la considération du président du Sénat ». Paul Lombard, son avocat, précise que son client « récuse formellement le fait que Mme Aucouturier ait bénéficié d'un emploi fictif. En effet, cette collaboration, qui a cessé en 2004, s'est d'abord exercée dans le cadre d'une mise à disposition légalement prévue par son statut puis dans le cadre d'un contrat d'assistance parlementaire [1] ».

Le volet prud'homal s'est refermé le 25 mai 2005, veille de l'audience, avec une transaction financière entre l'assistante et son ex-employeur. Outre qu'il détermine l'arrêt de toute procédure, l'accord signé entre les deux parties contient une clause de confidentialité.

Mais la fin de l'histoire n'est pas encore écrite. Dans les couloirs de l'Assemblée et du Sénat, le sujet continue d'alimenter les conversations. Jean-Claude Lefort, député communiste du Val-de-Marne, est furieux : « Je trouve cela stupéfiant

---

1. Lettre de Me Lombard à l'un des auteurs, 25 juillet 2006.

que cette transaction éteigne toute poursuite. J'ai donc utilisé tous les moyens à ma disposition pour porter le sujet sur la place publique[1]. » Au début de juin 2005, il a d'abord tenté de poser une question écrite au ministre de la Justice pour savoir quelles suites il entendait donner à cette affaire. Mais, lorsqu'une question présente un caractère sensible, elle est soumise au filtre du président de l'Assemblée. Qui a refusé de la transmettre au garde des Sceaux, au motif que « la mise en cause d'un parlementaire par un autre ne me semble pas conforme à la tradition[2] ». « C'est la première fois, depuis dix-neuf ans que je suis député, qu'on me fait une telle objection ! » s'exclame Jean-Claude Lefort, qui proteste aussitôt par courrier auprès du président de l'Assemblée et envoie une lettre au ministre de la Justice. Il estime, en effet, que le nouveau Code de procédure pénale donne pouvoir au ministre de saisir lui-même le procureur s'il a connaissance d'une infraction à la loi pénale[3]. Pas de réponse. Lefort reprend sa plume, le 11 octobre 2005, pour poser une nouvelle question écrite au ministre de la Justice. Lequel répond le 31 janvier 2006 que « le procureur décide ce qui lui paraît opportun » et rappelle à « l'honorable parlementaire qu'il n'est pas d'usage de répondre, dans le cadre de questions écrites, aux interrogations relatives à des questions particulières ».

En désespoir de cause, Jean-Claude Lefort décide alors d'écrire au procureur de Paris. Banco. Le 5 avril 2006, le parquet de Paris ouvre une enquête préliminaire visant le prési-

1. Entretien avec l'un des auteurs, 15 juin 2006.

2. Lettre de Jean-Louis Debré à Jean-Claude Lefort, 14 juin 2005.

3. Selon les nouvelles dispositions adoptées par la loi du 9 mars 2004, le nouvel article 30 du Code de procédure pénale prévoit que le ministre de la Justice « peut dénoncer au procureur général les infractions à la loi pénale dont il a connaissance et lui enjoindre, par des instructions écrites et versées au dossier de la procédure, d'engager ou de faire engager des poursuites ou de saisir la juridiction compétente de telles réquisitions écrites que le ministre juge opportunes ».

dent du Sénat. Saisie par les services du procureur de la République François Foulon, la brigade financière est chargée de rassembler des informations permettant de savoir si la rémunération de l'ancienne assistante de Christian Poncelet par France Telecom peut être assimilée ou pas à une forme d'emploi fictif, et donc s'il y a matière à des poursuites judiciaires. Pour le moment, la question n'est pas tranchée. Le député commente : « Mes collègues m'ont dit : "Mais qu'est-ce qui t'arrive, Jean-Claude ? Tu ne crains pas les foudres des puissants ?" Je leur réponds que je réclame simplement la clarté. »

Chapitre 10

Turquie-Arménie : 1-0

C'est une histoire étonnante : comment une petite proposition de loi à connotation historique a provoqué des tempêtes, bousculé des intérêts économiques, scellé des alliances dépassant les frontières partisanes et suscité une bagarre à couteaux tirés au Palais-Bourbon. D'influents groupes de pression se sont activés, mobilisant jusqu'au sommet de l'État. Le gouvernement de Dominique de Villepin, embarrassé par cette initiative parlementaire, a manœuvré pour enterrer un texte dont il ne voulait pas, avec l'aide du président de l'Assemblée nationale, Jean-Louis Debré. Finalement, le débat sur cette proposition de loi controversée a été repoussé de plusieurs mois, en attendant peut-être de s'inviter dans les débats pré-électoraux.

La pomme de discorde ? En mai 2006, un groupe de députés socialistes a soumis à l'Assemblée une proposition de loi prévoyant de réprimer, dans le Code pénal, toute personne qui nierait le génocide des Arméniens commis en Turquie en

1915. Le sujet peut paraître éloigné des préoccupations hexagonales actuelles. Mais il touche une plaie toujours à vif : l'identité blessée des 500 000 Français d'origine arménienne vivant en France et la susceptibilité extrême des Turcs sur cet événement historique qu'ils contestent. Si l'on y ajoute les arrière-pensées électoralistes de certains députés issus de circonscriptions à forte implantation arménienne et le poids des entreprises françaises en Turquie craignant le vote d'une loi perçue comme hostile par les Turcs, le cocktail peut devenir explosif. Un lobbyiste français qui a ouvert une filiale à Istanbul résume à sa façon le débat de mai 2006 : « Il suffit parfois d'un petit texte parlementaire pour casser tout un business. Nous avons été obligés de monter au créneau pour éviter que les députés ne fassent une nouvelle bêtise[1] ! »

Un génocide reconnu en 2001

Le génocide arménien a déjà provoqué, par le passé, des débats houleux à l'Assemblée nationale. Ils concernent une réalité tragique : le massacre et la déportation de 800 000 à 1,5 million d'Arméniens à l'époque du gouvernement ultranationaliste des Jeunes-Turcs de l'Empire ottoman, entre 1915 et 1917. Les deux tiers de la population arménienne, minorité chrétienne implantée principalement dans les provinces orientales de la Turquie, ont disparu durant cette période[2]. Les

1. Entretien avec l'un des auteurs, mai 2006.

2. Selon l'historien Yves Ternon (*Les Arméniens. Histoire d'un génocide*, Seuil, 1996), le total des morts oscille entre 1,5 million selon les publications arméniennes et 800 000, chiffre reconnu en 1919 par le ministre de l'Intérieur turc et accepté par Mustapha Kemal – soit environ les deux tiers de la population arménienne vivant en Turquie. En 1916, le grand historien Arnold Toynbee avait fait une estimation similaire, qui demeure la plus vraisemblable. Selon lui, sur 1,8 million d'Arméniens vivant dans l'Empire, 600 000 furent assassinés sur place et 600 000 le furent au cours de leur déportation – soit 1,2 million de morts –, 200 000 se réfugièrent

autorités turques ont toujours contesté l'ampleur des tueries et nié la qualification de génocide [1]. Plusieurs historiens et journalistes critiquant la version officielle sont, encore aujourd'hui, poursuivis par la justice turque. Des instances internationales se sont exprimées pour qualifier les événements de génocide : une sous-commission de l'ONU en 1985 [2], le Parlement européen en 1987 [3], le Conseil de l'Europe en 1998. Les parlements de plusieurs pays (Uruguay, Paraguay, Israël, Liban, Russie, Bulgarie, Belgique, Grèce, Chypre) et de

---

dans le Caucase, 100 000 furent victimes d'enlèvement, 150 000 survécurent dans des camps à la déportation et 150 000 échappèrent à la déportation.

1. La notion de génocide a été juridiquement définie par la Convention pour la prévention et la répression du crime de génocide, adoptée par l'assemblée générale des Nations unies le 9 décembre 1948 et ratifiée par la Turquie le 31 juillet 1951. Selon cette convention, le génocide est un acte « commis dans l'intention de détruire, en tout ou en partie, un groupe national, ethnique, racial ou religieux ».

2. La sous-commission de la lutte contre les mesures discriminatoires et pour la protection des minorités, qui dépend de la commission des droits de l'homme de l'ONU, a adopté, le 29 août 1985, un rapport dont le paragraphe 24 dit notamment ceci : « L'aberration nazie n'est malheureusement pas le seul cas de génocide au XXe siècle. On peut rappeler aussi le massacre des Hereros en 1904 par les Allemands, le massacre des Arméniens par les Ottomans en 1914-1916, le pogrom ukrainien de 1919 contre les Juifs, le massacre des Hutus par les Tutsis au Burundi en 1965 et en 1972, le massacre au Paraguay des Indiens Aché avant 1974, le massacre auquel les Khmers rouges se sont livrés au Kampuchea entre 1975 et 1978, et actuellement le massacre des Baha'is par les Iraniens. »

3. Le 18 juin 1987, le Parlement européen a adopté une résolution dans laquelle ont peut lire : « Les événements tragiques qui se sont déroulés en 1915-1917 contre les Arméniens établis sur le territoire de l'Empire ottoman constituent un génocide au sens de la Convention pour la prévention et la répression du crime de génocide, adoptée par l'assemblée générale de l'ONU le 9 décembre 1948. » Cette résolution appelait la Turquie à la reconnaissance de ce génocide. La Turquie la perçut comme un refus de sa demande d'adhésion à la Communauté européenne. Certains contrats avec la France furent annulés, et la Turquie menaça de se retirer de l'Otan.

différents États (dont le Québec et l'Ontario au Canada, la Californie et l'État de New York aux États-Unis) ont adopté des résolutions en ce sens.

En France, dès 1981, le candidat à l'élection présidentielle François Mitterrand avait promis d'agir en faveur de cette reconnaissance. Une fois élu, il avait rappelé aux Arméniens, à Vienne (Isère), en janvier 1984, qu'il n'était « pas possible d'effacer les traces du génocide » qui les avait frappés. Chaque année, le 24 avril, date anniversaire du début du massacre, des commémorations auxquelles s'associent des élus sont organisées dans plusieurs villes, dont Paris, Lyon, Villeurbanne ou Saint-Étienne, où vivent d'importantes communautés arméniennes. Des parlementaires ont multiplié les questions écrites au gouvernement et rédigé des propositions de loi sur le sujet. En juin 1995, le tribunal de grande instance de Paris a condamné un historien qui, dans le journal *Le Monde*, avait qualifié le génocide de « version arménienne de cette histoire [1] ».

En mai 1998, l'Assemblée nationale, à majorité de gauche, vota à l'unanimité, en première lecture, une proposition de loi socialiste initiée par Didier Migaud (PS, Isère). Son article unique était : « La France reconnaît publiquement le génocide arménien de 1915. » Les amendements qui visaient à conditionner l'adhésion de la Turquie à l'Union européenne à sa reconnaissance du génocide ou à réprimer plus durement le négationnisme furent écartés. Saisi de ce texte, le Sénat mit de longs mois à l'inscrire à son ordre du jour, avant d'adopter un texte similaire en novembre 2000. Remise sur la table du Palais-Bourbon par l'UDF et soutenue avec passion par François Rochebloine (Loire), la proposition de loi fut définitivement adoptée par l'Assemblée nationale le 18 janvier 2001,

1. L'historien avait été assigné par le Comité de défense de la cause arménienne (CDCA) et par trois survivants du génocide sur le fondement des articles 24 *bis* et 48-2 de la loi du 29 juillet 1881 (modifiée par la loi Gayssot du 13 juillet 1990).

dans une ambiance survoltée. Les associations arméniennes et les partisans de la Turquie firent monter la pression, bombardant les parlementaires de lettres et de courriels opposés. « Nous en recevions presque un par seconde, raconte Rudy Salles, élu UDF des Alpes-Maritimes, très engagé en faveur de la cause arménienne. Le vote de janvier 2001 fut un moment historique émouvant. Je me souviens d'avoir pleuré en préparant mon discours[1]. »

L'adoption solennelle de cette loi, promulguée le 29 janvier 2001, déclencha la fureur du gouvernement turc, qui menaça la France de rétorsions économiques. Le président de la République Jacques Chirac, partisan d'un dialogue apaisé avec la Turquie et favorable à son entrée future dans l'Union européenne, tenta de calmer le jeu. En réponse à une lettre du président de la chambre de commerce française en Turquie[2], qui s'alarmait des retombées possibles de la loi, le chef de l'État rappela que « les parlementaires se sont, dans leur ensemble, gardés de porter une appréciation sur la Turquie moderne, qui ne saurait être tenue pour responsable d'événements survenus en 1915 sous l'Empire ottoman ». Il ajouta : « La France continuera à œuvrer au rapprochement de la Turquie avec l'Union européenne. » Sa lettre se terminait par ces mots : « Je mesure l'émotion que le vote de cette loi provoque en Turquie. Je ne doute pas cependant que l'amitié entre la France et la Turquie permettra de surmonter ces tensions[3]. »

1. Entretien avec l'un des auteurs, 11 juillet 2006.

2. La chambre de commerce française en Turquie, créée en 1885, est une association privée qui rassemble aujourd'hui plus de 400 entreprises, françaises (250) et turques (plus de 150). Très active dans la promotion des échanges entre les deux pays, elle fait partie de l'union des 110 chambres de commerce et d'industrie françaises à l'étranger, qui jouent officiellement « un triple rôle de club d'affaires, de groupe de lobby et de prestataires de services pour les entreprises ». Voir www.uccife.org/turquie/.

3. Lettre de Jacques Chirac, président de la République, à M. Jean-Jacques Cocquet, président de la chambre de commerce française en Turquie, 26 février 2001.

De grands groupes français se mobilisèrent aussi, comme EADS, qui négociait de gros contrats de ventes d'Airbus[1] au moment du vote de la loi. La direction des affaires publiques d'EADS consulta le professeur Georges Vedel, éminent spécialiste de droit constitutionnel, sur les faiblesses juridiques du texte. Et fit passer ses conclusions aux parlementaires, dans l'espoir que certains d'entre eux saisiraient le Conseil constitutionnel pour le faire casser. En vain.

Les inquiétudes économiques étaient, semble-t-il, exagérées. Les affaires n'ont pas trop souffert de la reconnaissance du génocide arménien au Palais-Bourbon. Après une pause en 2001, les exportations françaises vers la Turquie sont reparties à la hausse les années suivantes, battant record sur record[2]. La France est devenue le cinquième partenaire commercial de la Turquie et le deuxième investisseur étranger dans ce pays de 72 millions d'habitants, qui connaît actuellement une forte croissance.

1. En juin 2001, EADS et sa filiale Airbus ont signé un accord commercial et industriel avec la Turquie portant sur la livraison d'A400-M, des avions de transport militaire. La société turque TAI est membre du consortium de création d'Airbus Military, avec une commande de dix A400-M. La compagnie aérienne Turkish Airlines est un des clients d'Airbus. En octobre 2004, elle a signé un contrat portant sur une commande de 36 avions Airbus (2,8 milliards de dollars).

2. Depuis l'entrée en vigueur, le 1er janvier 1996, de l'accord d'union douanière entre la Turquie et l'Union européenne, les échanges franco-turcs ont été multipliés par 3,3, progressant encore de 9 % en 2005 pour atteindre 8,2 milliards d'euros (exportations françaises : 4,7 milliards ; importations françaises : 3,5 milliards). Le nombre d'entreprises françaises implantées en Turquie est passé de 15 en 1987 à 250 en 2006.

Des propositions pour réprimer le négationnisme

La loi du 29 janvier 2001, perçue comme une première victoire par ses initiateurs, ne leur suffisait pas. À peine élus, en juin 2002, des députés de gauche et de droite, soutenus par les organisations arméniennes très implantées autour de Marseille, dans la vallée du Rhône et en région parisienne, ont repris leur bâton de pèlerin. Avec un argument juridique : la reconnaissance publique d'un génocide n'a de poids légal que si ceux qui le nient peuvent être poursuivis. « Le vote de la loi de 2001 est incohérent s'il n'est pas complété par la sanction pénale du négationnisme [1] », estime Didier Migaud, qui a rédigé plusieurs propositions de loi en ce sens.

Entre 2002 et 2006, des textes similaires ont été déposés à l'Assemblée à l'initiative de députés issus de circonscriptions à forte implantation arménienne : Thierry Mariani (UMP, Vaucluse), Roland Blum et Richard Mallié (UMP, Bouches-du-Rhône), Éric Raoult (UMP, Seine-Saint-Denis), Philippe Pemezec (UMP, Hauts-de-Seine) et François Rochebloine (UDF, Loire) – qui préside le groupe d'amitié France-Arménie à l'Assemblée. Richard Mallié, élu de la région de Gardanne, justifie ainsi son engagement : « J'ai 4 à 5 %

1. Entretien avec l'un des auteurs, 3 juillet 2006. Didier Migaud a rédigé le 8 juin 2004 une première proposition de loi visant à sanctionner la négation du génocide arménien. Il a déposé une nouvelle proposition, le 12 avril 2006, qui ajoute un article à la loi du 29 janvier 2001 relative à la reconnaissance du génocide arménien de 1915 : « Seront punis comme indiqué à l'article 24 *bis* de la loi du 29 juillet 1881 sur la liberté de la presse ceux qui auront contesté, par un des moyens énoncés à l'article 23 de ladite loi, l'existence du génocide arménien de 1915. » Les moyens énoncés sont les discours, cris ou menaces proférés dans des lieux publics, les écrits, dessins, emblèmes ou images vendus ou distribués. Les peines encourues (5 ans d'emprisonnement et 45 000 euros d'amende maximum) sont semblables à celles prévues dans le cadre de la loi réprimant la contestation des crimes contre l'humanité (dite loi Gayssot de 1990).

d'Arméniens dans ma circonscription. Ils sont venus me voir quand j'étais maire de Bouc-Bel-Air il y a plus de quinze ans. J'ai pris leur combat à bras-le-corps. J'ai soutenu la loi de 2001 sur la reconnaissance du génocide. La répression du négationnisme est le complément indispensable de ce dispositif[1]. »

En mars 2004, plusieurs tentatives pour faire adopter ces propositions échouent lors de la discussion d'un projet de loi sur la criminalité. Le garde des Sceaux Dominique Perben écarte des amendements rédigés en ce sens par Rudy Salles et le groupe socialiste, arguant que la loi sur la liberté de la presse suffit à poursuivre devant les tribunaux toute « apologie de crime contre l'humanité ». Ces arguments ne convainquent pas les députés. « Le génocide arménien ne fait pas l'objet d'une quelconque apologie, plaide Thierry Mariani. C'est son existence même qui est niée. Il s'agit d'un délit spécifique qu'il faut inscrire dans la loi[2]. »

Le sujet revient à l'ordre du jour le 15 novembre 2004 lorsque le tribunal correctionnel de Paris relaxe le consul général de Turquie à Paris, poursuivi par le Comité de défense de la cause arménienne (CDCA) pour avoir tenu, sur le site Internet du consulat, des propos remettant en cause l'existence du génocide arménien. Interrogé à l'issue du conseil européen du 17 décembre 2004, le président de la République Jacques Chirac en appelle au dialogue avec la Turquie et estime que le « travail de mémoire » est une « nécessité incontournable » pour un pays qui veut rejoindre l'Union européenne. Il est vrai que l'opinion, de plus en plus sensible à ce sujet[3], est

1. Entretien avec l'un des auteurs, 31 mai 2006.
2. Entretien avec l'un des auteurs, 4 juillet 2006.
3. Selon un sondage Louis Harris réalisé les 23 et 24 avril 2004 pour la radio arménienne Ayp FM, 53 % des Français se disent opposés à l'entrée de la Turquie dans l'Union européenne ; 81 % des personnes interrogées estiment que le refus du gouvernement turc de reconnaître le génocide des Arméniens est « très grave ».

alors mobilisée par le débat politique autour du référendum sur la Constitution européenne, dans lequel les opposants à l'adhésion de la Turquie donnent de la voix.

Le 11 avril 2005, une stèle dédiée au génocide arménien est profanée à Marseille. Les organisations arméniennes condamnent cette « provocation ». À Paris, les députés remontent au créneau. Lors d'un dîner avec un cercle de journalistes d'origine arménienne, le 19 avril 2005, l'élu marseillais Christophe Masse (PS, Bouches-du-Rhône) annonce que son groupe mettra une proposition de loi à l'ordre du jour de la « niche » d'octobre 2005, la fenêtre législative que le règlement de l'Assemblée réserve chaque trimestre à l'opposition. Présent lors de cette réunion, Thierry Mariani alerte aussitôt le président du groupe UMP, Bernard Accoyer. Il veut prendre de court les socialistes et faire une « avancée législative en direction de la communauté arménienne ». « La proposition de loi socialiste étant légitime, il est possible qu'elle soit adoptée à l'unanimité, comme la loi reconnaissant le génocide arménien. C'est pourquoi il me semble particulièrement important que notre groupe consacre une de ses niches à la discussion de ma proposition de loi, avant le groupe socialiste », écrit-il à Bernard Accoyer le 10 mai 2005. Sa suggestion est pourtant enterrée. Les 54,6 % de « non » au référendum sur le Traité constitutionnel européen, le 29 mai 2005, calment bien des ardeurs politiques. Le gouvernement Raffarin quitte la scène, laissant la place à celui de Dominique de Villepin, en ligne avec l'Élysée sur les questions diplomatiques. À l'automne 2005, une quarantaine de députés UMP, menés par Richard Mallié, repartent en guerre contre l'ouverture des négociations d'adhésion de la Turquie à l'Union européenne. Le sujet devient de plus en plus épineux. La Turquie est une « patate chaude » que ni l'Élysée ni le Quai d'Orsay ne veulent voir resurgir à l'occasion d'un nouveau vote sur le génocide arménien.

Dans une « niche » socialiste

Le groupe socialiste, lui, n'est pas ligoté par les consignes du gouvernement. Il attend le printemps de 2006 pour mettre la proposition de loi de Didier Migaud à l'ordre du jour de sa « niche » législative. Le texte doit être discuté le 18 mai. Selon ses calculs, il peut être voté grâce à une alliance de députés de gauche et de droite. Le climat semble propice. Le 18 mars, plusieurs milliers de manifestants proturcs défilent dans les rues de Lyon pour protester contre la construction d'un mémorial du génocide arménien. Sur certaines pancartes, on peut lire ce slogan : « Il n'y a jamais eu de génocide arménien. » Quelques semaines plus tard, des inscriptions similaires sont taguées sur le mémorial édifié place Antonin-Poncet, à Lyon. « Une fois encore, la mémoire de nos morts est bafouée », regrette Harout Mardirossian, président du CDCA. L'inauguration du monument le 24 avril, date anniversaire traditionnelle, se déroule dans une atmosphère tendue.

La discussion à l'Assemblée promet d'être vive. De part et d'autre, les camps se mobilisent. Le Quai d'Orsay, qui craint des réactions hostiles d'Ankara, agit discrètement. Des diplomates conseillent aux entreprises françaises les plus présentes en Turquie d'allumer des contre-feux à Paris. Chez Renault, PSA, Lafarge, Michelin, Carrefour, Sodexho, Moët-Hennessy, EADS et Thales, l'inquiétude monte. Pas question de voir leurs intérêts en Turquie déstabilisés une nouvelle fois par une proposition de loi proarménienne jugée purement électoraliste. Le Medef, qui a reçu son homologue turc en octobre 2005, est alerté. Des cabinets de lobbying sont sollicités par quelques grandes entreprises. « Ce n'est pas aux députés français de se mêler de ce qui relève d'un travail d'historiens, explique l'un des professionnels recrutés sur ce dossier. Cette initiative législative risque de braquer les Turcs, de provoquer un boycott des produits français et de refroidir les relations économiques franco-turques pendant quinze ans[1]. »

Des courriers alarmistes à l'Élysée et à l'Assemblée

Ces menaces de rétorsions économiques sont agitées en haut lieu. Le 8 mai 2006, les responsables de la chambre de commerce française en Turquie font état, comme en 2001, de leur « vive inquiétude » dans une lettre au président de la République Jacques Chirac. Des courriers similaires sont adressés au président de l'Assemblée nationale et aux présidents des groupes politiques.

Selon la chambre de commerce, les échanges économiques franco-turcs ont connu depuis 1986 « un essor sans précédent, amenant près de 250 sociétés françaises à établir des filiales industrielles et commerciales en Turquie, où elles emploient aujourd'hui plus de 45 000 salariés ». L'organisme consulaire prie Jacques Chirac d'intervenir afin d'éviter que le vote du texte, qui serait perçu par les Turcs comme un « acte inacceptable et hostile », ne « vienne occasionner un préjudice irrémédiable et durable au dialogue si fructueux ouvert dans tous les domaines entre la France et la Turquie, et au développement duquel notre chambre a, à son niveau, l'honneur et la fierté de contribuer ».

D'autres réseaux se manifestent, comme ceux des conseillers du commerce extérieur, des anciens élèves du lycée franco-turc de Galatasaray d'Istanbul ou encore de l'ambassade et des consulats de Turquie en France. Tandis que les groupes arméniens font paraître dans les journaux français des pages de publicité pour défendre la proposition de loi socialiste, les autorités turques répliquent avec d'autres placards

1. Entretien avec l'un des auteurs d'un lobbyiste qui a demandé à garder l'anonymat, juin 2006.

tentant de dissuader les élus de la voter. Président du groupe d'amitié France-Turquie à l'Assemblée, Hervé de Charette (UMP, Maine-et-Loire) est en contact étroit avec le Quai d'Orsay, qui prêche mezzo voce pour un enterrement du texte. L'Élysée et l'Hôtel de Lassay, convaincus des risques économiques que présente ce vote, sentent le danger, de même que certains socialistes et d'autres députés UMP peu sensibles aux arguments des proarméniens.

Lors de l'examen de la proposition de Didier Migaud par la commission des Lois, le 10 mai 2006, Alain Marsaud (UMP, Haute-Vienne) s'y déclare opposé, estimant que son application serait difficile et que le rôle du Parlement n'est pas « d'écrire l'histoire, au détriment d'autres réformes plus urgentes ». Il s'interroge sur « la légitimité de reconnaître par voie législative certains événements historiques plutôt que d'autres, tels le génocide vendéen dénoncé par Philippe de Villiers ou le génocide algérien dont le président Abdelaziz Bouteflika accuse la France ». Pour sa part, l'avocat Xavier de Roux (UMP, Charente-Maritime) conteste l'emploi du terme « génocide », qui doit, selon lui, s'appliquer juridiquement à « un crime dont l'auteur a été condamné par une juridiction ». Habitué à plaider sur ces sujets, l'élu rappelle que l'Arménie est un État souverain qui a la possibilité de saisir la Cour internationale de justice pour faire reconnaître le génocide[1].

À l'issue du débat entre adversaires et partisans de la proposition de loi, la commission décide de ne pas présenter de conclusions sur le texte. Chacun est renvoyé à sa liberté de vote lors de la séance publique.

1. Xavier de Roux a notamment plaidé devant la Cour internationale de justice de La Haye au printemps de 2006 pour défendre l'État de Serbie-et-Monténégro d'accusations de génocide. Voir le chapitre 18.

« La Turquie est un partenaire de premier plan »

Le matin du 18 mai 2006, le groupe socialiste semble jouer la montre en mettant deux autres propositions de loi à l'ordre du jour de sa « niche » parlementaire. Trois textes à examiner en une matinée : le délai est très serré. Celui sur la négation du génocide arménien a été inscrit en dernier, comme si les instances du PS ne souhaitaient pas vraiment qu'il soit débattu. Le premier de la série, présenté par Paul Quilès (Tarn), porte sur une importante réforme constitutionnelle visant à renforcer les pouvoirs du Parlement. Il est adopté à l'unanimité après de longs débats. Jamais le garde des Sceaux, Pascal Clément, ne s'est exprimé avec une telle lenteur dans l'hémicycle... Un deuxième texte sur l'emploi des jeunes est rapidement écarté.

Il est 12 h 15. Il ne reste plus beaucoup de temps pour aborder la proposition de loi de Didier Migaud. Les députés proarméniens, qui ont rongé leur frein toute la matinée, accusent le président de séance, Jean-Louis Debré, d'avoir refusé l'avant-veille de changer l'ordre de discussion des propositions. Ce dernier dément vigoureusement. Dehors, devant le Palais-Bourbon, des centaines de manifestants proarméniens battent le pavé.

Le rapporteur du texte, Christophe Masse, prend la parole le premier : « Alors que la polémique sur les lois mémorielles n'est pas éteinte, cette initiative parlementaire peut paraître audacieuse. Cependant, si la légitimité du Parlement à écrire l'histoire peut être contestée, elle ne peut l'être lorsqu'il entend défendre les valeurs de la République, au premier rang desquelles figure la dignité humaine. D'autre part, le vote de la loi de 2001 a d'ores et déjà tranché le débat sur l'histoire et la mémoire pour ce qui concerne le génocide arménien. » Son discours est vivement applaudi.

Puis le ministre des Affaires étrangères Philippe Douste-Blazy entre en piste, prenant, lui aussi, tout son temps pour développer ses arguments. Certes, il compatit aux douleurs des Arméniens, dont la cause est « juste ». Mais il considère que le texte, « acte unilatéral », risque de contrarier le « travail de mémoire » entrepris, selon lui, par la Turquie sur une « tragédie léguée par l'histoire », et de freiner les esquisses de dialogue entre la Turquie et l'Arménie. De plus, ajoute-t-il, « sur le plan diplomatique, nous partageons avec la Turquie le même point de vue sur de nombreux dossiers. Nos relations économiques, culturelles et scientifiques, sans oublier les liens humains tissés au fil des ans, puisque la France accueille plus de 300 000 ressortissants turcs, ont permis d'établir un partenariat durable ».

Philippe Douste-Blazy estime que l'adoption du texte serait perçue comme un « geste inamical » par la « très grande majorité du peuple turc » et qu'elle aurait des « conséquences politiques sérieuses » pour les intérêts de la France dans la région. Il poursuit : « La Turquie, qui a connu en 2005 un taux de croissance supérieur à 7 %, est pour la France un partenaire de premier plan. De nombreux groupes français y sont installés. Ne nous y trompons pas : nous ne pouvons pas accepter cette proposition de loi. La proximité culturelle, scientifique et artistique qui marque l'histoire de nos deux pays est elle aussi en cause. Pour qui connaît la tradition francophile des universités turques, en particulier à Galatasaray, il n'y a pas de doute à nourrir sur le rayonnement de la France dans ce pays. » Les arguments des lobbies économiques et diplomatiques ont porté.

Jean-Louis Debré interrompt la séance

Il est 12 h 45 à l'horloge de l'hémicycle. Jean-Louis Debré décide de restreindre le temps de parole des orateurs suivants à cinq minutes. À la tribune, Didier Migaud (PS, Isère), Martine David (PS, Rhône), François Rochebloine (UDF, Loire) et Frédéric Dutoit (PC, Bouches-du-Rhône) se succèdent pour défendre le texte, critiqué ensuite par Marc Laffineur (UMP, Maine-et-Loire). Pour finir, le proarménien Roland Blum (UMP, Bouches-du-Rhône) juge que la Turquie n'a renoncé ni au nationalisme ni à l'idéologie d'épuration ethnique. « En 2005, la faculté de médecine d'Istanbul a demandé le rapatriement des restes du docteur Behaeddine Chakir, idéologue du génocide, pour lui faire des obsèques officielles et l'enterrer aux côtés de l'organisateur du génocide, Talaat Pacha, à la gloire duquel a été construit un mausolée. Pour toutes ces raisons, nous serons nombreux à voter cette proposition de loi ! » Les applaudissements fusent de tous côtés, y compris sur les bancs UMP.

13 h 05. Jean-Louis Debré sonne le tocsin : « Les représentants de chaque groupe politique s'étant exprimés, la suite de l'examen de cette proposition de loi est reportée à une date qui sera fixée en Conférence des présidents. » Dans le brouhaha qui suit, Jean-Louis Debré quitte rapidement son perchoir. La séance est officiellement levée.

La « niche » se referme sans vote. Au sortir de l'hémicycle, Patrick Devedjian, élu UMP des Hauts-de-Seine d'origine arménienne, proteste devant les journalistes contre cette manière, qu'il juge brutale, d'interrompre le débat : « Je ne pensais pas qu'on oserait aller jusque-là. La comédie que nous venons de vivre consistait à faire traîner les débats en longueur pour éviter un vote sur la proposition de loi. La manœuvre a été organisée de concert par le président du groupe socialiste et une partie de la droite, manifestement en service commandé. C'est un désastre pour le Parlement, qui devient le seul lieu où il semble interdit de débattre des préoccupations des Français[1]. »

Au cours de l'après-midi, les associations arméniennes déversent leur colère dans les médias. Pascal Chamassian,

1. *Le Monde*, 19 mai 2006.

président du Conseil de coordination des organisations arméniennes de France pour la région Provence-Alpes-Côte d'Azur, réclame la « démission du président de l'Assemblée nationale, Jean-Louis Debré, qui a manqué aux devoirs de sa charge en levant la séance alors que le débat parlementaire aurait pu se poursuivre jusqu'au vote[1] ». Jules Mardirossian, président de l'Association pour le mémorial du génocide arménien de Lyon, se dit « d'autant plus ulcéré que notre combat n'a rien de communautaire, contrairement au reproche qui nous est souvent adressé ». Selon lui, il est « inconcevable de laisser des manifestants turcs défiler dans une grande ville de notre pays avec des pancartes où l'on peut lire : "Il n'y a pas eu de génocide arménien"[2] ».

La proposition de loi est donc repoussée aux calendes... turques. « Il s'agissait d'une obstruction délibérée, regrette Didier Migaud, car le président de séance aurait pu prolonger le débat, comme cela se pratique couramment. Je suis déçu que le pouvoir ait cédé aux pressions économiques et diplomatiques[3]. » Richard Mallié, héraut antiturc, est encore plus direct : « La France s'est pliée une fois de plus devant la Turquie pour quelques contrats, c'est écœurant[4]. »

Les amis de la Turquie, de leur côté, pavoisent discrètement. Présent le 18 mai dans les tribunes de l'Assemblée réservées au public, le président de la chambre de commerce française en Turquie, Yves-Marie Laouënan, se félicite de l'efficacité de son lobbying. Un représentant d'une entreprise française venu également assister à cette séance étonnante murmure : « On a évité une belle connerie. Tous ces députés qui veulent récolter des voix arméniennes aux prochaines élections, c'est lamentable... »

1. *Ibid.*
2. *Ibid.*
3. Entretien avec l'un des auteurs, 3 juillet 2006.
4. Entretien avec l'un des auteurs, 31 mai 2006.

Le débat n'est cependant pas clos. « Il sera tentant pour certains parlementaires d'agiter à nouveau l'épouvantail turc avant les élections [1] », prédit Raphaël Esposito, le directeur de la Chambre de commerce française en Turquie. Les élus socialistes, par la voix du président de groupe Jean-Marc Ayrault, ont promis de remettre la proposition de loi à l'ordre du jour de leur niche parlementaire de l'automne 2006. Mais, s'il est voté à l'Assemblée, le texte pourrait se heurter à une rude opposition au Sénat, ce qui repousserait alors son éventuelle adoption définitive... au-delà des élections de 2007.

1. Entretien avec l'un des auteurs, 23 mai 2006.

CHAPITRE 11

Les « groupes d'études », faux nez des lobbies

Comme naguère à la Samaritaine, on trouve de tout au Palais-Bourbon. Chacun peut y dénicher ce qui l'intéresse. Il suffit de se pencher sur la liste officielle des quelque 130 « groupes d'études », ces structures qui rassemblent de façon informelle des députés de tous horizons sur un thème particulier, parallèlement aux six grandes commissions permanentes[1]. L'inventaire est un florilège des préoccupations de nos parlementaires, des plus sérieuses aux plus cocasses. Châtaigneraie, horticulture, scoutisme, aviation légère, arts de la rue, fruits et légumes, inondations, politique portuaire, sectes, appellations d'origine, lutte contre l'illettrisme... Tout y passe,

1. Voir la liste détaillée des groupes d'études et de leurs présidents en annexe. Voir le détail des six grandes commissions permanentes (Lois, Finances, Affaires économiques, Affaires sociales, Défense et Affaires étrangères) et de leurs compétences au chapitre 2.

même les îles Anglo-Normandes, les séismes et les langues régionales !

L'imagination fertile des élus les a conduits à multiplier les groupes d'études distincts sur des thèmes voisins. Le groupe sur l'élevage, qui s'intéresse aux vaches laitières, n'a évidemment rien de commun avec celui consacré à l'élevage bovin en bassin allaitant, qui traite de la production de viande. Vice-président du second, Christian Paul (PS, Nièvre) explique : « Je l'ai fondé en 1997 au moment d'une réforme de la politique agricole commune, lorsque les socialistes étaient dans la majorité. Il nous a permis d'intervenir à Bruxelles en tant que groupe constitué. Nous avons aussi été très actifs au plan national lors des crises de la vache folle. En revanche, depuis 2002, il s'est peu réuni[1]. »

Il ne faut pas confondre non plus le groupe sur la mer et la pêche maritime avec celui sur les pêcheries côtières, la gestion des ressources halieutiques et les cultures marines, ni avec le groupe attaché à la pêche de loisir et la protection du milieu aquatique. Entre les marins de haute mer et les pêcheurs d'eau douce, il y a un océan.

Pour contenter toutes les familles d'élus locaux de l'hémicycle, l'Assemblée a autorisé la création de plusieurs groupes autour de chacun de leurs problèmes : un sur les grandes villes et les agglomérations, un autre sur les villes et les banlieues, un troisième sur les petites villes et les villes moyennes, un quatrième sur les villes et les pays d'art et d'histoire, un cinquième sur l'intercommunalité, les pays et les politiques contractuelles, un sixième sur la ruralité.

1. Entretien avec l'un des auteurs, 9 mai 2006.

Le nombre de groupes a grimpé de 40 % depuis 2002

Chaque député veut avoir son titre de « président » et son groupe d'études, en fonction de ses sujets de prédilection, de son image et de ses électeurs.

Rappelons que les lobbies n'ont officiellement pas droit de cité à l'Assemblée nationale[1]. Mais les « groupes d'études » parlementaires sont justement là pour contourner l'obstacle : ils permettent aux groupes d'intérêts de disposer d'interlocuteurs désignés au Palais-Bourbon et d'une caisse de résonance pour leurs revendications. La profusion des groupes d'études montre que les députés s'intéressent à des sujets de plus en plus variés. Et surtout que les lobbyistes de tous horizons sont de plus en plus efficaces.

Au début de juin 2006, on recensait 128 groupes d'études, contre 91 au début de la législature, soit une augmentation de 40 % en quatre ans ! Les nouveaux groupes concernent, par exemple, les calamités agricoles, les métiers de l'hôtellerie, la fonderie, la filière électronique et numérique ou encore l'hospitalisation psychiatrique.

Le Bureau de l'Assemblée nationale, composé de députés, est chargé de donner son agrément aux projets des élus après étude du dossier par l'une de ses délégations[2]. Président de la

1. L'article 23 du règlement de l'Assemblée nationale stipule : « Est interdite la constitution, au sein de l'Assemblée nationale, dans les formes prévues à l'article 19 ou sous quelque autre forme ou dénomination que ce soit, de groupes de défense d'intérêts particuliers, locaux ou professionnels et entraînant pour leurs membres l'acceptation d'un mandat impératif. Est également interdite la réunion dans l'enceinte du palais de groupements permanents, quelle que soit leur dénomination, tendant à la défense des mêmes intérêts. »

2. Le site de l'Assemblée précise : « Afin d'assurer le respect des prescriptions de l'article 23 du règlement, qui interdit la constitution de groupes de défense d'intérêts particuliers, locaux ou professionnels, la création de groupes d'études est soumise à agrément, sur rapport d'une délégation du Bureau composée en son sein et présidée par un vice-

délégation chargée des groupes d'études de 2004 à 2005, Yves Bur (UMP, Bas-Rhin) est très sévère sur leur inflation : « Il y en a trop. Ils sont souvent créés pour répondre au souhait d'un député qui veut relayer un sujet intéressant sa circonscription. Ils servent de haut-parleur aux lobbies professionnels vis-à-vis du gouvernement et de l'administration[1]. »

Confronté à des demandes toujours plus nombreuses, le Bureau a fini par s'en émouvoir. Lors de sa séance du 14 décembre 2004, il s'est, pour la première fois, déclaré « préoccupé de la multiplication des groupes d'études ». Une inquiétude paradoxale puisque c'est lui qui a autorisé leur création en rafale depuis la mi-2002. Il en a même agréé sept nouveaux le jour de la réunion.

Le Bureau a souhaité « qu'une réflexion d'ensemble soit entreprise sur les moyens de maîtriser une évolution de nature à porter atteinte aux prérogatives des commissions permanentes ». Traduction : certains groupes d'études dépassent les

---

président de l'Assemblée nationale. En outre, c'est au Bureau que revient la tâche de désigner le groupe politique auquel est attribuée la présidence d'un groupe d'études ; il arrive que cette dernière soit exceptionnellement partagée entre plusieurs groupes politiques. Il appartient ensuite au groupe politique en cause de désigner le président du groupe d'études. L'agrément est accordé après consultation des commissions permanentes compétentes et donne droit à un certain nombre de facilités matérielles de fonctionnement. L'agrément d'un groupe d'études lui permet, en effet, d'être doté, sur la base du volontariat, d'un fonctionnaire chargé d'en assurer le secrétariat et de bénéficier de salles de réunion et de facilités de tirage des convocations. Les groupes d'études ne bénéficient, par contre, d'aucun crédit de fonctionnement. » La délégation du Bureau chargée des groupes d'études était composée en juillet 2002 d'un président, Marc-Philippe Daubresse (UMP), et de Yves Nicolin (UMP, Loire), Bernard Perrut (UMP, Rhône), Jean Proriol (UMP, Haute-Loire), François Rochebloine (UDF, Loire) et Jean Le Garrec (PS, Nord). En 2004, la présidence de cette délégation a été confiée à Yves Bur (UMP, Bas-Rhin), puis, à la mi-2005, à Jean-Luc Warsmann (UMP, Ardennes).

1. Entretien avec l'un des auteurs, 4 avril 2006.

bornes. Ce ne sont pas eux qui rédigent les rapports officiels ni qui préparent les projets de loi. Néanmoins, ils marchent officieusement sur les plates-bandes des six commissions.

Résultat de ce coup de semonce ? Les mois suivants, le Bureau a continué de donner son accord à la création de nouveaux groupes, notamment sur les maladies nosocomiales, la longévité et la télévision numérique terrestre. En revanche, les demandes concernant l'action humanitaire d'urgence, les métiers d'artistes ou la procédure pénale ont été repoussées en juin 2005 à la suite des avis des commissions permanentes.

Le contrôle des groupes d'études est d'autant plus délicat que la plupart de leurs activités – auditions, missions, visites, voyages – ne sont ni répertoriées ni rendues publiques. Le service de communication de l'Assemblée reconnaît n'avoir aucune donnée exhaustive sur leur agenda. À la fin de 2005, constatant cette carence, Jean-Luc Warsmann (UMP, Ardennes), nouveau président de la délégation du Bureau en charge des groupes d'études, a envoyé un questionnaire à chacun d'entre eux pour obtenir un bilan d'activité de l'année écoulée. « Cela me paraît normal de savoir un peu ce qu'ils font. J'espère instaurer un minimum de bonnes pratiques sur ce sujet[1] », commente l'élu, qui a présenté une première synthèse – non publiée – de son questionnaire lors de la réunion du Bureau du 22 mars 2006. Grosso modo, un tiers des groupes d'études seraient actifs, un tiers plutôt intermittents, les autres étant relativement endormis. Quatre ne se sont même pas réunis depuis 2002 !

Le Bureau de l'Assemblée a décidé, le 21 juin 2006, de retirer son agrément à trois groupes d'études qui n'ont pas déclaré d'activités en 2005[2]. « J'ai menacé de donner ma

1. Entretiens avec l'un des auteurs, 10 mai et 24 juillet 2006.

2. Ces trois groupes sont ceux consacrés aux déplacements urbains, présidé par Christian Philip (UMP, Rhône), aux enseignements artistiques, présidé par François Brottes (PS, Isère) et à la jeunesse, l'intégration et la

démission si je n'étais pas suivi dans mes recommandations », précise Jean-Luc Warsmann. Les demandes insistantes pour la création d'un groupe sur les enlèvements et d'un autre sur le foie gras ont été enterrées. « À un an des élections, il ne nous paraît plus souhaitable d'en créer de nouveaux », explique le député des Ardennes.

Ces timides tentatives de reprise en main soulignent le laxisme qui a longtemps régné sur le sujet. L'opacité ambiante a facilité l'emprise discrète de certains groupes d'études, très actifs, sur la vie législative. Et, par voie de conséquence, l'entrisme grandissant des lobbies à l'Assemblée.

Car les députés s'orientent naturellement vers les soucis très prosaïques de leurs mandants. Il n'est guère surprenant que le groupe d'études sur la viticulture soit présidé par un élu de Bourgogne (Alain Suguenot, UMP, Côte-d'Or), ni que celui sur l'industrie aéronautique et spatiale le soit par un député de Toulouse, lui-même ancien salarié des usines toulousaines d'Airbus (Jean Diébold, UMP, Haute-Garonne). Nul ne s'étonne non plus que le groupe sur le caoutchouc et le pneumatique en France soit tenu par un parlementaire de Clermont-Ferrand, siège du géant Michelin (Alain Néri, PS, Puy-de-Dôme). De son côté, le groupe sur l'automobile est coprésidé par Jacques Masdeu-Arus (UMP, Yvelines), député-maire de Poissy où le constructeur français PSA-Peugeot-Citroën emploie 9 200 salariés, et par Jean-Marc Nudant (UMP, Côte-d'Or), venu de la région de Dijon où 15 000 personnes travaillent pour la sous-traitance automobile.

Presque tous les métiers et les secteurs économiques ont réussi, de cette façon, à faire leur trou à l'Assemblée, grâce à

---

citoyenneté, présidé par Jean Leonetti (UMP, Alpes-Maritimes). Lors de sa réunion du 21 juin 2006, le Bureau également décidé de fusionner deux groupes et en a agréé un nouveau sur les partenariats public-privé. Au total, à la fin de juin 2006, il restait donc 125 groupes d'études.

des députés qui se sentent très concernés, professionnellement ou géographiquement. On y trouve, par exemple, des défenseurs des fonctionnaires territoriaux et des professions libérales, de l'industrie de la chaussure et de la sidérurgie, de la filière fromagère et de l'oléiculture, de l'assurance et du cinéma. Les professionnels de la pierre naturelle et du granit ont l'honneur d'un groupe d'études animé par un élu breton, Philippe Tourtelier (PS, Ille-et-Vilaine).

Aux yeux de nombreux députés, les groupes d'études ont de sérieux avantages : ils les aident à travailler de manière informelle mais approfondie, ce que le travail en commission, très codifié, ne permet pas toujours. « La réflexion collective mûrit et cela finit toujours par revenir en commission, estime Didier Migaud (PS, Isère). Ces groupes mélangent des élus de tous partis et de toutes régions, qui peuvent aussi coordonner leur action pour faire passer ou bloquer tel amendement, comme c'est arrivé au groupe montagne auquel je participe[1]. »

Son collègue Jacques Floch (PS, Loire-Atlantique) est encore plus explicite : « Les groupes d'études permettent aux lobbies de s'exprimer de manière officielle. C'est une très bonne chose. Rien n'interdit à ces groupes de publier toutes leurs auditions et d'être eux-mêmes entendus par les commissions permanentes[2]. » Si ce n'est que les choses ne se passent pas de cette façon. L'absence de transparence reste la règle.

Les amis de la chimie

La chimie, par exemple, fait partie des lobbies industriels les plus écoutés au Palais-Bourbon. Depuis le début de la législature, deux groupes d'études se sont penchés sur ses

1. Entretien avec l'un des auteurs, 6 avril 2006.
2. Entretien avec l'un des auteurs, 12 avril 2006.

problèmes avec une attention bienveillante[1]. Le premier, consacré à l'industrie chimique (une trentaine de députés), est présidé par Jacques Remiller (UMP, Isère), député-maire de Vienne, une ville située au cœur du couloir chimique rhodanien. À ses yeux, les problèmes environnementaux et sanitaires liés à la chimie, soulevés par des associations, des scientifiques et des députés, ne doivent pas être surestimés. Le député défend, sans beaucoup de nuances, ce secteur industriel : « J'ai visité de nombreux sites français et je trouve que nous avons une chimie propre. Tout le problème est de réconcilier les Français avec cette industrie, qui provoque des peurs exagérées. C'est une question d'éducation et d'information[2]. » Jacques Remiller s'y emploie à coups de déplacements, d'auditions, d'appels téléphoniques, de courriers aux ministres, d'amendements et de propositions de loi. Il est soutenu par l'Union des industries chimiques (UIC), le syndicat qui regroupe les entreprises de ce secteur imposant (240 000 salariés, 94 milliards d'euros de chiffre d'affaires, deuxième rang européen). L'UIC, habituée à dénoncer les réglementations, peine à se départir de cette attitude défensive. « Elle commence à guérir de son syndrome de forteresse assiégée. C'est un bon signe », estime cependant le député de l'Isère.

Jacques Remiller est sur la même ligne prochimie que son collègue Daniel Garrigue (UMP, Dordogne), président du groupe d'études sur la directive Seveso – un texte européen sur la sécurité des sites industriels[3]. Le maire de Bergerac,

---

1. Ces deux groupes (sur l'industrie chimique et sur la directive Seveso) ne faisaient qu'un jusqu'en janvier 2003. Scindés, ils ont cependant mené une grande partie de leurs travaux ensemble ces dernières années, au point qu'ils ont fini par être refusionnés en juin 2006 sur décision du Bureau de l'Assemblée nationale (voir la note 2, p. 221), la présidence revenant à Jacques Remiller (UMP, Isère).

2. Entretien avec l'un des auteurs, 22 mars 2006.

3. La directive européenne dite Seveso a été adoptée en Europe en 1982 à la suite d'un accident survenu dans une usine de fabrication de pesticides en 1976 près de Seveso (Italie) et qui a eu des effets délétères

ancien administrateur de l'Assemblée qui a travaillé à la commission industrie du RPR, a été élu en 1993 et réélu en 2002. « J'ai une usine chimique du groupe SNPE classée Seveso dans ma circonscription[1], explique cet homme de haute stature à la carrure sportive, l'un des principaux soutiens de Dominique de Villepin à l'UMP. J'ai constaté la très grande difficulté de mise en œuvre des directives Seveso et les procédures lourdes sur les zones de dangers. De plus, l'explosion de l'usine AZF à Toulouse, le 21 septembre 2001, a révélé les risques de sites implantés au cœur des zones urbaines[2]. »

À la suite d'une commission d'enquête parlementaire sur AZF, le gouvernement de Jean-Pierre Raffarin a estimé qu'il fallait durcir la réglementation. La ministre de l'Écologie, Roselyne Bachelot, a présenté un projet de loi sur la prévention des risques technologiques et naturels. Après l'émotion suscitée par l'explosion de Toulouse, puis par les inondations de septembre 2002 dans le sud de la France, le texte a été adopté à l'Assemblée en juillet 2003. Comme Jacques Remiller, Daniel Garrigue n'était pas très favorable à cette loi, qu'il juge contraignante et mal appliquée. « Il faut, dit-il, garder l'équilibre entre la compétitivité économique et la protection de l'environnement. Actuellement, la législation imposée aux entreprises chimiques est trop lourde en France. » Un point

---

sur l'environnement et les habitants, notamment à cause de la dioxine. La directive vise à identifier les sites à risques. Elle a été révisée en 1996 (P6/82/CE) sous le nom de Seveso 2, prenant effet le 3 février 1999. Les États sont censés identifier et maîtriser les sites dangereux, classés selon une échelle de risques.

1. Il s'agit de Bergerac NV (filiale de la Société nationale des poudres et explosifs, SNPE, 5 000 salariés), fabricant de nitrocelluloses industrielles qui entrent dans la fabrication des poudres explosives (principalement pour le secteur de la défense) mais aussi dans les peintures, vernis, encres (sous sa marque, Durlin).

2. Entretiens avec l'un des auteurs, 29 mars et 28 juin 2006. L'explosion d'AZF a fait 30 morts et 2 500 blessés le 21 septembre 2001.

de vue que partage Jean Pelin, le directeur général de l'UIC : « Les décrets d'application de la loi Bachelot ont tardé, les études de dangers sont complexes et les zones de risques définies par la loi souvent impraticables[1]. »

Le syndicat professionnel n'a pas caché sa satisfaction lorsque, en septembre 2004, le ministre délégué à l'Industrie, Patrick Devedjian, a chargé le député-maire de Bergerac d'animer un groupe de réflexion sur « l'avenir de l'industrie chimique en France à l'horizon 2015 ». « Daniel Garrigue nous était sympathique, concède Jean Pelin. Il avait voté contre le principe de précaution et la Charte de l'environnement. Et nous l'avions déjà rencontré comme président du groupe d'études Seveso. »

Pour nourrir sa réflexion, le député de Dordogne a notamment réuni les poids lourds de l'UIC (Arkema, Rhodia, BASF France, Sanofi-Aventis, SNPE) et les syndicats de salariés. Il s'est déplacé à Aramon (Gard) sur les sites de Sanofi-Aventis et à Talence (Gironde) dans le laboratoire de recherche de Rhodia. À l'arrivée, il a élaboré 29 propositions – détaillées dans un rapport remis au ministre délégué à l'Industrie François Loos en mai 2005 – pour faire face aux défis de la mondialisation, de l'innovation, de la « montée exponentielle des réglementations » et d'une « image largement dépréciée »[2]. Le plaidoyer des industriels était largement repris. « C'est un travail collectif », précise Daniel Garrigue, qui se défend d'être lui-même « une émanation de l'UIC ». Jean Pelin, de son côté, se félicite de ce rapport : « Il y a de très bonnes choses, que le gouvernement a d'ailleurs reprises à son compte. » Par exemple la mise en place d'un comité stratégique de l'industrie chimique, mêlant professionnels et syndicats, chargé d'aider le ministre de l'Industrie.

1. Entretien avec l'un des auteurs, 25 avril 2006.

2. Groupe de réflexion stratégique « Avenir de l'industrie chimique en France à l'horizon 2015 », avant-propos du président Daniel Garrigue, mai 2005.

Lors de la première réunion de ce comité, le 24 novembre 2005, l'UIC a rappelé ses demandes en faveur d'un allégement de Reach, projet européen de réglementation sanitaire des produits chimiques qu'elle juge coûteux et bureaucratique[1]. Depuis 2003, l'UIC a tout fait pour contrer ce projet : dossiers remis aux parlementaires à Strasbourg, lobbying intensif à Bruxelles, interventions auprès de l'Élysée et des ministères, mise en avant d'études économiques alarmistes sur les conséquences de sa mise en œuvre[2].

À l'Assemblée, Daniel Garrigue a relayé ces arguments. En tant que membre de la délégation pour l'Union européenne, le député a été chargé de rédiger un rapport sur Reach. Ce document, achevé le 4 octobre 2005, soutenait la position du gouvernement français, favorable à un compromis européen moins contraignant pour les industriels que le projet initial[3].

1. L'objectif de santé publique du projet de règlement Reach (Registration, Evaluation and Authorization of Chemicals), lancé par la Commission européenne en octobre 2003, est de soumettre les 100 000 substances chimiques existantes sur le marché européen (dont 5 000 seulement ont été évaluées) à un système d'enregistrement obligatoire, de tests toxicologiques (à la charge des fabricants) et d'autorisation. Le système doit monter en puissance à partir de 2008. Après deux années de négociations et de lobbying intensif, le projet Reach a été revu à la baisse : il ne devrait plus concerner que 30 000 substances (les plus importantes en tonnage) et l'enregistrement sera simplifié. Voir notamment « Réglementation Reach, bataille européenne de lobbies dans la chimie », *Le Monde*, 15 novembre 2005 ; et « Cinq ans de bataille de lobbies pour une législation chimique », *Libération*, 17 novembre 2005.

2. L'UIC a largement médiatisé des études économiques (réalisées avec son soutien et celui du ministère de l'Industrie) qui estimaient que les seuls tests imposés par Reach coûteraient 800 millions d'euros aux entreprises françaises, l'impact global de ce projet étant une perte de 1,6 % du PIB français et de 360 000 emplois (voir www.uic.fr/). Ces calculs ont été critiqués, notamment par Greenpeace France (voir www.greenpeace.org/france/vigitox/).

3. Rapport d'information de la délégation pour l'Union européenne sur la modernisation du cadre réglementaire des produits chimiques dans

Deux jours plus tard, le 6 octobre, l'UIC a eu tout loisir de reformuler ses « préoccupations » sur Reach dans les locaux de l'Assemblée nationale lors des Journées parlementaires de la chimie, présidées par le tandem Daniel Garrique-Jacques Remiller et par Michel Delebarre (PS, Nord). Ce colloque était financé principalement par l'UIC et des industriels tels que le groupe SNPE, Rhodia, Arkema, BASF, Bayer ou Total Petrochemicals. Les questions de santé publique y étaient traitées sous cet intitulé unilatéral : « Le nouveau débat émotionnel ».

Adopté en première lecture par le Parlement européen à la fin d'octobre 2005, le projet Reach a été validé par un conseil des ministres européens le 13 décembre de la même année. L'industrie chimique espère l'amender encore, à Bruxelles et à Strasbourg, avant son entrée en application à partir de 2008. À Paris, elle peut compter sur l'appui de Daniel Garrigue et de Jacques Remiller, ardents défenseurs de sa « compétitivité ».

Les fins gourmets de la truffe

D'autres groupes d'études, plus modestes, savent s'organiser pour négocier au bon moment la petite mesure que réclament les professionnels. Au début de 2004, le vote à l'Assemblée d'une loi sur le développement des territoires ruraux[1] a ainsi donné l'occasion à plusieurs corporations liées au monde rural de faire passer quelques amendements ciblés. Les groupes d'études, téléguidés par les lobbies, étaient à l'ouvrage.

---

l'Union européenne, dit système Reach, présenté par Daniel Garrigue, 4 octobre 2005.

1. La loi pour le développement des territoires ruraux a été discutée en première lecture à l'Assemblée au début de 2004 et promulguée le 23 février 2005.

À commencer par le groupe sur la trufficulture. Rassemblant une cinquantaine de députés issus des régions de production de ce champignon de luxe, qui se négocie à des prix de détail avoisinant les 1 000 euros le kilo, il est présidé par Jean Launay, élu socialiste du Lot et spécialiste de l'aménagement du territoire. « Mon engagement en faveur de la trufficulture est une question de raison et de passion, explique cet ex-inspecteur du Trésor, maire de Bretenoux. Je préfère voir nos causses replantés d'arbres truffiers plutôt qu'à l'abandon. Et accompagner un trufficulteur dans sa quête du diamant noir est une aventure[1]. »

Jean Launay est secondé au sein de ce groupe d'études par une kyrielle de vice-présidents de tous horizons : Michel Roumegoux (UMP, Lot), Frédéric Soulier (UMP, Corrèze), Michel Dasseux (PS, Dordogne), Henri Nayrou (PS, Ariège), François Sauvadet (UDF, Côte-d'Or), Hervé Mariton (UMP, Drôme) et Hervé Novelli (UMP, Indre-et-Loire). « J'ai réussi à me glisser dans cet aréopage du Sud au terme d'un long combat, s'amuse ce dernier. Traditionnellement, il y avait une production de truffes dans ma région de Touraine, autour de Richelieu. Elle a été relancée ces dernières années et j'ai près de 80 trufficulteurs dans ma circonscription[2]. »

Ce groupe de pression est né avec l'appui de la Fédération française des trufficulteurs (FFT), qui regroupe environ 5 000 exploitants de truffières. « Nous avons noué de bonnes relations avec les élus des régions trufficoles et nous sommes un peu à l'origine de la création de ce groupe d'études à l'Assemblée, qui fonctionne bien depuis une dizaine d'années[3] », raconte Jean-Charles Savignac, l'affable président de ce syndicat professionnel, lui-même propriétaire de truffières dans le Périgord.

1. Entretien avec l'un des auteurs, 20 juin 2006.
2. Entretien avec l'un des auteurs, 1er juin 2006.
3. Entretien avec l'un des auteurs, 12 juin 2006.

Le responsable de la FFT est courtoisement auditionné une fois par an par le groupe de députés, de même qu'un conseiller du ministre de l'Agriculture en charge du suivi du dossier. « Nous faisons un point de la conjoncture et nous exposons nos revendications législatives », explique le président des trufficulteurs.

Les sénateurs, qui ont également leur propre groupe dédié, organisent un agréable « dîner truffe » annuel au palais du Luxembourg avec les professionnels. Les députés, eux, préfèrent la « visite de terrain ». En février 2005, la Fédération française des trufficulteurs a invité les membres du groupe d'études dans la région de Carpentras, un des hauts lieux de production et de négoce. « Nous leur avons fait chercher des truffes sur le terrain, rencontrer quelques exploitants, avant de passer au déjeuner traditionnel, avec menu aux truffes, bien entendu », précise Jean-Charles Savignac. En revanche, la « visite de terrain » prévue en février 2006 sur le marché réputé de Lalbenque, dans le Lot, a été annulée. « Nous étions en pleine crise du CPE. Il n'y avait plus que trois participants confirmés. J'ai préféré reporter », explique Jean Launay.

Ces bonnes relations ne sont pas inutiles. Les professionnels, inquiets de la chute continue de la production française (50 tonnes de truffes en 2004 contre 1 000 tonnes il y a un siècle), réclament depuis longtemps un plan de relance à l'échelle européenne. « Nous n'arrivons plus à faire face à la demande mondiale de truffes de qualité et les truffes chinoises, qui n'ont pas la même saveur, envahissent le marché à bas prix », s'émeut Jean-Charles Savignac.

En janvier 2004, après une saison catastrophique due aux ravages de la canicule de l'été 2003, la FFT s'est mobilisée lors du vote de la loi sur le développement des territoires ruraux. Les planteurs de chênes truffiers pouvaient déjà bénéficier, après délibération des collectivités locales, d'une exonération de la taxe sur leurs terrains (le foncier non bâti) durant quinze ans – une aide justifiée par le caractère long et aléatoire de l'investissement. « Toute plantation est incertaine, note le président du syndicat professionnel, car il faut attendre une dizaine d'années avant d'avoir une petite chance, entre 15 et 25 %, de trouver quelques truffes. »

Mais les trufficulteurs souhaitaient obtenir un petit plus fiscal. Avant la discussion de la loi, ils se sont assuré l'amical soutien du ministre de l'Agriculture Hervé Gaymard, qui s'est rendu à la première fête nationale de la truffe à Chartrier-Ferrière, sur le causse corrézien. Puis les professionnels ont convaincu plusieurs députés du groupe d'études de proposer un amendement très avantageux dans l'article 43 de la loi sur les territoires ruraux[1]. Ce texte prévoyait que l'exonération de la taxe foncière sur les terrains non bâtis serait désormais automatique pour les nouvelles plantations et que sa durée serait portée de quinze à cinquante ans, afin de l'aligner sur la fiscalité des investisseurs forestiers.

La discussion dans l'hémicycle, le 22 janvier 2004, n'a pas manqué de saveur. Le rapporteur du projet de loi sur les territoires ruraux, Yves Coussain (UMP, Cantal), a soutenu l'amendement présenté par ses collègues : « Chacun ne peut que vouloir conforter ou réhabiliter la trufficulture française, qui doit affronter l'importation des truffes chinoises, dix fois moins chères que les françaises. » Un député s'est alors exclamé : « Oui, mais elles sont jaunes ! » Ce qui a provoqué quelques sourires et cette remarque du président de séance, Éric Raoult : « Mes chers collègues, à la veille du nouvel an chinois, évitons tout incident diplomatique avec ce grand pays. »

---

1. L'amendement n° 733 rectifié était notamment cosigné par Jean Launay (PS, Lot), Michel Roumegoux (UMP, Lot), Frédéric Soulier (UMP, Corrèze), Frédéric de Saint-Sernin (élu UMP de Dordogne, nommé secrétaire d'État à l'Aménagement du territoire en avril 2004 dans le gouvernement Raffarin) et Jean-Pierre Dupont (député UMP de Corrèze et président du conseil général de ce département).

Jean Launay, le président du groupe d'études, a pris la parole pour défendre la création d'un label de qualité pour la seule vraie truffe, de son nom scientifique *Tuber melanosporum*, tout en dénonçant la concurrence chinoise « déloyale », les contrefaçons et le « commerce douteux » qui en résulte.

L'amendement fiscal a été adopté à l'unanimité. « La perte de recette est minime pour l'État et c'est un encouragement pour relancer la production », se réjouit aujourd'hui la FFT. Celle-ci garde, par ailleurs, « un stock inépuisable d'autres revendications », comme l'adoption d'un statut spécifique pour les trufficulteurs, qui fait l'objet d'un groupe de travail avec l'administration, ou la possibilité de déduction des dépenses liées à l'irrigation et à l'entretien des truffières. Des amendements ont été déposés en ce sens par Michel Roumegoux, l'un des piliers du groupe d'études. « Nous avons encore du travail pour revitaliser cette production magnifique », admet Jean Launay.

Jacques Myard, le bon cheval du monde hippique

De la même façon, le groupe d'études sur le cheval a su manœuvrer pour obtenir de menus avantages. Composé d'une soixantaine de députés, pour la plupart élus de régions d'élevage, ce groupe est présidé par un militant hors pair de la cause équine : Jacques Myard (UMP, Yvelines), maire de Maisons-Laffitte. Connu pour ses opinions droitistes et souverainistes très tranchées, cet ancien haut fonctionnaire du Quai d'Orsay, petit rondouillard toujours en mouvement, sait défendre « sa » filière, qui emploie 60 000 personnes en France. « Ma ville compte plus d'un cheval pour dix habitants, plaide-t-il en arpentant son étroit bureau de député. Il est normal que je fasse le lobbying du cheval à l'Assemblée. Si j'étais élu de Roland-Garros, je défendrais le tennis de la même façon [1] ! »

1. Entretien avec l'un des auteurs, 25 avril 2006.

Même s'il n'est pas cavalier, Jacques Myard peut difficilement échapper à la vocation hippique de sa ville. Maisons-Laffitte, dotée d'un hippodrome et d'écuries classées par une loi de 1930, héberge une concentration unique de propriétaires, d'entraîneurs et de jockeys. La mairie a dû édicter une réglementation spéciale de circulation compte tenu des centaines de chevaux qui sillonnent ses rues. Les liens de la ville avec les professionnels se sont même renforcés depuis que Maisons-Laffitte a signé, en juin 2002, une convention avec France Galop, société organisatrice de courses, afin de financer la rénovation totale de l'hippodrome et du centre d'entraînement pour un montant de 8 millions d'euros.

Le 11 octobre 2005, le groupe d'études sur le cheval a justement auditionné à l'Assemblée le président de France Galop, Édouard de Rothschild[1]. Le riche héritier a dressé un bilan contrasté de la filière du cheval : un succès « incontestable » des paris du PMU, dont les résultats ont augmenté de 31 % en cinq ans, un sport d'équitation très « populaire », avec les 450 000 licenciés de la fédération française ; mais un public peu présent sur les hippodromes, une qualité de l'élevage à améliorer et une fiscalité « très pénalisante » par rapport aux autres pays européens. Après une série de questions posées à Édouard de Rothschild par la dizaine de députés présents, Jacques Myard a conclu : « Pour défendre et valoriser la filière, France Galop peut compter sur les députés du groupe cheval, partenaires dans l'action qu'elle poursuit en faveur du cheval[2]. »

1. Longtemps présidée par l'industriel Jean-Luc Lagardère (décédé en 2003), France Galop l'est désormais par Édouard de Rothschild, l'un des membres de la célèbre famille de banquiers, également actionnaire de référence du journal de gauche *Libération*.

2. Compte rendu de la réunion du 11 octobre 2005, audition d'Édouard de Rothschild, président de la société mère des courses France Galop, et de Louis Romanet, directeur général de France Galop.

Dans une note rédigée en 2004, le député des Yvelines est encore plus précis sur sa mission[1]. Selon lui, la naissance de l'Association des élus nationaux et locaux pour le développement de l'activité hippique, qu'il a créée à Maisons-Laffitte en 1989, et celle du groupe d'études sur le cheval à l'Assemblée, qu'il a présidé dès 1993, sont les signes d'un retour en grâce de ce secteur. Sous sa houlette, le groupe parlementaire « s'efforce de promouvoir la filière équine dans toutes ses dimensions et sur tout le territoire », « appuie le développement et la structuration de la filière auprès de l'État », « assure l'interface avec les socioprofessionnels » et travaille « à mieux faire connaître ses enjeux dans les médias et parmi les décideurs de notre pays ».

Outre les auditions[2] et quelques visites sur le terrain – au Cadre noir de Saumur, par exemple, en avril 2004 –, le groupe d'études coorganise des colloques. L'un d'entre eux s'est tenu à l'Assemblée nationale le 18 juin 2004 sur le thème « Cheval au féminin ». Jacques Myard le présidait aux côtés de Martine Della-Rocca Fasquelle, fondatrice de l'association Cheval, passion de femmes et vice-présidente du Syndicat national des propriétaires de trotteurs. Lors de ce colloque, Nicole Ameline, ministre de la Parité et de l'Égalité professionnelle, est venue se féliciter de la féminisation de la filière équine.

Jacques Myard, qui multiplie les questions écrites et les propositions de loi sur son sujet favori, est surtout fier d'avoir obtenu l'alignement du statut fiscal des éleveurs, des dresseurs, des entraîneurs et des centres équestres sur celui, plus avantageux, du régime agricole. Avec, à la clé, l'application d'une TVA réduite à 5,5 % pour les clubs hippiques et des exonérations de taxe professionnelle et de taxes foncières.

---

1. Jacques Myard, « Le cheval et les élus », 2004.

2. Parmi les institutions auditionnées, outre France Galop, citons notamment les Haras nationaux, la Fédération française d'équitation, les associations nationales du Selle français, l'Association des juges de saut d'obstacles français, le cabinet du ministre de l'Agriculture.

Dès 2003, le groupe d'études est intervenu sur ce sujet auprès d'Hervé Gaymard, ministre de l'Agriculture, avec l'appui du ministre délégué au Budget Alain Lambert. Maire d'Alençon (Orne), ville située au cœur d'une région d'élevage, lui-même passionné de cheval[1], le gardien des finances publiques a défendu cette réforme fiscale. Il a même tenu à l'annoncer dans ses terres, aux côtés d'Hervé Gaymard et de Jean-François Lamour, ministre des Sports, lors d'une visite au Haras national du Pin, le 29 juillet 2003[2]. Les modifications nécessaires du code général des impôts en faveur des « activités de préparation et d'entraînement des équidés domestiques en vue de leur exploitation » ont été votées lors de la discussion, en janvier 2004, du projet de loi sur les territoires ruraux. « Une grande victoire », commente sobrement Jacques Myard.

Les chasseurs visent juste

Un dernier exemple de l'activisme réussi des groupes d'études est fourni par le groupe chasse, fort de 225 membres, le plus peuplé et le plus remuant de l'Assemblée. Son chef de meute ? Jean-Claude Lemoine, 75 ans, député UMP de la Manche depuis 1993. Ce médecin de campagne à la retraite,

1. Alain Lambert, maire d'Alençon, réélu sénateur de l'Orne en septembre 2004, est membre du groupe d'études de l'élevage (section cheval) au Sénat.

2. « Une nouvelle politique pour le cheval », communiqué des ministères de l'Agriculture, des Sports et du Budget, Haras national du Pin, 29 juillet 2003. Le volet fiscal annoncé comprend la reconnaissance de toutes les activités équestres (sauf les spectacles) comme activités agricoles (jusqu'alors seuls l'élevage et certaines activités d'entraînement en bénéficiaient), l'application d'un taux de TVA uniformisé à 5,5 %, des allégements d'impôts locaux et l'adaptation du régime fiscal applicable aux syndicats d'étalons.

grand fumeur, vice-président du conseil général de la Manche et secrétaire départemental de l'UMP, est devenu président du groupe chasse lors de sa réélection à l'Assemblée en 2002.

La France rurale au grand complet se bouscule pour faire partie de ce groupe[1]. De nombreux députés chasseurs, bien sûr, mais aussi une foule d'élus de territoires où les chasseurs – au nombre de 1,3 million en France – constituent une clientèle électorale à choyer. La Somme en offre une parfaite illustration. Les six députés de ce département, dans lequel la chasse aux oiseaux d'eau reste une tradition vivace, sont inscrits au groupe chasse, quel que soit leur bord politique : l'UDF Stéphane Demilly, qui affiche son permis de chasse sur son site Internet[2] ; le communiste Maxime Gremetz, non chasseur mais capable de se mettre dans une colère noire si les intérêts des porteurs de fusil sont menacés ; l'UMP Jérôme Bignon, qui ne chasse pas non plus mais s'occupe de l'aménagement du littoral, lieu de passage des oiseaux migrateurs ; l'UMP Joël Hart, maire d'Abbeville, la seule ville de France où l'on élève des canards (destinés à servir d'« appelants » pour attirer leurs congénères sauvages) jusque sur les balcons des HLM ; l'UMP Alain Gest et l'UDF Olivier Jardé, qui sont également inscrits bien qu'ils ne comptent pas parmi les membres les plus actifs.

Le groupe chasse a été extrêmement sollicité lors de la législature 1997-2002, au moment de la discussion de la loi chasse du 26 juillet 2000, préparée par la ministre verte de l'Environnement Dominique Voynet dans le gouvernement de Lionel Jospin. Cette loi, qui a ulcéré les chasseurs, a contribué à faire battre bon nombre d'élus de gauche dans des circonscriptions rurales lors des législatives de 2002. Au cours de la campagne électorale, les fédérations de chasseurs ont

---

1. Sur le pouvoir des chasseurs, lire également le livre d'Hélène Constanty *Le Lobby de la gâchette,* Seuil, 2002.
2. www.stephane-demilly.org.

envoyé un questionnaire à tous les candidats à la députation, leur demandant s'ils avaient l'intention de s'inscrire au groupe chasse s'ils étaient élus.

Aux côtés de Jean-Claude Lemoine, onze vice-présidents et sept secrétaires parlementaires forment le noyau dur de ce groupe. Parmi les plus assidus – en plus des trois premiers élus de la Somme cités plus haut – figurent notamment Antoine Carré (UMP, Loiret), Patrice Martin-Lalande (UMP, Loir-et-Cher), Henri Sicre (PS, Pyrénées-Orientales) et Charles de Courson (UDF, Marne). Quant aux autres, impossible de les citer tous : ils sont souvent une trentaine à assister aux réunions. Très à l'écoute de la Fédération nationale des chasseurs (FNC) et de ses instances départementales, les députés auditionnent également d'autres groupes d'intérêts liés à la chasse : agriculteurs, forestiers, gestionnaires de domaines de chasse commerciale, éleveurs de chiens, représentants de chasses spécialisées (comme la vénerie ou la chasse au gibier d'eau)...

La loi chasse de 2000 mise en pièces

Dès la fin de 2002, les amis des chasseurs se sont mis au travail dans l'espoir de détricoter, le plus rapidement possible, l'œuvre de Dominique Voynet. De son côté, la Fédération nationale des chasseurs, représentée par un redoutable conseiller politique, Thierry Coste, fondateur du cabinet Lobbying et stratégies, a fait pression sur le Premier ministre Jean-Pierre Raffarin et sur la nouvelle ministre de l'Écologie et du Développement durable Roselyne Bachelot pour qu'une loi soit présentée au plus vite au Parlement.

La première personne auditionnée par le groupe, le 15 janvier 2003, a justement été Louis Hubert, conseiller technique de Roselyne Bachelot. La deuxième fournée d'auditions, le 21 janvier, a permis aux députés d'entendre les dirigeants de la FNC : Charles-Henri de Ponchalon, président, Henri Sabarot, vice-président, Claude Bussy, directeur, et Thierry Coste, conseiller politique. Le 26 février, ce fut au tour de Georges Dutruc-Rosset, chargé de mission sur la chasse auprès du Premier ministre.

Les élus étaient donc bien « chauds » lorsque commencèrent, en avril 2003, les discussions sur le nouveau projet de loi relative à la chasse concocté par le gouvernement et voté le 30 juillet suivant. « Cette loi a remis les pendules à l'heure[1] », se félicite Jean-Claude Lemoine. Les chasseurs ont obtenu l'abrogation d'une mesure phare de la loi de 2000 : le « mercredi sans chasse ». La loi Voynet leur interdisait en effet de sortir les fusils du râtelier le mercredi, sur tout le territoire, afin de permettre aux enfants de se promener dans la nature ce jour-là. « Franchement, vous voyez beaucoup d'enfants dans les marais les mercredis de décembre ? » ironise le député de la Manche. Désormais, chaque territoire s'organise librement. Parmi les autres dispositions de la loi du 30 juillet 2003, citons l'allégement des contrôles sur les fédérations de chasseurs et la légalisation de la chasse de nuit dans 27 départements (au lieu de 21 dans la loi Voynet)[2].

Ces premières avancées n'ont pas entièrement satisfait les chasseurs, qui en voulaient davantage. Au cours des mois suivants, ils ont réussi à faire passer « en douce », le plus souvent contre l'avis du gouvernement et au détour de lois qui n'étaient pas faites pour cela, toutes sortes de dispositions favorables à la chasse. La fameuse loi relative au développement des territoires ruraux, promulguée le 23 février 2005, a servi une nouvelle fois de fer de lance aux lobbyistes. Les chasseurs s'en sont donné à cœur joie, à coups d'amendements

1. Entretien avec l'un des auteurs, 6 juillet 2006.

2. Cette mesure est le fruit d'un amendement déposé par Stéphane Demilly (UMP, Somme), qui avait demandé l'autorisation de la chasse de nuit dans 28 départements. La Vendée a finalement été exclue du lot.

soutenus en séance par leurs amis du groupe chasse, droite et gauche confondues. En outre, le travail des députés s'est doublé de celui des sénateurs, qui en ont rajouté à chaque passage législatif.

Cet acharnement fait dire à Thierry Coste, le conseiller des chasseurs, dans son livre *Le Vrai Pouvoir d'un lobby* : « C'est surtout grâce au travail de bénédictin du président du groupe chasse du Sénat Ladislas Poniatowski, sénateur de l'Eure, et de celui de l'Assemblée nationale, Jean-Claude Lemoine, député de la Manche, que les projets de loi, jugés inacceptables par la Fédération nationale des chasseurs, ont été radicalement modifiés au cours des débats parlementaires. Grâce à leur influence, de nombreux parlementaires ont voté des amendements contre l'avis de la ministre [1]. »

En plus des 225 membres du groupe d'études, les porteurs de fusil comptent au Palais-Bourbon de nombreux autres soutiens, capables de venir à la rescousse lors des débats, comme le chasseur Patrick Ollier (UMP, Hauts-de-Seine), président de la commission des Affaires économiques, ou le fidèle Thierry Mariani (UMP, Vaucluse), soucieux de donner des gages à un électorat au sang chaud dans sa circonscription où le Front national est très virulent. C'est d'ailleurs lui qui a obligeamment fourni à Thierry Coste son badge de « collaborateur bénévole », grâce auquel le lobbyiste des chasseurs circule quotidiennement dans les couloirs de l'Assemblée. « Il s'agit d'un échange de bons procédés, explique le député. Thierry Coste me fournit des notes sur les problèmes techniques de la chasse, très importante pour ma circonscription [2]. »

La loi sur les territoires ruraux a également renforcé le pouvoir des chasseurs au sein de l'Office national de la chasse et de la faune sauvage (ONCFS), ainsi que celui des fédérations

1. Thierry Coste, *Le Vrai Pouvoir d'un lobby*, Bourin éditeur, 2006.
2. Entretien avec l'un des auteurs, 4 juillet 2006.

de chasseurs. Très technique, elle est rentrée dans un luxe incroyable de détails. Le législateur s'est mêlé de la chasse des grives au gluau dans le sud de la France, de l'entraînement des chiens courants, de la chasse au gibier d'eau à la passée[1], de la destruction des rats musqués et des ragondins...

Les décrets d'application de certains articles très controversés n'ont toutefois pas encore été publiés, ce qui inquiète fort Jean-Claude Lemoine. Les porteurs de fusil avaient notamment réussi à introduire un amendement prévoyant une révision régulière – tous les deux ans – de la « liste des espèces protégées », dont le tir est interdit. Les cormorans, les hérons, les goélands et les rapaces sont dans le collimateur des chasseurs et des pêcheurs, qui les accusent de pulluler et de se nourrir de petits animaux et de poissons aux dépens des humains. Cette disposition, qui fait hurler les écologistes, attend toujours son décret d'application.

Face à la détermination des chasseurs, les défenseurs de la nature pèsent pourtant très peu. La Ligue pour la protection des oiseaux (LPO) a bien embauché, en 2002, une jeune lobbyiste, Sylvie Fattres, ex-assistante parlementaire de deux députés socialistes du Finistère battus aux élections de cette année-là. Mais les courriers envoyés aux élus par les représentants des associations locales d'amis des oiseaux, alertés par les soins de la jeune femme dès qu'une loi concerne la protection de la nature, ont moins d'effet qu'une invitation à déjeuner du président de la Fédération départementale des chasseurs. La LPO se réjouit tout de même d'être parvenue à faire échec aux chasseurs sur quelques points. Son contre-

1. La chasse de jour est désormais autorisée une heure avant le lever du soleil et une heure après son coucher (alors que la loi Voynet la limitait aux heures où le soleil est visible dans le ciel). Les chasseurs de gibier d'eau ont obtenu, de haute lutte, une faveur supplémentaire : ils peuvent tirer leurs cartouches deux heures avant le lever du soleil et deux heures après son coucher.

lobbying a notamment permis de bloquer un amendement, introduit lors de l'examen en commission, qui aurait autorisé les entreprises à déduire fiscalement les frais engagés lors de chasses d'affaires. Elle a également réussi à empêcher que le pigeon ramier soit inscrit sur la liste des espèces nuisibles[1].

Les chasseurs, forts de leurs victoires législatives, n'ont pas mis pour autant leurs revendications en veilleuse. Ils continuent de mitrailler de questions écrites le ministère de l'Agriculture et de la Pêche ainsi que celui de l'Écologie, par l'intermédiaire de leurs députés relais. Pas moins de 768 questions relatives à la chasse ont été posées entre le début de la législature et les vacances parlementaires de l'été 2006. Un jour sur la date de fermeture de la chasse aux grives, le lendemain sur le classement en espèces nuisibles de la martre, de la belette et du putois... Les députés amis des chasseurs ne connaissent pas de répit.

Les couteliers et les fondeurs sont à la peine

Il faut aussi le reconnaître : les liens « naturels » d'un groupe d'études avec un lobby ne garantissent pas forcément l'efficacité des courroies de transmission. Quelques secteurs industriels traditionnels, probablement perçus comme peu porteurs électoralement, en ont fait les frais.

Lorsqu'il a été élu pour la première fois en 2002, le communiste André Chassaigne (Puy-de-Dôme), sur la circonscription duquel se trouve le canton de Thiers, a pris l'initiative de créer un groupe d'études sur la coutellerie et les arts de la table. Vingt-quatre de ses collègues s'y sont inscrits, dont Yves Censi (UMP, Aveyron), élu sur les terres de Laguiole, Jean-Yves Cousin (UMP, Calvados), dans le fief duquel le groupe

1. L'amendement avait été déposé par Jean-Claude Flory (UMP, Ardèche). Voir aussi le chapitre 7.

Guy Degrenne est implanté, ou encore Michel Bouvard (UMP, Savoie), qui défend à l'occasion la cause d'Opinel.

Thiers, petite ville de 16 000 habitants, est l'une des capitales traditionnelles de la fabrication de couteaux. Près de 300 fabricants et artisans, héritiers d'une tradition qui remonte au xve siècle, tentent d'y préserver leur savoir-faire à l'heure de la mondialisation. L'une des quatre personnes de l'équipe d'André Chassaigne, Anne-Marie Javelle, qui gère sa permanence de Thiers et anime le site Web du député, est une spécialiste du secteur : elle travaillait auparavant pour la chambre des métiers du Puy-de-Dôme, pour laquelle elle avait créé le site de la coutellerie thiernoise (www.coutellerie-thiers.com). « Cela peut paraître curieux pour un communiste, s'amuse André Chassaigne. Mais j'ai d'excellentes relations avec les industriels de la coutellerie, qui sont pour la plupart de petits patrons[1]. » Depuis 2002, le député est beaucoup intervenu pour que soit autorisé un marquage local, un poinçon qui protégerait les couteliers de Thiers ou de Laguiole contre l'afflux d'importations en provenance des pays à main-d'œuvre bon marché. Sans succès pour le moment.

Les fondeurs n'ont guère plus de chance. Un groupe d'études sur la fonderie française a pris forme en 2003 autour de François Cornut-Gentille, député-maire UMP de Saint-Dizier (Haute-Marne), une des capitales historiques de la fonderie hexagonale. L'idée lui avait été suggérée par un de ses amis industriels de la ville, André Robert-Dehault, patron des Aciéries Hachette & Driout et président national du syndicat professionnel des Fondeurs de France. « Les pays à faibles coûts nous concurrencent sauvagement et les grands donneurs d'ordres de l'industrie automobile nous asphyxient. Il fallait bien réagir[2] », explique Olivier Ducru, le secrétaire général de ce syndicat, qui regroupe 300 entreprises.

1. Entretien avec l'un des auteurs, 10 mai 2006.
2. Entretien avec l'un des auteurs, 19 juin 2006.

Les Fondeurs de France ont établi la liste des députés dont la circonscription compte plus de 300 emplois liés à la fonderie. Sur une soixantaine de parlementaires concernés, une vingtaine ont assisté, le 1er juillet 2003, à une première réunion à l'Assemblée, animée par le syndicat patronal. Elle était présidée par François Cornut-Gentille et son collègue de l'Orne Jean-Claude Lenoir (UMP). Une deuxième réunion de députés s'est tenue le 8 juin 2004 afin de discuter avec le syndicat de quelques mesures à défendre pour aider les entreprises.

Les choses se sont ensuite enlisées. Réunissant sur le papier une quarantaine de députés, le groupe d'études sur la fonderie française a mis plusieurs mois à voir officiellement le jour. Il ne s'est pas réuni depuis juin 2004. « C'est dommage parce que nos régions souffrent des emplois qui disparaissent dans la fonderie [1] », regrette une de ses membres, Bérengère Poletti (UMP, Ardennes), dont la circonscription compte plus de 3 000 salariés dans ce secteur.

En septembre 2005, les Fondeurs de France ont sollicité François Cornut-Gentille au sujet d'une récente directive fiscale soumettant les sous-traitants industriels à la taxe professionnelle sur les outillages mis à leur disposition par leurs donneurs d'ordres. Membre encore « jeune » de la commission des Finances, le député de la Haute-Marne n'a pas voulu appuyer les propositions d'amendement des fondeurs, qui se heurtaient à Bercy et aux constructeurs automobiles [2]. Également concernées, les entreprises de la Fédération de la plasturgie ont saisi de leur côté le député Lucien Guichon (UMP, Ain), président du groupe d'études sur la plasturgie à l'Assemblée. Sans plus de succès. Le syndicat des fondeurs a bien essayé de faire passer son projet d'amendement fiscal via un

1. Entretien avec l'un des auteurs, 3 mai 2006.

2. Sollicité par l'un des auteurs à plusieurs reprises, François Cornut-Gentille n'a pas répondu.

autre député proche du rapporteur général du budget Gilles Carrez, mais ce fut en vain.

La fonderie, symbole d'une vieille industrie, n'a pas assez de poids politique. Du coup, les Fondeurs de France ont attaqué la circulaire fiscale en Conseil d'État. Seule consolation : un « plan fonderie » est en cours de négociation avec le ministère du Travail pour aider aux reconversions dans un secteur qui emploie encore 47 000 salariés. Olivier Ducru commente : « La création du groupe d'études à l'Assemblée nous a ouvert quelques portes, c'est sûr. Mais, face aux gros lobbies de l'industrie, nous avons du mal à être entendus. »

CHAPITRE 12

Main basse sur la santé

La santé est l'un des thèmes de prédilection du lobbying. Toutes les conditions sont réunies pour qu'il s'épanouisse. Ce secteur représente près d'un million d'emplois (infirmières, médecins, masseurs-kinésithérapeutes, pharmaciens, dentistes...). Les industriels du médicament sont implantés sur tout le territoire. L'économie de la santé est très dépendante des décisions de la puissance publique et du processus législatif.

Chaque automne, les dépenses de santé, remboursées par l'assurance-maladie (132 milliards d'euros prévus en 2006), sont examinées à la loupe par les parlementaires dans le cadre du projet de loi de financement de la sécurité sociale (PLFSS), institué en 1996 afin de mieux maîtriser les recettes et les dépenses de la Sécu. Un moment clé de la session, qui voit s'affronter toutes les professions du secteur, engagées dans une défense acharnée de leurs lits d'hôpitaux, de leurs tarifs de consultation ou du taux de remboursement de leurs médicaments.

Ce rendez-vous annuel n'est pas le seul. Les députés sont soumis à de fortes pressions de la part de l'opinion publique, qui attend d'eux des solutions aux crises sanitaires, comme on l'a vu au cours de la dernière législature avec la canicule, la grippe aviaire et le virus du chikungunya. Les Français sont sensibles aux grands combats de santé publique, contre le cancer, l'obésité, l'alcoolisme, le tabagisme[1]. Ces nobles causes mettent en jeu des intérêts économiques puissants, lesquels, de leur côté, dépensent une énergie considérable pour défendre leurs points de vue auprès des élus.

Les multiples groupes d'intérêts liés à la santé qui gravitent autour des députés peuvent compter, pour les soutenir, sur une représentation politique de premier choix. L'actuelle Assemblée compte 31 médecins, 11 chirurgiens, 8 pharmaciens, 8 dentistes, 7 vétérinaires, 3 infirmières, une sage-femme et un masseur-kinésithérapeute. Ces 70 représentants des professions médicales dépassent en nombre les 51 enseignants.

Les mandarins du palais

Plusieurs de ces membres des professions médicales occupent des postes clés : le professeur Jean-Michel Dubernard (UMP, Rhône), chirurgien spécialiste des greffes à l'hôpital Édouard-Herriot de Lyon, préside la commission des Affaires culturelles, familiales et sociales ; le docteur Bernard Accoyer (UMP, Haute-Savoie), médecin ORL et maire d'Annecy-le-Vieux, est président du groupe UMP.

Les médecins sont très actifs au sein de groupes d'études influents. Le plus important, à la fois en nombre d'inscrits et en prestige, est le groupe d'études sur le cancer et la santé publique (88 membres). Il a été créé en 2002 à l'initiative du docteur Philippe Douste-Blazy (UMP, Haute-Garonne) afin

1. Sur l'alcool et le tabac, voir les chapitres 13 et 14.

de donner corps, au sein du Parlement, à la lutte contre le cancer, l'un des trois chantiers prioritaires du quinquennat du président Chirac[1]. Après la nomination de « Douste » au gouvernement, en avril 2004, comme ministre de la Santé et de la Protection sociale, c'est le professeur Paul-Henri Cugnenc (UMP, Hérault) qui a pris la présidence de ce groupe à l'influence politiquement stratégique.

Paul-Henri Cugnenc, élu pour la première fois en 2002, est chef du service de chirurgie digestive à l'hôpital européen Georges-Pompidou (HEGP), le plus luxueux des hôpitaux publics français, construit à grands frais sur les berges de la Seine, à Paris, en 1998. Il est également président du syndicat des chirurgiens des hôpitaux de Paris.

Si nombre de ses collègues cumulent leur mandat de député avec celui de maire ou de conseiller général, le professeur Cugnenc, lui, jongle avec les charges électives, les responsabilités politiques et plusieurs activités professionnelles. Adjoint au maire de Béziers, il est secrétaire national de l'UMP chargé des questions de santé depuis 2003. À ses heures perdues, il est aussi viticulteur à Thézan-lès-Béziers, où il exploite 35 hectares de vignes[2].

L'emploi du temps de Paul-Henri Cugnenc aurait de quoi carboniser un homme ordinaire : « Le lundi, j'opère à l'hôpital de 8 heures à 23 heures. Le mardi matin, je passe voir mes patients, puis je file à l'Assemblée pour la réunion du groupe UMP à 10 heures, la séance des questions au gouvernement à 15 heures et la réunion de la commission exécutive de l'UMP à 17 heures. Le mercredi est consacré à mon activité parlementaire jusqu'en fin d'après-midi, puis je retourne dans mon service, à l'heure où la plupart de mes collègues reprennent

1. Les deux autres chantiers sont la lutte contre les accidents de la route et la place des handicapés dans la société.

2. Sur l'engagement du professeur Cugnenc en faveur de la viticulture, voir le chapitre 14.

le chemin de leur circonscription. Le jeudi matin, j'opère, l'après-midi, je consulte, puis je prends l'avion pour Béziers à 21 heures. Le vendredi, le samedi et le dimanche matin, je m'occupe de ma circonscription. Je reprends l'avion pour Paris le dimanche après-midi et je vais voir les patients que j'opérerai le lendemain[1]. »

Le 27 juin 2006, le gratin médical de l'UMP était réuni salle Victor-Hugo, à l'Assemblée nationale, pour la Convention santé du parti de Nicolas Sarkozy. Un tour de chauffe préélectoral pour toubibs de droite. Organisateur de la journée ? Paul-Henri Cugnenc, bien sûr.

Si l'élu de l'Hérault a peu de temps à consacrer à son mandat de député, il n'oublie pas ses camarades. Dans une question écrite publiée au *JO* le 31 janvier 2006, le professeur « attire l'attention de Monsieur le ministre de la Santé et des Solidarités sur l'émotion et les préoccupations de la grande majorité des chirurgiens des hôpitaux publics, et notamment de ceux qui exercent au sein de l'Assistance publique-Hôpitaux de Paris (AP-HP), concernant l'organisation future des blocs opératoires. Réunis en assemblée générale le 12 décembre 2005, ils ont voté à l'unanimité une motion exigeant que l'organisation des blocs opératoires reste sous l'autorité des chefs de service de chirurgie ».

On comprend mieux cette « émotion » à la lecture d'un audit interne de l'hôpital européen Georges-Pompidou, confidentiel, réalisé à la demande de la direction de l'AP-HP en mai-juin 2004 et dénonçant la mauvaise organisation du bloc opératoire n° 1 : « Le chef du service de chirurgie digestive et cancérologique paraît avoir renoncé à tout effort d'organisation au sein d'un bloc partagé sinon commun et à toute participation à un objectif commun d'optimisation des moyens et des résultats. » Lorsqu'en 2004 le député a fait acte de candidature pour devenir chef du pôle cancer de l'HEGP,

1. Entretien avec l'un des auteurs, 19 juin 2006.

la direction de l'AP-HP s'y est opposée, arguant du manque de disponibilité du professeur Cugnenc. Le bras de fer, gagné par le mandarin, a duré deux ans. Le professeur a fait valoir sa forte capacité de travail ainsi que l'exemple de ses illustres collègues chirurgiens et députés.

Les grands « cumulards »

Le cumul est en effet la grande spécialité des mandarins de l'Assemblée, qui le pratiquent sans rougir, à l'image de Bernard Debré (apparenté UMP, Paris) et de Pierre-Louis Fagniez (UMP, Val-de-Marne).

Le professeur Bernard Debré, fils de Michel (l'un des pères de la Constitution de 1958) et frère jumeau du président de l'Assemblée, est chef du service d'urologie à l'hôpital Cochin depuis 1990. Ce spécialiste de la prostate est connu pour avoir opéré François Mitterrand à deux reprises, de même que bon nombre de parlementaires français et de chefs d'État étrangers. Il est également professeur en Chine, à l'université de Shanghai, et chef de service honoraire au Shanghai East Hospital. Peu présent au Palais-Bourbon, il consacre actuellement une bonne part de son énergie à la préparation de sa campagne de candidat à la mairie de Paris en vue des municipales de 2008.

Dans le cru 2002 des nouveaux cumulards, on trouve également le professeur Pierre-Louis Fagniez, membre du conseil général du Val-de-Marne et chef du service de chirurgie digestive à l'hôpital Henri-Mondor de Créteil, qui remplace Henri Plagnol, nommé au gouvernement en juillet 2002.

En revanche, le professeur Jacques Domergue (UMP, Hérault) a choisi de renoncer, dès son élection en 2002, à son poste de chef de service de chirurgie digestive au CHU de Montpellier. Il ne travaille plus à l'hôpital qu'une journée par semaine (le lundi), histoire de ne pas « perdre la main ».

Comment peut-on mener de front une activité aussi lourde que celle de chef de service hospitalier et un mandat de député ? En tout cas, le Code électoral le permet. Lorsqu'un fonctionnaire lambda est élu au Parlement, il est obligé de se mettre en disponibilité. La règle s'applique à tous, notamment aux enseignants... sauf aux professeurs d'université, qui bénéficient d'une dérogation au Code électoral rédigée spécialement pour eux[1]. « Pour les professeurs de médecine, la dérogation à l'interdiction du cumul d'activité est appliquée d'office (article LO 142), comme pour l'ensemble des professeurs d'université. L'Assemblée ne peut donc pas savoir dans quelle mesure ces professeurs, au-delà de leur statut juridique, enseignent ou non réellement[2] », précise le service de communication de l'Assemblée.

Mieux encore : la dérogation peut s'appliquer à tous les députés médecins hospitaliers, y compris à ceux qui ne donnent pas de cours en faculté ! Cette disposition est peu connue des députés eux-mêmes. Selon le chef de la division de la presse, « pour les médecins ou chirurgiens qui ne sont pas professeurs, on considère, depuis une décision du Conseil constitutionnel de 1966[3], que lorsqu'ils exercent dans des établissements publics locaux (soit l'immense majorité des établissements de santé) le cumul est possible sur la base de l'article LO 145 du Code électoral. Ce cumul n'a pas à être autorisé par quiconque. S'il y a doute, le Bureau de l'Assemblée peut saisir le Conseil constitutionnel. Pour exercer ce

1. L'article LO 142 du Code électoral interdit, de manière générale, le cumul du mandat parlementaire avec toutes les fonctions publiques non électives. Mais il prévoit deux exceptions : les professeurs de l'enseignement supérieur dont la nomination et la carrière sont indépendantes du pouvoir exécutif peuvent conserver leur fonction, ainsi que les ministres du culte dans les départements du Haut-Rhin, du Bas-Rhin et de la Moselle. Pour plus de détails sur les incompatibilités, voir en annexe.

2. Courriel du 19 juin 2006.

3. Décision n° 66-1 I du 8 juillet 1966.

contrôle, le Bureau reçoit les déclarations d'activité des députés, qui sont secrètes ». Conclusion du service de communication : « Nous n'avons pas de liste des professeurs ou médecins bénéficiant de droit au cumul et qui sont réellement en activité... »

La question du cumul Parlement-hôpital fait partie des grands tabous au Palais-Bourbon (et au Sénat, où la même règle s'applique). On chuchote dans les couloirs, mais on ne dit rien. Qui oserait se mettre mal avec l'un de ces magiciens du bistouri, susceptibles, un jour, de tenir votre vie entre leurs mains ? Qui ne souhaite pas garder les relations les plus cordiales possible avec ces hommes qui font la pluie et le beau temps dans les meilleurs hôpitaux et peuvent décrocher, en cas de besoin, un rendez-vous en urgence pour l'un de vos protégés ?

L'un des seuls à s'offusquer ouvertement de cette situation est Charles de Courson (UDF, Marne) : « Pourquoi les hospitalo-universitaires sont-ils les seuls fonctionnaires qui peuvent cumuler leur mandat de député avec leur fonction professionnelle ? C'est absolument anormal[1]. »

Le cumul dénoncé à la suite d'un scandale

Au ministère de la Santé, la gêne est perceptible lorsqu'on tente d'évoquer le sujet. Il faut dire que les choses ne sont pas aussi claires que l'Asssemblée veut bien le dire. L'Inspection générale des affaires sociales (IGAS) a soulevé le problème dans un rapport rendu public en octobre 2005[2]. Ce document a fait suite au scandale de la découverte, en août 2005, dans la chambre mortuaire de l'hôpital parisien de Saint-Vincent-de-

1. Entretien avec l'un des auteurs, 14 juin 2006.
2. Inspection de la chambre mortuaire de l'hôpital Saint-Vincent-de-Paul, rapport du Dr Françoise Lalande et d'Étienne Grass, membres de l'Inspection générale des affaires sociales, octobre 2005.

Paul, de plus de 400 fœtus et corps d'enfants mort-nés conservés en dehors de tout cadre réglementaire. Or ce service a été dirigé, pendant quinze ans, par un célèbre « cumulard », le professeur Alain Pompidou (fils de l'ancien président de la République), également député européen de 1989 à 1999. Le rapport d'inspection est accablant. Malheureusement pour ceux qui souhaiteraient en connaître le détail, le texte mis en ligne sur le site de La Documentation française a été expurgé de tous les passages mettant en cause le chef de service [1].

Selon une note confidentielle rédigée par l'IGAS en novembre 2005 en complément du rapport, les inspecteurs ont constaté que « le professeur Alain Pompidou ne pouvait consacrer qu'au mieux deux demi-journées par semaine à l'exercice de ses fonctions hospitalo-universitaires. Cette faible présence fait partie des explications des dérives constatées à Saint-Vincent-de-Paul. De plus, le professeur Pompidou, chef de service dans cet établissement de décembre 1989 à juillet 2004, a cumulé ses indemnités de député européen, puis de membre du Conseil économique et social, avec le traitement de PU-PH (professeur d'université-praticien hospitalier), complété de primes pour exercice exclusif, qu'il recevait malgré l'impossibilité dans laquelle il se trouvait d'exercer ses fonctions à temps plein. L'intéressé, pour justifier ce cumul, indique simplement que la pratique du cumul, bien qu'irrégulière, est largement répandue. La situation du professeur Pompidou a constitué une irrégularité au regard du statut des PU-PH, selon le décret n° 84-135 du 24 février 1984 [2] ». « Je

1. Motif : « Non-publication des éléments portant une appréciation ou un jugement de valeur sur une personne physique nommément désignée ou facilement identifiable (loi du 17 juillet 1978 portant sur l'accès aux documents administratifs). »

2. Note à M. le ministre de la Santé et des Solidarités. Objet : « Questions posées par la situation du professeur Pompidou au regard du statut des PU-PH ».

ne suis pas d'accord avec cette interprétation, argumente le professeur Pompidou. Notre statut nous autorise à exercer des activités d'intérêt général[1]. »

Le rapport de l'IGAS n'est pas resté confidentiel pour tout le monde. « Dès qu'il en a eu connaissance, le professeur Dubernard s'en est ému auprès du ministre de la Santé[2] », confie un proche du ministre en question. L'illustre chirurgien spécialiste des greffes, considéré comme « le mandarin parmi les mandarins » au Palais-Bourbon, est directement concerné. Il a cumulé son mandat de député avec sa fonction de chef de service à l'hôpital Édouard-Herriot de Lyon de 1986 à 2002. Une fois nommé président de la commission des Affaires économiques de l'Assemblée, il a préféré abandonner son titre de chef de service. Le professeur Dubernard a donc pressé le ministère de faire toute la lumière sur cette affaire : le cumul est-il légal, oui ou non ?

Pour en avoir le cœur net, le ministre a discrètement sollicité l'avis du Conseil d'État. Celui-ci lui a répondu que ce cumul était autorisé par l'article LO 142 du Code électoral. La réponse est étayée par la jurisprudence du Conseil d'État et du Conseil constitutionnel. Toutefois, la note conclut que « la compatibilité au regard des règles constitutionnelles qui régissent l'exercice d'un mandat parlementaire n'impose nullement à l'administration de tolérer des comportements qui préjudicieraient de manière grave au fonctionnement normal du service public[3] ».

Récapitulons. Le cumul est-il possible ? Si l'on confronte les avis de l'IGAS et du Conseil d'État, la réponse est donc... oui et non. Oui au regard du Code électoral. Non au regard du statut de professeur d'université-praticien hospitalier. Le

1. Entretien avec l'un des auteurs, 31 août 2006.
2. Entretien avec l'un des auteurs, juin 2006. Contacté par l'un des auteurs, le professeur Dubernard a répondu qu'il n'était pas disponible.
3. Note du 7 novembre 2005 du Conseil d'État au ministre de la Santé.

député est renvoyé à sa bonne conscience, et l'administration hospitalière invitée à balayer devant sa porte.

Le 3 juillet 2006, à la suite de l'affaire de la chambre mortuaire, le professeur Pompidou et son adjoint ont comparu – fait rarissime pour des PU-PH – devant une commission disciplinaire composée pour moitié de juristes et pour moitié de médecins, dans une grande salle d'audience du Conseil d'État donnant sur les jardins du Palais-Royal. « Si j'avais été plus présent dans le service, les mêmes dysfonctionnements se seraient produits », a estimé Alain Pompidou. Les deux médecins ont été sanctionnés par un blâme [1].

Les médecins défendent leur corporation

Au sein du monde médical, rares sont ceux qui trouvent quelque chose à redire au fait que les médecins soient si bien représentés au Parlement. Est-ce dans l'espoir que leurs intérêts seront ainsi mieux défendus ? Les questions écrites posées par des représentants des professions médicales et le contrôle qu'ils exercent sur tous les projets touchant de près ou de loin à la profession semblent en tout cas leur donner raison.

Dès que les chirurgiens éternuent, les députés leur tendent un mouchoir. Le professeur Olivier Jardé par exemple. Cet élu UDF de la Somme, remplaçant de Gilles de Robien, nommé ministre en juillet 2002, est chirurgien orthopédique au CHU d'Amiens et professeur de médecine légale à la

---

1. Les sanctions administratives sont, par ordre croissant de sévérité : l'avertissement, le blâme, la radiation du tableau d'avancement, l'abaissement d'échelon, l'exclusion temporaire de fonctions, le déplacement d'office, la rétrogradation, l'exclusion temporaire (3 mois à 2 ans), la mise à la retraite d'office et la révocation. Du point de vue judiciaire, l'affaire a été classée sans suite par le parquet de Paris en mai 2006 après que l'enquête préliminaire eut conclu à l'absence d'infraction pénale.

faculté de médecine de l'université de Picardie Jules-Verne[1]. Le 11 mai 2005, lors de la séance des questions orales, il a relayé avec zèle les inquiétudes des chirurgiens français : « Hier a eu lieu l'opération "Deuxième Manche", au cours de laquelle les chirurgiens français se sont exilés de façon volontaire dans le sud de l'Angleterre. Ils souhaitent ainsi manifester leur anxiété quant à leur avenir professionnel. Quelles conditions comptez-vous réunir pour inciter les jeunes médecins à embrasser la carrière de chirurgien, qui est un métier à risques, pénible, et le moins bien rémunéré parmi les spécialités médicales ? Autrement dit, qui nous opérera demain ? » Le ministre des Solidarités, de la Santé et de la Famille lui a répondu en préambule : « Monsieur le député, vous connaissez très bien ces questions », avant d'expliquer que la revalorisation des tarifs des chirurgiens était malheureusement absorbée par la hausse des primes d'assurances, et de l'assurer de sa détermination à poursuivre les discussions sur ce sujet avec les assureurs.

L'épisode de la canicule de l'été 2003, qui a provoqué la mort de 14 800 personnes entre le 1er et le 20 août, a naturellement ému les mandarins du Parlement. Certains se sont montrés soucieux de ne pas ébranler le système de santé et de ne pas mettre le gouvernement en difficulté.

Quelques jours après la grosse vague de chaleur, alors que la France hébétée commence à compter ses morts, plusieurs députés de l'opposition, de retour de vacances, demandent la création d'une commission d'enquête parlementaire. Le ministre de la Santé, de la Famille et des Personnes handicapées Jean-François Mattei, lui-même professeur de médecine et ancien député des Bouches-du-Rhône, y est hostile. Pressent-il que ce scandale va précipiter sa perte ? Réunie « en urgence » le 26 août – quinze jours après le pic de température... –, la commission des Affaires culturelles, familiales et

1. Contacté par l'un des auteurs, Olivier Jardé n'a pas répondu.

sociales, présidée par le professeur Dubernard, décide de créer une mission d'information sur « la crise sanitaire et sociale déclenchée par la canicule ». Une mission d'information est dotée de pouvoirs d'investigations nettement moindres que ceux d'une commission d'enquête.

La mission est immédiatement investie par les médecins de l'UMP. Denis Jacquat (UMP, Moselle), médecin ORL, est nommé président. Son rapport est rendu public le 24 septembre 2003. Il ne livre aucun bilan chiffré de la surmortalité, remarque que l'Institut de veille sanitaire, chargé de la surveillance de l'état de santé de la population, « s'est mobilisé plutôt mollement » et que « des dysfonctionnements se sont fait sentir » dans les communications entre les administrations centrales et le ministère. Le rapporteur constate que « la France vieillit, c'est une réalité, et elle ne l'assume pas pleinement », et il prédit : « De grands défis sociaux se présentent à nous, comme la prise en charge de la perte d'autonomie ; nous avons aujourd'hui l'occasion et le devoir de les relever. »

Ces conclusions ne sont guère surprenantes compte tenu du profil de Denis Jacquat. Le député lorrain aux fins cheveux blancs et à la forte carrure est *le* spécialiste des personnes âgées et des maisons de retraite. « Le bon docteur Jacquat », comme on l'appelle à Metz, où il est adjoint au maire Jean-Marie Rausch depuis 1977, a présidé pendant vingt-cinq ans l'Association mosellane d'aide aux personnes âgées (AMAPA), devenue une véritable institution. Lorsqu'il a été contraint d'en céder la présidence, en juillet 2005, l'association gérait 20 établissements, employait 2 300 salariés et venait en aide à 13 000 personnes âgées[1]. Le député organise chaque

---

1. Une instruction judiciaire a été ouverte par le parquet de Metz, en mai 2005, à la suite des accusations formulées par l'ex-directeur général de l'AMAPA et par son ex-trésorier, qui reprochent à Denis Jacquat d'avoir « utilisé une partie du personnel et les moyens matériels de l'association à des fins politiques ». Une perquisition a été effectuée le 15 mai dans les locaux de l'association. Le 15 juin 2005, le procureur général près la cour d'appel de Metz a demandé la levée de l'immunité parlementaire de Denis

année depuis douze ans à l'Assemblée nationale des « Rencontres parlementaires sur la longévité », financées par des industriels du médicament, des compagnies d'assurances et des caisses de retraite privées.

Quel que soit le degré d'expertise de Denis Jacquat, son texte est jugé « indigent » par Patrick Pelloux, médecin urgentiste à l'hôpital parisien de Saint-Antoine et président de l'Association des médecins urgentistes hospitaliers de France (AMUHF). Premier à avoir alerté les médias sur les décès liés à la canicule, Patrick Pelloux s'indigne, tempête. Il insiste pour rencontrer Jean-Louis Debré, président de l'Assemblée, et obtenir la création d'une véritable commission d'enquête dans laquelle les membres de l'opposition pourraient faire entendre leur voix.

Celle-ci finit par voir le jour le 7 octobre 2003. Présidée par l'ex-ministre de la Santé Claude Évin (PS, Loire-Atlantique), elle a pour rapporteur François d'Aubert (UMP, Mayenne), l'un des meilleurs investigateurs de l'Assemblée[1]. Un seul

---

Jacquat afin de l'entendre en garde à vue – demande rejetée à l'unanimité, le 12 octobre 2005, par le Bureau de l'Assemblée nationale, considérant que « les motifs indiqués à l'appui de la demande ne présentent pas un caractère de précision suffisant ». « Je réglerai mes comptes pour dénonciation calomnieuse », a répondu Denis Jacquat lors d'un entretien avec l'un des auteurs, le 5 juillet 2006. Le député est particulièrement fier de son bilan à la tête de l'association. Il trouve « tout à fait normal » d'avoir utilisé des enveloppes et du papier à en-tête de l'Assemblée pour envoyer à 12 000 personnes (médecins, pharmaciens, assistantes sociales) le bulletin mensuel de l'association et de s'être fait accompagner, lors de ses séjours à Paris, par une chargée de mission de l'AMAPA qui devait l'assister lors de colloques parlementaires et de réunions concernant son thème de prédilection, la longévité.

1. François d'Aubert (HEC, ENA), maire de Laval (Mayenne), a participé à dix commissions d'enquête de 1990 à 2004, dont certaines ont eu un grand retentissement : crise de la vache folle, utilisation des fonds publics en Corse, Crédit Lyonnais, financement des partis politiques... Ministre délégué à la Recherche d'avril 2004 à juin 2005, il est, depuis juillet 2006, président du Comité industriel Iter, chargé du projet de construction d'un

médecin s'est glissé dans sa composition, le chirurgien Claude Leteurtre (UDF, Calvados), vice-président. Au terme de plusieurs mois d'auditions, la commission rend, le 25 février 2004, un épais rapport qui dénonce les défaillances du système de veille sanitaire, la surcharge des services d'urgence des hôpitaux et les graves lacunes de la prise en charge des personnes âgées en France. Ce rapport contribuera au départ du ministre de la Santé Jean-François Mattei à l'occasion du remaniement ministériel du 31 mars 2004.

Des groupes d'études bien trustés

Troisième signe de l'influence des mandarins de l'Assemblée : ils monopolisent les présidences des nombreux groupes d'études consacrés aux sujets liés à la santé. Les médecins les plus en vue de l'UMP ont chacun le leur. Outre Paul-Henri Cugnenc, à la tête du prestigieux groupe cancer et santé publique, le chirurgien Jacques Domergue (UMP, Hérault) préside celui sur les technologies médicales et le chirurgien plasticien Philippe Vitel (UMP, Var) celui sur la dépendance des personnes âgées, auquel 78 députés sont inscrits. Le médecin anesthésiste-réanimateur Marc Laffineur (UMP, Maine-et-Loire) préside, pour sa part, un groupe d'études à l'audience plus limitée, sur les maladies orphelines.

Les députés qui voudraient faire entendre un autre son de cloche, celui des malades par exemple, sont vite rejetés dans les marges. Claude Greff (UMP, Indre-et-Loire) peut en témoigner. Cette infirmière, élue pour la première fois en 2002, s'est inscrite dès le début de la législature dans le groupe d'études sur le cancer, alors présidé par Philippe Douste-Blazy. « Les membres du groupe cancer ne parlent que de

réacteur expérimental de fusion thermonucléaire à Cadarache (Bouches-du-Rhône).

médicaments, de recherche. Ils oublient l'essentiel : le malade. Quand j'évoque la question des prothèses mammaires pour les femmes opérées d'un cancer du sein, on me fait comprendre que ce n'est pas essentiel et qu'on a mieux à faire, comme écouter le rapport de Pierre, Paul ou Jacques[1]. »

Lorsque Philippe Douste-Blazy a été appelé au gouvernement, la Tourangelle s'est portée candidate à la présidence du groupe. Elle a vite été balayée par l'ouragan Cugnenc. Face à un chef de service responsable de la santé à l'UMP, l'infirmière ne pesait pas lourd. Dépitée, Claude Greff est allée voir Jean-Louis Debré. Dans ce genre de situations, le président panse les plaies des enfants bagarreurs de la cour de récréation. La députée a obtenu, comme lot de consolation, la présidence d'un nouveau groupe d'études sur les droits des malades, créé sur mesure pour elle. Las ! Elle est à ce jour la seule membre de cette coquille vide.

Son collègue de l'opposition, le cardiologue Gérard Bapt (PS, Haute-Garonne), est dans la même situation avec son groupe d'études sur les maladies nosocomiales, dont il est le seul à faire partie. Difficile, dans ces conditions, d'exercer le rôle de contrôle qui devrait être celui du Parlement. Gérard Bapt s'y essaie toutefois. En 2006, il a rédigé un « Rapport d'information sur la mise en œuvre du Plan cancer », publié le 5 juillet. Tout en saluant « l'impulsion donnée par le Plan cancer », il dénonce le manque de rigueur dans la gestion de l'Institut national du cancer (INCa), pièce maîtresse du dispositif voulu par le président Chirac dirigée par le professeur David Khayat[2]. Le député de Haute-Garonne, alerté par des

1. Entretien avec l'un des auteurs, 13 juin 2006.

2. Le Plan cancer, lancé le 24 mars 2003 par le président de la République, comprend 70 mesures destinées à renforcer la lutte contre le cancer dans tous les domaines : prévention, dépistage, offre de soins, recherche, accompagnement des malades... La loi du 9 août 2004 relative à la politique de santé publique a créé l'Institut national du cancer (INCa), définitivement installé le 24 mai 2005.

courriels anonymes dénonçant de présumées dépenses somptuaires, a réalisé un contrôle « sur pièces et sur place » dans les locaux de l'Institut en mars 2006, ce qui lui a permis de constater que, « si certaines accusations sur la gestion de l'INCa étaient diffamatoires, sa gouvernance connaissait des faiblesses, susceptibles de créer des tensions avec ses partenaires et de ralentir la mise en place des actions prévues par le Plan cancer[1] ».

Le 1er août 2006, le professeur David Khayat a démissionné de la présidence de l'Institut, « pour retourner auprès des malades » qu'il soigne, en mettant en avant un bilan flatteur : « Les progrès accomplis sont immenses », a-t-il souligné dans un communiqué.

Des professions écoutées avec attention

Les professions de santé sont particulièrement bien défendues au sein du groupe d'études homonyme tenu par l'un des leurs, Richard Mallié (UMP, Bouches-du-Rhône). Chirurgien-dentiste, ce bon vivant de 57 ans, longtemps maire de Bouc-Bel-Air, a cessé d'exercer en 1998. À peine élu au Palais-Bourbon, en 2002, il s'est passionné pour les dossiers de santé, au sein de la commission des Finances (où il épluche le budget de la sécurité sanitaire) mais surtout en tant que président du groupe d'études sur les professions de santé. « Nous y travaillons beaucoup, se félicite-t-il. Nous auditionnons les syndicats professionnels, nous rédigeons des rapports, des propositions de loi. C'est très efficace[2]. »

---

1. Les défaillances dans la gestion de l'INCa ont également été dénoncées par un rapport d'audit du Contrôle général, économique et financier remis le 6 juin 2006 au ministre de l'Économie, des Finances et de l'Industrie.

2. Entretien avec l'un des auteurs, 31 mai 2006.

Fort de 80 membres, ce groupe rassemble les incontournables professeurs Paul-Henri Cugnenc (UMP, Hérault) et Jean-Michel Dubernard (UMP, Rhône), les médecins Catherine Génisson (PS, Pas-de-Calais) et Jean-Marie Le Guen (PS, Paris). D'autres métiers y sont également représentés, avec l'infirmière Claude Greff (UMP, Indre-et-Loire), la surveillante d'hôpital Maryvonne Briot (UMP, Haute-Saône), la sage-femme Bérengère Poletti (UMP, Ardennes), la pharmacienne retraitée Cécile Gallez (apparentée UMP, Nord) et le directeur d'hôpital Dominique Paillé (UMP, Deux-Sèvres).

Pour endiguer le flux incessant des revendications en provenance de toutes ces corporations, Richard Mallié s'est activé sur plusieurs fronts. Après l'adoption, le 13 juillet 2004, de la réforme de l'assurance-maladie – censée limiter le déficit de la sécurité sociale, avec l'institution d'un dossier médical personnalisé et le choix d'un médecin traitant pour chaque patient –, le président du groupe d'études a procédé, durant six mois, à l'audition d'une trentaine de représentants des professionnels concernés. « Je voulais écouter tout le monde afin de savoir si la mise en musique de la réforme se passait bien », explique-t-il. Résultat de ces entretiens : la nécessité d'une réforme a été globalement admise. Mais les infirmiers, les chirurgiens-dentistes et les kinésithérapeutes ont regretté sa philosophie, centrée, selon eux, sur le « tout-médecin ». Des craintes sont apparues sur le caractère trop financier des mesures et sur les risques de désertification médicale dans certaines régions. Plusieurs professions ont exprimé leur ras-le-bol. Les syndicats de biologistes ont affirmé que la réglementation stricte qui encadre les regroupements des 4 000 laboratoires français, actuellement très dispersés, devait être assouplie sans délai, faute de quoi les labos étrangers, notamment espagnols et italiens, rafleraient le marché. Quant aux infirmiers, qui ont appelé à la grève en mai 2005, ils ont fait état de leur « moral en berne » en raison d'un manque de reconnaissance professionnelle [1].

Richard Mallié s'est érigé en porte-parole des revendications des infirmiers : il a soutenu leur demande de création d'un ordre national des infirmiers, sur le modèle des ordres de médecins, de pharmaciens ou de sages-femmes. La profession, qui compte 450 000 praticiens en France, dont une grande majorité d'hospitaliers et 62 000 libéraux, a longtemps été divisée (entre hospitaliers et libéraux) sur la question d'une telle création. « Au fil des discussions, les organisations professionnelles se sont ralliées à cette idée », dit Richard Mallié.

La création d'une instance ordinale était surtout appuyée par des associations d'infirmiers libéraux, regroupées au sein du Collectif Sainte-Anne, tandis que les syndicats hospitaliers traînaient les pieds. De son côté, le ministère de la Santé semblait plutôt partisan d'une meilleure gestion de l'ensemble des professions paramédicales. Mais il a finalement soutenu la proposition de loi « portant création d'un ordre national des infirmiers », rédigée par Richard Mallié et Maryvonne Briot et cosignée par 230 députés UMP. Un argument politique de poids.

Ce texte a été présenté à la commission des Affaires sociales en avril 2006, avant d'être voté par l'Assemblée nationale le 13 juin [2]. « Un beau travail d'initiative parlemen-

1. Richard Mallié, président du groupe d'études sur les professions de santé, « Rapport sur la réforme de l'assurance-maladie vue par les organisations des professionnels de santé », 2005.

2. Faisant suite à une autre proposition de loi de Jean-Luc Préel (UDF, Vendée), rédigée en mai 2005 et rejetée en séance publique en janvier 2006, la proposition de loi de Richard Mallié et Maryvonne Briot a été déposée à l'Assemblée le 29 mars 2006. Elle a fait l'objet d'un rapport de Maryvonne Briot, fait au nom de la commission des Affaires culturelles, familiales et sociales, le 5 avril 2006. La discussion en séance publique et le vote en première lecture ont eu lieu le 13 juin 2006.

taire[1] », commente Dominique Paillé, qui a épaulé son ami Richard Mallié pour l'adoption du texte. Jean-Marie Le Guen, pour sa part, a sévèrement critiqué la création de cet ordre en séance publique : « Comme souvent, vous avez répondu à une question sociale par l'exaltation des corporatismes. »

De bonnes relations avec le lobby des labos

Plusieurs médecins sont également présents dans le groupe d'études sur le médicament et les produits de santé (59 membres), où siègent en outre une flopée d'élus ayant un labo dans leur circonscription. Parmi les plus actifs, on retrouve, à gauche, le cardiologue Gérard Bapt (PS, Haute-Garonne), la praticienne hospitalière Catherine Génisson (PS, Pas-de-Calais), le médecin Jean-Marie Le Guen (PS, Paris), et, à droite, le cardiologue Jean-Pierre Door (UMP, Loiret) et le généraliste Pierre Morange (UMP, Yvelines).

Ce groupe d'études est présidé par Yves Bur (UMP, Bas-Rhin), un chirurgien-dentiste strasbourgeois, membre du Conseil de l'ordre des chirurgiens-dentistes du Bas-Rhin[2]. Lors de son premier mandat, du temps du gouvernement d'Alain Juppé, entre 1995 et 1997, ce député avait suivi de près la réforme portant le nom du Premier ministre et les premières lois sur la sécurité sociale. En 2003, il a été nommé rapporteur du projet de loi de financement de la sécurité sociale (PLFSS). En 2004, à la demande de son ami Jacques Barrot[3], il a pris la présidence du groupe d'études sur le médi-

1. Entretien avec l'un des auteurs, 23 juin 2006.

2. Sur Yves Bur, voir aussi le chapitre 6.

3. Jacques Barrot, ex-député UMP de Haute-Loire, ex-ministre des gouvernements Chirac, Barre et Juppé, a démissionné de l'Assemblée nationale en 2004 lorsqu'il a été nommé commissaire européen. De 2002

cament. Une importante usine du groupe MSD (Merck Sharp & Dohme-Chibret) est installée dans l'ancienne circonscription de ce dernier et plusieurs laboratoires dans celle d'Yves Bur : une usine Lilly à Fegersheim (1 950 salariés), près de Strasbourg, une usine Transgène à Illkirch-Graffenstaden, et plusieurs entreprises dans le nouveau pôle de compétitivité Innovations thérapeutiques, connu sous le nom de Biovalley.

L'intérêt du député alsacien pour le médicament repose donc sur une réalité locale, comme c'est le cas pour la plupart de ses collègues du groupe médicament : « Je suis capable de mettre le logo de l'industriel de sa circonscription sur le front de chacun de mes collègues[1] », reconnaît Yves Bur. C'est donc à ce groupe d'études que s'adresse en priorité le LEEM (Les Entreprises du médicament). Habitués à se côtoyer dans leur vie professionnelle, médecins et industriels savent faire alliance au Parlement. Ils se soignent mutuellement et évitent l'affrontement.

Autrefois connu sous le nom de SNIP (Syndicat national de l'industrie pharmaceutique), le « lobby des labos » a été rebaptisé LEEM en 2002, histoire de dissiper un peu sa mauvaise image auprès du public. Les Français comptent parmi les plus gros consommateurs de médicaments du monde, mais ils se méfient des industriels de la pharmacie, qu'ils soupçonnent d'influencer les médecins. Le nouveau LEEM, en même temps qu'il changeait de nom et de logo, a embauché une directrice des affaires publiques, Aline Bessis-Marais. Cette jeune femme brune, tout en rondeurs, a mis au point un argumentaire qu'elle ressert inlassablement aux députés pour les convaincre du bien-fondé de ses amicales pressions : « Nous employons 300 000 personnes, soit plus que le nucléaire, la défense ou l'aéronautique, sur 220 sites sur la France entière.

à 2004, Jacques Barrot a été président du groupe parlementaire UMP à l'Assemblée.

1. Entretien avec l'un des auteurs, 4 avril 2006.

Nous sommes le premier investisseur privé en recherche et développement, avec 3,7 milliards d'euros par an. Et nous exportons 40 % de la production. D'où un solde commercial positif de 5,7 milliards d'euros en 2005[1]. »

Le LEEM convie à déjeuner, une fois par trimestre, une dizaine de députés parmi les plus actifs sur les sujets liés à la santé. Le repas a lieu dans les salons calmes et chics de la Maison de l'Amérique latine, boulevard Saint-Germain, à deux pas du Palais-Bourbon. « Je laisse à Yves Bur le soin de choisir lui-même le thème de la discussion », précise Aline Bessis-Marais. Les députés sont également régulièrement invités à des dîners-débats de « dialogue interparlementaire France-Europe », avec des sénateurs et des députés européens. Le 13 juin 2006, ils se sont retrouvés à la Maison des Polytechniciens en présence de Catherine Génisson (PS, Pas-de-Calais), vice-présidente du groupe d'études.

Le LEEM prévoit d'organiser en décembre 2006 un voyage d'études en Inde. Destination : Bangalore, la métropole innovante. Objectif : faire prendre conscience aux parlementaires des dangers qui menacent l'industrie européenne si on ne lui donne pas les moyens de financer la recherche.

Autre acteur important du secteur, l'Agipharm (Association des groupes internationaux pour la pharmacie de recherche), qui représente les laboratoires américains en France, convie une fois par an députés, sénateurs et représentants des ministères à une rencontre bilatérale en compagnie des grands patrons du secteur. En 2004, le congrès a eu lieu à l'ambassade de France à Washington ; en 2005, au Trianon Palace, à Versailles ; en 2006, à New York, au siège de l'ONU. Le cabinet Nextep, qui organise ces événements, refuse de divulguer la liste des participants.

---

1. Entretien avec l'un des auteurs, 3 mai 2006. Voir le site www.leem.org.

Les grands labos entretiennent par ailleurs, en interne, de solides équipes de lobbying. Leur spécialité ? Le recrutement d'anciens assistants parlementaires, de collaborateurs de cabinets ministériels, voire d'anciens ministres ou députés. La firme européenne GlaxoSmithKline (GSK), numéro deux mondial du médicament, a placé Véronique Delvolvé à la direction des affaires publiques en juin 2004. Cette docteur en droit, diplômée de Sciences Po Paris, a été chargée d'études au groupe Démocratie libérale à l'Assemblée, membre du quartier général de campagne de Jacques Chirac pour la présidentielle de 2002, puis conseillère chargée des relations avec le Parlement au cabinet de Jean-François Mattei lorsqu'il était ministre de la Santé. La jeune femme est par ailleurs élue locale UMP, adjointe au maire du VIIe arrondissement de Paris.

Le groupe Servier (groupe privé français toujours présidé par son fondateur Jacques Servier) a depuis longtemps pour « directeur des études » le docteur Michel Hannoun. Cet ancien gynécologue-obstétricien a été député RPR de l'Isère de 1986 à 1988, puis de 1993 à 1997. En tant qu'ancien parlementaire, il dispose d'une carte de libre accès au Palais-Bourbon qui lui permet de rencontrer qui il veut, quand il veut. Président de la fédération professionnelle des métiers de santé de l'UMP, le docteur Hannoun faisait partie des orateurs de la Convention santé de l'UMP qui s'est tenue le 27 juin 2006 à l'Assemblée nationale. Lors de cette convention, le docteur Élisabeth Hubert est, elle aussi, montée à la tribune : cette ancienne députée de la Loire-Atlantique (1986-1997) a été ministre de la Santé et de l'Assurance-maladie du gouvernement Juppé en 1995, avant d'être embauchée comme directrice générale France du laboratoire Fournier Pharma, de 1997 à 2004. En 2005, Élisabeth Hubert a fondé son propre cabinet de conseil, Aliagis, spécialisé dans le monde de l'hôpital.

Claude Évin suivra-t-il le même chemin ? L'ancien ministre socialiste, qui termine son septième mandat, a annoncé qu'il ne se représenterait pas en 2007. Avocat de profession, il préside déjà, depuis mai 2004, la Fédération hospitalière de France (FHF), qui représente un millier d'établissements de soins. « Je revendique le fait de défendre le point de vue de l'hôpital public, souvent présenté comme un puissant lobby[1] », dit-il. Le 30 avril 2006, par exemple, lors d'une conférence de presse de la FHF, il a déploré « la dégradation historique de la situation financière des hôpitaux », évaluant à 1,5 milliard d'euros le manque de financements pour l'année en cours.

Entente cordiale sur le budget de la Sécu

Chaque année, les industriels de la pharmacie ont l'impression de mettre leur tête sur le billot quand vient l'heure de la discussion du projet de loi de financement de la sécurité sociale (PLFSS). Les parlementaires débattent notamment des taux de remboursement des médicaments ainsi que de diverses mesures et taxes susceptibles de combler le « trou de la Sécu ». « Auparavant, les patrons de laboratoire discutaient directement des prix du médicament avec le ministère de la Santé. Désormais, les parlementaires ont leur mot à dire. Ce qui explique l'empressement des lobbies à leur chevet[2] », explique Bruno Rivals, directeur des affaires publiques du groupe américain Pfizer, numéro un mondial du médicament. Chaque automne, les industriels et leur syndicat se démènent pour se procurer le projet le loi, le plus tôt possible, auprès du gouvernement. Puis, pendant quelques jours, c'est l'effervescence. Le texte est épluché par leurs services juridiques.

1. Entretien avec l'un des auteurs, 23 mai 2006.
2. Entretien avec l'un des auteurs, 28 juin 2006.

Des liasses d'amendements sont rédigés à la hâte et faxés aux députés amis, dans l'espoir que ces derniers les relayent lors de l'examen de la loi en commission, puis en séance publique dans l'hémicycle. Mieux vaut donc entretenir un bon réseau de fidèles, mobilisable le moment venu.

Si, aujourd'hui, les relations sont cordiales entre le LEEM et le président du groupe d'études sur le médicament, les premiers contacts ont été houleux. Car la réputation d'Yves Bur est celle d'un homme aux convictions bien arrêtées, qui ne perd pas une occasion de combattre les pratiques qui lui déplaisent. En 2003, dès qu'elle a appris que le député du Bas-Rhin était désigné rapporteur du PLFSS pour la commission des Affaires sociales, Aline Bessis-Marais s'est précipitée sur son téléphone pour l'inviter à rencontrer son président. Yves Bur se souvient : « Mon premier rendez-vous avec Bernard Lemoine, président du LEEM, en 2003, a été glacial. Je suis partisan du médicament générique. Or, à l'époque, l'industrie traînait des pieds, maintenant les génériques à des prix trop élevés pour qu'ils constituent une alternative aux médicaments de marque. Les laboratoires avaient réussi à mobiliser la profession médicale autour d'eux. À l'Assemblée, le professeur Dubernard se faisait régulièrement l'avocat de l'industrie pharmaceutique. »

Jean-Michel Dubernard, en tant que président de la commission des Affaires sociales, occupe une position clé. Il est choyé par les labos, qui financent généreusement les fréquents colloques qu'il organise via la société Agora Europe[1].

---

1. Jean-Michel Dubernard est à l'initiative de sept colloques (qu'il a présidés ou coprésidés) au cours de la législature : « Les trois chantiers du président de la République : le cancer », le 3 avril 2003 ; « Les trois chantiers du président de la République : l'insécurité routière et ses conséquences médicales », le 5 juin 2003 ; « Deuxièmes Rencontres parlementaires sur le cancer », le 29 avril 2004 ; « Les médicaments : de la recherche à l'évaluation », le 27 avril 2005 ; « Troisièmes Rencontres parlementaires sur le cancer », le 5 octobre 2005 ; « Alzheimer, quelle prise en charge ? », le 2 février 2006. Les « Quatrièmes Rencontres parlemen-

Depuis sa première poignée de main avec le président du LEEM, Yves Bur a eu de nombreuses occasions de contacts avec la profession pharmaceutique. En 2005, en tant que rapporteur du PLFSS pour la commission des Finances, il a démontré que, s'il restait intraitable sur la question des génériques, il savait aussi mettre de l'eau dans son vin : « Je suis capable de défendre l'industrie lorsque le gouvernement vient lui piquer dans la poche. » Le projet de loi de financement de la sécurité sociale pour 2006, soumis à l'Assemblée en octobre 2005, prévoyait en effet une augmentation substantielle de la taxe exceptionnelle sur le chiffre d'affaires de l'industrie pharmaceutique, instituée l'année précédente : de 0,6 %, le taux de cette taxe devait passer à 1,96 %, permettant de faire entrer au total 310 millions d'euros supplémentaires dans les caisses de la Sécu. « Nous avons été horrifiés en découvrant cette mesure dans le projet du gouvernement, raconte Bruno Rivals, de Pfizer. Nous savons que les PLFSS sont toujours porteurs de mauvaises nouvelles. Déjà, l'année précédente, l'industrie pharmaceutique avait été mise à contribution à hauteur de 2 milliards d'euros pour financer la réforme de l'assurance-maladie. Trop, c'est trop ! »

En octobre 2005, les députés amis des labos ont donc été assaillis par leurs correspondants habituels. Yves Bur compris. « La question se pose des relations de meilleure confiance à établir avec l'industrie pharmaceutique », nota le député alsacien dans son rapport sur le PLFSS, en insistant sur la « nécessité de donner un minimum de vision à moyen terme aux entreprises pharmaceutiques, qui ne peuvent continuer à subir sans préavis, chaque année, des mesures qui affectent leurs prévisions de développement ». Suivait un couplet sur l'emploi, la balance commerciale, l'innovation. Les arguments des labos ont fait mouche. Yves Bur a proposé un amendement,

---

taires sur le cancer : la recherche » sont programmées pour le 24 octobre 2006. Sur les colloques à l'Assemblée, voir le chapitre 15.

adopté par ses collègues, pour ramener ce taux à 1,5 %. Économie pour les industriels : 90 millions d'euros. Une victoire sonnante pour le lobby des labos, avec lequel les élus et le gouvernement doivent toujours composer.

Des pharmaciens très organisés

La discussion du PLFSS pour 2006 a donné lieu, en coulisses, à une autre manœuvre, celle des pharmaciens d'officine. Le gouvernement avait prévu de généraliser l'application d'un tarif de remboursement des médicaments génériques dont la commercialisation date de plus de deux ans, tarif jugé outrageusement bas par les pharmaciens. Selon eux, son entrée en vigueur progressive depuis 2003 leur aurait déjà occasionné 790 millions d'euros de manque à gagner, soit 35 000 euros par an et par officine. Les économies étaient substantielles pour la sécurité sociale, mais les pertes jugées insupportables par les pharmaciens. Les présidents de syndicats de pharmaciens ont donc décidé, lors d'une réunion tenue le 20 octobre 2005, de passer à l'offensive contre ce « camouflet » infligé à leurs efforts de promotion des génériques. Ils ont trouvé, parmi les vice-présidents du groupe d'études sur les professions de santé, une interlocutrice de choix : Bérengère Poletti (UMP, Ardennes). Cette sage-femme brune et souriante, vice-présidente de la région Champagne-Ardennes de 1998 à 2004, a fait ses premières armes à l'Assemblée en 2002. « Il n'est pas facile de s'imposer ici [1] », confie-t-elle de sa voix calme.

À la fin d'octobre 2005, Bérengère Poletti est contactée par l'un de ses amis, Philippe Berthelot, pharmacien ardennais responsable de la commission communication de la Fédération des syndicats pharmaceutiques de France (FSPF). Sur son conseil, elle accepte de déjeuner avec les dirigeants de la

1. Entretien avec l'un des auteurs, 3 mai 2006.

FSPF, qui lui font part de leur inquiétude : ils craignent qu'à terme le maillage du territoire et le rôle « social » du pharmacien ne soient menacés. Convaincue par leur discours, la députée monte au créneau. Elle relaie l'information auprès de plusieurs de ses collègues, puis interpelle, dans une question écrite, le ministre de la Santé Xavier Bertrand sur la mise en place du tarif forfaitaire : quelles solutions compte-t-il mettre en œuvre afin de rassurer la profession ?

La réponse, officieuse, ne tarde pas. Le ministre ne veut pas se mettre à dos les pharmaciens en pénalisant ceux qui écoulent le plus de médicaments génériques, essentiels à son plan de sauvetage de l'assurance-maladie. Il engage donc une « concertation » avec les professionnels et les caisses de sécurité sociale. Le 14 novembre 2005, un accord est trouvé : la généralisation du tarif forfaitaire sur les génériques de plus de deux ans est abandonnée. En échange, les prix moyens de tous les génériques seront légèrement révisés à la baisse.

Le 14 décembre 2005, une fois l'alerte passée, le président de la FSPF, Pierre Leportier, écrit à la députée des Ardennes : « Grâce à vos interventions auprès de Monsieur Xavier Bertrand et de vos collègues parlementaires, vous avez permis que s'engage une concertation avec le ministre qui a abouti à un accord. Au nom de la FSPF et de tous mes confrères, je tiens à vous adresser mes plus vifs remerciements pour votre soutien dans cette action. » Bérengère Poletti commente simplement : « Les pharmaciens sont très bien organisés. »

L'industrie alimentaire face au problème de l'obésité

Lorsque les débats sur la santé débordent le pré carré des professions médicales et paramédicales, les conflits d'intérêts peuvent être nettement plus rudes. En 2004, certains parlementaires qui s'étaient aventurés sur le terrain de la prévention, parent pauvre de la santé publique, ont dû faire face à une offensive de lobbying d'une rare virulence.

Le 21 mai 2003, un projet de loi relatif à la politique de santé publique est présenté au conseil des ministres. Il comprend cent objectifs de santé publique[1]. Un joli texte, consensuel, rempli de bonnes intentions, résultat de plusieurs mois de concertation avec les professionnels. Pas une ligne, dans la version initiale, sur la nutrition ni sur la lutte contre l'obésité. La loi est finalement votée, le 30 juillet 2004, après deux navettes parlementaires et une commission mixte paritaire. Mais le texte a été radicalement amendé. L'opinion n'en retient qu'une disposition, qui ne figurait pas dans le projet du gouvernement : l'interdiction des distributeurs automatiques de boissons et de sucreries dans les établissements scolaires !

Pendant ces quatorze mois, les parlementaires ont été l'objet de pressions et de contre-pressions de la part de l'industrie alimentaire, des gestionnaires de distributeurs automatiques, des associations de consommateurs et des professionnels de santé, donnant au débat un tour passionnel que les rédacteurs étaient loin d'imaginer.

Le premier jour de la discussion du projet, le 2 octobre 2003, c'est Jean-Marie Le Guen (PS, Paris) qui évoque, le premier, la question de l'obésité. Il a été choisi par son groupe politique pour porter la contradiction à Jean-François Mattei, ministre de la Santé, de la Famille et des Personnes handica-

1. « Ce projet vise à doter le pays des structures et de la démarche nécessaires pour mettre en œuvre une politique ambitieuse de protection et de promotion de la santé de la population », explique le ministre de la Santé. Le texte propose une centaine d'objectifs pour les cinq années à venir. Pour les atteindre, cinq plans nationaux seront développés sur la période 2004-2008 : la lutte contre le cancer ; la lutte contre la violence, les comportements à risques et les pratiques addictives ; la santé et l'environnement ; la qualité de vie des personnes atteintes de maladies chroniques ; la prise en charge des maladies rares.

pées. Lui et son collègue Claude Évin (PS, Loire-Atlantique) sont des défenseurs de la santé publique à l'Assemblée. Claude Évin, 57 ans, fréquente le Palais-Bourbon depuis vingt-huit ans. Ministre de la Santé de 1988 à 1991, dans le gouvernement Jospin, il a marqué de son nom la célèbre loi de 1991 relative à la lutte contre l'alcoolisme et le tabagisme.

Le docteur Jean-Marie Le Guen, 53 ans, est son fils spirituel. Il fait office de « ministre de la Santé » dans le « gouvernement fantôme » du Parti socialiste. L'élu de Paris a fait son entrée à l'Assemblée nationale en 1988 comme remplaçant de Paul Quilès, nommé au gouvernement. Puis il a été réélu en 1997 et en 2002. Jean-Marie Le Guen a décidé d'ajouter la lutte contre l'obésité au combat contre les deux autres grands fléaux de santé publique que sont le tabagisme et l'alcoolisme[1]. En 2003, il a créé un groupe d'études sur l'obésité, qu'il préside. Le voici donc qui monte à la tribune, le 2 octobre de cette année-là, pour défendre ses idées : « 6 % des jeunes étaient obèses dans les années 80. Dans les années 90, ils étaient 10 à 11 % et ils seront 20 % avant la fin de la décennie. Plus de la moitié d'entre eux deviendront des adultes obèses, avec les conséquences que cela implique pour leur santé et leur qualité de vie. Et le problème touche particulièrement les plus défavorisés. Il est urgent d'agir. » Parmi les causes de l'obésité, la publicité télévisée pour les aliments industriels joue, selon lui, un rôle majeur.

Le député socialiste annonce ses deux propositions : assortir chacune de ces publicités d'un message d'information sanitaire ; subordonner l'implantation de distributeurs commerciaux dans les lycées et les collèges à l'existence d'une distribution d'eau gratuite, afin que les élèves ne se rabattent plus systématiquement sur les boissons sucrées. Dans le collimateur : Coca-Cola, Kellogg's, Mars et Cie. Jusque-là, rien d'anormal. Le député de l'opposition joue son rôle. Ses amen-

1. Sur ces deux thèmes, voir les chapitres 13 et 14.

dements sont rejetés par la majorité. La logique politique est respectée.

Au deuxième acte, tout va être chamboulé.

Le 8 avril 2004, le texte revient en seconde lecture à l'Assemblée. À la surprise générale, le député UMP Yves Bur monte au filet aux côtés de Jean-Marie Le Guen avec des amendements similaires. Cette fois, ils sont adoptés par la majorité, avec l'appui des voix de l'opposition. Les députés vont même plus loin que ne le préconisait Jean-Marie Le Guen : les distributeurs automatiques sont purement et simplement interdits dans les établissements scolaires et toute publicité télévisée pour un aliment trop gras ou trop sucré devra inclure un message d'information nutritionnelle.

Pour l'Association nationale des industries alimentaires (ANIA), c'est la catastrophe. Son lobbyiste de l'époque, Jean-Pierre d'Estienne d'Orves, qui dispose d'un badge d'accès permanent à l'Assemblée et entretient d'excellentes relations avec les membres du groupe d'études sur l'agroalimentaire[1], a pourtant tenté de contrer les arguments de Jean-Marie Le Guen. Son message a été relayé sous la forme d'un amendement signé de Marc Le Fur (UMP, Côtes-d'Armor), président de ce groupe d'études. Le député breton a expliqué que « la question de l'augmentation de l'obésité, en particulier chez les enfants, est un sujet de préoccupation que partagent les entreprises du secteur alimentaire ». Jean-Marie Le Guen a aussitôt rétorqué : « Ce n'est que la manifestation explicite des pressions que nous subissons tous pour que nous renoncions à agir. »

Dans les coulisses, les lobbies commencent effectivement à s'agiter. Ceux de l'industrie alimentaire, bien sûr, mais pas seulement. Un acteur jusque-là inconnu des parlementaires fait son apparition : la Navsa (Chambre syndicale nationale de

---

1. Groupe d'études sur le développement agro-industriel et les industries agroalimentaires.

vente et services automatiques[1]). Ce syndicat professionnel, inquiet pour son activité, décide de faire appel, pour la première fois de son existence, à un spécialiste des relations parlementaires. Le cabinet Interel, dirigé par Florence Maisel, qui travaille depuis près de vingt ans pour des multinationales alimentaires (Kellogg's, Coca-Cola), est choisi en urgence pour tenter de faire barrage au texte lors de la deuxième lecture au Sénat. Il y a le feu. Le portefeuille de ministre de la Santé a changé de mains et Philippe Douste-Blazy, qui remplace Jean-François Mattei, débarqué pour cause de canicule, maîtrise moins bien le texte.

« Je pensais qu'il y avait encore moyen de rattraper le coup au Sénat, raconte Florence Maisel. Nous avons fait intervenir les adhérents de la Navsa auprès des sénateurs de leur circonscription, avec des arguments de bon sens. Nous leur demandions de revenir sur l'interdiction des machines dans les établissements scolaires en proposant d'introduire dans les distributeurs des boissons allégées et des fruits frais[2]. » La manœuvre semble fonctionner et un texte amendé dans le sens des distributeurs est présenté le 9 juillet au palais du Luxembourg.

Cependant, juste avant d'entrer en séance, les sénateurs découvrent ce titre à la une du *Monde* : « Lutte contre l'obésité : le Sénat cède aux lobbies ». Dans leur article, les journalistes Sandrine Blanchard et Laurence Girard expliquent comment le Sénat « s'apprête à défaire en grande partie le projet de loi de santé publique[3] ».

« À partir de là, tout est parti en vrille », résume la lobbyiste. Le lendemain, les médias reprennent le même couplet.

1. La Navsa défend les intérêts des 1 200 entreprises gestionnaires de distributeurs automatiques, qui emploient 12 000 salariés et exploitent 589 000 machines remplies de sodas et de barres chocolatées sur le territoire français.

2. Entretien avec l'un des auteurs, 9 juin 2006.

3. *Le Monde*, 10 juillet 2004.

Les partisans de l'interdiction se déchaînent. L'UFC-Que choisir, qui mène depuis plusieurs années une campagne contre les aliments trop salés, trop gras et trop sucrés, sent que c'est le moment de monter à la tribune. « Nous avons constitué un front commun avec des associations d'obèses, des parents d'élèves et des pédiatres [1] », explique Julien Dourgnon, responsable des études et de la communication au sein de l'association de consommateurs. Ce collectif trouve un appui déterminant en la personne de Martin Hirsch, président de l'AFSSA (Agence française de sécurité sanitaire des aliments), dont l'institution a déjà eu l'occasion de se « féliciter du vote par l'Assemblée nationale d'un article interdisant les distributeurs de boissons sucrées et confiseries dans les lycées et collèges [2] ». Une pétition circule, signée par 150 personnalités de la recherche et du monde médical (pédiatres, nutritionnistes, etc.). Tout ce remue-ménage aboutit, le 30 juillet 2004, au vote définitif de la loi de santé publique qui inclut les deux amendements controversés. Son article 30 indique : « Les distributeurs automatiques de boissons et de produits alimentaires payants et accessibles aux élèves sont interdits dans les établissements scolaires à compter du 1er septembre 2005. »

Industriels et diffuseurs toujours mobilisés

En attendant l'entrée en vigueur de la loi, la Navsa, qui a mis fin à son contrat avec Interel, a continué de solliciter les parlementaires. Des dizaines de questions écrites ont été posées au gouvernement sur le sujet. Comme celle-ci, postée le 12 octobre 2004 par Michel Sordi (UMP, Haut-Rhin) : le député « demande au ministre de la Santé et de la Protection

1. Entretien avec l'un des auteurs, 22 mars 2006.
2. Position du comité d'experts nutrition, 29 avril 2004.

sociale s'il envisage d'aménager cette mesure par une disposition réglementaire qui permette de proposer aux élèves une offre de distribution automatique de produits et de boissons correspondant à leurs besoins nutritionnels ». Plusieurs amendements ont été déposés, au détour d'autres lois, pour réclamer le rétablissement des machines. En février 2005, Muriel Marland-Militello (UMP, Alpes-Maritimes) et Bernard Depierre (UMP, Côte-d'Or) ont ainsi proposé un amendement à la loi pour l'avenir de l'école, qui propose d'autoriser le maintien des distributeurs à condition qu'ils ne délivrent ni barres chocolatées ni boissons sucrées [1]. Mais les lobbies adverses, en particulier ceux des consommateurs, restent vigilants et allument leurs contre-feux à chaque tentative. Le 1er septembre 2005, l'interdiction a été appliquée avec zèle par l'Éducation nationale, qui a retiré tous les distributeurs de ses établissements.

En revanche, l'autre mesure phare en matière de lutte contre l'obésité – celle sur la publicité des produits alimentaires – attend toujours son décret d'application. Le texte voté oblige les industriels soit à faire figurer un avertissement sanitaire dans leurs publicités, soit à verser à l'État une taxe équivalant à 1,5 % de leur budget publicitaire [2]. Cela fait deux ans

---

1. L'exposé des motifs reprend les arguments de la Navsa : « Une interdiction totale des distributeurs automatiques dans les établissements scolaires va pénaliser de nombreuses PME-PMI qui gèrent les distributeurs et qui ont déjà été fortement touchées par le passage à l'euro, l'entrée en vigueur des 35 heures, qui ont eu un impact non négligeable en termes de consommation [...]. Il paraît donc raisonnable de revenir sur cette interdiction totale en autorisant le maintien des distributeurs de produits comme les fruits, mais aussi les boissons comme l'eau, les boissons chaudes qui sont sources de réconfort, notamment en hiver, et d'hydratation. »

2. L'article est ainsi rédigé : « Les messages publicitaires télévisés ou radiodiffusés en faveur de boissons avec ajouts de sucres, de sel ou d'édulcorants de synthèse et de produits alimentaires manufacturés, émis et diffusés à partir du territoire français et reçus sur ce territoire, doivent

que l'ANIA bataille sur chaque mot avec le ministère de la Santé pour aboutir à la rédaction de messages publicitaires qui ne nuisent pas trop aux intérêts de ses membres. Elle agit, cette fois, dans la plus grande discrétion et de concert avec les grandes firmes publicitaires et les chaînes de télévision, qui préféreraient repousser la parution du décret aux calendes grecques. « Ils ont tous défilé, très remontés, dans nos bureaux de l'avenue de Ségur, confie un proche de Xavier Bertrand, lequel a récupéré le dossier après sa nomination comme ministre de la Santé et des Solidarités en juin 2005. Ils ont même fabriqué des spots publicitaires incluant les bandeaux d'avertissement sanitaire de différentes hauteurs, avec plusieurs vitesses de défilement, pour mieux nous convaincre de leurs arguments. » Des acteurs économiques autrement plus puissants que la petite Navsa... En juillet 2006, le ministère de la Santé espérait voir le décret publié au début de 2007. Sans en être vraiment certain.

---

contenir une information à caractère sanitaire. La même obligation d'information s'impose aux actions de promotion de ces boissons et produits.

« Les annonceurs peuvent déroger à cette obligation sous réserve du versement d'une contribution au profit de l'Institut national de prévention et d'éducation pour la santé. Cette contribution est destinée à financer la réalisation et la diffusion d'actions d'information et d'éducation nutritionnelles, notamment dans les médias concernés ainsi qu'au travers d'actions locales.

« La contribution prévue à l'alinéa précédent est assise sur le montant annuel des sommes destinées à l'émission et à la diffusion des messages visés au premier alinéa, hors remise, rabais, ristourne et taxe sur la valeur ajoutée, payées par les annonceurs aux régies. Le montant de cette contribution est égal à 1,5 % du montant de ces sommes. »

Chapitre 13

Cigarettiers, buralistes, cafetiers, même combat !

On le dit plus influent que la Fraternelle parlementaire, une institution centenaire qui regroupe les francs-maçons de l'Assemblée et du Sénat... Le Club des parlementaires amateurs de havane (CPAH), créé en 1991 à l'initiative d'André Santini (UDF, Hauts-de-Seine), maire d'Issy-les-Moulineaux, ferait la pluie et le beau temps au Palais-Bourbon. Ce club ultramasculin, dont André Santini a été désigné « président à vie », réunit des députés, des sénateurs et des députés européens de tous bords, parfois francs-maçons et toujours bons vivants. Ses 120 membres ont pour devise : « Fumer moins mais fumer mieux. » Ils s'engagent à « ne vanter et n'apprécier que les cigares manufacturés à Cuba ». En font notamment partie[1] : le président de l'Assemblée, Jean-Louis Debré,

1. La liste publique la plus récente des membres du club date de janvier 2000. Voir le site personnel d'André Santini : www.andre-santini.net.

d'anciens députés devenus ministres comme Dominique Bussereau (ministre de l'Agriculture et de la Pêche), Pascal Clément (garde des Sceaux, ministre de la Justice) ou Henri Cuq (ministre délégué aux Relations avec le Parlement auprès du Premier ministre). Pierre Mazeaud, le président du Conseil constitutionnel, en est l'un des fondateurs. Ses adhérents se recrutent aussi bien à droite qu'à gauche. On y trouve, par exemple, les députés UMP Guy Teissier (Bouches-du-Rhône), Olivier Dassault (Oise), Dominique Paillé (Deux-Sèvres), Jean-Claude Lenoir (Orne), l'apparenté UDF Christian Blanc (Yvelines), les socialistes Odile Saugues (Puy-de-Dôme) et Julien Dray (Essonne), ainsi que d'anciens ministres devenus sénateurs tels le socialiste Michel Charasse et le centriste Jean Arthuis.

Plusieurs de ces élus, à commencer par André Santini, sont aussi membres du groupe d'amitié France-Cuba à l'Assemblée, dont le secrétaire administratif, Thierry Beaugendre, fait également partie du CPAH. Au grand regret des aficionados du tabac cubain, ce groupe d'amitié tourne au ralenti depuis l'emprisonnement de dizaines de journalistes et d'opposants par le régime de Fidel Castro, en mars 2003, et l'instauration de sanctions diplomatiques européennes qui s'est ensuivie[1]. Le dernier voyage à Cuba remonte à 2000.

Le Club des amateurs de havane compte de nombreux « membres d'honneur », « amis » et « personnalités associées », qui étendent sa notoriété à l'extérieur de l'Assemblée : Jean-Paul Kauffmann, journaliste ancien otage au Liban, Jean Miot, ex-président de la Fédération nationale de la presse française et de l'AFP, le dessinateur Georges

1. Les sanctions décidées par l'Union européenne (restriction des visites de haut niveau, réduction de la participation européenne aux événements culturels cubains) ont été appliquées de juin 2003 à janvier 2005. Elles sont « suspendues » depuis. Le groupe d'amitié France-Cuba de l'Assemblée est présidé par Alfred Almont (UMP, Martinique).

Wolinski, l'écrivain Paul-Loup Sulitzer, ainsi que des représentants du monde industriel : Jean-Paul Davin, ex-conseiller parlementaire de Jean-Pierre Raffarin à Matignon, aujourd'hui directeur des relations institutionnelles d'Alcatel, Jean-Dominique Comolli et Isabelle Ockrent, respectivement président et directrice de la communication du cigarettier Altadis (ex-Seita).

Le CPAH n'est pas seulement une amicale de fumeurs aimant allumer un barreau de chaise à la fin d'un bon repas. Son président André Santini le présente comme un véritable lobby : « Étroitement associés aux médias, aux producteurs, importateurs et distributeurs de havanes, aux nombreux autres clubs d'amateurs de cigare, à la législation sur le tabac et aux intérêts franco-cubains, les membres du CPAH sont les ambassadeurs du *ciento por ciento, hecho a mano*, tant en France qu'à l'étranger[1]. »

À défaut de déplacements réguliers à Cuba, le club organise chaque début d'été un voyage à Genève auquel participent plus d'une cinquantaine de membres. Arrivés au bord du lac Léman, ils sont reçus à bras ouverts par la maison Gérard, un célèbre négociant de cigares qui tient une prestigieuse boutique dans le palace Hilton, quai du Mont-Blanc. Après une conférence et une dégustation de grands vins, les convives déjeunent dans l'un des meilleurs restaurants de Genève, à l'invitation du commerçant. « Cela fait partie de nos dépenses de communication et c'est un grand plaisir[2] », explique leur hôte, Vahé Gérard. Après le repas gastronomique, chacun prend plaisir à goûter les nouveaux cigares, avant de passer commande. Les parlementaires repartent toujours avec des cadeaux souvenirs (cendrier, étui, boîte) ornés du logo de l'Assemblée nationale, délicate attention du vendeur.

1. www.andre-santini.net.

2. Entretien avec l'un des auteurs, 28 juin 2006. L'édition 2006 n'a pas eu lieu pour cause de travaux dans la boutique Gérard.

Les dédicaces laissées ces dernières années dans le livre d'or de la maison Gérard – titré *Paroles de grands amateurs de cigare* – témoignent de la satisfaction de ces clients très spéciaux. André Santini paraphrase Molière : « C'est la passion des honnêtes gens, et qui vit sans havanes n'est pas digne de vivre. » Michel Charasse, toujours truculent, écrit : « Le pied de tabac de La Havane, c'est le pied absolu. » Dominique Bussereau laisse parler son cœur d'élu de la Charente-Maritime : « Député du Cognac, je souhaite ardemment que havane et cognac se marient à vie. Et surtout pas de PACS ! » Quant à Pascal Clément, il laisse cette phrase inoubliable : « Si Bill Clinton avait sagement fumé son havane... que de soucis en moins ! »

On comprend qu'au retour de ces agapes enfumées il soit difficile aux parlementaires du club de se mobiliser, à l'Assemblée, pour lutter contre les méfaits du tabac sur la santé.

Hausse brutale du prix du tabac

Au cours de l'actuelle législature, les amateurs de havane ont joué un rôle clé dans la controverse sur l'interdiction de fumer dans les lieux publics – en prenant position, évidemment, contre elle. Ce débat, relancé avec force en 2005 par une proposition de loi surprise d'un député de la majorité, s'est ensuite enlisé sous la pression des buralistes, des cafetiers et de leurs amis UMP à l'Assemblée. Il n'était toujours pas clos en septembre 2006 et devrait resurgir avec force avant la campagne électorale de 2007.

C'est une proposition de loi d'Yves Bur (UMP, Bas-Rhin), relative à la protection contre les dangers du tabagisme passif, qui a mis le feu aux poudres. Enregistrée le 13 octobre 2005 à la présidence de l'Assemblée, elle suggère une nouvelle rédaction de l'article L. 3511-7 du Code de la santé publique, en ces termes : « Il est interdit de fumer dans tous les lieux fermés et couverts qui accueillent du public ou qui constituent un lieu de travail, ainsi que dans l'enceinte des établissements d'enseignement et d'éducation. » Plus question, donc, d'« espaces fumeurs ».

Chaque année, des centaines de propositions de loi sont déposées et aussitôt oubliées. Pas celle-ci. Sa sortie a été méticuleusement préparée, puis accompagnée pendant plusieurs mois, par le député alsacien. Yves Bur est un drôle d'oiseau. Ce notable UMP n'est pas du genre à obéir aveuglément aux consignes de sa formation politique. Il s'est fait de féroces ennemis chez les transporteurs routiers alsaciens (avec une taxe régionale sur les poids lourds) ainsi que chez les fabricants d'alcool (taxe sur les « premix », boissons alcoolisées sucrées), et s'est mis à dos le lobby du tabac au grand complet[1].

À son habitude, Yves Bur a d'abord dégainé son arme favorite : la fiscalité. La hausse du prix du tabac est en effet l'un des cinq piliers de la lutte contre le tabagisme, les autres étant l'interdiction de la publicité, la protection des non-fumeurs par l'interdiction de fumer dans les lieux publics, l'information sur les effets du tabac sur la santé et l'aide au sevrage tabagique.

Au cours de l'année 2003, le prix moyen du paquet de cigarettes a augmenté de 27 %, passant de 3,60 à 4,60 euros. En janvier 2004, il franchit la barre symbolique des 5 euros à la suite du vote au Parlement d'une nouvelle hausse des taxes sur le tabac dans le cadre du projet de loi de financement de la sécurité sociale (PLFSS)[2]. L'examen de cette disposition dans l'hémicycle, le 29 octobre 2003, donne lieu à un échange acéré entre Yves Bur et ses collègues protabac, toutes tendances politiques confondues. L'UDF Charles de Courson

1. Sur Yves Bur, voir aussi le chapitre 6.

2. La hausse des taxes (qui représentent actuellement 80 % du prix de vente) a été partiellement compensée par une baisse des prix décidée par les fabricants.

(Marne) explique, chiffres à l'appui, que « la hausse excessive se retourne contre l'objectif » car la baisse de la consommation légale s'accompagne d'un développement des importations de cigarettes de contrebande en provenance d'Andorre, d'Espagne ou du Luxembourg. Les communistes Maxime Gremetz (Somme) et Jean-Claude Lefort (Val-de Marne), gros fumeurs tous les deux, lui apportent leur soutien.

Yves Bur commence son intervention par une remarque à l'attention du Club des parlementaires amateurs de havane, soulignant que « les cigares seront inclus cette année dans la hausse de la taxation, contrairement à ce qui a été fait l'année dernière ». Puis il défend son point de vue avec vigueur : « Nous devons être cohérents dans la lutte contre le tabagisme. N'oublions jamais qu'il fait 60 000 victimes par an – soit quatre fois plus que la canicule de cet été –, qui meurent dans des souffrances atroces, dans l'indifférence totale. » Il contre les arguments de son collègue UDF d'un ton cinglant : « Monsieur de Courson peut bien citer tous les chiffres qu'il veut – des données tirées en l'occurrence d'un document distribué par British American Tobacco. Qu'il cesse plutôt de céder à la désinformation permanente mise en œuvre par les cigarettiers ! Qu'il sache que les fabricants de cigarettes sont des fabricants de mort ! »

À ces mots, Maxime Gremetz devient tout rouge : « Si les cigarettiers sont des marchands de mort, les buralistes sont des vendeurs de mort ! »

Le ton est donné. Dès octobre 2004, les acteurs de la pièce ont visiblement commencé à répéter leurs rôles. Ces tirades, on les entendra à nouveau, à maintes reprises, au cours des deux années suivantes. Les fortes hausses des prix de 2003 et 2004 ont provoqué une diminution spectaculaire et sans précédent de la consommation de cigarettes. Les ventes de tabac ont plongé de 40 %. Comme l'avait prédit le député de la Marne, l'augmentation du prix du paquet a entraîné une contrebande active dans les régions frontalières. « Je n'ai jamais fumé de ma vie et j'ai horreur de la fumée, indique Charles de Courson. Je ne me suis jamais drogué à rien, sauf au travail. Il est exact que la politique des prix est l'un des moyens les plus efficaces de lutter contre la tabagie. Mais nous sommes entourés de pays où la fiscalité est beaucoup plus basse. Je craignais donc une forte augmentation du trafic transfrontalier. C'est ce qui s'est produit. Dans la Marne, je vois des gens partir à quatre dans une voiture pour s'approvisionner au Luxembourg. Je reconnais que BAT m'a fourni des statistiques très fines sur le sujet, qui montrent un effondrement des ventes dans les Pyrénées françaises et une explosion côté espagnol[1]. » Selon le député, qui prône une harmonisation fiscale européenne, la moitié de la baisse de la consommation en France est attribuable aux achats de cartouches à l'étranger.

Les buralistes voient rouge

La chute des ventes et la contrebande provoquent, c'était inévitable, la colère des buralistes. René Le Pape, président de la Confédération des débitants de tabac, raconte comment il s'est trouvé plongé dans le bain dès son élection à ce poste le 3 juin 2003 : « Le 5 juin, j'étais dans le bureau du ministre de la Santé, Jean-François Mattei, qui m'annonçait son intention de faire passer le prix du paquet de Marlboro de 3,6 à 8 euros[2]. » Ce programme de hausse massive, destiné à inciter le plus de gens possible à arrêter de fumer, s'inscrit dans le cadre du plan de lutte contre le cancer lancé par le président de la République en 2003.

René Le Pape, qui a arrêté de fumer le jour de son élection à la tête de la confédération (« J'en avais fait le pari », précise-

1. Entretien avec l'un des auteurs, 14 juin 2006.
2. Entretien avec l'un des auteurs, 6 juillet 2006.

t-il, pour ne pas être soupçonné d'y avoir été poussé par la hausse des prix), commence donc à battre le rappel de ses troupes. Le 30 juin 2003, pour la première fois de leur histoire, plusieurs milliers de buralistes, qui anticipent le phénomène des achats de cigarettes à l'étranger, manifestent à Strasbourg au cri de « Nous sommes tous des frontaliers ». Au cours des mois suivants, le ton monte, avec de petits rassemblements aux frontières et aux péages. René Le Pape se souvient : « Nous n'avons pas cessé de marquer les ministres à la culotte : Jean-François Copé, qui était alors porte-parole du gouvernement, Yves Dutreil, secrétaire d'État aux PME... Chaque fois qu'ils effectuaient un déplacement en province, nous organisions un comité d'accueil très spécial. »

Point d'orgue de la mobilisation : le 24 novembre 2003, 15 000 buralistes descendent dans les rues de Paris. Une manifestation très politique, à quatre mois des élections régionales de 2004. Les débitants, conscients de leur poids électoral, brandissent des banderoles proclamant : « Le tabac, c'est cher, nos voix aussi », « Élections, on s'en souviendra », « Avril 2004, pas une voix pour l'UMP ». Trois députés UDF s'affichent à leurs côtés : André Santini, dont les caméramen repèrent de loin le crâne chauve et le ventre arrondi, Hervé Morin, député de l'Eure et président du groupe UDF à l'Assemblée, et Jean-Christophe Lagarde (Seine-Saint-Denis). Le Front national, pour sa part, a pris soin d'envoyer une lettre à chacun des 32 000 buralistes de France pour les assurer de son soutien.

Cette pression aboutit à un « contrat d'avenir » signé entre le gouvernement de Jean-Pierre Raffarin et la profession. Les principales mesures sont un moratoire fiscal de quatre ans (2004-2007) et une indemnisation pour compenser la perte de chiffre d'affaires des buralistes[1].

---

1. Le contrat d'avenir prévoit une indemnisation de 50 % si la perte de recettes de ventes de tabac dépasse 5 %, de 70 % si elle est de plus de 15 % et de 90 % si elle dépasse 20 %. Mais le mécanisme ne compense

Vers l'interdiction totale de fumer dans les lieux publics

Les débitants de tabac pensaient être tranquilles jusqu'aux élections de 2007. Mais, à l'Assemblée, Yves Bur change son fusil d'épaule : « La hausse des taxes avait atteint ses limites, explique-t-il. Il ne restait plus qu'une mesure à notre disposition : l'interdiction de fumer dans les lieux publics[1]. »

La loi Évin de 1991, qui a renforcé la loi Veil de 1976 (interdisant la publicité pour la cigarette), a en effet laissé la porte entrouverte à la fumée dans les établissements accueillant du public, simplement priés de séparer les zones fumeurs et non-fumeurs[2]. Résultat quinze ans plus tard : la grande majorité des patrons de cafés, restaurants et boîtes de nuit laissent leurs clients fumer partout, ce qui incommode les voisins et nuit à la santé du personnel.

La lutte contre le tabagisme passif constitue depuis longtemps l'un des thèmes favoris des spécialistes de la santé publique. Le lobby est bien fourni : outre les professionnels de la lutte contre le cancer, comme la Ligue française contre le cancer et l'Institut national contre le cancer (INCa), créé en 2005 pour mettre en œuvre le Plan cancer du président Chirac, il comprend des associations qui ferraillent depuis des années contre les cigarettiers. La plus vénérable d'entre elles est le Comité national contre le tabagisme (CNCT), fondé en 1868 sous le nom d'Association française contre l'abus du

---

pas la perte des autres recettes des débitants (chewing-gums, timbres, jeux à gratter...), qui représentent en moyenne 50 % de leur chiffre d'affaires. Depuis 2003, 1 500 débits de tabac ont fermé, dont 850 frontaliers. Ils sont aujourd'hui au nombre de 31 000 sur le territoire français.

1. Entretien avec l'un des auteurs, 4 avril 2006.

2. La loi Évin du 10 janvier 1991 pose l'interdiction de fumer dans tous les locaux à usage collectif sauf dans les emplacements réservés à cet effet. Le décret du 29 mai 1992 précise que l'interdiction s'applique notamment dans les restaurants et cafés, à l'exception des emplacements expressément réservés aux fumeurs. Dans les faits, la loi est très mal appliquée.

tabac. Le CNCT a intenté des dizaines de procès aux fabricants pour infraction aux lois Veil et Évin sur la publicité pour le tabac, et accompagné des fumeurs atteints de cancer dans leur combat en justice contre les industriels. Plus récente, l'association Droits des non-fumeurs (DNF) est née en 1973 à Colmar sous la forme d'une amicale qui portait le nom de Ligue contre la fumée de tabac en public. DNF se focalise sur le tabagisme passif : elle aide les salariés à faire respecter la loi Évin dans leurs entreprises par des conseils et, le cas échéant, des actions en justice. En 2003, une trentaine d'associations (dont le CNCT et DNF) se sont réunies au sein d'un collectif, l'Alliance contre le tabac, présidé par le professeur de santé publique Gérard Dubois, ancien président du CNCT.

Dans une communication à l'Académie de médecine, le 24 mai 2005, le professeur Dubois a fait le point des connaissances scientifiques sur le tabagisme passif : « L'exposition à la fumée de tabac est cause de mort subite du nourrisson, de cancers du poumon et de maladies coronariennes. Au moins 3 000 non-fumeurs en décèdent chaque année en France[1]. » Gérard Dubois est l'un des militants antitabac français les plus combatifs. Ce sexagénaire infatigable, auteur du *Rideau de fumée*[2], un document sur « les méthodes secrètes de l'industrie du tabac », faisait partie du groupe des « cinq sages » ayant inspiré la loi Évin. Il répond toujours présent lorsqu'un journaliste lui demande de venir combattre la cigarette sur un plateau de télévision ou au micro d'une radio. Son seul regret : ne plus trouver personne avec qui débattre en public. « Les industriels du tabac ont une image tellement mauvaise qu'ils n'osent plus se mettre en avant. Ils préfèrent s'abriter derrière les débitants de tabac et les cafetiers[3]. » Le professeur Dubois,

1. « La prévention du tabagisme passif en France », *Bulletin de l'Académie nationale de médecine*, 189, nº 5, 2005, p. 803-813.
2. Gérard Dubois, *Le Rideau de fumée*, Seuil, 2003.
3. Entretien avec l'un des auteurs, 12 mai 2006.

lui, se délecte de l'affrontement : « Les cigarettiers sont des ennemis. Ils ont l'argent, nous avons les morts. Les 3 000 victimes du tabagisme passif s'ajoutent aux 66 000 morts causées chaque année par la consommation de tabac. Contre des ennemis, on cogne et on frappe. Il n'y a pas de dialogue possible. Quelques députés l'ont compris, comme Claude Évin, Jean-Marie Le Guen et Yves Bur. »

Depuis 2005, un argument supplémentaire est venu nourrir la cause des partisans de l'interdiction. Le 29 juin, en effet, la chambre sociale de la Cour de cassation, l'instance judiciaire suprême, a rendu un arrêt qui fait jurisprudence : dans un conflit du travail opposant une salariée non fumeuse à son entreprise, la Cour a jugé que « l'employeur est tenu d'une obligation de sécurité de résultat vis-à-vis de ses salariés en ce qui concerne la protection contre le tabagisme ». La salariée, contrainte de quitter la société parce qu'elle devait partager son bureau avec une fumeuse, considérait que la rupture de son contrat de travail était aux torts de son employeur. Elle exigeait des indemnités de licenciement sans cause réelle et sérieuse. La Cour lui a donné raison[1].

Le lobby antitabac en action

Il faut dire que le lobby antitabac a l'opinion pour lui. Tous les sondages concordent : les Français sont à près de 80 % partisans d'une interdiction stricte de la cigarette dans les lieux publics[2]. Le 2 novembre 2005, lorsqu'il dépose sa

1. Arrêt nº 1698 du 29 juin 2005 de la chambre sociale de la Cour de cassation. Demandeur : société ACME protection SARL.

2. Sept Français sur dix déclarent être gênés par la fumée des autres (enquête IPSOS pour l'INPES, janvier 2004) ; 78 % des Français sont favorables à l'interdiction de fumer dans les lieux publics (sondage IFOP pour le gouvernement, mars 2006).

proposition de loi, cosignée par 80 collègues de la majorité, Yves Bur est convaincu qu'un boulevard s'ouvre devant lui. Outre une opinion publique favorable, il peut compter sur l'appui des défenseurs de la santé publique et le soutien, discret mais efficace, des laboratoires pharmaceutiques qui fabriquent les substituts nicotiniques utilisés par les fumeurs souhaitant renoncer au tabac. C'est un dossier qu'il connaît bien. Le député alsacien, président du groupe d'études sur le médicament et les produits de santé depuis 2004, a eu l'occasion de faire connaissance avec les principaux industriels du secteur[1]. Certains d'entre eux l'ont aidé à organiser le battage médiatique autour de sa proposition de loi.

Les 13 et 14 octobre 2005, une délégation menée par Yves Bur, accompagné de son collègue Lionnel Luca (UMP, Alpes-Maritimes), de responsables de l'Institut national du cancer et de quelques journalistes, se rend à Dublin, en Irlande, pour constater sur place les effets de l'interdiction totale de fumer. « J'avais invité dix parlementaires à ce voyage. Lionnel Luca est le seul à être venu », précise Yves Bur. Les visiteurs ont pu constater que la loi irlandaise du 29 mars 2004 était effectivement appliquée dans les 15 000 pubs du pays, et acceptée par les consommateurs.

Quatre mois plus tard, les 9 et 10 février 2006, le député alsacien organise une deuxième tournée, cette fois à Rome, en Italie, où l'interdiction est entrée en vigueur au début de 2005. Outre Lionnel Luca, le député Francis Falala (UMP, Marne) est du voyage, ainsi que le sénateur Robert del Picchia, représentant les Français établis à l'étranger, et Bernard Quartier, président de la Fédération nationale des cafés, brasseries et discothèques (FNCBD), l'une des six branches de l'Union des métiers et des industries de l'hôtellerie (UMIH)[2].

1. Voir le chapitre 12.

2. L'UMIH est une organisation professionnelle qui défend les intérêts des hôteliers, restaurateurs, cafetiers et gérants de boîtes de nuit. Elle fédère 80 000 entreprises.

La presse a rendu compte de ces visites. Mais personne n'a évoqué leur financement. En fait, les frais de ces deux voyages ont été pris en charge par l'INCa et la société GlaxoSmithKline (GSK). La branche « santé grand public » de cette multinationale européenne, numéro deux mondial du médicament, est particulièrement concernée par le sujet puisqu'elle fabrique Niquitin, un substitut nicotinique vendu sans ordonnance en pharmacie pour aider les fumeurs à laisser tomber la cigarette. « Nous sommes l'un des partenaires de l'INCa, qui fut à l'origine des deux voyages de M. Bur en Irlande et en Italie[1] », reconnaît Vincent Cotard, président de GSK santé grand public. Yves Bur n'en fait pas mystère lui non plus : « GSK a participé au financement. Cela n'a rien d'étonnant, de la part d'un fabricant de substituts nicotiniques. »

L'autre grand producteur de produits de sevrage (sous la marque Nicorette), l'Américain Pfizer, numéro un mondial du médicament, n'a pas financé les voyages européens. Mais il a contribué, aux côtés de GSK, à la tenue du colloque « Tabagisme : propositions pour une loi rénovée », organisé par Yves Bur à l'Assemblée nationale le 2 novembre 2005, jour du dépôt de sa proposition de loi. Grégoire de La Roncière, PDG d'Agora Europe, qui s'est occupé de l'organisation matérielle de cette journée, précise : « Pfizer a contribué à hauteur de 30 000 euros et Glaxo de 20 000 euros. Des sommes très importantes pour un colloque parlementaire. À ce prix-là, c'est normal que les "partenaires" puissent s'exprimer. GSK a fait intervenir une tabacologue et Pfizer a parlé sur le thème du tabagisme dans l'entreprise[2]. »

Cette question du financement de la « campagne » antitabac d'Yves Bur a donné lieu à un échange saignant avec le député

1. Courriel reçu par l'un des auteurs, le 26 juin 2006, en réponse à une demande d'entretien avec Véronique Delvolvé, la directrice des affaires publiques de GSK, qui n'a pas souhaité répondre à nos questions. Voir aussi le chapitre 16.

2. Entretien avec l'un des auteurs, 12 mai 2006.

Dominique Paillé (UMP, Deux-Sèvres), membre actif du Club des parlementaires amateurs de havane et clairement engagé dans le camp des protabac. Lors de la conférence de presse tenue le jour du colloque, Yves Bur s'est laissé aller à évoquer des liens présumés entre Dominique Paillé et l'industrie du tabac. « On n'entend pas directement l'industrie du tabac, qui fait parler d'autres gens à sa place. Elle a ses porte-voix. Demandez à mon collègue Paillé pour qui il parle[1]. » Le sang du député des Deux-Sèvres n'a fait qu'un tour. « Je n'ai aucun lien avec l'industrie du tabac[2] », s'est-il indigné. Il a aussitôt dicté une lettre, postée le 4 novembre 2005, dans laquelle il récusait les « affirmations totalement diffamatoires » d'Yves Bur : « Mon opposition à votre proposition est liée à l'idée que je me fais de notre société, que je souhaite tolérante et respectueuse des libertés individuelles. » Après avoir fait remarquer que son avis était partagé par l'UMP, Dominique Paillé rappelait qu'Yves Bur avait défendu, à l'occasion du débat sur le projet de loi de financement de la sécurité sociale, un amendement réduisant de 1,9 à 1,5 % le montant de la taxe exceptionnelle sur l'industrie pharmaceutique que proposait le gouvernement[3]. Pour autant, concluait-il, aucun de ses collègues ne l'avait alors qualifié de « porte-voix de l'industrie du médicament ». Les deux députés de la majorité se seraient depuis promis de ne plus s'envoyer de boules puantes...

Les cigarettiers manœuvrent dans l'ombre

Au début de 2006, tous les augures indiquent que la mesure d'interdiction de fumer dans les lieux publics a des chances d'être adoptée par le Parlement. Une alliance droite-gauche

1. *Le Monde*, 2 novembre 2005.
2. Entretien avec l'un des auteurs, 23 mai 2006.
3. Sur cet épisode parlementaire, voir le chapitre 12.

est en train de se dessiner sur le sujet. Le 28 février, l'ancien ministre de la Santé Claude Évin (PS, Loire-Atlantique) dépose à son tour une proposition de loi, signée par 81 camarades socialistes, relative à la protection des travailleurs et du public contre le tabagisme passif. Elle va dans le même sens que celle d'Yves Bur et de ses collègues de droite. Claude Évin constate que « la législation est mal appliquée et trop incomplète pour atteindre l'objectif de protection contre le tabagisme ». Il propose de supprimer une simple réserve du Code de la santé publique : « sauf dans les emplacements expressément réservés aux fumeurs ». Au journaliste de *Libération* qui lui demande : « Votre démarche vient-elle appuyer la proposition d'Yves Bur ? », Claude Évin répond : « Il y a aujourd'hui une majorité favorable à cette mesure[1]. »

Mais la tornade du contrat première embauche va tout emporter sur son passage. La mobilisation lycéenne contre le CPE, voté au forceps en février 2006, provoque de graves dissensions au sein de la majorité. De nombreux députés commencent à s'inquiéter pour leur réélection en 2007. Ils craignent, en mécontentant les fumeurs et les buralistes, de faire basculer des électeurs potentiels vers l'extrême droite. D'autant que le front des protabac s'est enrichi d'un allié de poids : les restaurateurs, furieux de n'avoir pas obtenu la TVA à taux réduit (5,5 %) que la droite leur avait promise lors de la campagne de 2002, menacent la majorité de représailles électorales. « Nous allons finir par devenir rancuniers », déclare leur remuant porte-parole, André Daguin, président de l'Union des métiers et des industries de l'hôtellerie (UMIH), qui se dit « rigoureusement opposé à l'interdiction de la cigarette[2] » dans les cafés et les restaurants. André Daguin adore utiliser l'argument du « dernier commerce du village », auquel les députés de régions rurales sont toujours

1. *Libération*, 17 février 2006.
2. *Le Monde*, 14 avril 2006.

sensibles : « Le bar-tabac est un lieu de civilisation et de socialisation[1]. »

Les cafetiers entretiennent d'excellentes relations avec les industriels du tabac. Altadis (ex-Seita, fabricant des Gauloise et des Royale) compte parmi les « partenaires officiels » de l'UMIH, au même titre que la société Ricard ou les brasseries Kronenbourg. Le 4 novembre 2005, les membres du bureau de l'UMIH ont été invités à suivre les débats de son conseil d'administration, retransmis par vidéoconférence au siège social d'Altadis, dans le XIIIe arrondissement de Paris. À l'ordre du jour figurait la nouvelle campagne fumeur/non-fumeur, mise en place dans les débits de boissons avec l'aide du cigarettier, qui préférerait mille fois une meilleure application de la loi Évin à une interdiction stricte du tabac.

Ce soutien des cigarettiers ne s'affiche jamais en public. Les industriels préfèrent laisser les bruyants porte-parole des buralistes et des cafetiers au micro. « Le front des cigarettiers est désuni, décrypte Gérard Dubois, le président de l'Alliance contre le tabac. Philip Morris joue le rôle du gentil, British American Tobacco celui du méchant, et Altadis se fait le plus discret possible. » Dans l'ombre, les industriels sont pourtant très actifs. À la fin de 2005, BAT (marques Lucky Strike et Peter Stuyvesant), numéro deux mondial du tabac, a recruté Yves Trévilly comme responsable des relations institutionnelles. Ce grand brun aux lunettes carrées, diplômé de Sciences Po Grenoble, ancien assistant parlementaire, a été chef de cabinet de Renaud Dutreil lorsque celui-ci était ministre de la Fonction publique et de la Réforme de l'État, d'avril 2004 à avril 2005. Un député ami lui a-t-il fourni une carte d'accès à l'Assemblée nationale ? Le jeune homme n'a pas souhaité répondre à nos questions. Mais nous l'avons croisé à plusieurs reprises à la sortie de l'hémicycle, dans la

1. *L'Industrie hôtelière,* novembre 2005.

salle des Quatre Colonnes, théoriquement réservée aux députés, aux membres du gouvernement et aux journalistes.

À peine arrivé chez BAT, Yves Trévilly envoie à plusieurs députés de la majorité une lettre, datée du 16 décembre 2005. Elle est accompagnée d'une note intitulée « Débat sur l'interdiction de fumer dans les lieux publics : une réalité et des chiffres à connaître » et de coupures de presse, tirées notamment du magazine des buralistes, *Le Losange*, et de celui de l'UMIH, *L'Industrie hôtelière.* « Je vous invite à prendre connaissance des documents joints qui illustrent et expliquent l'inquiétude que nous partageons avec les quelque 31 000 buralistes et les 62 000 cafés-hôtels-restaurants-discothèques autorisés par les douanes à revendre des cigarettes. » Le texte joint est destiné à torpiller la proposition d'Yves Bur, qualifiée de « liberticide, inopportune et sans rapport avec les préoccupations réelles des Français ».

À l'appui de sa démonstration, BAT avance, sans complexes, des calculs électoraux : « Onze millions de consommateurs qui fréquentent les buralistes, c'est plus précisément 19 000 personnes par circonscription législative. Lorsque l'on sait que la plupart des élections législatives se "jouent" entre 50 et 800 voix... » Yves Trévilly rappelle qu'à la suite de la hausse des taxes sur le tabac de 2003 « les buralistes et les fumeurs ont réagi dans les urnes en mars 2004 en exprimant leur rancœur, leur colère à l'encontre des candidats de la majorité parlementaire aux élections cantonales et régionales. Les mêmes causes produisant les mêmes effets, le risque d'une nouvelle sanction existe lors des élections présidentielles et législatives du printemps 2007, et des élections municipales ou cantonales de mars 2008 ». On ne saurait être plus clair.

L'argumentaire de BAT est très bien compris au sein du gouvernement, l'effet CPE aidant. Xavier Bertrand, ministre de la Santé et des Solidarités, qui s'était lancé tout feu tout flammes dans ce débat dès sa nomination en juin 2005, approuvant l'initiative d'Yves Bur, est prié de modérer ses ardeurs. Les ministres les plus sensibles aux arguments de ces 31 000 « commerçants de proximité » – en particulier Renaud Dutreil, ministre des Petites et Moyennes Entreprises, du Commerce, de l'Artisanat et des Professions libérales depuis juin 2005 – persuadent Dominique de Villepin que le moment n'est pas propice à la controverse.

Le 8 mars 2006, un rapport de l'Inspection générale des affaires sociales est rendu public, sans aucune communication officielle, sur le site Internet de La Documentation française[1]. Il vient apporter de l'eau au moulin des partisans de l'interdiction de fumer dans les lieux publics. Constatant que « le décret d'application de la loi Évin a épuisé ses effets positifs », et que « la jurisprudence de la Cour de cassation a reconnu aux non-fumeurs un véritable droit à être protégés de la fumée des autres », il propose « une mesure législative d'interdiction absolue, sans création de fumoirs ». Le ministre de la Santé ne bouge pas une oreille. Xavier Bertrand a reçu du Premier ministre l'ordre de continuer, quelques mois encore, ses consultations avec les professionnels : salariés, patrons, restaurateurs, débitants de tabac, casinotiers, exploitants de discothèques...

Au Palais-Bourbon, les antitabac sentent que le vent a tourné. « Je ne crois pas qu'il y ait une majorité à l'Assemblée pour voter une loi d'interdiction, estime le sarkozyste Dominique Paillé, pilier du Club des amateurs de havane. Des directives ministérielles et l'appel à la responsabilité peuvent suffire. » « Le pouvoir est paralysé », dénonce Yves Bur. « C'est une reculade incroyable[2] », renchérit son collègue socialiste Jean-Marie Le Guen. Le 2 mai 2006, une mission d'information sur l'interdiction du tabac dans les lieux publics

---

1. « L'interdiction de fumer dans les lieux accueillant du public en France », présenté par Bernadette Roussille, membre de l'IGAS, La Documentation française, décembre 2005.

2. *Le Monde*, 14 avril 2006.

est créée, sur proposition de Jean-Louis Debré, le président de l'Assemblée nationale. « Ces sujets qui soulèvent les passions méritent une réflexion. C'est ma méthode[1] », explique-t-il. Une façon de faire patienter les partisans de l'interdiction jusqu'à une hypothétique mise à l'ordre du jour de la proposition de loi d'Yves Bur ou jusqu'à l'examen d'un projet, tout aussi hypothétique, en provenance du gouvernement. Le socialiste Claude Évin est nommé président de la mission, l'UMP Pierre Morange rapporteur. Yves Bur n'est que l'un des deux vice-présidents, avec le socialiste Gérard Bapt. René Le Pape, le « patron » des buralistes, a soigneusement fait ses comptes : parmi les trente membres de la mission d'information, « treize sont de notre bord, dix-sept de l'autre ». Il n'a pas manqué une seule des réunions, qui se sont succédé tous les mercredis jusqu'aux vacances parlementaires de l'été 2006. Quelles que soient les conclusions de cette mission, la controverse politique n'est pas close.

Pendant cette période, les antitabac ont grillé leurs dernières cartouches. Le 9 mai 2006, la Ligue contre le cancer a acheté dans les quotidiens des pages entières de publicité titrées « Tabagisme passif : nous ne devons plus attendre ». Le 31 mai, journée mondiale sans tabac, l'INCa a publié un communiqué pour afficher son « soutien à l'interdiction totale de fumer sur tous les lieux de travail et les lieux publics ». Mais les protabac ont fait beaucoup plus fort.

L'UMP soutient la fronde des buralistes

Les protestations des cigarettiers, des buralistes et des cafetiers ont été discrètement attisées par l'UMP. Au printemps 2006, René Le Pape a entrepris un « tour de France » de ses

1. *Les Échos*, 19 avril 2006.

quinze fédérations professionnelles. Il était suivi de près par le parti de Nicolas Sarkozy. Lors de l'étape marseillaise de la caravane au losange rouge, le 28 mars 2006, les députés UMP de la région ont été vivement incités à rencontrer les débitants. « Afin de représenter au mieux notre mouvement, nous vous invitons à participer à cette manifestation [1] », leur a écrit Elsa Hervy, chargée des relations avec les parlementaires à l'UMP. Cette permanente est par ailleurs l'assistante parlementaire à mi-temps du député UMP du Vaucluse Thierry Mariani, un sarkozyste hyperactif qui ne cache pas ses positions prodébitants.

Le 9 avril, lors d'un rassemblement de 350 buralistes de l'ouest de la France à Bressuire (Deux-Sèvres), le député de la circonscription, Dominique Paillé, est venu soutenir les vendeurs de tabac. La manifestation était organisée grâce au soutien financier des cigarettiers. Dans l'amphithéâtre neuf du Bocapôle, le député, très applaudi, a défendu « la liberté et la responsabilité » des fumeurs et des non-fumeurs. Il a invité les buralistes à faire preuve de « pugnacité » et à user « de tous les moyens politiques à leur portée [2] » pour étayer leurs revendications. « Dominique Paillé se dit prêt à nous défendre. Tant mieux [3] », se félicite Daniel Billaud, président de la Chambre syndicale des débitants de tabac des Deux-Sèvres. Le message du député UMP est sans ambiguïté : plus les débitants de tabac feront de bruit, mieux ils seront entendus. Dans les Deux-Sèvres, leur syndicat a envoyé des courriers à tous les maires, de droite comme de gauche, sur le thème : « Voulez-vous voir disparaître les derniers commerces de proximité ? »

1. Courrier en date du 24 mars 2006, envoyé par le pôle Relations élus de l'UMP.

2. *Revue Bural 79*, compte rendu du 21e rassemblement des buralistes de l'Ouest, 9 avril 2006.

3. Entretien avec l'un des auteurs, 19 juin 2006.

En parallèle, René Le Pape a rencontré le plus grand nombre d'élus possible : « J'ai organisé une dizaine de petits déjeuners, avec à chaque fois une quinzaine de députés. Les présidents départementaux ont fait de même. » Tout ce battage s'est conclu, le 25 avril 2006, par un « grand meeting de protestation » à la Maison de la Mutualité, à Paris, au cours duquel des buralistes ont brandi des pancartes proclamant « CPE = cigarettes prohibées éternellement ». Invité d'honneur ? André Santini. Devant 2 000 buralistes de toute la France, le député-maire d'Issy-les-Moulineaux, président du Club des parlementaires amateurs de havane, a apporté son soutien aux débitants de tabac et vivement critiqué le projet d'interdiction de fumer dans les lieux publics.

Nicolas Sarkozy et ses amis voient d'un bon œil tout ce remue-ménage. Le ministre d'État et président de l'UMP n'apparaît jamais en public avec une cigarette à la main ou un cigare à la bouche, mais dans ses appartements il se délecte de cigares cubains. Il conserve sa collection de havanes dans une armoire spéciale achetée à Genève, chez Gérard, et en offre parfois un spécimen à ses visiteurs.

Son conseiller parlementaire, Frédéric Lefebvre, membre du CPAH, a longtemps fait du lobbying pour Altadis au sein de la société Pic Conseil, qu'il a créée en 1996 avec un associé, Steven Zunz[1]. Cette mission d'intermédiaire avec les milieux politiques a pris officiellement fin en même temps que les activités de Frédéric Lefebvre au sein de Pic Conseil, en 2002, lorsqu'il est devenu membre du cabinet du ministre de l'Intérieur. Mais « Lefebvre a étudié de près le dossier du tabac et il n'est pas inactif sur le sujet », confie un député qui le connaît bien. Selon nos informations, le conseiller parlementaire de Nicolas Sarkozy est resté actionnaire de la société Pic Conseil, laquelle compte toujours Altadis parmi ses clients.

1. Sur les activités et l'actionnariat de cette entreprise, voir le chapitre 9.

À la mi-juin 2006, le Premier ministre Dominique de Villepin a confié au député Richard Mallié (UMP, Bouches-du-Rhône) une mission spéciale sur « la situation économique des buralistes ». Ce parlementaire proche de Nicolas Sarkozy a six mois pour remettre son rapport[1]. En 2003, une première mission du même genre conduite par Yves Bur et Lionnel Luca pour le gouvernement Raffarin avait abouti au « contrat d'avenir » signé en décembre de cette année-là et prévoyant l'indemnisation des buralistes pour la perte de chiffre d'affaires consécutive aux hausses de taxes[2]. La mission confiée à Richard Mallié a pour objet de refaire le point avec les débitants de façon à voir comment ils pourraient, par exemple, proposer de nouveaux produits dans leurs échoppes afin de compenser la baisse des ventes de tabacs. En cas d'interdiction de la cigarette dans les lieux publics, elle pourrait aussi suggérer une dérogation pour les bars-tabacs. « Il faut respecter les débitants, qui sont des collecteurs de taxes pour le Trésor public[3] », dit ouvertement Richard Mallié. On peut également y voir une manière de contrer le futur rapport de la mission d'information parlementaire menée par le tandem Évin-Bur. Le député des Bouches-du-Rhône, gros fumeur de cigarillos, est réputé proche des buralistes ainsi que de cer-

---

1. Mission à Richard Mallié sur « L'évaluation de la situation économique du réseau des buralistes » auprès du ministère des Petites et Moyennes Entreprises, du Commerce, de l'Artisanat et des Professions libérales et auprès du ministère délégué au Budget et à la Réforme de l'État auprès du ministre de l'Économie, des Finances et de l'Industrie, porte-parole du gouvernement. *JO* du 17 juin 2006.

2. Mission à Yves Bur et Lionnel Luca sur « La situation des débitants de tabac », du 10 novembre 2003 au 9 mai 2004, auprès du ministre de la Santé, de la Famille et des Personnes handicapées, auprès du secrétaire d'État aux Petites et Moyennes Entreprises, au Commerce, à l'Artisanat, aux Professions libérales et à la Consommation, et auprès du ministre de l'Économie, des Finances et de l'Industrie.

3. Entretien avec l'un des auteurs, 20 juin 2006.

tains cigarettiers. Et, cela va sans dire, il compte parmi les membres assidus du Club des parlementaires amateurs de havane.

Les buralistes français sont décidément très doués pour la politique.

Chapitre 14

La bataille des vignerons

Le lundi 20 octobre 2003, un colloque a eu lieu dans la salle Victor-Hugo de l'Assemblée nationale, organisé par le groupe d'études sur la viticulture. Sur le carton d'invitation, présenté comme l'étiquette d'un grand cru ornée d'un château, ce titre : « Vins de France : une culture en mouvement. L'exception viticole française en débat ». Cette grand-messe, ponctuée par un déjeuner-dégustation dans les salons de la questure, a rassemblé le lobby de la vigne et du vin au grand complet et permis aux élus de tester leur programme d'action de la législature : comment autoriser plus largement la publicité pour le vin, strictement limitée par la loi Évin depuis 1991 ?

Ce programme a été appliqué avec zèle par les députés des régions viticoles, qui ont réussi à creuser deux brèches dans la loi Évin. Deux amendements ont en effet été votés, à force de détermination et de ruse, au détour de projets de loi dont ce n'était pas l'objet. Le premier, inclus dans la loi relative au développement des territoires ruraux du 23 février 2005, assouplit les règles de la publicité pour le vin. Il a été adopté contre l'avis du gouvernement. Le second, dans la loi d'orientation agricole du 5 janvier 2006, permet aux viticulteurs d'émettre leur opinion sur les campagnes de prévention de l'alcoolisme. Les protestations des défenseurs de la santé publique n'ont pas été suffisantes pour contrer cette offensive d'élus – droite et gauche confondues – soutenus par un secteur économique qui fait vivre 600 000 personnes en France. Cette bataille parlementaire exemplaire pourrait s'intituler : le siège de la forteresse Évin.

Tous les chefs de guerre étaient présents lors du colloque du 20 octobre 2003, présidé par le « général » Alain Suguenot (UMP, Côte-d'Or). Cet avocat longiligne, au débit rapide, aura plus tard l'occasion de s'illustrer de façon inattendue lors de la discussion de la loi sur les droits d'auteur et les droits voisins dans la société de l'information, en prenant le parti des internautes téléchargeurs de musique[1]. Mais, en ce début de législature, le député-maire de Beaune, président des Hospices de Beaune, haut lieu de la vente des vins de Bourgogne, joue son rôle habituel de défenseur des terroirs viticoles. Il explique : « Lorsque j'ai été élu pour la première fois, en 1993, j'ai immédiatement été choisi par le président de l'Assemblée pour présider le groupe d'études sur la viticulture. Ma neutralité a joué en ma faveur : je ne possède pas un cep de vigne. J'ai retrouvé la tête du groupe d'études après ma réélection, en 2002[2]. »

Dès 1994, Alain Suguenot s'était fait remarquer en faisant voter un amendement qui avait déjà entaillé la loi Évin. « La loi indiquait que l'on ne pouvait pas communiquer sur les boissons alcoolisées, quelles qu'elles soient, en dehors des

1. Voir le chapitre 8.

2. Entretien avec l'un des auteurs, 29 mars 2006. Entre 1997 et 2002, c'est Gilbert Mitterrand (PS, Gironde), maire de Libourne, fils de l'ancien président de la République, qui a présidé ce groupe d'études.

territoires de production. C'était absurde. On pouvait faire de la publicité pour le whisky à Bordeaux, mais pas de publicité pour le bourgogne à Paris[1]. » Sa proposition a rendu possible la publicité sur tout le territoire, sans exclusive. Depuis, il n'a pas cessé de lutter contre cette loi honnie.

---

1. Selon la loi Évin, « la propagande ou la publicité, directe ou indirecte, en faveur des boissons alcooliques dont la fabrication et la vente ne sont pas interdites sont autorisées exclusivement :

— dans la presse écrite à l'exclusion des publications destinées à la jeunesse définies au premier alinéa de l'article 1er de la loi n° 49-956 du 16 juillet 1949 sur les publications destinées à la jeunesse ;

— par voie de radiodiffusion sonore pour les catégories de radios et dans les tranches horaires déterminées par décret en Conseil d'État ;

— sous forme d'affiches et d'enseignes dans les zones de production, sous forme d'affichettes et d'objets à l'intérieur des lieux de vente à caractère spécialisé, dans des conditions définies par décret en Conseil d'État ;

— sous forme d'envoi par les producteurs, les fabricants, les importateurs, les négociants, les concessionnaires ou les entrepositaires, de messages, de circulaires commerciales, de catalogues et de brochures, dès lors que ces documents ne comportent que les mentions prévues à l'article L. 18 et les conditions de vente des produits qu'ils proposent ;

— par inscription sur les véhicules utilisés pour les opérations normales de livraison des boissons, dès lors que cette inscription ne comporte que la désignation des produits ainsi que le nom et l'adresse du fabricant, des agents ou dépositaires, à l'exclusion de toute autre indication ;

— en faveur des fêtes et foires traditionnelles consacrées à des boissons alcooliques locales et à l'intérieur de celles-ci dans des conditions définies par décret ;

— en faveur des musées, universités, confréries ou stages d'initiation œnologique à caractère traditionnel ainsi qu'en faveur de présentations, de dégustations, dans des conditions définies par décret.

Toute opération de parrainage est interdite lorsqu'elle a pour objet ou pour effet la propagande ou la publicité, directe ou indirecte, en faveur des boissons alcooliques ».

Terroirs et traditions viticoles

Le groupe d'études sur la viticulture, qui rassemble 73 membres, est une institution au Palais-Bourbon. Sa présidence est traditionnellement très convoitée par les élus des différents terroirs : Languedoc-Roussillon (les députés de la première région viticole française sont aussi les plus nombreux à l'Assemblée), Aquitaine, Pays de la Loire, Champagne, Bourgogne, Alsace. Lors du colloque du 20 octobre 2003, les interventions aux tables rondes reflétaient ce délicat équilibre. Une belle portion du vignoble français a défilé sur l'estrade. Robert Lecou (UMP, Hérault) a présidé le premier forum, consacré à « La France viticole : un patrimoine à cultiver, une culture à partager » ; Jacques Remiller (UMP, Isère) est intervenu sur le thème « Du terroir au patrimoine », Jacques Bobe (UMP, Charente) et Philippe-Armand Martin (UMP, Marne) sur celui du « savoir-faire », Paul-Henri Cugnenc (UMP, Hérault) et Michel Piron (UMP, Maine-et-Loire) sur celui du « savoir-vivre ». Serge Poignant (UMP, Loire-Atlantique) a présidé le deuxième forum, sur « Les défis du marché », Philippe Feneuil (suppléant de Catherine Vautrin, UMP, Marne[1]) et Daniel Garrigue (UMP, Dordogne) ont parlé des « nouveaux positionnements », Pascal Terrasse (PS, Ardèche) des « enjeux de la commercialisation », et Jean-Paul Garraud (UMP, Gironde) a expliqué « comment communiquer autrement pour conquérir davantage de parts de marché ».

Lors de ce colloque, on pouvait aussi remarquer la présence de deux groupes de pression, qui n'ont cessé d'alimenter les députés en munitions dans leur combat contre la loi Évin. Le

1. Philippe Feneuil a succédé à Catherine Vautrin en avril 2004, lorsque celle-ci a été nommée secrétaire d'État à l'Intégration et à l'Égalité des chances. Catherine Vautrin est ministre déléguée à la Cohésion sociale et à la Parité depuis juin 2005.

premier est l'Association nationale des élus de la vigne et du vin (ANEV), présidée par le Champenois Philippe-Armand Martin. Le député-maire de Cumières, charmant village sur le flanc sud de la montagne de Reims, à trois kilomètres d'Épernay, exploite dix hectares de vigne familiale. Il fabrique et vend son propre champagne sous son nom. La défense du vin « sous toutes les appellations[1] », précise-t-il) est son sacerdoce, et il y consacre 99 % de son temps de travail parlementaire. L'ANEV, qu'il préside depuis 2002, réunit actuellement 116 parlementaires (70 députés et 46 sénateurs) et plus de 400 collectivités. Elle a été fondée en 1999 sur le principe « l'union fait la force », pour « constituer un réseau d'élus du vin au-delà de tous clivages politiques et géographiques » et « représenter les intérêts généraux de la vigne et du vin auprès des pouvoirs publics et de l'opinion publique[2] ». Aussi discrète qu'influente, elle tire sa force de sa capacité à mobiliser des élus de toutes tendances politiques et de toutes régions derrière une même bannière : la défense des traditions viticoles.

Autre lobby présent le 20 octobre 2003 : l'association Vin et société, représentée par son président Xavier Carreau. Elle aussi a joué un rôle important au cours de la législature. Le viticulteur bordelais Xavier Carreau exploite les vignobles Bayle-Carreau, en appellations Côtes de Bourg et premières Côtes de Blaye[3]. Il est membre du conseil d'administration de la Confédération nationale des producteurs de vins et eaux-de-vie à appellation d'origine contrôlée (CNAOC), qui assure la défense des intérêts des viticulteurs AOC, et a présidé la Fédération des syndicats des grands vins de Bordeaux de 1997

1. Entretien avec l'un des auteurs, 23 juin 2006.
2. Statuts de l'ANEV sur le site www.elusduvin.org.
3. L'entreprise familiale produit et commercialise plusieurs grands vins de Bordeaux : Château Landreau, Château Eyquem, Château Barbé, Château Pardaillan et Château La Carelle.

à juillet 2005. Vin et société, créée au début des années 90, regroupe l'ensemble des organisations professionnelles de la filière. Son action repose sur l'idée qu'il convient de distinguer le vin des autres boissons alcoolisées. « L'abus d'alcool est dangereux, nous le reconnaissons bien volontiers, explique son président. Mais il est prouvé, depuis l'Antiquité, qu'une consommation modérée de vin est bonne pour la santé. Cessons de diaboliser le produit et de considérer les viticulteurs comme des dealers[1] ! »

Si ces deux structures se sont autant mobilisées depuis 2002, c'est parce que le vignoble français souffre. En France, les ventes en volume déclinent inexorablement depuis quarante ans. De 100 litres de vin par an et par personne au début des années 60, la consommation est tombée à 56 litres en 2002[2]. Les exportations, stagnantes depuis la fin des années 90, ne suffisent plus à compenser la baisse de la consommation intérieure. Ébranlés par la mondialisation, les vins hexagonaux ne se vendent plus aussi facilement qu'autrefois à l'étranger. Ils sont concurrencés par ceux des nouvelles régions viticoles (Californie, Chili, Afrique du Sud, Australie, Nouvelle-Zélande), dont les producteurs sont passés maîtres dans l'art du marketing. La France a du mal à faire comprendre la complexité de ses appellations d'origine contrôlée (AOC), la multiplicité de ses châteaux et la subtilité de ses terroirs aux consommateurs étrangers, qui trouvent plus simple de se fier aux cépages et aux marques. Les ventes de bordeaux et de bourgogne reculent. Seul le champagne résiste.

---

1. Entretien avec l'un des auteurs, 26 avril 2006.

2. En dépit de ce recul, le Français reste un gros buveur, comparé à l'Italien (48 litres), à l'Espagnol (34 litres) et à l'Allemand (25 litres). Source : Office national interprofessionnel des vins (Onivins).

Bourgogne et bordeaux condamnés

Dans ce contexte économique tendu, une première alerte, en août 2002, fait monter les viticulteurs au créneau. La campagne estivale de la Sécurité routière, destinée à rappeler qu'un accident mortel sur trois est lié à l'alcool, montre un conducteur prisonnier d'une voiture aux allures de bouteille de vin. Sur son pare-brise de couleur verte, est collée, à l'envers, une étiquette de vin sur laquelle on distingue nettement le mot « château », accompagnée du slogan : « Dès 0,5 g/l, l'alcool réduit votre champ de vision. » Coup de tonnerre dans le Bordelais ! « Pour moi, château égale bordeaux, résume Xavier Carreau, le président de Vin et société. Si l'on commence à attaquer ce qui fait notre patrimoine, notre culture, c'est très grave. » La CNAOC décide alors de réveiller l'association Vin et société, qui sommeillait un peu.

Deuxième alerte, dix-huit mois plus tard : le 6 janvier 2004, une campagne publicitaire du Bureau interprofessionnel des vins de Bourgogne (BIVB) est interdite par le tribunal de grande instance de Paris. Cette fois, la foudre frappe une autre grande région viticole. C'est la première fois qu'une publicité collective pour le vin est condamnée en justice. Depuis l'entrée en vigueur de la loi Évin, dix ans plus tôt, l'Association nationale de prévention en alcoologie et addictologie (ANPAA) veille à sa bonne application et attaque en justice chaque fois qu'elle l'estime bafouée. Mais elle avait jusqu'alors surtout ciblé l'alcool – elle a fait par exemple condamner Marie-Brizard ou encore le whisky Chivas.

L'ANPAA est la bête noire des fabricants de boissons alcoolisées. « Nous avons mené à ce jour 35 actions en justice pour infraction à la loi Évin. Nous avons gagné la quasi-totalité de nos procédures[1] », précise le docteur Alain Rigaud, son président, qui ne perd pas une occasion de rappeler que

1. Entretien avec l'un des auteurs, 4 avril 2006.

l'alcool tue 45 000 personnes par an, gâche la vie de 2 millions de dépendants, coûte plus de 10 milliards d'euros chaque année à la société et provoque de graves problèmes psychologiques et sociaux. Cette association, fondée en 1872 par Louis Pasteur et Claude Bernard, est le premier acteur français en matière d'alcoologie. Présente dans tous les départements, financée en partie par des subventions publiques, elle gère près de 300 centres de prévention et de soins (alcool, tabac et drogues) et emploie 1 260 salariés. Sa deuxième mission est politique : maintenir la pression auprès des pouvoirs publics pour la prévention de l'alcoolisme.

Jusqu'à présent, l'ANPAA avait relativement épargné le monde viticole. « Nous avons attaqué trois campagnes pour des vins, trois pour du champagne et une pour du vin mousseux [1] », détaille Patrick Elineau, son directeur national. Jamais encore, donc, une campagne collective. Il faut reconnaître que celle du bourgogne lancée en mars 2003 était particulièrement suggestive, montrant une silhouette de femme nue habillée par la robe rouge d'un vin. Les publicitaires s'étaient-ils un peu laissés aller ? Ou avaient-ils sciemment provoqué afin de tester les limites de la loi ? Toujours est-il que l'assignation en référé de l'ANPAA a visé en plein dans le mille. La campagne incriminée a dû être interrompue sur-le-champ. Le tribunal de grande instance de Paris a jugé la publicité « manifestement illicite », en infraction au Code de la santé publique. En effet, la loi Évin n'autorise que « l'indication du degré voluminique, de l'origine, de la dénomination, de la composition du produit, du nom et de l'adresse du fabricant, des agents et des dépositaires, ainsi que du mode d'élaboration des modalités de vente et du mode de consommation du produit ».

Encouragée par le succès de son action contre les Bourguignons, l'ANPAA a réitéré l'opération, à la mi-février 2004, contre les Bordelais. Le 18 mars 2004, le tribunal de grande

1. Entretien avec l'un des auteurs, 4 avril 2006.

instance de Paris a condamné la campagne « Buvons moins, buvons meilleur » du Conseil interprofessionnel des vins de Bordeaux (CIVB), illustrée, selon les affiches, par différentes jeunes femmes : une brune tenant un verre de vin, avec la mention « Catherine, viticultrice à Bordeaux », une blonde qualifiée de « Marianne, maître de chais en Médoc », etc. Les Bordelais se sont vus contraints de retirer illico leurs affiches, le tribunal ayant jugé que « la composition constitue une invitation à consommer qui excède les prévisions de la loi et la rend manifestement illicite ».

Les « élus de la vigne » contre-attaquent

Le lobby antialcool, habitué à agir dans l'ombre, ne pensait pas que ces deux jugements allaient déclencher une contre-attaque des viticulteurs auprès des parlementaires. « Habituellement, nos actions en justice ne font pas une ligne dans la grande presse », commente le docteur Rigaud.

Xavier Carreau, élu depuis juin 2003 à la tête de Vin et société, organise la mobilisation. « Il fallait faire quelque chose. Nous ne savions plus sur quel pied danser. Certaines agences de publicité commençaient à prendre du recul par rapport au monde viticole, craignant d'être condamnées par la justice », justifie-t-il. Les membres de son association identifient, région par région, les parlementaires les mieux à même de relayer leurs inquiétudes. À l'Assemblée, ils rencontrent notamment Serge Poignant (UMP, Loire-Atlantique), Alain Suguenot (UMP, Côte-d'Or) et Paul-Henri Cugnenc (UMP, Hérault).

Le 25 février 2004, une délégation conduite par Xavier Carreau obtient un rendez-vous avec le Premier ministre Jean-Pierre Raffarin. Les viticulteurs lui demandent instamment d'amender la loi Évin. « Nous sommes bâillonnés. Si nous ne pouvons plus communiquer sur le vin, nous sommes morts[1] », résume le président de Vin et société devant les journalistes conviés juste avant la rencontre.

Le battage médiatique fonctionne à plein. Le jour de l'entretien à Matignon, l'association fait paraître une pleine page de publicité dans *Le Monde*, *Le Figaro* et plusieurs quotidiens régionaux, sous le titre : « L'interdit est-il le seul avenir du vin en France ? » Dans les régions de production, la température monte. Le même jour, 2 500 vignerons descendent dans les rues de Bourgogne. La tension est à son comble le 3 mars 2004 lors d'un colloque organisé à la Maison de la chimie, non loin de l'Assemblée nationale. Une quarantaine de parlementaires sont présents dans la salle, ainsi que plusieurs centaines de professionnels de la viticulture. Dehors, des cars de CRS quadrillent le quartier : la police craint des débordements de la part de viticulteurs en colère. À l'issue des débats, le ministre de l'Agriculture, Hervé Gaymard, conclut à la nécessité de « réévaluer la loi Évin ». « Le vin est un aliment, pas un alcool pur », affirme-t-il devant un public conquis.

La machine de guerre est en marche. Le 25 février, lors de la rencontre avec Jean-Pierre Raffarin, Alain Suguenot, président du groupe d'études sur la viticulture à l'Assemblée, avait suggéré au Premier ministre de mener une réflexion sur la place du vin dans la société. Il se voit confier la rédaction d'un « Livre blanc de la viticulture française ». Habilement, le Bourguignon écarte du groupe de réflexion les députés les plus remuants : pas question d'être débordé par les représentants des viticulteurs sanguins du Sud. Il préfère s'entourer de personnalités modérées, comme le professeur Paul-Henri Cugnenc, nouvel élu à l'Assemblée depuis 2002, le président de l'ANEV Philippe-Armand Martin et l'ingénieur Serge Poignant, élu de la région du muscadet. Le quatuor est complété par le sénateur UMP de la Gironde Gérard César, président

1. *Le Figaro*, 25 février 2004.

du groupe d'études sur la vigne et le vin au Sénat. « Si l'on veut défendre la spécificité du vin, il faut condamner les excès, faire de la pédagogie, mettre en avant la culture, le patrimoine », estime Alain Suguenot.

L'aide de Paul-Henri Cugnenc va s'avérer précieuse. Quel meilleur porte-parole, pour promouvoir les bienfaits du vin sur la santé, qu'un professeur de médecine, chef du service de chirurgie gastrique à l'hôpital européen Georges-Pompidou de Paris ? Sa force de conviction a de quoi ébranler les certitudes. « Lorsque j'ai vu pour la première fois le professeur Cugnenc, en blouse blanche, la poche ornée de l'écusson bleu de l'Assistance publique-Hôpitaux de Paris, j'avoue que j'ai été troublée, reconnaît Estelle Saget, journaliste spécialiste de la santé à *L'Express*. Si même lui prônait la consommation de trois verres de vin par jour, les antialcool faisaient peut-être fausse route[1] ? » Il faut savoir que Paul-Henri Cugnenc, natif de Thézan-lès-Béziers, exploite les 35 hectares de la vigne familiale dans ce village de l'Hérault. Malgré un emploi du temps plus que chargé, il fait chaque semaine l'aller-retour Paris-Béziers : « Je passe le dimanche matin sur mes terres et je préserve quinze jours par an pour y être présent lors des vendanges[2] », précise-t-il. Le député est par ailleurs l'un des membres fondateurs du GIE Plato Méditerranée, créé en janvier 2004 avec une quinzaine de viticulteurs et de négociants du département (dont la cave du muscat de Frontignan) pour promouvoir l'exportation de vin en Chine[3].

Le livre blanc est remis au Premier ministre en juillet 2004. Il propose de « redonner le goût du vin aux Français », vante

1. Entretien avec l'un des auteurs, 20 juin 2006.

2. Entretien avec l'un des auteurs, 19 juin 2006.

3. Le GIE Plato Méditerranée est présidé par Michel Birot, copropriétaire du domaine viticole du Château Saint-Martin-des-Champs, à Murviel-lès-Béziers, dont les bouteilles sont présentes dans les caves de l'Assemblée nationale et de l'Élysée. Paul-Henri Cugnenc détient 6,66 % du capital du GIE (500 parts sur 7 500).

« les effets bénéfiques d'une consommation modérée conseillée », suggère de « sortir des messages trop réducteurs et prohibitionnistes » et de « mettre en place une stratégie responsable pour faire connaître nos produits à l'intérieur et à l'extérieur de nos frontières ».

D'autres membres du groupe d'études sur la viticulture écartés de la rédaction autour du livre blanc ont, de leur côté, élaboré plusieurs propositions de loi visant à amender la loi Évin : Jean-Michel Ferrand (UMP, Vaucluse) a proposé, le 13 décembre 2003, d'« autoriser les opérations de parrainage en faveur du vin » ; Jean-Paul Garraud (UMP, Gironde) a suggéré, le 24 février 2004, d'« adapter la législation en matière de communication sur les boissons alcoolisées ». Dans l'exposé des motifs, il fait directement référence à la campagne du bourgogne condamnée par la justice. Le 4 mars, Thierry Mariani (UMP, Vaucluse), soutenu par une centaine de ses collègues de la majorité, demande à son tour « la prise en compte de la spécificité viticole en matière de publicité ». Une quinzaine de députés d'opposition, élus de régions viticoles, font de même le 29 avril 2004 à l'initiative de Kléber Mesquida (PS, Hérault), avec une proposition de loi « visant à distinguer le vin des autres boissons alcoolisées dans la publicité ».

Un amendement favorise la publicité pour le vin

Pendant ce temps, les sénateurs, très sollicités eux aussi par les professionnels, ne restent pas les bras croisés. Ce sont eux qui dégainent les premiers un amendement visant à assouplir les règles de publicité de la loi Évin. Le texte est présenté au Sénat le 5 mai 2004 par Gérard César lors de la première lecture du projet de loi relatif au développement des territoires ruraux. Cette loi deviendra, au final, un véritable fourre-tout : les parlementaires des campagnes réussiront à y faire passer de nombreuses revendications, par exemple sur la chasse, le monde hippique ou la trufficulture, par le biais de divers amendements[1]. Ils utilisent la même technique, celle du cheval de Troie, pour attaquer la forteresse Évin. L'amendement adopté en première lecture au Sénat permet d'inclure dans les publicités pour les vins d'appellation d'origine ou sous appellation géographique « des références et représentations relatives aux qualités sensorielles et organoleptiques du produit ». S'il réussit son examen à l'Assemblée, ce texte ouvrira un champ très large aux messages publicitaires : les campagnes du bourgogne et du bordeaux ne seront plus passibles d'interdiction par les tribunaux.

Le 13 octobre 2004, lorsque commence la discussion du projet de loi au Palais-Bourbon, en deuxième lecture, chacun sait que le sort de la loi Évin est en train de se jouer. Les « élus des pieds de vigne », comme les appellent les antialcool, ont rédigé un amendement favorable à la publicité pour le vin ainsi que pour quelques alcools régionaux, comme le cognac ou l'armagnac, dans le même esprit que celui adopté au Sénat. Jean-Marie Le Guen (PS, Paris) et Claude Évin (PS, Loire-Atlantique) tentent de s'y opposer. Les députés de régions viticoles, droite et gauche confondues, font pression sur le gouvernement, qui tente mollement de résister au nom de la santé publique.

Jean-Marie Le Guen attaque : « Je comprends bien que, dans chaque circonscription, certains intérêts doivent être défendus. Mais est-ce une raison suffisante pour céder au lobbying ? Ce n'est pas en mettant en cause l'intérêt général que vous rapprocherez les citoyens de la politique ! »

Alain Suguenot rétorque : « Une poignée d'intégristes pointe le vin et l'assimile à une drogue. Quant à parler de lobbying lorsque l'on s'adresse à des parlementaires, cela ne

1. Voir le chapitre 11.

se peut ! Décrier le vin, c'est jouer contre les intérêts économiques de la France et contre la morale. »

Le socialiste Kléber Mesquida vole au secours de son collègue UMP de Bourgogne : « Nos exportations de vins occupent le premier poste de nos exportations agroalimentaires, représentant l'équivalent de 103 Airbus ou 500 rames de TGV. »

Claude Évin tente de mettre en garde les amis des vignerons : « C'est à la publicité pour les spiritueux que profitera d'abord votre texte. C'est d'ailleurs à se demander si ce ne sont pas les publicitaires, bien davantage que les viticulteurs, qui vous ont inspiré cet amendement. »

Dans le tohu-bohu qui s'ensuit, le ministre de la Santé, Philippe Douste-Blazy, reprend l'argument de son prédécesseur socialiste : « En 2003, les investissements publicitaires dans les médias s'élevaient à 72 millions d'euros pour les bières, 39 pour les whiskies, et moins pour les vins. Si l'on autorise la publicité sur les caractéristiques qualitatives, ces chiffres vont exploser pour la bière et les alcools forts, et les producteurs de vin n'auront pas les moyens de suivre. Enfin, nous sommes tous d'accord ici pour combattre l'alcoolisme. [...] C'est un sujet sur lequel je ne peux transiger. »

Les efforts du ministre seront vains. L'amendement est adopté, contre l'avis du gouvernement, par 102 voix contre 12. Il sera repris, à quelques nuances près, dans la loi promulguée le 23 février 2005[1].

---

1. La loi nº 2005-157 du 23 février 2005 relative au développement des territoires ruraux indique que le deuxième alinéa de l'article L. 3323-4 du Code de la santé publique est ainsi rédigé : « Cette publicité peut comporter des références relatives aux terroirs de production, aux distinctions obtenues, aux appellations d'origine telles que définies à l'article L. 115-1 du Code de la consommation ou aux indications géographiques telles que définies dans les conventions et traités internationaux régulièrement ratifiés. Elle peut également comporter des références objectives relatives à la couleur et aux caractéristiques olfactives et gustatives du produit. »

Les « antialcool » se révoltent

Ces quelques lignes ne passent pas inaperçues. « Nous demandions simplement à pouvoir communiquer sur les appellations en vantant les qualités de nos produits. Mais c'était toucher au dogme sacré de la loi Évin », commente Xavier Carreau. Dès le lendemain du vote, la colère des « antialcool » se déverse dans les médias. Le professeur Claude Got, l'un des cinq sages inspirateurs de la loi Évin, accuse les parlementaires d'avoir « cédé au lobby viticole ». Il craint que ce texte ne conduise à « une augmentation de 10 % de la consommation, avec 3 000 à 5 000 morts de plus par an ». L'ANPAA juge l'amendement « irresponsable » et « en contradiction avec les trois priorités du chef de l'État : la sécurité routière, la lutte contre le cancer et la lutte contre le handicap [1] ». Au sein du gouvernement, des voix s'élèvent : le ministre des Transports, l'UDF Gilles de Robien, parle d'« un mauvais coup contre la sécurité routière » ; Nicole Guedj, la secrétaire d'État aux Droits des victimes, se déclare « choquée » par un texte qui « vient contredire tous les efforts pédagogiques menés par le gouvernement à l'égard de ceux qui ne comprennent pas que l'on ne peut pas boire et conduire [2] ».

Dans ce concert de protestations, la « lettre d'un alcoolique » signée par Hervé Chabalier dans *Le Journal du dimanche* frappe tout particulièrement les esprits [3]. Ce journaliste, directeur de l'agence de production audiovisuelle Capa, alcoolique repenti, publie au même moment *Le Dernier pour la route* [4], un livre dans lequel il raconte sa dépendance à l'alcool (il buvait en moyenne trois litres de vin par jour), sa

---

1. Dépêche AFP du 15 octobre 2004.
2. *Ibid.*
3. *Le Journal du dimanche*, 17 octobre 2004.
4. Hervé Chabalier, *Le Dernier pour la route. Chronique d'un divorce avec l'alcool*, Robert Laffont, 2004.

cure de désintoxication et son combat pour sortir de cet enfer. Dans sa lettre au *JDD*, il écrit : « Je vous entends déjà, chers membres du groupe d'études parlementaire sur la viticulture : “Ce type-là, c'est un alcoolo, il ne buvait pas avec modération !” Nous y voilà ! C'est juste, mais avant de boire sans modération, j'ai bu, moi aussi, et longtemps, avec parcimonie. [...] Surtout, ne me dites pas que le vin, au bout du compte, est un produit comme un autre et qu'à ce titre il mérite d'être encore plus consommé. » Sa prise de position, très remarquée, lui vaut de se voir confier par le ministre de la Santé une « mission de réflexion et de proposition » sur la lutte contre l'alcoolisme. Dans son rapport, rendu public le 24 novembre 2005, Hervé Chabalier propose plusieurs mesures pour faire de la lutte contre l'alcoolisme « une grande cause nationale » : inscrire de façon lisible sur toutes les bouteilles et canettes « La consommation d'alcool est dangereuse pour la santé », interdire la vente d'alcool dans les stations-service, supprimer l'alcool dans les cantines d'entreprise.

Confortés par ce nouveau soutien – qui ne rechigne pas à défendre ses idées, avec des mots simples, sur les plateaux de télévision –, les « ayatollahs de la santé publique », comme les appellent les vignerons, se mobilisent de plus belle. À l'automne 2005, une campagne de prévention de l'alcoolisme est lancée à l'initiative du ministère de la Santé, de l'Institut national de prévention et d'éducation à la santé (Inpes), de l'assurance-maladie et de la Mission interministérielle de lutte contre la drogue et la toxicomanie (Mildt). Son message : « Il y a la même quantité d'alcool dans un demi de bière, une coupe de champagne, un ballon de vin, un verre de pastis. Pour rester en bonne santé, diminuez votre consommation d'alcool. »

Ces mots-là, les viticulteurs ne veulent pas les entendre. Ils les considèrent comme une provocation. Tout leur discours consiste au contraire à distinguer le vin des autres alcools en vantant ses bienfaits pour la santé. Dans un contexte de crise sévère de la viticulture – notamment dans le sud de la France, dont les petits vins de pays se vendent de plus en plus mal –, cette campagne de prévention jette de l'huile sur le feu. Le dernier trimestre de 2005 est émaillé de nombreuses manifestations, parfois violentes : les vignerons du Languedoc-Roussillon saccagent des cuves, leurs collègues du Gard occupent la chambre d'agriculture et ceux du Bordelais assiègent la maison du vin.

Un œil sur les campagnes de prévention

Pressés par leur base, les députés amis de la vigne préparent depuis plusieurs mois une deuxième offensive. Le livre blanc remis au Premier ministre en juillet 2004 contient en effet une proposition qui, espèrent-ils, rendrait impossible à l'avenir de voir fleurir des slogans comme celui de l'Inpes et de la Mildt. Ils réclament la création d'un « Conseil de la modération », qui permettrait aux viticulteurs de mettre leur grain de sel dans les campagnes de prévention de l'alcoolisme. Le groupe de travail recommande de « regrouper la filière viticole et les organismes et associations intéressés à la sécurité routière et à la santé publique autour d'actions de prévention à l'instar de celles déjà menées avec la sécurité routière, en coordination avec la distribution ». Les associations de lutte contre l'alcoolisme hurlent. Selon elles, la proposition revient à faire entrer le loup dans la bergerie.

Mais le gouvernement, soucieux de calmer la grogne des régions viticoles, semble d'accord avec les élus de la vigne. Le 25 janvier 2005, lors d'une audition devant les parlementaires UMP, Dominique Bussereau, ministre de l'Agriculture, de l'Alimentation, de la Pêche et de la Ruralité, promet la mise en place ce conseil, à la tête duquel il annonce la nomination d'un ancien sénateur du Val-de-Marne, Jean-Marie Poirier, 75 ans, maire de Sucy-en-Brie. Le 18 mars 2005, le professeur

Paul-Henri Cugnenc, rédacteur du chapitre « Vin et santé » du livre blanc sur la viticulture, organise à Béziers les premières assises nationales « Vin, santé, vérité », en présence de Jean-Marie Poirier. Dominique Bussereau fait lui aussi le déplacement pour dire son « soutien aux viticulteurs en difficulté » et affirmer que « le gouvernement attend beaucoup du Conseil de la modération ».

Les mois passent et l'instance promise tarde à voir le jour. Les viticulteurs s'impatientent. Leurs députés vont donc mettre en œuvre une nouvelle fois la tactique du cheval de Troie, en faisant passer un amendement dans une loi qui n'était pas prévue pour cela. Le texte choisi est la loi d'orientation agricole, dont la discussion démarre à l'Assemblée en octobre 2005. Le 4 octobre, le décret portant création du Conseil de la modération et de la prévention a finalement été publié, mais Alain Suguenot et ses camarades du groupe d'études sur la viticulture, méfiants, maintiennent leur amendement. Ils estiment que les termes du décret accordent une place trop importante aux représentants du monde de la santé et ne prévoient pas une consultation systématique du conseil à chaque campagne de prévention et de lutte contre l'alcoolisme. Lors de la séance du 17 octobre 2005, Thierry Mariani prend la parole dans l'hémicycle : « Ce conseil est plus que jamais nécessaire pour éviter des messages de prévention caricaturaux qui mettent nos campagnes en émoi. En ces temps difficiles pour la viticulture – dans le Vaucluse, les acomptes versés dans les caves ont diminué de 30, voire de 50 % –, ces campagnes, présentant le vin comme un produit aussi dangereux que les alcools forts, sont cruelles et injustes. » L'amendement est adopté, avec l'onction de Dominique Bussereau.

Accepté dans les mêmes termes au Sénat, le Conseil de la modération et de la prévention figure donc dans la loi d'orientation agricole promulguée le 5 janvier 2006. Pourtant, en août 2006, son existence semblait encore sérieusement compromise, bien que le décret d'application eût été publié.

Jean-Marie Poirier, pressenti en 2005, ayant jeté l'éponge, un nouveau président a été nommé à la fin de juin : Michel Rouger, ancien président du tribunal de commerce de Paris. Seulement, cet homme d'expérience, réputé pour ses talents de négociateur, n'est toujours pas parvenu à convaincre les spécialistes de la santé publique de s'asseoir aux côtés de leurs ennemis jurés, les représentants des viticulteurs, des brasseurs et des fabricants de spiritueux[1]. Le docteur Alain Rigaud, président de l'ANPAA, a déclaré publiquement qu'il ne participerait pas aux travaux de ce conseil : « Il n'offre aucune garantie d'impartialité : sept des huit parlementaires qui en sont membres sont des élus de la vigne et du vin », s'est-il indigné, le 27 juin 2006, à l'occasion d'un colloque parlementaire consacré à la lutte contre l'alcoolisme, organisé par Pierre Morange (UMP, Yvelines).

Des alcooliers très discrets

Durant ce débat passionné, les industriels de l'alcool sont restés remarquablement muets. Certains hommes politiques – notamment Claude Évin et le ministre de la Santé Philippe Douste-Blazy – ont fait allusion à eux dans l'hémicycle lors de la discussion du fameux amendement ouvrant la porte à la publicité sur le vin, sous-entendant qu'ils seraient les premiers à profiter d'un démantèlement de la loi Évin. Mais les premiers concernés ont adopté un profil bas. La plupart des

1. Le Conseil de la modération et de la prévention, dont le président est nommé par le Premier ministre, compte 32 membres, répartis en quatre groupes : quatre députés et quatre sénateurs, huit représentants des ministères, dont le délégué interministériel à la Sécurité routière et le président de la Mission interministérielle de lutte contre la drogue et la toxicomanie, huit représentants des associations intervenant dans le domaine de la santé et huit représentants des organisations professionnelles.

producteurs de boissons alcoolisées sont regroupés au sein d'une association baptisée Entreprise et prévention, derrière laquelle ils s'abritent pour communiquer sur tous les sujets délicats concernant l'alcool et la santé publique. Cette association se défend d'être un groupe de pression. « Le seul lobby de l'alcool en France est celui du vin[1] », affirme son directeur général, Alexis Capitant. « Nous ne souhaitons pas modifier la loi Évin. Nous n'avons pas besoin de relais parlementaires[2] », renchérit son secrétaire général, Armand Hennon. Ce quinquagénaire nerveux, diplômé de l'Institut d'études politiques de Paris, ancien assistant parlementaire d'un sénateur et membre de plusieurs cabinets ministériels, ne s'exprime jamais publiquement sous son autre casquette, celle de directeur des affaires publiques de Pernod-Ricard, fonction qu'il occupe depuis 2000, après avoir été pendant sept ans directeur général... d'Entreprise et prévention.

À quoi sert donc Entreprise et prévention ? L'association a été créée en 1990, au moment où la loi Évin mijotait dans les chaudrons du gouvernement, par les principaux chefs d'entreprise du secteur, dont Bernard Arnault, président de Louis Vuitton-Moët-Hennessy (LVMH), et Patrick Ricard, PDG de Pernod-Ricard. Objectif initial : intervenir en urgence dans le débat pour empêcher le gouvernement d'interdire purement et simplement toute publicité sur l'alcool. Après l'adoption de la loi Évin, les industriels ont pérennisé l'association, dont le slogan est à peine plus explicite que le nom : « Producteurs de boissons pour la prévention du risque alcool[3] ». Sa

1. Entretien avec l'un des auteurs, 7 juin 2006.

2. Entretien avec l'un des auteurs, 7 juin 2006.

3. Entreprise et prévention regroupe la quasi-totalité des producteurs de spiritueux, de bière et de champagne : Bacardi-Martini, Brasseries de Bourbon, Brasseries Kronenbourg, CMM/UDV, Heineken France, INBEV France, Lanson International, Moët-Hennessy-Diageo, Société des produits Marnier-Lapostolle, Pernod-Ricard, Société Michel Picard, Rémy Cointreau, Rhums Réunion, Vranken-Pommery, William Grant & Sons, SOREBRA, Distillerie Châtel, MASCARIN, CBH Trading.

vocation affichée est de « lutter contre l'abus d'alcool au profit d'une consommation raisonnable fondée sur la maîtrise des risques » – en se mêlant le moins possible du débat public sur la loi Évin, jugé trop sensible. L'important, pour les fabricants d'alcool, est de pouvoir continuer à faire de la publicité pour leurs produits. Point. « Voir resurgir le débat sur cette loi nous a beaucoup inquiétés, explique Alexis Capitant. Certains parlementaires viticoles sont maladroits, ce qui dessert l'ensemble du secteur. Lorsqu'ils disent que le vin n'est pas de l'alcool, cela heurte les milieux de santé publique, avec qui nous avons patiemment instauré un dialogue ces dernières années. »

Voilà pour la version officielle et collective. En coulisses et individuellement, pourtant, les industriels ne se privent pas de jouer les séducteurs auprès des parlementaires. Pour ne prendre qu'un seul exemple, le 16 mai 2006, la directrice des relations extérieures de Moët-Hennessy-Diageo, filiale de LVMH[1], a invité quelques parlementaires à un cocktail, suivi d'un dîner, à l'hôtel Regina, en face du musée du Louvre, en ces termes : « Je vous propose de nous retrouver autour de Guy Baret, éditorialiste au *Figaro*, et de Jean-Paul Viart, éditorialiste aux *Affiches parisiennes* et à *Paris Nuit*, qui ont bien voulu accepter d'évoquer pour nous respectivement “la nouvelle police des mœurs” et “le syndrome compassionnel”. Cela promet d'être passionnant ! »

En cette fin de législature, les multinationales de l'alcool affichent une belle santé. Dans le groupe Pernod-Ricard, le whisky Chivas, par exemple, a battu tous ses records de vente au cours de l'exercice 2005-2006, avec 4 millions de caisses vendues dans le monde et un chiffre d'affaires en progression

1. Cette filiale commune de LVMH et de Diageo est le numéro un français de la distribution de vins et spiritueux haut de gamme (Dom Pérignon, Moët & Chandon, Veuve Clicquot, Hennessy, Johnnie Walker, J&B, Smirnoff, Bailey's).

de 14 %, tandis que les ventes de cognac Martell augmentaient de 21 %. Au sein du groupe LVMH, les ventes de vins et spiritueux ont vu leurs ventes progresser de 18 % au premier semestre 2006 (par rapport au premier semestre 2005). « Les marques de champagne Moët & Chandon et Dom Pérignon ont accentué leur avance au Japon, se félicite le groupe dans un communiqué le 25 juillet 2006. Veuve Clicquot a connu de belles performances en Europe et aux États-Unis. Le cognac Hennessy a poursuivi sa dynamique. » Si les fabricants d'alcool, présents dans le monde entier, sont plus prospères que jamais, les petits vignerons, en particulier ceux du Languedoc-Roussillon, survivent de plus en plus difficilement. Les cuves des caves coopératives sont pleines. On arrache les pieds de vigne. Le siège de la forteresse Évin n'était visiblement pas la solution miracle aux problèmes de la viticulture française.

CHAPITRE 15

Colloquing et clubbing

Ce sont des modes chics. Pour accrocher les députés, rien ne vaut de bons appâts. Les lobbies ont trouvé deux manières de les attirer de manière habile : flatter leur ego et jouer sur la convivialité. La première consiste à financer des « colloques parlementaires » qu'ils président, portant sur un sujet leur permettant de se mettre en valeur. La seconde repose sur le sponsoring de clubs thématiques où l'on devise entre amis – parlementaires, industriels et experts – autour d'un bon repas, moyennant quelques messages glissés entre la poire et le fromage. Le « colloquing » et le « clubbing » sont ainsi devenus, en quelques années, les nouvelles techniques très « tendance » du lobbying à l'Assemblée nationale. Une tendance « soft » sans retombées forcément immédiates pour les groupes de pression, mais qui leur assure un bonus d'image et un carnet d'adresses fort utile.

Les forums et les dîners en ville n'ont, bien sûr, pas été inventés par les professionnels de la communication. La nouveauté tient au fait que les groupes d'intérêts exploitent désormais ces filons de façon intensive. Ils conçoivent des colloques « sur mesure » pour les députés, ce qui permet d'en organiser certains dans l'enceinte de l'Assemblée nationale avec un semblant d'onction officielle. Ils créent aussi de toutes pièces des clubs parlementaires, financés par un ou plusieurs industriels, dans le but de soigner leurs relations publiques et d'intervenir, le cas échéant, lors des débats législatifs au Palais-Bourbon.

Le créneau est si porteur que plusieurs sociétés de lobbying se sont spécialisées dans ces activités. « Tout le monde est content, les parlementaires comme les entreprises. Il n'y a aucune raison de ne pas continuer[1] », explique Paul Boury, l'un des pionniers de ce business.

Ce lobbyiste décontracté, cheveux coiffés en arrière, chemise ouverte sur un torse bronzé, adepte du tutoiement, a rejoint en 2003 le groupe de consulting Altedia, présidé par Raymond Soubie, conseiller social de Raymond Barre à Matignon durant les années 70. Côtoyant les milieux politiques depuis plus de vingt ans, Paul Boury y est connu comme le loup blanc, et il est en contact régulier avec une centaine de parlementaires de tous bords. Chez Altedia, il dirige le pôle Boury & Associés, qui a lancé une dizaine de « clubs parlementaires ». Il supervise également une autre filiale, M&M Conseil, chargée des « colloques », qu'il a redressée après une mauvaise passe financière[2]. « Ce sont deux activités séparées, qui se développent maintenant très bien », confie le consultant. Leurs chiffres d'affaires annuels, non publiés, atteignent

1. Entretiens avec l'un des auteurs, 28 avril, 12 mai et 16 juin 2006.

2. M&M a été fondée en 1990 par Wilfrid Montassier et Hervé Maurey, anciens assistants parlementaires de Michel Pelchat (pour le premier) et Olivier Guichard (pour le second). En 1999, la société a été vendue au groupe de conseil Altedia. Voir notamment Florence Autret, *Les Manipulateurs : le pouvoir des lobbys*, *op. cit.*

plusieurs millions d'euros et leurs bénéfices se comptent en centaines de milliers d'euros[1]. Les filiales d'Altedia, autrefois quasiment seules sur ce créneau, font désormais face à une concurrence de plus en plus vive. Le « colloquing » est d'ailleurs si profitable qu'un député est entré dans le capital de la société qui organise ses colloques à l'Assemblée ! Mais n'anticipons pas...

Défilé de sponsors à l'Assemblée

Début juillet 2006. De longues palissades de chantier entourent la façade du 101, rue de l'Université, qui abrite l'immeuble Jacques-Chaban-Delmas, propriété de l'Assemblée nationale, face au Palais-Bourbon et à l'hôtel de Lassay. Des camions sont garés en double file et des ouvriers s'affairent, entrant et sortant du bâtiment par les portes en verre. Dans le hall, les appariteurs en veste bleu marine, d'ordinaire placides derrière le comptoir d'accueil, ont du mal à se concentrer dans le vacarme ambiant. L'immeuble, qui héberge les bureaux de plus de 200 députés, est en pleins travaux. La plupart des élus ont déménagé provisoirement, en attendant de pouvoir se réinstaller progressivement, à partir de la mi-2007, dans des locaux plus spacieux et mis aux normes de sécurité. Au sous-sol, les salles de conférences Victor-Hugo et Lamartine, qui doivent aussi être rénovées, sont fermées de juillet 2006 à mai 2008. Une petite tuile pour les organisateurs de colloques, habitués à les utiliser. « Elles avaient besoin d'être modernisées. Mais les travaux nous privent temporairement d'une belle adresse[2] », regrette Laurent Lotteau, le directeur de M&M Conseil.

1. Selon Paul Boury, le chiffre d'affaires de M&M Conseil serait d'environ 2,5 millions d'euros en 2006 et ses bénéfices attendus d'environ 300 000 euros.

2. Entretiens avec l'un des auteurs, 30 mars et 4 mai 2006.

Ce trentenaire filiforme, militant socialiste formé à la communication chez Euro RSCG, a rejoint M&M Conseil en 2004. Avec une dizaine de salariés, la filiale d'Altedia, qui a près de 300 manifestations à son actif depuis sa création en 1990, fonctionne comme une entreprise de communication « événementielle ». Avant même le début des travaux rue de l'Université à l'été 2006, Laurent Lotteau avait déjà transféré la plupart de ses douze colloques parlementaires annuels à la Maison de la chimie, rue Saint-Dominique [1], à deux pas du Palais-Bourbon. « Un peu moins chic qu'à l'Assemblée », ajoute le consultant entre deux bouffées de cigarette.

Ces salles sont devenues, ces dernières années, de véritables antichambres du lobbying. Toutes les entreprises et les corporations se sont succédé à leur tribune. « À certaines périodes, le défilé était incessant, même les week-ends », glisse, anonymement, un des appariteurs du « 101 » chargés de contrôler l'identité des visiteurs. La liste des manifestations parlementaires que nous avons pu recenser, durant le seul mois de juin 2006, au « 101 » et à la Maison de la chimie est impressionnante :

— le 1er juin, les Rencontres parlementaires sur l'épargne, présidées par Gilles Carrez (UMP, Val-de-Marne), rapporteur général de la commission des Finances. Une kyrielle d'organismes intéressés contribuaient à cette journée : BNP-Paribas, Société générale, HSBC, La Banque postale, la Caisse des dépôts, le groupe Caisse d'épargne, Préfon, Euronext, Fidelity, Total et la Fédération bancaire française ;

— le 6 juin, un colloque sur le thème « Quel avenir pour les soins à domicile ? », à l'initiative d'Yves Bur (UMP, Bas-

1. La Maison de la chimie, installée depuis 1934 dans un hôtel particulier de la rue Saint-Dominique, est administrée par la Fondation de la Maison de la chimie, fondation privée reconnue d'utilité publique. Elle accueille des séminaires, congrès et conférences dans ses salles de réunion et son auditorium (jusqu'à 930 places).

Rhin), président du groupe d'études sur le médicament et les produits de santé, avec le soutien de la fédération des associations d'aides à domicile Antadir et des sociétés Air Liquide Santé, Nutricia, Tyco Healthcare et Bastide ;

— le 12 juin, un colloque « Jeunes et sécurité routière : un défi à relever », à l'initiative d'Hervé Mariton (UMP, Drôme), rapporteur du budget des transports, soutenu par la Sécurité routière, la Fédération française des sociétés d'assurance, la société d'autoroutes Sanef, le fabricant Honda et les écoles de conduite ECF ;

— le 14 juin, un colloque « Trois grands défis pour la France dans l'Europe du fret », coprésidé par Martial Saddier (UMP, Haute-Savoie), rapporteur pour avis du budget des transports, et François-Michel Gonnot (UMP, Oise), et financé par Veolia Transport, la SNCF, Réseau ferré de France, Air France Cargo, Aéroports de Paris, La Poste, Voies navigables de France et l'Ademe ;

— le 15 juin, un colloque intitulé « Grippe aviaire : état d'alerte internationale », organisé par Jean-Pierre Door (UMP, Loiret), rapporteur de la mission d'information sur la grippe aviaire. Les sponsors de la journée étaient les laboratoires Deltayo, GSK, Merial, Roche Pharma, Sanofi Pasteur MSD ;

— le 20 juin, un colloque titré « Effet de serre : danger ! L'urgence d'un nouveau modèle énergétique », à l'initiative de Nathalie Kosciusko-Morizet (UMP, Essonne) et de Jean-Yves Le Déaut (PS, Meurthe-et-Moselle), respectivement rapporteur et président de la mission d'information sur l'effet de serre. Les partenaires étaient Suez, Areva, Saint-Gobain, la Fédération française des sociétés d'assurance et l'Office national des forêts ;

— le 27 juin, un colloque sur le thème « Alcool en France, un coût dénié », présidé par Pierre Morange (UMP, Yvelines), avec l'aide de la Sécurité routière, de l'Institut national du cancer et du laboratoire Bristol-Myers Squibb ;

— le 28 juin, les premières Rencontres parlementaires santé au travail, sur le thème « Après l'amiante, quelle prévention des risques professionnels ? », présidées par Jean Lemière (UMP, Manche) et Jean Le Garrec (PS, Nord), respectivement rapporteur et président de la mission d'information sur l'amiante. Le ministère délégué à l'Emploi, l'Agence française de sécurité sanitaire de l'environnement et du travail (Afsset) et les entreprises du Syndicat du retrait et du traitement de l'amiante (Syrta) payaient les frais de cette manifestation.

Le programme de l'automne 2006 est, paraît-il, tout aussi chargé.

Des événements à l'apparence officielle

Ces manifestations de plus en plus nombreuses méritent d'être auscultées de près. Car leur succès repose sur un curieux mélange des genres et sur des pratiques parfois abusives.

La première ambiguïté concerne l'importance symbolique du lieu. Les salles de conférences Victor-Hugo et Lamartine sont situées dans des bâtiments de l'Assemblée, ce qui confère aux colloques hébergés en leur sein un caractère officiel. Les programmes et les dossiers de presse remis aux participants signalent toujours que la manifestation a lieu à l'Assemblée nationale. Certains arborent le logo du Palais-Bourbon, ce qui est formellement interdit[1]. La bénédiction du Parlement

1. Nous avons notamment relevé la présence du logo de l'Assemblée nationale sur la plaquette de présentation du colloque « Cheval au féminin », tenu le 18 juin 2004 dans la salle Victor-Hugo, et sur le communiqué de presse du colloque « Alzheimer : quelle prise en charge ? » (qui mentionnait les noms des laboratoires Pfizer, Servier, Lundbeck et Eisai comme partenaires de la journée), tenu le 2 février 2006 dans cette même salle. En 1996, plusieurs partenaires de colloques s'étaient émus auprès de l'Assemblée de certaines méthodes de M&M Conseil, notamment le recours au logo du Palais-Bourbon. Le président de l'Assemblée, Philippe

semble même s'accentuer quand le député obtient « le haut patronage de Jean-Louis Debré, président de l'Assemblée nationale », ce qui signifie que ce dernier a donné son accord.

Pourtant, on peut chercher en vain la liste détaillée de ces colloques sur le site de l'Assemblée ou auprès des services administratifs qui gèrent les locaux. « Les réunions qui ont lieu à l'initiative d'un député ne font pas partie de l'agenda officiel. L'élu doit simplement réserver une salle auprès de la questure », précise le service de communication. L'accord du président du groupe politique, par qui transite la demande, est indispensable à l'obtention des salles auprès de la questure, qui tient leur agenda et surveille théoriquement ce qui s'y passe.

L'ambivalence des manifestations, bénies mais non officielles, est donc forte lorsqu'elles sont organisées dans ces lieux. « Certains colloques industriels peuvent sembler parrainés par l'Assemblée nationale, constate Claude Gaillard (UMP, Meurthe-et-Moselle), l'un des trois questeurs en charge de ces questions. Cela peut être gênant dans le cas de l'industrie pharmaceutique, par exemple. Ça l'est moins dans le domaine de l'énergie, car il s'agit surtout d'entreprises publiques comme EDF. Le problème commence aussi à se poser dans les télécoms, où la concurrence est réelle. Nous prêtons attention à la façon dont la communication sur ces colloques est rédigée. Nous avons ainsi fait enlever le logo de l'Assemblée de certaines invitations [1]. » Ces propos confirment l'embarras des autorités. Leurs efforts affichés n'ont pas éteint la polémique.

Séguin, avait fait annuler une manifestation. À la fin de 1997, l'utilisation du logo a été interdite pour ces colloques. Voir Florence Autret, *Les Manipulateurs : le pouvoir des lobbys*, *op. cit.*

1. Entretien avec l'un des auteurs, 4 avril 2006.

Des initiatives télécommandées

Deuxième problème : la genèse des colloques. Les manifestations ont officiellement lieu « à l'initiative » des parlementaires, seuls habilités à demander des salles. Mais la réalité est souvent différente.

Certains députés n'ont plus besoin de solliciter qui que ce soit : leurs colloques sont entrés dans les mœurs. C'est le cas pour le rapporteur général de la commission des Finances. Quelle que soit sa couleur politique, le titulaire du poste préside depuis quinze ans les Rencontres parlementaires sur l'épargne, où tout le gotha financier parisien peut deviser, comme il l'a fait le 1er juin 2006, avec les experts fiscaux du Palais-Bourbon. De même, chaque mois de janvier depuis treize ans, les Rencontres paix et défense sont coprésidées par Jean-Michel Boucheron (PS, Ille-et-Vilaine), pilier de la commission de la Défense, et par le rapporteur du budget de la défense à la commission des Finances – François Cornut-Gentille (UMP, Haute-Marne) pour l'édition 2006. Les industriels qui parrainent la journée (Thales, EADS, Safran, etc.) sont des fidèles.

D'autres colloques sont devenus des traditions, comme les Rencontres parlementaires sur les transports, dont la douzième édition était présidée le 10 novembre 2005 par Hervé Mariton (UMP, Drôme), avec l'appui financier de groupes spécialisés comme Keolis, Connex ou le Port autonome de Paris. C'est le cas aussi des colloques sur la longévité, animés depuis douze ans par Denis Jacquat (UMP, Moselle) et par le professeur Françoise Forette, directrice de l'International Longevity Center, avec l'aide de laboratoires pharmaceutiques.

Ces événements réguliers, avec des partenaires habitués, sont des rentes pour leur organisateur, la société M&M Conseil, qui a monté des rencontres du même type sur la santé avec Jean-Marie Le Guen (PS, Paris), sur les nouvelles technologies avec Patrice Martin-Lalande (UMP, Loir-et-Cher) ou sur l'énergie avec Claude Gatignol (UMP, Manche)[1]. Pour le directeur de M&M Conseil, ces colloques, ouverts au public, complètent les débats parlementaires et permettent aux députés de valoriser leur travail. Mais Laurent Lotteau reconnaît que ce sont souvent les consultants qui suggèrent ces manifestations aux élus : « Lorsqu'il y a un projet de loi important ou une mission parlementaire, nous contactons les rapporteurs. » Ainsi, Antoine Herth (UMP, Bas-Rhin), rapporteur du projet de loi d'orientation agricole, a présidé le 19 octobre 2005 un colloque sur la recherche dans l'agriculture et le développement durable, soutenu par des industriels comme Monsanto, Bayer CropScience, BASF, ainsi que par le Crédit agricole et le groupe Casino. En pleine discussion sur le projet de loi, ces opérations de relations publiques sont très prisées par les sponsors.

La société Agora Europe, créée en 1998, organise chaque année une douzaine de colloques à l'Assemblée et se positionne de la même manière que son concurrent. « J'ai, par exemple, réussi à installer des journées parlementaires annuelles sur le cancer avec Jean-Michel Dubernard, sur les

1. Les Rencontres santé société entreprise, organisées à l'initiative de Jean-Marie Le Guen (PS, Paris) et de Claude Huriet (sénateur honoraire), ont eu lieu le 12 décembre 2005 sur le thème « Lutte contre l'obésité : un enjeu majeur de santé publique », avec l'aide d'Abbott, Sanofi Aventis, Roche Pharma et Kraft. Les VIes Rencontres parlementaires sur la société de l'information et l'Internet, organisées à l'initiative de Patrice Martin-Lalande (UMP, Loir-et-Cher), Patrick Bloche (PS, Paris) et André Santini (UDF, Hauts-de-Seine) – le trio qui préside le groupe d'études sur le sujet à l'Assemblée (voir le chapitre 3) – ont eu lieu le 5 décembre 2005 sur le thème « Révolutions numériques », avec le soutien financier de Bull, HP, Caisse des dépôts, Alliance Tics, Bouygues Telecom et de l'INA. Les VIes Rencontres parlementaires sur l'énergie, à l'initiative de Claude Gatignol (UMP, Manche), président du groupe d'études sur les énergies, ont eu lieu le 13 octobre 2005, avec l'aide financière de RTE, Air Liquide, Areva, EDF, Suez, Gaz de France et de l'Ademe.

prisons avec Christine Boutin, sur le nucléaire avec le tandem Claude Birraux-Christian Bataille, et sur la santé environnementale avec Nathalie Kosciusko-Morizet[1] », explique son PDG Grégoire de La Roncière dans son bureau de Sèvres (Hauts-de-Seine). Visage poupin et lunettes rondes, cet ancien assistant du député européen Bernard Stasi, par ailleurs maire adjoint de Sèvres[2], aime dénicher de nouveaux sujets et de nouvelles têtes pour développer son activité. « Je me tiens au courant de l'actualité, dit-il. J'essaie de repérer les thèmes qui montent. Puis je cible les députés intéressés par ces sujets, avant de joindre les entreprises. » C'est ainsi qu'il a, par exemple, convaincu Pierre Morange (UMP, Yvelines) d'organiser un colloque sur l'alcoolisme le 27 juin 2006, « démarché » Jean-François Chossy (UMP, Loire) pour monter des rencontres parlementaires sur le handicap, et approché Charles de Courson (UDF, Marne) en vue de préparer un colloque sur la fiscalité du transport aérien.

Le démarchage parlementaro-commercial

Le troisième sujet controversé concerne la manière de recruter les entreprises partenaires. En théorie, chacun reste à sa place : le député préside les débats sans se mêler des aspects commerciaux, tandis que la société organisatrice prospecte les partenaires financiers. « Je garde la maîtrise du programme des débats et je peux tout annuler jusqu'au dernier

1. Entretiens avec les auteurs, 3 mars et 12 mai 2006. Agora Europe, qui se veut « organisateur de colloques à vocation parlementaire », dispose de bureaux à Sèvres et à Bruxelles. SARL au capital de 10 000 euros, elle a réalisé en 2004 (dernière année connue) un chiffre d'affaires de 647 000 euros et un résultat comptable de 6 300 euros. Son actionnaire principal est Grégoire de La Roncière (95 % du capital).

2. Le maire de Sèvres est François Kosciusko-Morizet, le père de la députée UMP de l'Essonne.

moment. Mais je ne m'occupe pas d'argent ni de logistique. Ça, c'est le boulot de M&M[1] », affirme Jean-Michel Boucheron, « client » fidèle de cette société pour ses colloques sur la défense.

Cependant, la frontière n'est pas totalement étanche. Dans le cas de M&M, par exemple, le député « invitant » signe une lettre type envoyée aux entreprises afin de les convaincre d'être les sponsors de sa manifestation. Les concurrents font de même. « Les députés rédigent des lettres qui nous permettent de prendre les rendez-vous », explique Grégoire de La Roncière chez Agora Europe en nous montrant un des courriers adressés aux entreprises, qui se termine par la phrase consacrée : « Vous nous feriez un grand honneur si votre société apparaissait comme partenaire officiel de ces rencontres et acceptait de participer aux travaux de cette journée. »

Le parlementaire ne va pas aux rendez-vous, ne négocie pas les tarifs, ne suit pas les détails logistiques et financiers. Mais, sans sa lettre d'introduction, les cabinets spécialisés ne peuvent pas monter l'opération. Il est donc utilisé indirectement pour lever des fonds sur son projet, qui génère mécaniquement une activité commerciale chez les prestataires privés.

Est-ce critiquable ? « Nous n'instrumentalisons personne, plaide Grégoire de La Roncière, qui a mis au point une charte d'éthique. Au contraire, je garantis au député qu'il garde la haute main sur le programme, et qu'il n'a aucun engagement vis-à-vis de nous. » De la même façon, Laurent Lotteau se défend de toute confusion : « Il n'y a pas de relations financières entre nous et le parlementaire, ni entre ce dernier et les partenaires. » Ces pratiques de démarchage semblent pourtant contraires à la lettre du règlement de l'Assemblée, qui interdit au député « d'exciper ou de laisser user de sa qualité dans des entreprises financières, industrielles ou commerciales » (article 79).

---

1. Entretien avec l'un des auteurs, 22 mars 2006.

Interventions, tables d'honneur : tout se négocie

Quatrième point délicat : le contenu du partenariat, qui dépend du montant du chèque des entreprises et peut influencer la teneur des débats. Pour les entreprises, le financement d'un colloque est officiellement une question d'image. Bruno Rivals, le directeur des affaires publiques du laboratoire pharmaceutique américain Pfizer, estime que l'investissement (de 5 000 à 15 000 euros pour chaque événement [1]) est nécessaire : « À chaque fois qu'il y a un colloque sur la santé, je souhaite que l'on soit présent, pour être reconnu non seulement comme un fabricant de médicaments, mais comme un participant aux débats sur la santé [2]. »

Mais les entreprises veulent aussi en avoir pour leur argent. Les organisateurs leur vendent des « packages », et tout ce qui se passe lors d'une rencontre parlementaire a un prix.

Chez Agora Europe, le colloque « clés en main », avec location de la salle Victor-Hugo, impression des programmes, dossiers de presse, comptes rendus, relations presse et repas compris, est proposé à partir de 50 000 euros. Le sponsor doit ajouter 5 000 euros s'il veut réserver une table d'honneur pour quelques invités lors du déjeuner, qui peut se tenir dans les salons de l'hôtel de Lassay. « Le cadre est magnifique mais il faut l'accord du président de l'Assemblée nationale pour y avoir accès », précise Grégoire de La Roncière. Il est rare qu'une seule entreprise prenne en charge toutes les dépenses. « Je propose généralement des places de partenaires entre 6 000 et 12 000 euros, avec la présence du logo de l'entreprise sur les invitations et dans les dossiers », précise l'organisateur.

---

1. Pfizer participe en 2006 aux colloques sur la maladie d'Alzheimer (2 février), avec Jean-Michel Dubernard (UMP, Rhône) et Cécile Gallez (apparentée UMP, Nord), sur la prévention du cancer (15 mai), avec Paul-Henri Cugnenc (UMP, Hérault), sur la longévité (automne 2006), avec Denis Jacquat (UMP, Moselle).

2. Entretien avec l'un des auteurs, 28 juin 2006.

Quant aux interventions à la tribune, elles ne sont pas garanties puisque, théoriquement, le député initiateur garde la maîtrise du programme. Agora le stipule dans ses « engagements » : « Les intervenants pressentis sont choisis par le parlementaire en concertation avec Agora Europe. L'intervention à un colloque n'est en aucun cas conditionnée par un partenariat. » Cependant, tout est question de négociation. « Mon offre est flexible, admet Grégoire de La Roncière. La qualité du débat doit primer, mais un partenaire important peut avoir une place parmi les orateurs. »

Vrai dérapage à ses yeux : le colloque parlementaire « Chimie et société », parrainé, le 6 octobre 2005, par l'Union des industries chimiques et une quinzaine d'entreprises du secteur, durant lequel les industriels n'avaient guère de contradicteurs. « L'UIC a voulu tout verrouiller, je le regrette », confie le patron d'Agora Europe. « La formule, c'est vrai, avait ses limites[1] », concède Jean Pelin, le directeur général de ce syndicat professionnel, qui ne souhaite pas réitérer l'expérience. Quant aux députés qui présidaient ces IIIes Rencontres parlementaires sur la chimie, ils ont eu le sentiment d'être un peu utilisés : « Ce sont les sociétés organisatrices qui poussent à la roue, estime Daniel Garrigue (UMP, Dordogne). J'ai dit à l'UIC qu'il fallait faire autre chose[2]. »

De son côté, M&M Conseil a des formules toutes prêtes. Dans un « dossier de partenariat » envoyé à plusieurs entreprises au début de 2006 et que nous avons pu nous procurer[3], la société propose trois tarifs différents, selon l'étendue des prestations offertes :

— la formule de base, à 11 500 euros, procure un service minimum : logo sur les documents, invitations gratuites, cita-

1. Entretien avec l'un des auteurs, 25 avril 2006.
2. Entretien avec l'un des auteurs, 28 juin 2006.
3. Voir le fac-similé en annexe.

tions dans le dossier de presse, table réservée pour dix invités, remerciements dans les actes du colloque ;

— la formule moyenne, à 15 000 euros, y ajoute un « espace publirédactionnel », autrement dit une présentation de l'entreprise dans le dossier remis aux participants ;

— la formule haut de gamme, à 23 000 euros, donne des petits plus à l'entreprise qui veut faire son lobbying : la « diffusion de votre point de vue au sein du dossier de presse », une « présence à la table d'honneur » aux côtés de parlementaires invitants, et, enfin, une « contribution intellectuelle aux travaux ». Ce bonus permet au partenaire officiel d'être une « force de propositions pour l'élaboration du programme » et de « soumettre une contribution écrite ou orale ». Autrement dit : il a un droit de regard et un droit à la parole.

Interrogés sur ces principes de tarification, les dirigeants de M&M Conseil estiment qu'il est normal d'avoir une échelle dans les prestations. Laurent Lotteau précise qu'il doit freiner la pression des entreprises : « Nous discutons des programmes avec les partenaires car ils veulent tous intervenir. Il faut parfois leur faire comprendre que l'Assemblée nationale n'est pas un salon d'exposition ! »

Vérification faite, dans la plupart des colloques organisés par M&M Conseil ces dernières années, les « partenaires » sont intervenus à la tribune. Ce fut le cas le 18 octobre 2005 lors des Rencontres sur la longévité, pendant lesquelles des représentants de Servier, Pfizer et des AGF participaient aux tables rondes. Autre exemple : le 1er juin 2006, durant les Rencontres parlementaires sur l'épargne, des dirigeants de BNP-Paribas, de la Société générale, de la Caisse des dépôts, du groupe Fidelity, de Total et de la Fédération bancaire française figuraient parmi les orateurs.

Les députés donnent-ils leur accord pour ces interventions payantes durant les colloques parlementaires qu'ils président ? En théorie, oui, puisqu'ils ont le dernier mot sur les programmes, qui sont également soumis au filtre de la questure. Mais certains élus affirment n'être pas toujours au courant. Yves Bur (UMP, Bas-Rhin) avait monté un colloque, le 20 octobre 2003, sur le thème « Quelle place pour le médicament dans la modernisation de l'assurance-maladie ? ». Il témoigne : « J'ai découvert avec stupéfaction que la parole à la tribune était attribuée aux industriels en fonction du montant de leur chèque. Lorsqu'en 2005 j'ai monté un autre colloque, sur le tabac, j'ai été plus vigilant. Pas question de donner la parole à ceux qui n'ont rien à dire[1]. »

Un député dans le business des colloques

Un autre député va beaucoup plus loin, n'hésitant pas à s'investir plus directement dans le business des colloques. Il s'agit de François-Michel Gonnot (UMP, Oise), qui aime se présenter ainsi : « À l'Assemblée, il y a les "diseux" et les "faiseux". Ceux qui sont dans la lumière et ceux qui sont dans l'ombre. Je suis plutôt un faiseux[2]. » À 56 ans, cet ancien journaliste, premier adjoint au maire de Compiègne, élu une première fois en 1993 puis battu en 1997, est revenu en 2002 à l'Assemblée avec la ferme intention de consolider son expertise sur l'énergie. « Les députés qui s'intéressent aux questions énergétiques sont peu nombreux, remarque Christophe Cevasco, chargé des relations avec le Parlement et les élus chez Total. François-Michel Gonnot fait figure d'exception. Il ne défend ni une filière ni un intérêt local[3]. » La sixième circonscription de l'Oise qu'il représente ne recèle, en effet, ni réacteur nucléaire ni raffinerie de pétrole. Son député n'est pas ingénieur des Mines ou ancien du CEA. En 2002, François-Michel Gonnot a pourtant tout fait – en vain – pour

1. Entretien avec l'un des auteurs, 4 avril 2006.
2. Entretien avec l'un des auteurs, 28 mars 2006.
3. Entretien avec l'un des auteurs, 24 mars 2006.

décrocher le poste de président du groupe d'études sur les énergies, détenu par l'inamovible Claude Gatignol (UMP, Manche), élu de la circonscription la plus nucléaire de France (centrale de Flamanville, usine de retraitement des déchets de La Hague). Déçu, il s'est bien rattrapé.

Lors de son précédent mandat, le député de l'Oise avait fait appel au cabinet spécialisé M&M pour monter les premières Rencontres parlementaires sur l'énergie. « Il y a quelques vautours qui tournent autour de l'Assemblée pour se nourrir de ce genre d'activités, dit-il d'un ton coupant. Chez M&M, il n'y avait pas de transparence financière. Impossible de savoir qui avait payé et combien, ni combien le colloque avait coûté. Je n'ai pas envie de servir d'alibi les yeux masqués, lorsqu'on sait qu'un colloque rapporte beaucoup d'argent. »

En 2002, le député a donc créé le Club énergie et développement, sous la forme d'une association loi 1901, pour servir d'interface entre les entreprises du secteur de l'énergie, l'administration et les milieux politiques, notamment les parlementaires. L'association tourne à plein régime. Elle travaille notamment avec certains pays riches en ressources énergétiques. À l'Assemblée, l'élu de l'Oise est président du groupe d'amitié avec la République du Congo (Brazzaville), un grand pays pétrolier africain, et vice-président du groupe d'amitié avec la République démocratique du Congo (ex-Zaïre), riche en ressources gazières.

Dès le 2 décembre 2003, François-Michel Gonnot a organisé, avec son club, un premier colloque à la Maison de la chimie autour du thème « Politique énergétique et politique industrielle ». Sur le carton d'invitation, il se présentait sous sa double casquette de député de l'Oise et de président du Club énergie et développement. Le colloque était financé par une douzaine d'entreprises et de groupements professionnels, dont le Syndicat des entreprises de génie électrique (SERCE), Gestionnaire du réseau de transport d'électricité (RTE),

EDF, Gaz de France, le pétrolier BP ou encore le numéro un mondial du nucléaire Areva. Depuis, François-Michel Gonnot a multiplié ce genre d'initiatives.

L'événement de l'année 2005 a été la visite, lors du colloque du 16 novembre, de l'un des dirigeants de Gazprom venu spécialement de Moscou. Devant les 200 personnes (industriels, parlementaires, journalistes) réunies à la Maison de la chimie, le représentant de la compagnie gazière russe a expliqué qu'il souhaitait prendre de 10 à 15 % du marché du gaz français. Un scoop !

En plus des colloques annuels sur l'énergie, directement pilotés par son club, François-Michel Gonnot organise et préside chaque année depuis 2002 les Assises de la filière électronique et numérique, sur le même modèle, dans les salles du 101, rue de l'Université. La journée du 8 juin 2005 était ainsi financée par Alcatel, EADS, Sagem, France Telecom, Thales, Thomson, ainsi que par une douzaine d'industriels et de fédérations professionnelles du secteur.

Jusqu'où un député peut-il prêter ainsi son nom à des activités commerciales ? « Tout cela est entièrement bénévole. Je ne fais pas de conseil. Je n'ai pas le droit », répond l'intéressé.

L'organisation matérielle des colloques qu'il préside est assurée par une société de conseil, la SARL Decision, dont le chiffre d'affaires pour 2004 s'est élevé à 700 000 euros. Cette société, fondée en 1991, est dirigée par Didier Coulon, un ami du député dont le domicile parisien héberge le siège du Club énergie et développement. Le 20 décembre 2005, Didier Coulon a invité François-Michel Gonnot à devenir actionnaire de sa société. Celui-ci a déboursé 15 000 euros pour acheter 75 parts, soit 15 % du capital[1]. Interrogé sur ses liens capitalistiques avec la SARL Decision, le député a reconnu en être

1. Acte sous seing privé, déposé au greffe du tribunal de commerce de Paris le 7 février 2006 ; statuts à jour déposés au greffe le même jour. Voir fac-similé en annexe.

« actionnaire, un petit peu ». « C'est un copain qui m'a demandé d'entrer là-dedans, c'est tout, précise-t-il. Pour le moment, je n'ai perçu aucune rémunération d'aucune sorte[1]. » Depuis son entrée au capital, le député-actionnaire a pourtant juridiquement droit à sa part des bénéfices générés par les colloques qu'organise la SARL Decision, lesquels sont, pour la plupart, décidés et présidés par lui-même, avec l'appui de partenaires privés.

Le 14 juin 2006, la SARL Decision a monté un colloque parlementaire sur le thème « Trois grands défis pour la France dans l'Europe du fret », financé notamment par Veolia Transport et la SNCF[2]. Coprésidée par François-Michel Gonnot et Martial Saddier, cette manifestation était placée « sous le haut patronage » de Jean-Louis Debré, de Jacques Barrot (vice-président de la Commission européenne) et de Nicolas Sarkozy, ministre de l'Intérieur, et elle bénéficiait de la présence de Dominique Perben, ministre des Transports, de Nelly Olin, ministre de l'Écologie, et de Christian Estrosi, ministre délégué à l'Aménagement du territoire.

La quatrième édition du colloque « Énergie » est programmée pour le 17 janvier 2007. François-Michel Gonnot a prévu d'y réunir les principaux candidats à l'élection présidentielle autour des grands thèmes énergétiques. Parallèlement à ces activités – qu'il se refuse à considérer comme du conseil –, le parlementaire a été nommé président de l'ANDRA, l'Agence nationale pour la gestion des déchets radioactifs[3], en mai 2006. Il ne touche actuellement ni rémunération ni indemnité pour ce poste. Son statut de député le lui interdit. Mais

---

1. Entretien avec l'un des auteurs, 16 juin 2006.
2. Voir le fac-similé de la plaquette de ce colloque en annexe.
3. Cet établissement public, qui emploie 350 personnes et dispose d'un budget de 100 millions d'euros par an, exploite deux centres de stockage dans la Manche et dans le Gard, ainsi que le futur site d'enfouissement de Bure, dans la Meuse.

l'ANDRA offre un point de chute confortable au cas où les élections législatives de 2007 tourneraient mal dans l'Oise avec deux candidats, l'un communiste, l'autre Front national, déjà en embuscade.

Des clubs à huis clos

Les colloques ont un avantage, que ce soit pour les députés ou pour les groupes de pression qui veulent faire entendre leur voix : ils sont ouverts au public, donc médiatisés. Mais c'est aussi leur faiblesse. Les lobbyistes professionnels ont donc diversifié leurs méthodes en créant pour leurs clients des clubs sur mesure, cercles plus restreints d'initiés qui fonctionnent à huis clos.

Réunis « entre amis », les élus glanent des confidences, picorent des idées et écoutent des argumentaires bien préparés, au moment du dessert. Pour les entreprises qui paient leur obole, le contact est direct. Cela peut être efficace en cas d'alerte sur un projet de loi mal ficelé ou pour pousser un amendement sensible. C'est en tout cas plus discret que d'interpeller un député devant un parterre de 300 personnes dans un auditorium, en présence de journalistes.

À Paris, la plupart des clubs paraparlementaires ont un même géniteur, Paul Boury, qui s'est fait un nom en montant en 1987 sa propre société de communication, Boury & Associés. « L'idée est venue sans plan prémédité, au fil de mes rencontres, dit-il, soignant son image de dilettante. On m'a demandé d'organiser des déjeuners, des dîners. Comme je connaissais du monde dans les milieux politiques, à droite comme à gauche, la mayonnaise a pris. » Son associé Pascal Tallon, un HEC carré, cravate et costume toujours bien ajustés, l'a rejoint après avoir monté à l'improviste en 1992 un colloque à Tulle pour François Hollande, jeune député de Corrèze, qui voulait « faire venir du monde » dans son fief.

Pascal Tallon est resté en contact avec « François » et sa compagne : le consultant fait partie depuis l'origine du noyau de l'association Désirs d'avenir, chargée de préparer la campagne présidentielle de « Ségolène ». « Mais nous ne faisons aucune pression sur nos amis politiques ni ne monnayons notre carnet d'adresses politiques aux industriels [1] », assurent, en chœur, Pascal Tallon et Paul Boury.

Pas mercantiles, nos deux compères ? Paul Boury a revendu en 2003 sa société au groupe de conseil Altedia, en empochant au passage une jolie plus-value et en restant aux commandes. Il propose aux entreprises et aux organismes professionnels de la « communication d'influence ». Son équipe d'une dizaine de personnes s'appuie sur « la pratique des circuits législatifs et politiques », « la connaissance des modes de fonctionnement des journalistes et des décideurs politiques » et « l'entretien de contacts à tous les niveaux » [2]. Si ce n'est pas du business de lobbying, cela y ressemble fort !

Boury & Associés anime une dizaine de « clubs » politiques permanents, financés par des entreprises, qui fonctionnent à plein régime. Par exemple, le club Nouvelles technologies & Société, créé en 1995 à l'initiative de Bouygues Telecom, Deutsche Telekom France et AT&T France. D'autres sponsors, comme British Telecom et Microsoft, les ont rejoints. Une dizaine de députés qui s'occupent de ces questions à l'Assemblée, tels André Santini (UDF, Hauts-de-Seine), Patrice Martin-Lalande (UMP, Loir-et-Cher) ou Alfred Trassy-Paillogues (UMP, Seine-Maritime), viennent régulièrement y écouter des experts invités aux côtés des représentants des sponsors. Un autre club, baptisé Parlement & communication, réunit une vingtaine de députés

1. Entretiens de Pascal Tallon avec les auteurs, 30 mars et 12 mai 2006.
2. Présentation de Boury & Associés sur son site internet www.boury-associes.fr/.

« spécialistes » de ce sujet[1], ainsi que des dirigeants d'entreprises de la publicité, des médias et de la télévision.

Le « club des Douze » déjeune à la Caisse

Le plus ancien de ces clubs – le « navire amiral », selon Pascal Tallon – reste le plus influent. Le club Douze pour l'entreprise a été fondé en 1987 par deux députés, le socialiste Christian Pierret et le libéral Ladislas Poniatowski, qui voulaient « favoriser le dialogue entre le monde économique et les responsables politiques ». Il s'est progressivement élargi de douze à une vingtaine de membres, qui vont de François Hollande (PS, Corrèze) à Hervé Novelli (UMP, Indre-et-Loire), en passant par les poids lourds de la commission des Finances de l'Assemblée : son président Pierre Méhaignerie (UMP, Ille-et-Vilaine), son rapporteur général Gilles Carrez (UMP, Val-de-Marne), son ancien rapporteur général Didier Migaud (PS, Isère), l'un de ses membres Jean-Pierre Balligand (PS, Aisne). Un autre ancien rapporteur général, Philippe Auberger (UMP, Yonne), préside actuellement Douze pour l'entreprise.

Ce club très sélect se réunit autour de chefs d'entreprise, d'experts ou de personnalités politiques lors de déjeuners, par exemple sur les thèmes des privatisations ou de la fiscalité. Le 7 mars 2006, il a reçu Lazszlo Kovacs, le commissaire euro-

1. On y croise à nouveau André Santini (UDF, Hauts-de-Seine), ainsi que Patrick Bloche (PS, Paris), Didier Mathus (PS, Saône-et-Loire), Alain Joyandet (UMP, Haute-Saône) et Emmanuel Hamelin (UMP, Rhône). Aidé par le cabinet Staut & Associés, ce dernier a parallèlement monté avec 70 élus son propre Club parlementaire sur l'avenir de l'audiovisuel, qui a pour « partenaires membres » : ABSat, Eutelsat, France Télévisions, Simavelec, Skyrock, TDF, TF1, et TMC. Emmanuel Hamelin préside à l'Assemblée le groupe d'études sur la télévision numérique terrestre (TNT).

péen à la fiscalité et à l'union douanière, dans les salons du Cercle de l'Union interalliée, rue du Faubourg-Saint-Honoré. Qui le finance ? Plusieurs grands groupes, comme EADS, Cegetel et Suez, ainsi que Euronext (gestionnaire de la Bourse de Paris), contribuent à ses activités. Des banques d'affaires et des cabinets d'avocats, très intéressés par le dossier des privatisations, y ont participé de manière épisodique.

Le « club des Douze » entretient également des relations étroites avec le groupe Caisse des dépôts, une institution publique au cœur du système financier français[1]. Trois de ses membres, dont son président Philippe Auberger, siègent, comme députés[2], à la commission de surveillance de cet organisme, qui se réunit deux fois par mois. Autant dire que les affiliés au club se sentent chez eux à l'hôtel de Pomereu,

1. Créée en 1816, la Caisse des dépôts est une institution financière publique dotée d'un statut particulier, placée « sous la surveillance et la garantie de l'autorité législative » via sa commission de surveillance, présidée par un député. Elle est à la fois le premier gestionnaire de l'épargne et des retraites, le principal financier du logement social (80 000 logements financés en 2005), le principal bailleur de fonds des collectivités locales pour leurs investissements (comme investisseur et apporteur de crédits) et l'un des premiers investisseurs institutionnels financiers, avec des participations dans la Caisse nationale des Caisses d'épargne, dans la CNP, dans de grandes entreprises comme Veolia, Accor, Alcatel, Eiffage ou Michelin. Elle a dégagé un bénéfice de 2 milliards d'euros en 2005. Toutes contributions confondues (dividendes, impôts...), elle a reversé à l'État 2,9 milliards d'euros en 2005.

2. Il s'agit de Philippe Auberger (UMP, Yonne), de Pierre Hériaud (UMP, Loire-Atlantique) et de Jean-Pierre Balligand (PS, Aisne). Le sénateur Philippe Marini (UMP, Oise, rapporteur général de la commission des Finances du Sénat) est le quatrième parlementaire membre de droit de cette commission de surveillance. Chaque année, son président et le directeur général de la Caisse des dépôts (Francis Mayer) sont auditionnés par les commissions des Finances de l'Assemblée nationale et du Sénat. La commission de surveillance de la Caisse des dépôts doit aussi remettre un rapport annuel sur les activités de la Caisse, adressé « avant la fin de la session ordinaire » au Parlement (voir le site www.caissedesdepots.fr/).

siège de la Caisse des dépôts, dans le VIIe arrondissement de Paris. Ils y tiennent d'ailleurs généralement leurs réunions. « Nous en avons pris l'habitude quand Christian Pierret, qui présidait la commission de surveillance de la Caisse, a démarré le club, explique Paul Boury. Le hasard a fait que ses successeurs à la Caisse, de Philippe Auberger à Jean-Pierre Balligand, étaient également membres du club. Voilà pourquoi nous nous y réunissons de temps en temps. Mais nous remboursons les frais de repas à la Caisse des dépôts. » Un détail que le consultant a tenu à étayer en nous montrant des factures, et que la responsable des relations institutionnelles de la Caisse des dépôts, Anne Guillaumat de Blignières, a confirmé par écrit[1].

Paul Boury est un habitué de l'hôtel de Pomereu. Parallèlement à son activité de « clubbing », il est en effet l'un des conseillers en communication du directeur général de la Caisse des dépôts, Francis Mayer. Cet ancien haut fonctionnaire du Trésor passé par la Banque mondiale, nommé à ce poste convoité en décembre 2002, soigne son image auprès des milieux politiques. Depuis son entrée en fonctions, Francis Mayer convie régulièrement aux « dîners de Pomereu[2] » des ministres, des membres de cabinet et des parlementaires influents, parmi lesquels on retrouve sans surprise les

1. Courrier à l'un des auteurs, daté du 30 juin 2006, en réponse à nos questions sur les relations entre la Caisse des dépôts et les parlementaires ainsi que sur le club Douze pour l'entreprise.

2. Le 4 octobre 2005, par exemple, un « dîner de Pomereu » présidé par Francis Mayer a accueilli comme invités d'honneur Christian Estrosi, ministre délégué à l'Aménagement du territoire, et José Maria Munoa Gunuza, ministre conseiller pour les Affaires extérieures de la Communauté autonome basque. Étaient présents une vingtaine de parlementaires et d'anciens ministres, une quinzaine de dirigeants d'entreprise, une trentaine de « personnalités qualifiées » (hauts fonctionnaires, membres de cabinets ministériels, experts) et une dizaine de dirigeants de la Caisse des dépôts.

membres du « club des Douze ». Durant ces agapes très chics, l'état-major de la Caisse peut faire passer des messages.

Il a bien besoin de ce lobbying. Car, selon une étude d'image réalisée en 2005, certains parlementaires et élus locaux reconnaissent les efforts récents de la Caisse mais reprochent encore à l'institution sa lenteur légendaire[1]. De plus, le directeur général a été déstabilisé lorsque le groupe Caisses d'épargne, dont la Caisse des dépôts détenait 35 %, a annoncé son rapprochement avec les Banques populaires. Francis Mayer, pris au dépourvu et hostile à cette fusion, a cédé, à la fin de mai 2006, les parts détenues par la Caisse, s'attirant des critiques pour son manque de vision stratégique. Mais sa cession a été soutenue « à l'unanimité » par les membres de la commission des Finances.

Les petits pas des clubs Areva

La série des clubs de Boury & Associés comporte aussi des structures montées à titre exclusif par certaines entreprises pour soigner leur communication parlementaire. À 100 000 euros de budget annuel, la mise n'est pas inaccessible aux grandes sociétés et organisations professionnelles. « Elles estiment qu'en amont du lobbying sur les textes il faut aussi développer le lobbying des idées », avance Paul Boury. La Française des jeux a ainsi créé un club Sport en jeux, qui invite les députés à des débats et à des manifestations sportives. On y croise notamment François Rochebloine (UDF, Loire), Guy Drut (UMP, Seine-et-Marne), Francis Hillmeyer (UDF, Haut-Rhin) ou Alain Néri (PS, Puy-de-Dôme), tous passionnés de sports. « La Française des jeux est très concernée par les éventuelles dispo-

1. Étude mentionnée dans le courrier adressé à l'un des auteurs par Anne Guillaumat de Blignières, responsable des relations institutionnelles du groupe Caisse des dépôts, 30 juin 2006.

sitions législatives, que ce soit sur l'économie du sport, la réglementation des paris ou sur les machines à sous. Il est naturel qu'elle défende ses positions », estime Paul Boury. De son côté, Veolia Environnement réunit régulièrement des parlementaires lors des dîners d'un club Environnement et société, présidé par son PDG Henri Proglio, et participe ponctuellement à un club multientreprises baptisé France Europe, centré sur les questions européennes[1].

Les plus emblématiques de ces clubs « privés » sont ceux montés par Areva (ex-Cogema). Le leader mondial du nucléaire, dont les activités vont de la fabrication du combustible au stockage des déchets en passant par la construction de réacteurs, avait autrefois une image de grand méchant loup radioactif. La hausse du prix du pétrole et la prise de conscience du réchauffement climatique ont commencé à modifier cette perception. La politique de portes ouvertes instaurée par sa présidente Anne Lauvergeon depuis son arrivée à la tête du groupe, en 1999, ainsi que le changement de nom préparé par une agence de publicité ont contribué à ce retour en grâce, que ce soit en direction du grand public, des journalistes ou des élus.

En 2002, l'entreprise a confié au cabinet Boury & Associés le soin de créer deux clubs. Le premier, le Groupe prospective, réunit une vingtaine de parlementaires spécialisés dans les questions énergétiques. Areva les rassemble cinq fois par an au restaurant Ledoyen, sur les Champs-Élysées, afin d'évoquer, en présence d'un invité, les questions liées à cinq grands thèmes : scénarios d'avenir, économie, climat, technologies et

1. Le 29 mars 2006, dans les salons de l'hôtel Bristol (Paris VIIIe), le dîner du club France Europe, présidé par Henri Proglio (PDG de Veolia Environnement), recevait Jacques Barrot, vice-président de la Commission européenne et commissaire aux transports, en présence de 70 invités (parlementaires, chefs d'entreprise, hauts fonctionnaires, experts) et d'une trentaine de dirigeants du groupe Veolia Environnement.

géopolitique. Chacun des cinq cycles donne lieu à la rédaction d'un rapport. Le second club, baptisé Science & débats, fonctionne sur le même principe (un déjeuner cinq fois par an chez Ledoyen), mais avec un angle de vue plus ouvert : on y évoque des sujets scientifiques d'intérêt général.

Le mot « nucléaire » n'est volontairement jamais prononcé. Les déjeuners, qui regroupent une vingtaine de personnes (environ 10 % d'industriels et 90 % de députés et sénateurs), sont animés par François Ewald, professeur au Conservatoire national des arts et métiers. Les parlementaires invités varient à chaque rencontre, en fonction des thèmes abordés, au contraire du Groupe prospective, où viennent des fidèles. À l'origine de la création de ce club, un constat : l'obscurantisme se développe dans l'opinion, et par ricochet parmi les parlementaires. Les Français se méfient de plus en plus d'un progrès technique autrefois glorifié. On s'inquiète de la diffusion des OGM, des nanotechnologies... Areva a donc voulu aborder ces questions controversées tout en soignant son image. Pour en débattre avec les élus, le club a invité, entre autres, la directrice générale de l'Institut Pasteur, Alice Dautry, le mathématicien Laurent Lafforgue (médaille Fields 2002), le professeur Étienne-Émile Beaulieu (inventeur de la pilule abortive RU 486) et la rédactrice en chef du mensuel *La Recherche*, afin de parler de la science dans les médias.

Parmi les participants à ces rencontres, on trouve un noyau dur de députés connus pour leur appétit scientifique, comme Jean-Yves Le Déaut (PS, Meurthe-et-Moselle), vice-président de l'Office parlementaire d'évaluation des choix scientifiques et technologiques, Alain Claeys (PS, Vienne), spécialiste des biotechnologies, ou Jean-Michel Fourgous (UMP, Yvelines), rapporteur du budget de la recherche au nom de la commission des Finances. Plus surprenant, on y croise aussi de farouches opposants au nucléaire comme Yves Cochet (Verts, Paris). L'ex-ministre de l'Aménagement du territoire et de l'Environnement du gouvernement Jospin ne fait pas mystère de sa participation à ce qu'il appelle le « Club Areva » : « Je vais très régulièrement aux déjeuners du mardi ou du mercredi chez Ledoyen, bien que je sois un antinucléaire notoire. Les organisateurs aiment bien qu'un contestataire vienne pimenter les débats[1]. »

Pour Jacques-Emmanuel Saulnier, directeur de la communication d'Areva, c'est sans doute grâce aux liens noués dans ce club qu'Yves Cochet a accepté un face-à-face avec Anne Lauvergeon, organisé par le quotidien économique *Les Échos*, à l'occasion du vingtième anniversaire de la catastrophe de Tchernobyl[2]. Cela n'a pas empêché les deux protagonistes de s'aboyer à la figure, mais « Atomic Anne » a voulu ainsi montrer qu'elle était ouverte au dialogue.

Autre retombée : en 2005, un sondage réalisé auprès des parlementaires par la société de lobbying Spin Partners et *La Revue parlementaire* a montré qu'Areva était l'une des entreprises françaises dont la communication était la plus appréciée par ces derniers[3]. Le groupe s'est classé sixième derrière EADS, EDF, Air France, La Poste et France Telecom. Six parlementaires lui ont même décerné un « coup de cœur » et il n'a reçu aucun « carton rouge », à la différence d'EDF ou de Total. L'opération séduction semble avoir atteint son but.

1. Entretien avec l'un des auteurs, 22 mars 2006.

2. « Lauvergeon-Cochet : que faire du nucléaire ? », *Les Échos*, 28 avril 2006.

3. Sondage réalisé auprès de plus de 200 sénateurs et députés dans le cadre de l'édition 2005 des Trophées de la communication institutionnelle, créés en 2004 par Spin Partners et *La Revue parlementaire*.

Les amis du cochon et du foie gras

Les financiers et les poids lourds de l'industrie ne sont pas les seuls à se lancer dans le « clubbing ». Le succès de la formule, plus conviviale qu'une invitation à une assemblée générale de fédération professionnelle, a convaincu d'autres lobbyistes de la proposer à des clients jusque-là peu coutumiers du genre. Le cabinet Com'Publics l'a ainsi conseillée à la fin de 2003 aux professionnels du cochon. « Nos produits sont très appréciés, le cochon est présent dans la culture gastronomique de toutes les régions, mais notre image est injustement associée aux nuisances. Nous devions faire quelque chose[1] », explique Jean-Michel Serres, le président de la Fédération nationale porcine (FNP), qui regroupe environ 10 000 producteurs. Certaines porcheries, dont les rejets contribuent fortement aux pollutions aquatiques, notamment en Bretagne, font face à des oppositions de plus en plus virulentes de la part de riverains et d'associations écologistes. Les professionnels se bagarrent également contre les réglementations sur les installations classées pour l'environnement, qu'ils jugent trop tatillonnes. « Nous avons voulu rendre sympathique une filière mal aimée[2] », analyse Mathieu La Fay, directeur adjoint chez Com'Publics.

L'agence de lobbying a donc lancé un Club des amis du cochon. Sur la carte de membre, de la taille d'une carte de crédit, un bel animal pointe ses oreilles et son groin rose. Au dos, la charte des adhérents précise : « Je m'engage à mieux connaître la filière porcine ; je cherche à mieux connaître les préoccupations des éleveurs, des transformateurs, des distributeurs ; je partage des moments de convivialité et d'échange autour du cochon et de ses produits. » La défense des intérêts de la filière est habilement présentée.

1. Entretien avec l'un des auteurs, 3 juillet 2006.
2. Entretien avec l'un des auteurs, 5 juillet 2006.

Le 2 mars 2004, le Club des amis du cochon a été officiellement lancé dans les salons de la questure, à l'Assemblée nationale, grâce à l'appui du questeur Claude Gaillard (UMP, Meurthe-et-Moselle). Près de 120 élus, professionnels et journalistes se pressaient autour des buffets garnis de jambons, saucissons et charcuteries du terroir. Les responsables de la filière ont exprimé le souhait que le club contribue à améliorer leur réputation. Dans la foulée, plus d'une centaine de parlementaires ont pris leur carte, parmi lesquels Marc Le Fur (UMP, Côtes-d'Armor), élu d'une région à forte concentration d'élevage, Marylise Lebranchu (PS, Finistère), André Santini (UDF, Hauts-de-Seine) et Jean Lassalle (UDF, Pyrénées-Atlantiques), fier de raconter qu'il a tué le cochon pour la première fois dans la ferme familiale à l'âge de 14 ans et demi.

Le club a multiplié les initiatives : édition d'un journal, tables rondes annuelles au Sénat, remise de cartes de membre à plusieurs ministres [1], rencontres-dégustations en région, réunion au Press Club avec des journalistes, visites d'élevage dans la Somme pour vanter les « porcheries vertes », voyage en Chine pour la promotion des produits, animations lors du Salon de l'agriculture... Avec la complicité du député Germinal Peiro (PS, Dordogne), secrétaire national du PS à l'agriculture, le président du club, Jean-Michel Serres, a pu bavarder longuement avec François Hollande sur le stand Village du cochon lors du Salon de l'agriculture 2006. « Le patron du PS a pris une carte du club », précise-t-il.

---

1. Notamment à Jean-Pierre Raffarin, Nicolas Sarkozy, Dominique Bussereau, Hervé Gaymard, Nicolas Forissier, Christian Jacob, mais également, en 2004, au conseiller agricole de Jacques Chirac à l'Élysée (Hervé Lejeune), aux conseillers techniques du ministre de l'Agriculture (Pascal Vine, Christophe Malvezin), au président de l'Association française des collaborateurs parlementaires (Jérôme Jean), au président du Press Club (André Bercoff), au directeur du journal *L'Hémicycle* (Fabrice du Repaire), au président de l'Association française des journalistes agricoles (Patrice-Thedy Colleuille).

Avec près de 200 membres, le Club des amis du cochon a servi de relais efficace pour parer au vote de certains textes qui pouvaient gêner les éleveurs. Dans la soirée du 18 mai 2006, lors de la discussion du projet de loi sur l'eau au Palais-Bourbon, les lobbyistes de la FNP ont eu vent qu'un amendement impromptu risquait de faire payer aux producteurs de porcs l'essentiel de la taxe sur les produits phytosanitaires. « Nous nous sommes aussitôt rendus à l'Assemblée et nous avons diffusé une note d'argumentaire, sur papier à en-tête du club, auprès de la vingtaine de députés présents [1] », raconte Marc Teyssier d'Orfeuil, le directeur de Com'Publics. Après une suspension de séance et des négociations de couloirs, l'amendement controversé a été écarté. « Grâce aux amis du cochon, nous avons évité une petite catastrophe. Mais nous restons vigilants sur tous les textes », confie Jean-Michel Serres.

Forts de leur réussite sur le cochon, les lobbyistes de Com'Publics ont renouvelé l'expérience avec les professionnels du foie gras, réunis au sein du Comité interprofessionnel du foie gras (Cifog). Les 16 000 producteurs français, qui écoulent chaque année 17 000 tonnes de foie gras (soit 85 % de la production mondiale), redoutent par-dessus tout une interdiction du gavage des oies et des canards, technique suspectée de faire souffrir les animaux et déjà proscrite dans certains pays (Israël, Pologne, Italie). Or, sans gavage, impossible, selon les professionnels, de fabriquer du foie gras de qualité. « Nous leur avons expliqué qu'un lobbying à Bruxelles serait inefficace pour défendre une production très française, explique Marc Teyssier d'Orfeuil. Mieux valait tenter de combler le vide juridique en France pour inscrire le foie gras dans le patrimoine gastronomique protégé. »

Un club Vive le foie gras, présidé par Alain Labarthe, dirigeant du Cifog, a donc été constitué au début de 2005 à desti-

---

1. Entretien avec l'un des auteurs, 5 juillet 2006.

nation des élus, avec les mêmes outils que le Club des amis du cochon : journal, dégustations, argumentaires, réunions de travail avec les parlementaires et le ministère de l'Agriculture. En y adhérant, ses membres s'engagent « à défendre le foie gras, à connaître la filière et les préoccupations des producteurs et des transformateurs » et « à partager des moments de convivialité et de fête autour du foie gras ». Ce n'est pas difficile, puisque 93 % des députés et sénateurs interrogés par le club fin 2004 affirmaient en déguster « souvent » ou « très régulièrement ».

De nombreux élus des régions productrices s'y sont donc impliqués avec autant de délectation que de conviction. Dans le journal du club, Jean-Pierre Dufau (PS, Landes) a fustigé une éventuelle interdiction du gavage, qui « aboutirait à une production d'ersatz de foie gras très éloigné du produit que nous connaissons aujourd'hui[1] ». Michel Roumegoux (UMP, Lot) a mis en avant son expérience de vétérinaire pour expliquer que le gavage actuel n'était pas douloureux : « Je peux vous affirmer que si les animaux étaient traumatisés, la production de foie gras ne pourrait aboutir. En effet, chez le canard, le stress est susceptible de tuer ou de perturber gravement l'animal. Les éleveurs ont à cœur de les maintenir dans une ambiance sereine[2]. »

Le député du Lot, qui se présente sur son site Internet comme un « ambassadeur du foie gras lotois », s'est dépensé sans compter. Il a demandé la création d'un groupe d'études sur le foie gras à l'Assemblée, demande qui a été rejetée. Tenace, il a déposé en septembre 2005 un amendement visant à ajouter au Code rural un article ainsi rédigé : « Le foie gras fait partie du patrimoine culturel et gastronomique protégé en France. On entend par foie gras le foie d'un canard ou d'une oie spécialement engraissé par gavage. » Un texte sur mesure

1. *Vive le foie gras*, décembre 2004, n° 1.
2. *Ibid.*

pour les producteurs. Glissé lors de la discussion en deuxième lecture du projet de loi d'orientation agricole, l'amendement a été adopté à l'unanimité à l'Assemblée le 17 octobre 2005[1]. « Cette première victoire législative est très encourageante », se réjouit Marc Teyssier d'Orfeuil. La création du club, là encore, a clairement servi les intérêts particuliers de cette filière, sans soulever beaucoup de critiques.

Le club Vive le foie gras compte aujourd'hui 220 membres. Et il sait les soigner. Pour son premier anniversaire, le 14 mars 2006, il les a reçus dans les salons de la questure, toujours avec l'aimable autorisation de Claude Gaillard (UMP, Meurthe-et-Moselle). Quelques grandes toques avaient préparé de délicieux assortiments : foie gras à la figue, au thé vert, au gingembre, au champagne ou au sauternes. De quoi susciter des amitiés fidèles !

---

1. Un amendement identique avait aussi été déposé par Jean Gaubert (PS, Côtes-d'Armor). L'article de loi du Code rural a été voté le 17 octobre 2005 à l'Assemblée et le 9 novembre 2005 au Sénat.

Chapitre 16

« Nous, les Députés de l'Entreprise »

Ils étaient là, installés à la tribune de la salle Victor-Hugo, dans les sous-sols du 101, rue de l'Université. En ce mardi 2 mai 2006, une brochette de représentants du patronat avaient répondu à l'invitation d'un de leurs amis, le député Jean-Michel Fourgous (UMP, Yvelines), à l'Assemblée nationale. Celui-ci présidait un colloque placé « sous le haut patronage de Nicolas Sarkozy, président de l'UMP », sur le thème : « Existe-t-il encore un modèle social français ? »

En écoutant les orateurs, on comprenait tout de suite que la réponse était contenue dans la question : le « modèle social français » se trouvait en état de décomposition avancée. Jean-Michel Fourgous et le coorganisateur du colloque, Bernard Zimmern – président de l'Institut français pour la recherche sur les administrations publiques (iFrap), pourfendeur des gaspillages de l'État –, prononcèrent donc l'oraison funèbre attendue[1]. Dans la salle, les invités (députés, chefs

1. Ce colloque était coorganisé par Jean-Michel Fourgous et Olivier Dassault (députés, présidents du club Génération entreprise) ainsi que par Bernard Zimmern, président de l'iFrap (Institut français pour la recherche

d'entreprise, militants libéraux) étaient acquis à cette thèse. Le débat fut donc limité. Le colloque offrit cependant aux figures du patronat une belle tribune pour entonner leur couplet, chacun sur un air distinct.

Cheveux ébouriffés et sourire décontracté, Geoffroy Roux de Bézieux, fondateur en France de la chaîne de magasins de téléphonie The Phone House, incarnait la tendance progressiste du milieu des affaires. Ce diplômé de l'Essec de 43 ans, ancien des commandos de marine et de L'Oréal, préside depuis 2005 l'association Croissance Plus, qui regroupe des entreprises en pleine ascension[1]. Fier d'avoir créé une entreprise qui emploie aujourd'hui 2 500 salariés en France et de payer l'ISF (impôt de solidarité sur la fortune), Geoffroy Roux de Bézieux défendit lors du colloque un « capitalisme moderne », « équitable », où « tout le monde a sa chance », un modèle où « l'entreprise sert l'intégration sociale ». Il critiqua avec modération le « malthusianisme français », qui freine le développement des « gisements d'emplois », et réclama un soutien aux créateurs d'entreprise.

---

sur les administrations publiques), un think-tank libéral qui publie des études sur les gaspillages de l'argent public, les privilèges des fonctionnaires et le coût de la redistribution sociale (voir www.ifrap.org/). Le colloque avait pour partenaires l'iFrap, *La Revue parlementaire*, La Chaîne parlementaire, le cabinet de conseil en formation Krauthammer International, la Fédération française des sociétés d'assurances et l'Institut de liaisons et d'études des industries de consommation (qui regroupe 120 fabricants de produits de grande consommation).

1. L'association Croissance Plus, fondée en 1997, fédère 200 entreprises en forte croissance, notamment dans les secteurs des technologies et des services (comme Ubisoft, Poweo, The Phone House), ainsi que leurs partenaires (banques, avocats, sociétés de capital-risque, investisseurs appelés *business angels*). Leurs dirigeants disent se battre comme « force de proposition auprès des pouvoirs publics », principalement « pour faire rayonner un nouveau modèle entrepreneurial, soutenir la création d'entreprises et d'emplois, tout en partageant les fruits de la croissance ».

Lunettes strictes et port altier, Denis Gautier-Sauvagnac, président de l'Union des industries et métiers de la métallurgie (UIMM), représentait l'un des bastions traditionnels du Medef, l'organisation patronale héritière du CNPF[1]. Rompu aux contacts politiques et aux négociations sociales, cet ancien inspecteur des finances expliqua que l'on devait désormais « gagner la bataille des idées reçues » afin de faire prendre conscience aux Français que « compétitivité peut rimer avec richesse » et qu'il ne faut pas augmenter le coût du travail. « Si, avec des parlementaires, nous arrivons à faire évoluer les mentalités sur l'entreprise, alors ils méritent de la reconnaissance. »

Épaules carrées et débit saccadé, René Hans sonna une charge plus rude. Cet expert-comptable de profession, vice-président de la Confédération générale des petites et moyennes entreprises (CGPME) en Alsace, est l'un des porte-voix de la branche la plus virulente de ce syndicat de petits patrons[2]. Pour lui, l'entreprise est « le bouc émissaire et la

---

1. Le Mouvement des entreprises de France (Medef) a été créé par Ernest-Antoine Seillière en 1998. Il a succédé au Conseil national du patronat français (CNPF). Première organisation patronale, le Medef représente plus de 750 000 entreprises de toutes tailles et de tous secteurs, regroupées en 155 Medef territoriaux et en 85 fédérations et branches professionnelles, dont l'UIMM, la Fédération nationale du bâtiment (FNB) et l'Association nationale des industries alimentaires (ANIA). En juillet 2005, Laurence Parisot (PDG de l'institut de sondages Ifop) a été élue présidente du Medef pour cinq ans. Ses objectifs affichés : « parler d'économie, expliquer l'économie, faire aimer l'économie ; concentrer les efforts du Medef sur la petite et moyenne entreprise ; ouvrir le Medef à la société civile ».

2. Créée en 1944 par Léon Gingembre, la Confédération générale des petites et moyennes entreprises est une organisation dédiée aux PME, très active pour leur défense, notamment opposée au fort développement des grandes surfaces et aux 35 heures. Ses présidents successifs ont été Léon Gingembre, René Bernasconi (1978), Lucien Rebuffel (1990), Jacques Freidel (2000) et Jean-François Roubaud (depuis 2002). La CGPME

vache à lait » des gouvernements et les entrepreneurs sont considérés comme des « voyous ». « Nous sommes suspectés, freinés, contrôlés, avec des méthodes dignes de l'Inquisition, affirma-t-il avec virulence. Il est aujourd'hui décourageant d'entreprendre en France. Chaque jour, un patron quitte le pays, c'est un mouvement plus fort qu'après la révocation de l'édit de Nantes et la Révolution française. » Auteur d'un livre intitulé *L'Entreprise malade des fonctionnaires*[1], René Hans cita plusieurs exemples du « harcèlement » dont les chefs d'entreprise sont, selon lui, victimes, avant de rappeler son vœu le plus cher : « Il est grand temps que l'on respecte la France laborieuse. Laissez-nous faire ! »

Ces propos extrémistes ne choquèrent pas Jean-Michel Fourgous. « Il n'y aura pas de progrès social possible sans valorisation de l'entreprise, premier financeur du modèle social, premier agent d'intégration et premier acteur de promotion sociale », déclara l'élu UMP à la tribune du colloque, renchérissant sur les discours des invités.

Le député des Yvelines a fait de ce combat sa vocation. Ancien chercheur au CNRS reconverti dans le business des logiciels en 1983, Jean-Michel Fourgous a revendu sa société en 1993 lorsqu'il s'est lancé dans la politique. Élu une première fois à l'Assemblée cette année-là avec le soutien du RPR au second tour, il a animé un groupe de travail sur les entreprises avec Hervé Novelli, un pilier de l'UDF à l'Assemblée, et, en 1996, s'est emparé de la mairie d'Élancourt (Yvelines).

Revenu en juin 2002 au Palais-Bourbon sous les couleurs de l'UMP, Jean-Michel Fourgous a repris ses habits de promoteur de la cause entrepreneuriale. Intarissable, cet homme

---

organise depuis 2003 un forum annuel des PME baptisé « Planète PME », qui reçoit ministres et personnalités politiques.

1. René Hans, *L'Entreprise malade des fonctionnaires*, L'Harmattan, 2005, préface de Bernard Zimmern.

de 53 ans de petite taille, aux yeux pétillants et à la mine bronzée, toujours en mouvement, adore taper sur les élites françaises sans faire dans la nuance. « Les énarques ont mené le pays à la faillite, la classe dirigeante ignore tout des réalités des entreprises[1] », répète le député. Même ses collègues de l'UMP trouvent que l'ancien fonctionnaire Fourgous est parfois un peu fatigant...

Les troupes du club Génération entreprise

Depuis son élection en 2002, le député des Yvelines a décidé d'organiser la défense des entreprises au sein de l'Assemblée nationale. Il s'est rapproché d'un élu hors normes, membre, comme lui, de l'UMP et de la commission des Finances : Olivier Dassault. Le petit-fils du fondateur du groupe aéronautique et fils de Serge Dassault (sénateur UMP de l'Essonne)[2] cumule les diplômes et les activités. Député de l'Oise, à 55 ans, il est ingénieur de l'école de l'air, titulaire d'un DEA de mathématiques et d'un doctorat d'informatique de gestion, compositeur de musique, administrateur de Dassault Aviation, président de Dassault Communication et du conseil de surveillance du groupe Valmonde (*Valeurs actuelles*), administrateur de la Socpresse (*Le Figaro*).

Élu en 1988, réélu en 1993, puis en 2002 dans l'Oise, Olivier Dassault se présente comme « président de sociétés » : « Mon expérience de chef d'entreprise me donne une vision très concrète et pragmatique de l'économie et de la politique, affirme cet homme mince au visage ceint d'un collier de barbe grisonnant. Il faut redonner confiance aux chefs d'entreprise. La politique doit devenir un outil qui leur soit favorable, et, pour cela, il faut entreprendre de vraies réformes libérales :

1. Entretien avec l'un des auteurs, 13 avril 2006.
2. Au sujet des Dassault, voir le chapitre 17.

assouplir véritablement le code du travail, diminuer les charges sociales[1]. » Pour le député sarkozyste, la législature actuelle « a certainement été bien plus favorable aux entreprises que la précédente, qui avait, rappelons-le, imposé le système des 35 heures, une véritable catastrophe pour l'emploi et les entrepreneurs ».

Ensemble, Olivier Dassault et Jean-Michel Fourgous ont créé en juillet 2002 le club Génération entreprise (GE) en vue de réunir des « députés de l'entreprise ». Son rôle ? « Construire des ponts entre le monde politique et économique », résume l'élu de l'Oise. Son collègue des Yvelines précise : « Traditionnellement, il y a une surreprésentation des fonctionnaires au Parlement. Il fallait bien que les membres du secteur privé se regroupent pour faire entendre leur voix. »

L'élection de plus de 360 députés UMP au Palais-Bourbon en juin 2002 leur a facilité la tâche. La sociologie professionnelle de l'Assemblée a été bouleversée. On y dénombre plus de 200 représentants des entreprises privées et professions libérales (hors santé et agriculture) : 21 chefs d'entreprise, 14 administrateurs de société, 80 cadres du secteur privé, 39 avocats et conseillers juridiques, 27 ingénieurs (certains ont travaillé dans des entreprises), une douzaine de consultants, 6 agents d'assurances, 5 commerçants, 5 artisans, 3 agents immobiliers, 3 représentants de commerce, 3 experts-comptables et un administrateur de biens.

Plus nombreux que les quelque 150 fonctionnaires qui peuplent le Palais-Bourbon, les représentants du secteur privé n'ont pas, comme eux, de garantie de retour dans leur activité antérieure une fois leur mandat achevé. Mais ils disposent, en contrepartie, d'un privilège méconnu : ils peuvent continuer d'exercer leur profession, qui n'est pas incompatible avec le statut de parlementaire. Seuls ceux qui dirigent des entreprises ayant des contrats avec la puissance publique ou les

1. Courriel à l'un des auteurs, 8 juin 2006.

avocats plaidant contre l'État ont l'interdiction de cumuler leur métier et leur mandat[1].

Le club Génération entreprise a donc recruté facilement des partisans du secteur privé dans les rangs de l'UMP et de l'UDF. Il rassemble une centaine de membres, dont l'avocat Xavier de Roux (UMP, Charente-Maritime), le défenseur traditionnel des petits commerçants Jean-Paul Charié (UMP, Loiret), l'ex-imprimeur Léonce Deprez (UMP, Pas-de-Calais), l'ancien PDG d'Air France Christian Blanc (apparenté UDF, Yvelines), l'ex-cadre de L'Oréal Luc Chatel (UMP, Haute-Marne), l'ex-dirigeant d'une chaîne de boutiques de linge de maison Jean-Jacques Descamps (UMP, Indre-et-Loire), les consultants Yves Jego (UMP, Seine-et-Marne) et François-Michel Gonnot (UMP, Oise), ou encore Louis Giscard d'Estaing (UMP, Puy-de-Dôme), fils cadet de l'ancien président de la République, diplômé de Sup de Co Rouen, passé chez LVMH et créateur d'une maison d'édition. « Quelques députés socialistes voulaient nous rejoindre, précise Jean-Michel Fourgous. Mes collègues m'ont rappelé que le PS avait quand même voté les 35 heures, qui coûtent des dizaines de milliards par an aux finances publiques. Alors nos portes sont restées fermées. »

Une « oreille attentive » pour le patronat

Qualifié par certains élus de « tremplin de promotion politique » du tandem Fourgous-Dassault, le club GE est progressivement monté en puissance. Les animateurs de ce lobby des entreprises le présentent comme un « groupe de compétences [...] sans *a priori* idéologique » sur les problèmes économiques et comme une « force de propositions » au sein de l'Assemblée. Ils revendiquent une « puissance parlemen-

1. Voir en annexe le détail des incompatibilités.

taire », avec la présence au sein du club de 28 membres de la commission des Affaires économiques, de 21 membres de la commission des Finances et de 11 membres ayant participé à la commission d'enquête sur la gestion des entreprises publiques.

En 2005, les dirigeants du club ont créé une association, également baptisée Génération entreprise, dont l'objectif est « d'agir sur les représentations et perceptions intuitives de l'entreprise dans la société française et de promouvoir les meilleures propositions en faveur de l'environnement culturel, économique et social de l'entreprise [1] ». Un colloque s'est déroulé en juin 2005 à l'Assemblée en présence de Thierry Breton, ministre de l'Économie et des Finances, et de Francis Mer, l'un de ses prédécesseurs. Des réunions de travail ont été organisées avec des experts, des chefs d'entreprise et des conseillers du gouvernement, par exemple sur le Code du travail, la mobilisation des capitaux dormants ou encore la simplification de la vie des entreprises.

Le club Génération entreprise ne cache pas son rôle d'intermédiaire avec le secteur privé. Olivier Dassault écrit noir sur blanc : « Notre crédibilité et notre visibilité font de nous, désormais, des partenaires solides pour les entreprises qui ont besoin de se faire entendre du monde politique. Elles ont enfin un interlocuteur, une oreille attentive qui les comprend et traduit leurs préoccupations. »

1. Note de présentation de Génération entreprise, colloque « Existe-t-il encore un modèle social français ? », Assemblée nationale, 2 mai 2006. L'association édite des kits audiovisuels pédagogiques sur l'entreprise, multiplie les rencontres en région avec les entrepreneurs, coproduit un film sur « l'excellence entrepreneuriale française », veut lancer une « Journée de l'entreprise » sur le modèle des Journées du patrimoine, publie un livre grand public sur les leviers de la croissance française à l'automne 2006 et doit soumettre des propositions aux candidats durant la campagne présidentielle de 2007.

Ce prosélytisme marqué n'est pas du goût de tous les membres de GE. Bien qu'il soit l'un de ses fondateurs, Hervé Novelli (UMP, Indre-et-Loire) a pris ses distances : « J'apprécie Jean-Michel Fourgous et Olivier Dassault pour leur engagement et nous nous concertons souvent, confie ce député de 56 ans, ancien cadre de Total et chef d'entreprise, connu pour ses convictions libérales. Mais la défense des entreprises, en signant les amendements téléguidés par les organisations patronales, n'était pas ma vocation. Je voulais garder ma liberté et avoir une vision plus large[1]. » Rapporteur du projet de loi sur l'initiative économique en faveur des PME promulgué en août 2003, puis de la mission d'information sur les conséquences des 35 heures en avril 2004, Hervé Novelli préfère s'activer discrètement à la commission des Finances, où il est très influent. Il anime surtout au sein de l'UMP son groupe des Réformateurs, courant libéral constitué sous forme d'association au début de 2006, rassemblant plus de 80 députés décidés à peser sur le débat présidentiel de 2007 aux côtés de Nicolas Sarkozy[2].

Les dissidences n'ont pas empêché le club Génération entreprise de glaner de précieux appuis. Tout d'abord auprès des grands groupes. Un luxueux magazine de 52 pages édité en avril 2006 par le club a été entièrement financé par la publicité, notamment celle de BNP Paribas, Accor, Suez, France Telecom, Casino, EADS, Sodexho, Renault, Thales, Aéroports de Paris et l'assureur Reunica.

La mobilisation de ces « 100 députés de l'entreprise » enchante les organisations patronales. Du Medef à la CGPME, elles y voient un moyen de renforcer leur lobbying au Parlement. Le Medef dispose, depuis des années, d'une direction des affaires publiques, qui contacte les députés et leur fournit

---

1. Entretien avec l'un des auteurs, 1er juin 2006.

2. L'association Les Réformateurs est présidée par Hervé Novelli, et son vice-président est Gérard Longuet (sénateur de la Meuse).

des amendements clés en main[1]. Ses principales fédérations sectorielles, de l'UIMM à la Fédération nationale du bâtiment, ont aussi leur propre service de « veille législative ». Après les années Jospin et ses 35 heures honnies, le retour de la droite au pouvoir en 2002 a facilité leur travail.

Le gouvernement et la majorité parlementaire se sont, en effet, mobilisés pour aider les entrepreneurs. Loi sur l'initiative économique pour simplifier la création d'entreprises, aménagement des 35 heures, exonération de la taxe professionnelle sur les nouveaux investissements, loi de modernisation sociale pour assouplir les procédures de licenciement, plan en faveur de l'attractivité du territoire, création des pôles de compétitivité, loi pour la confiance et la modernisation économique axée sur l'épargne, loi créant le contrat nouvelle embauche (CNE) : la liste des mesures adoptées est longue. Le rapporteur général de la commission des Finances, Gilles Carrez (UMP, Val-de-Marne), l'admet à demi-mot : « Sur la libéralisation fiscale de l'entreprise, nous avons fait beaucoup de choses. On ne le dit pas trop parce que l'entreprise est mal vue en France[2]. » Lors de l'assemblée générale du Medef, en janvier 2006, sa nouvelle présidente, Laurence Parisot, a expliqué que la mobilisation patronale était payante : « Nous nous sommes résolument engagés dans le lobbying parlementaire et politique », a-t-elle dit, se réjouissant des « succès », qui « n'ont jamais été si nombreux », obtenus à l'occasion du projet de loi de finances pour 2005[3].

---

1. Sollicité par l'un des auteurs, le Medef n'a pas répondu.
2. Entretien avec l'un des auteurs, 29 juin 2006.
3. Laurence Parisot en a cité quelques-uns : « Un aménagement de l'impôt de solidarité sur la fortune (ISF) a été adopté. L'anticipation de la hausse de la taxe d'apprentissage a été supprimée. Les allégements de cotisations sociales sont maintenus. Le taux plafond du versement transport n'augmentera pas. Certains combats étaient rudes mais nous les avons gagnés. Je citerai simplement celui que nous avons mené pour obtenir l'annulation de la circulaire du 19 août 2005 qui prévoyait que désormais les employeurs ne pourraient intégrer dans leurs frais d'entreprise que

En se structurant, le club Génération entreprise est devenu l'un des groupes parlementaires qui portent haut les revendications du Medef, sans qu'il ait été besoin de le pousser : un vrai miracle ! Jean-Michel Fourgous refuse d'être « caricaturé » en lobbyiste pro-Medef. Néanmoins, il reconnaît être un « interlocuteur privilégié » de cette organisation patronale : « Je leur dis seulement que ce n'est pas la peine de chercher à nous convaincre puisque nous le sommes déjà[1]. »

Administrateur de la CGPME dans les Yvelines

De son côté, la CGPME a longtemps employé un assistant parlementaire pour avoir un pied au Palais-Bourbon. « Ce n'était pas une bonne manière de faire. J'ai arrêté cela quand j'ai été élu président en 2002[2] », confie Jean-François Roubaud. En revanche, le représentant des PME continue de convier tous les ans les élus à un dîner traditionnel de « l'amicale parlementaire de la CGPME ». Le dernier repas s'est tenu le 8 février 2006 Chez Françoise, l'un des restaurants proches de l'Assemblée. La CGPME voulait évoquer l'opportunité de transposer en France le Small Business Act, une loi américaine qui encourage la création d'entreprises. Une manière de poursuivre le travail de persuasion entrepris ces dernières années. « Depuis 2002, explique Jean-François Roubaud, nous avons beaucoup travaillé avec les élus et les gouvernements, qui ont compris l'importance des PME dans

---

cinq repas d'affaires par salarié et par mois et qu'en cas de dépassement les repas seraient constitutifs d'un abus manifeste. » Discours de Laurence Parisot, assemblée générale du Medef, 17 janvier 2006, Arc-en-Senans.

1. Jean-Michel Fourgous, diplômé de l'IEP Paris, a connu l'actuelle présidente du Medef, Laurence Parisot (également diplômée de l'IEP), lorsqu'elle préparait, comme lui, un DEA de sciences politiques.

2. Entretien avec l'un des auteurs, 7 juin 2006.

le tissu économique. Maintenant, on nous consulte systématiquement sur tous les textes, on nous écoute, mais nous poursuivons nos efforts de pédagogie pour éviter qu'ils ne fassent des erreurs. »

En décembre 2005, un amendement à la loi de finances pour 2006 soutenu par Bercy prévoyait d'imposer une nouvelle taxe sur les véhicules de société, taxe que la CGPME estimait contraire aux intérêts des PME. Le syndicat a réuni 35 000 signatures de petits patrons. Chiffrage en main, son président a pris rendez-vous avec Thierry Breton à Bercy et Dominique de Villepin à Matignon, en pleine crise du contrat première embauche (CPE), pour réclamer l'aménagement de cette taxe. Ses fédérations locales ont fait pression sur les élus. Certains députés ont posé des questions écrites au gouvernement sur ce sujet. Jean-Michel Fourgous et plusieurs membres du club Génération entreprise ont relayé l'inquiétude des chefs d'entreprise.

Au début de mai 2006, Jean-François Roubaud a obtenu l'allégement souhaité. « Notre lobbying intense a été efficace », résume-t-il. Le président de la CGPME n'est donc pas surpris que son syndicat ait été élu par les parlementaires « organisation professionnelle de l'année » lors de l'édition 2005 des Trophées des relations institutionnelles. Il est surtout satisfait que des députés écoutent de plus en plus ses revendications. « Nous avons des relations constantes avec Hervé Novelli, rapporteur des lois sur les PME, qui est très efficace, dit-il. Je connais aussi Jean-Michel Fourgous et j'espère avoir de nombreuses occasions de travailler avec son club. »

Le contact est d'autant plus facile que Jean-Michel Fourgous est lui-même engagé au sein de la CGPME ! Le député a en effet accepté de siéger au conseil d'administration de la CGPME des Yvelines, son département d'élection. Il assume pleinement cet engagement, étonnant de la part d'un parlementaire : « La présidente de la CGPME des Yvelines est une amie, explique-t-il. Je ne suis plus chef d'entreprise, mais j'y siège à titre de personnalité extérieure, totalement bénévole bien sûr. » De son côté, la présidente de la CGPME 78, Geneviève Bel, confirme : « Nous travaillons avec Jean-Michel Fourgous depuis des années. Il est naturel qu'il soit à notre conseil[1]. » Le 2 février 2006, le député et la représentante patronale ont organisé une soirée de débats à Saint-Cyr-l'École (Yvelines), à laquelle participaient également des responsables de l'iFrap et du Medef, sur le thème : « Et si la France osait ? »

500 amendements déposés, quelques succès

Dans son magazine d'avril 2006, qui dresse un bilan flatteur de ses quatre années d'activité, le club Génération entreprise revendique plus de 500 amendements déposés et des propositions « qui ont permis des avancées culturelles, économiques et sociales significatives attendues par le monde économique et les chefs d'entreprise[2] ».

Toutes ses suggestions n'ont, bien sûr, pas été adoptées. « J'ai été obligé de refuser la plupart des amendements coûteux de Jean-Michel Fourgous et ses amis depuis 2002, nuance Gilles Carrez, le rapporteur général de la commission des Finances. Quand on nous demande de supprimer l'ISF, par exemple, c'est impossible, et pas seulement pour des raisons politiques. Trois milliards d'euros, on ne les trouve pas ailleurs[3] ! »

Autre déconvenue : Jean-Michel Fourgous et Olivier Dassault n'ont pas réussi à faire aboutir un autre de leurs projets fétiches, consistant à permettre aux députés et sénateurs

---

1. Entretien avec l'un des auteurs, 23 mai 2006.
2. Revue *Génération entreprise*, n° 1, avril 2006.
3. Entretien avec l'un des auteurs, 29 juin 2006.

d'avoir recours à des auditeurs « indépendants » pour contrôler les dépenses publiques de l'État. Le premier explique : « Je voudrais que l'on crée au Parlement une sorte de bureau d'audit, comme il en existe au sein du Parlement britannique avec 300 experts, afin d'aider les élus dans leur mission de contrôle, qui est actuellement sous-développée faute de moyens. » Cette idée, soutenue par le président de la République Jacques Chirac lors de ses vœux de janvier 2005, a subi un véritable tir de barrage de la part des hauts fonctionnaires du ministère de l'Économie et des Finances. « Ils ont crié au loup en disant que nous voulions introduire les cabinets d'audit privés au cœur de l'État », tempête le président de Génération entreprise. En revanche, lui et ses amis ne cachent pas leur satisfaction d'avoir obtenu que l'École nationale d'administration (ENA) soit complètement décentralisée à Strasbourg et que ses crédits de fonctionnement soient diminués [1]. C'est même Louis Giscard d'Estaing, pourtant fils d'énarque, qui s'est battu pour arracher cette mesure jugée « symbolique » !

Le club Génération entreprise revendique d'autres succès, accrochés à ce que Jean-Michel Fourgous appelle son « tableau de chasse ». En 2004, quatre de ses membres ont cosigné un rapport parlementaire sur « l'entreprise et l'attractivité du territoire ». Un de leurs collègues, Sébastien Huyghe (UMP, Nord), a remis un rapport sur le même thème au Premier

1. Les frais du déménagement définitif de l'ENA à Strasbourg ont donné lieu à des crédits supplémentaires en 2004. Un amendement présenté le 10 novembre 2005 dans le projet de loi de finances pour 2006 par Louis Giscard d'Estaing et Jean-Michel Fourgous a prévu de diminuer de 3,5 % (soit 1,08 million d'euros) les crédits de fonctionnement de l'ENA, dont les effectifs (permanents, élèves, stagiaires) sont en baisse. Selon les députés, l'ENA n'avait pas fourni d'indicateurs prévisionnels précis sur le coût de formation de ses élèves. L'amendement avait un double objectif : « inciter à une meilleure gestion des deniers publics et rappeler à l'ENA la vigilance des parlementaires quant au respect des règles de transparence budgétaire ».

ministre. Une partie de leurs propositions ont été reprises dans le plan gouvernemental annoncé en octobre 2004 visant à renforcer « l'attractivité fiscale » de la France.

Lors du débat budgétaire, à la fin de 2004, GE affirme avoir « corrigé » une mesure fiscale voulue par le ministère des Finances, qui limitait une exonération de cotisations patronales en faveur de l'apprentissage, aux effets jugés « pervers » pour les petites entreprises. Un amendement a permis de rectifier cette « erreur d'évaluation d'une administration trop éloignée des réalités des entreprises et du monde du travail ». Toujours en 2004, le président de la République a demandé au club des idées pour consolider la reprise de la croissance. Ses membres ont donc planché sur les recettes libérales appliquées dans les autres pays européens et avancé une série de propositions concrètes : amnistie fiscale pour rapatrier les milliards d'euros expatriés, réforme de l'ISF et de la taxe professionnelle, allégement de la législation sociale, réduction des effectifs de la fonction publique... À la fin de 2005, ils ont notamment obtenu que l'ISF soit plafonné indirectement, grâce à des aménagements votés dans la loi de finances [1].

1. La loi de finances pour 2006 prévoit que l'ensemble de la pression fiscale exercée sur le contribuable (impôt sur le revenu, impôts locaux et ISF) ne puisse pas dépasser 60 % de ses revenus. Ce « bouclier » fiscal est une manière de plafonner l'imposition de l'ISF. D'autres organismes patronaux ont plaidé en faveur d'une réforme de l'ISF, comme la discrète Association française des entreprises privées (Afep), qui regroupe les plus grandes entreprises françaises, présidée par Bertrand Collomb (Lafarge), et l'Association syndicale des moyennes entreprises patrimoniales (Asmep), présidée par Yvon Gattaz, qui rassemble des entreprises familiales françaises.

Une mesure concoctée avec les assureurs

Mais la disposition dont les animateurs du club Génération entreprise sont le plus fiers est, paradoxalement, passée inaperçue. Il s'agit d'un amendement rédigé par le tandem Fourgous-Dassault, adopté à l'Assemblée nationale le 22 juin 2005 dans le cadre du projet de loi pour la confiance et la modernisation de l'économie[1]. La mesure proposée est d'apparence très technique : elle permet aux titulaires de certains contrats d'assurance-vie d'orienter une partie de leur mise vers des placements en actions sans perdre leurs avantages fiscaux d'origine[2]. Selon les deux députés, cet amendement fiscal est « le plus puissant voté depuis dix ans » en faveur des entreprises. « Il va permettre de déplacer une partie des 860 milliards d'euros de capitaux détenus par les Français en assurance-vie vers l'investissement productif des PME, estime Jean-Michel Fourgous. C'est une manière astucieuse et simple de relancer l'investissement. Rien qu'avec cette mesure, j'ai le sentiment d'avoir amorti mon mandat de député de Génération entreprise. » Aussi enthousiaste, Olivier Dassault prédit que cet

1. La loi pour la confiance et la modernisation de l'économie a été promulguée le 26 juillet 2005. Elle prévoit notamment d'étendre le bénéfice de l'intéressement aux chefs d'entreprises de moins de 10 salariés.

2. Le bulletin officiel des impôts du 4 novembre 2005 rappelle que, jusqu'à présent, « la transformation d'un contrat d'assurance-vie ou d'un bon (ou contrat) de capitalisation en euros en un bon (ou contrat) dont une part ou l'intégralité des primes versées est affectée à l'acquisition de droits exprimés en unités de compte (contrats dits multisupports) entraînait, en matière d'impôt sur le revenu, la perte d'antériorité fiscale dudit bon (ou contrat) ». À partir du 28 juillet 2005, cette perte d'antériorité fiscale ne s'applique plus. Autrement dit, les épargnants peuvent transformer un contrat dit « en euros » (placé sans risques, comme la plupart des contrats signés jusque dans le milieu des années 90) en contrat dit « multisupports » (mêlant des obligations et au moins 20 % d'actions, plus performants) sans perdre l'avantage fiscal lié à la date d'ouverture du contrat d'assurance-vie.

amendement fiscal devrait « rapporter 50 milliards d'euros pour le financement des entreprises, qui pourraient créer 150 000 emplois ».

Cette mesure présumée miraculeuse donne d'abord satisfaction aux gestionnaires d'assurance-vie, qui la réclamaient depuis longtemps. À commencer par l'Afer (Association française d'épargne et de retraite), forte de 650 000 épargnants-adhérents, qui a manœuvré en coulisses afin de parvenir à ce résultat. Sa présidente, Bénédicte Coste, petite-fille du maréchal Leclerc de Hauteclocque et membre de la famille Wendel, cherchait le moyen de lever l'obstacle fiscal empêchant le transfert de contrats d'assurance-vie investis sans risques vers des formules dites multisupports plus diversifiées. « J'ai tenté de convaincre Bercy en 2004 d'assouplir ces règles pour nos adhérents, mais je me heurtais à un mur. On me répondait que cette mesure priverait l'État de recettes fiscales [1] », explique-t-elle. L'Afer avait d'autant plus de mal à faire passer ses messages que plusieurs de ses anciens dirigeants ont été mis en cause dans une affaire judiciaire. Leurs pratiques financières douteuses ont terni l'image de cette association, qui a pour partenaire l'assureur Aviva (ex-Abeille Vie). De plus, le ministère des Finances n'a guère apprécié les réticences de l'Afer à commercialiser le Perp, le dernier produit d'épargne retraite lancé par le gouvernement en 2004 [2].

Au début de 2005, la présidente de l'Afer, élue depuis quelques mois, a pris contact avec une lobbyiste, Dominique

1. Entretien avec l'un des auteurs, 4 juin 2006.

2. Gérard Athias et André Le Saux, respectivement ancien président et trésorier de l'Afer, ont été condamnés le 4 juillet 2006 à deux ans de prison avec sursis pour abus de confiance pour détournements de fonds portant sur une somme de 128 millions d'euros (ils ont contesté les accusations et fait appel de ce jugement). Bénédicte Coste a pris la présidence de l'Afer en avril 2004. Le Plan d'épargne retraite prévoyance (Perp) lancé par le gouvernement en avril 2004 avait été critiqué par l'Afer pour son manque de souplesse (produit de placement individuel, reversé sous forme de rente à partir de 65 ans).

Mallemanche[1], afin de redorer le blason de son association dans les milieux politiques et parlementaires. La consultante connaissait Jean-Michel Fourgous de longue date. Par son intermédiaire, Bénédicte Coste a rencontré le député des Yvelines au début de juin 2005. « J'ai évoqué avec lui cette mesure fiscale que nous souhaitions, rapporte la présidente de l'Afer. Jean-Michel Fourgous a tout de suite compris l'intérêt économique de ce dispositif pour réorienter l'épargne vers l'investissement. »

Plusieurs séances de travail entre l'Afer et les responsables du club Génération entreprise ont permis de rédiger l'amendement sur mesure, négocié parallèlement avec la Fédération française des sociétés d'assurances. Jean-Michel Fourgous raconte la suite : « Olivier Dassault et moi avons pris rendez-vous avec Thierry Breton et Jean-François Copé, à Bercy. Nous leur avons expliqué que la perte fiscale à court terme aurait un effet économique positif sur les entreprises et donc, à terme, que l'État serait gagnant grâce à la croissance. Malgré les réticences de leurs services, les ministres de l'Économie et du Budget nous ont immédiatement soutenus. »

Les députés ont également reçu l'appui des responsables de la commission des Finances à l'Assemblée, Pierre Méhaignerie et Gilles Carrez. « Jean-Michel Fourgous nous a parlé de cet amendement et nous trouvions l'idée excellente, se souvient Gilles Carrez. Nous lui avons donc proposé qu'il le porte lui-même durant la discussion en séance, parce que c'est une manière de reconnaître le travail qu'il fait avec ses collègues.

1. Dominique Mallemanche, ex-fonctionnaire à la Direction générale des impôts, consultante en communication, passée chez Thales International (2000-2005), a relancé une activité de lobbying à partir de 2003, notamment pour le compte de l'Afer. En janvier 2006, elle a fondé un Institut des hautes études parlementaires avec le sénateur Ladislas Poniatowski (UMP, Eure), qui le préside. Son objectif est d'organiser des colloques sur la vie économique et l'énergie.

Nous nous sommes débrouillés pour négocier le feu vert définitif de Bercy. » Fort de ces soutiens consensuels, le tandem Fourgous-Dassault a fait passer le texte comme une lettre à la poste en juin 2005.

La souplesse fiscale bénéficie à tout le secteur. L'Afer, à l'origine de cet amendement, a su en tirer parti très rapidement. Les mailings d'information envoyés à ses adhérents étaient prêts dès le second semestre 2005. Sur ses 260 000 titulaires de contrats potentiellement concernés, 50 000 ont transformé leurs placements sans pénalisation fiscale durant les cinq premiers mois de 2006. Les adhérents bénéficient de rendements supérieurs et les capitaux réinvestis dans des actions d'entreprises dépasseraient le milliard d'euros, sur les 35 milliards gérés par l'Afer. Les sommes sont encore loin d'atteindre les 50 milliards d'euros prévus par Fourgous et Dassault. Mais, aux yeux de l'Afer, ce n'est qu'un début.

Bénédicte Coste ne regrette pas les rendez-vous avec les membres de Génération entreprise : « Ils ont les avantages politiques de l'opération et nous les retombées économiques, résume-t-elle. Une mesure aussi favorable que celle-là, on en a une tous les vingt ans dans l'assurance-vie. Le lobbying a payé. Nous allons continuer. » Jean-Michel Fourgous, convié à l'assemblée générale de l'Afer le 30 mai 2006, a déjà été saisi de nouveaux projets d'amendements.

Chapitre 17

Des connivences dans la défense

Évidemment, on pense une nouvelle fois à Dassault. C'est le premier réflexe dès que l'on se penche sur les connivences dans le milieu très fermé de la défense. Le nom de l'avionneur français est synonyme d'un savant mélange d'industrie et de politique. Un modèle de lobbying, dans le style traditionnel. Presque une légende.

Une légende qui tient à celle du fondateur, bien sûr, le grand Marcel, né en 1892. Il a été le créateur en 1928 de la Société des avions Marcel Bloch, devenue ensuite les Avions Marcel Dassault. Rescapé du camp de concentration de Buchenwald, il a conçu les Mystère et Mirage, de renommée mondiale, avant de devenir l'équipementier attitré des armées françaises, homme de presse (*Jours de France*) et de cinéma (*La Boum 2*). À près de 80 ans, l'inamovible député de l'Oise arpentait encore sa circonscription, distribuant les billets de 500 francs à qui tendait la main. En 1981, le vieil homme rusé échappa à la vague des nationalisations à 100 % lancée par le pouvoir socialiste grâce à l'entremise de son homme de confiance Pierre Guillain de Bénouville, député gaulliste et compagnon de résistance du président François Mitterrand. Pendant quelques années, on vit encore le doyen de l'Assemblée fustiger les « barbus » et réclamer toujours davantage de commandes pour ses avions. C'était une autre époque, qui prit fin à son décès, le 17 avril 1986[1].

Son fils Serge, né en 1925, polytechnicien et ingénieur aéronautique, reprit les rênes de l'empire à 60 ans passés, sans se départir des méthodes qui avaient jusque-là si bien servi les intérêts familiaux : une identification quasi charnelle au groupe, diversifié dans l'aviation d'affaires avec ses modèles Falcon ; un art consommé des négociations, qui lui permit d'obtenir le feu vert pour vendre des Mirage à Taïwan ou des rallonges budgétaires pour son Rafale, lancé en 1988 avec l'appui du Premier ministre Jacques Chirac ; une carrière politique, avec un siège de conseiller général RPR dans l'Essonne en 1988, la mairie de Corbeil-Essonnes en 1995, avant son élection en 2004 comme sénateur UMP de l'Essonne ; enfin, une pensée ultralibérale, résumée dans un livre titré sans fausse modestie *Mon projet pour la France*[2].

La méthode de lobbying de Serge Dassault est restée rustique. Ses amis députés RPR, Pierre Guillain de Bénouville et Jacques Boyon, président de la commission de la Défense de 1993 à 1997, ont longtemps veillé au grain. Son domaine de chasse près de Rambouillet permettait d'inviter autant d'industriels que de politiques. Durant des années, Serge

---

1. Voir notamment Guy Vadepied, avec la collaboration de Pierre Péan, *Marcel Dassault ou les Ailes du pouvoir*, Fayard, 2003 ; Claude Carlier, *Marcel Dassault*, Perrin, 2002 ; Alexandra Schwartzbrod, *Dassault, le dernier round*, Plon, 1992 ; Pierre Assouline, *Monsieur Dassault*, Balland, 1983.

2. Voir notamment l'enquête très complète d'Anne-Marie Rocco, *Serge Dassault. Armes, presse, politique*, Flammarion, 2006. Voir aussi Serge Dassault, *Mon projet pour la France*, Éditions Le Layeur, 2001.

Dassault a aussi convié les élus, membres de cabinet et journalistes à visiter les chaînes de montage des Rafale à Mérignac (Gironde) et au centre d'essais en vol à Istres (Bouches-du-Rhône). Le patron entonnait son refrain sur les retards de commande des armées françaises en dégustant avec ses invités un repas aux truffes dans les salons de l'hôtel particulier familial, au rond-point des Champs-Élysées-Marcel-Dassault. À 22 h 30 précises, l'industriel raccompagnait son petit monde vers la sortie, en priant chacun de ne pas oublier les messages délivrés.

À 81 ans, le milliardaire Serge Dassault, propriétaire depuis 2004 de la Socpresse, maison mère du *Figaro*, a mis en veille ses relations publiques. Il a dû se discipliner lorsqu'il a été élu au Sénat en octobre 2004. En débarquant au palais du Luxembourg, il s'était fait remarquer par la présence continuelle à ses côtés de ses deux gardes du corps armés, son habitude de ne pas payer les journaux au kiosque, ses nombreuses communications sur son téléphone portable et ses discours économiques à l'emporte-pièce[1]. Depuis, l'octogénaire s'est un peu calmé. Néanmoins, toujours à la tête de la holding familiale qui contrôle Dassault Aviation et « président d'honneur » de la société, il ne perd jamais une occasion de défendre son industrie, au Sénat ou ailleurs.

1. Sur l'arrivée de Serge Dassault au Sénat, voir Claude Lévy, *La Bulle de la République*, *op. cit.* Le 2 décembre 2004, le président et le Bureau du Sénat ont saisi le Conseil constitutionnel sur les incompatibilités des activités de Serge Dassault avec le statut de sénateur. Dans sa décision (n° 2004-19 I), rendue le 23 décembre 2004, le Conseil constitutionnel n'a pas constaté d'incompatibilités (au titre de l'article LO 124 du Code électoral), estimant que Serge Dassault (PDG de la holding Groupe industriel Marcel Dassault et président d'honneur de la société Dassault Aviation détenue à 50,22 % par la holding) n'exerce pas « directement ou par personne interposée » la direction de ses sociétés, dont Dassault Aviation, qui a pour client l'État français. La décision était calquée sur celle s'appliquant en 1977 à son père Marcel Dassault, député de l'Oise. Sur la définition des incompatibilités, voir en annexe.

À l'Assemblée siège toujours l'un des fils de Serge, Olivier Dassault, 55 ans, élu UMP dans la circonscription de l'Oise autrefois tenue par son grand-père Marcel. Il défend, lui aussi, la cause du libéralisme au sein du club Génération entreprise. Lorsqu'on demande à cet aviateur mélomane, administrateur de Dassault Aviation, membre de la commission des Finances et rapporteur du budget de la culture, s'il suit les questions aéronautiques à l'Assemblée, il répond après un temps de réflexion : « Non, j'ai pour principe de ne pas m'en mêler. J'écoute, mais je ne parle pas, sauf quand on dit le contraire de la vérité. On ne peut pas être juge et partie[1]. »

Alors, terminé le lobbying à la mode Dassault ? Affirmer cela serait aller un peu vite en besogne. Le groupe aéronautique, toujours florissant[2], est tenu d'une main de fer par Charles Edelstenne, un sexagénaire moustachu à la carrure militaire et à la voix tonitruante, qui sait manœuvrer. Il s'est dépensé sans compter pour que l'armée de l'air et la marine passent enfin commande d'une soixantaine d'exemplaires du Rafale sur les 294 prévus à l'horizon 2030. Une longue marche puisque, à gauche comme à droite[3], le coût faramineux du programme de ces avions de combat polyvalents, évalué à 34 milliards d'euros, a été sévèrement critiqué. À force de retards et de gel des crédits, les Rafale, qui devaient être mis

1. Courriel à l'un des auteurs, 8 juin 2006.

2. Dassault Aviation a réalisé en 2005 un chiffre d'affaires de 3,43 milliards d'euros (dont 52 % dans l'aviation militaire et 48 % pour la gamme des avions d'affaires Falcon). Son bénéfice net était de 305 millions d'euros. Il emploie 12 000 salariés dans le monde.

3. En 1988, le Premier ministre socialiste Michel Rocard critiquait ce programme, lancé par son prédécesseur Jacques Chirac quelques mois auparavant. En 1993, Pierre Joxe, ministre socialiste de la Défense, donna son feu vert au contrat d'industrialisation. En 1995, le général Jean Rannou, chef d'état-major de l'armée de l'air, fustigeait devant les députés le poids du programme dans les dépenses d'équipement militaire, au moment où des coupes budgétaires se profilaient.

en service en 1996 dans les armées françaises, n'y ont fait leur entrée en escadron qu'en 2006[1] !

Pour parvenir à ses fins, le patron de Dassault Aviation a trouvé depuis 2002 de solides appuis auprès de la ministre de la Défense Michèle Alliot-Marie et de certains députés. Dans son rapport sur le budget de l'armée de l'air pour 2004, Jean-Louis Bernard (UMP, Loiret) rappelait que les achats de Rafale représentaient un tiers des dépenses d'équipement de ce secteur. Cependant, il estimait que le Rafale demeurait « presque une affaire », en tout cas un « excellent choix, technique et budgétaire, pour l'armée française », puisque son coût unitaire (116 millions d'euros) devrait être inférieur à celui de son concurrent l'Eurofighter, perpétuellement révisé à la hausse (146 millions d'euros). Le député ajoutait : « Ses performances lors des compétitions organisées à l'exportation montrent ses qualités techniques et son coût maîtrisé[2]. »

Seul problème : jusqu'à ce jour, Charles Edelstenne se bat sans succès pour vendre ses Rafale à l'étranger, face à une rude concurrence européenne et nord-américaine. Il a échoué en Corée du Sud, aux Pays-Bas et à Singapour. En dépit d'un voyage du président de la République à Riyad au début de mars 2006, les perspectives de vente en Arabie Saoudite sont toujours incertaines. Gouffre financier pour l'État et bijou technologique de Dassault, le Rafale demeure un OVNI commercial[3]. Ce qui ne semble pas altérer le flegme du patron de Dassault Aviation : grâce aux commandes des armées

1. Le premier escadron Rafale de l'armée de l'air a été inauguré le 27 juin 2006 sur la base aérienne 113 de Saint-Dizier, en présence du Premier ministre et du ministre de la Défense.

2. Avis présenté au nom de la commission de la Défense sur le projet de loi de finances pour 2004, tome VI, Défense, Air, Jean-Louis Bernard, 9 octobre 2003.

3. Voir notamment « Le Rafale, trop français pour l'étranger », *Le Monde*, 8 mars 2006.

françaises et des acheteurs de Falcon, ses chaînes de montage ont, de toute façon, un plan de charge assuré pour quinze ans.

Dîner annuel du lobby de la défense et de l'aéronautique

En matière de lobbying, Charles Edelstenne ne s'arrête pas là. Depuis 2005, il préside aux destinées du Groupement des industries françaises aéronautiques et spatiales (Gifas[1]), l'un des plus puissants syndicats professionnels, qui regroupe tout le gratin de la défense et de l'aéronautique, à la fois militaire et civile : le géant européen EADS, les motoristes Safran (ex-Snecma) et Turbomeca, l'électronicien Thales, l'avionneur Dassault... Rien que des poids lourds, dont les patrons se font concurrence et se succèdent au poste de président du groupement. Charles Edelstenne a pris la suite de Philippe Camus (EADS), après Jean-Paul Béchat (Snecma), qui avait lui-même remplacé Serge Dassault. Selon ses statuts, le Gifas « a en charge l'examen de toute mesure d'ordre économique, social, financier, environnemental ou technique, prise dans un cadre national, européen ou international et pouvant avoir des incidences sur les intérêts communs de ses membres ».

Le secteur n'est pas à plaindre. L'année 2005 a été, selon Charles Edelstenne, un « millésime remarquable » pour les adhérents du Gifas, avec un chiffre d'affaires en hausse de 7,5 %, atteignant 28 milliards d'euros (les trois quarts réalisés

1. Le Gifas, créé en 1975, est l'héritier de la Chambre syndicale des industries aéronautiques, née en 1910. Il regroupe 250 entreprises impliquées dans les programmes de matériels aéronautiques et spatiaux (avions civils et militaires, hélicoptères, moteurs, missiles et armement, satellites et lanceurs spatiaux, systèmes aéronautiques de défense et de sécurité, équipements, sous-ensembles et logiciels associés). Il organise tous les deux ans le Salon international de l'aéronautique et de l'espace, dont la 47e édition aura lieu du 18 au 24 juin 2007.

à l'exportation), et des commandes qui ont grimpé de 48 % [1]. Les industriels de la défense et de l'aéronautique se sont réjouis des efforts financiers engagés par la France depuis 2002 via la loi de programmation militaire (LPM) 2003-2008 pour rattraper le retard d'équipement des armées [2]. « Il y en avait grand besoin. Près de la moitié de nos avions, de nos hélicoptères, de nos navires et de nos chars ne fonctionnaient pas faute de crédits, commente le député René Galy-Dejean (UMP, Paris), l'un des piliers de la commission de la Défense. Grâce aux arbitrages de l'Élysée, de la ministre et à notre action à l'Assemblée, c'est la première fois qu'une loi de programmation militaire est exécutée conformément aux objectifs [3]. »

Ce rattrapage n'empêche pas le Gifas de se plaindre des factures impayées du ministère et des lacunes de la LPM. Reconduit comme président du Gifas le 6 juillet 2006, le patron de Dassault Aviation a pointé les nuages noirs à l'horizon : un « environnement très difficile marqué par les effets négatifs de la parité euro-dollar, la hausse continue du prix du pétrole, la raréfaction des matières premières et la réduction des budgets de recherche et développement civils

1. Conférence de presse du Gifas, 14 mars 2006.

2. La loi de programmation militaire (LPM) 2003-2008 a été votée à la fin de 2002, avec des crédits prévus de 98,9 milliards d'euros. Les dépenses d'équipement ont augmenté de 32 % entre 2002 et 2005, atteignant 14,3 milliards d'euros en 2005, ce qui est presque conforme à la LPM (la précédente LPM, 1997-2002, n'avait été exécutée qu'à hauteur de 80 % environ). D'importantes commandes d'équipements figurent dans la LPM, comme les Rafale (76 exemplaires, dont 57 pour l'armée de l'air et 19 pour la marine), les hélicoptères Tigre et NH90, les missiles M51, SAMP/T, Scalp et Aster, les frégates européennes multimissions FREMM, l'avion de transport militaire A400-M, le programme des sous-marins Barracuda, les satellites Helios II et Syracuse II, les drones MALE et MCMM, les véhicules blindés VBL et VBCI. Des études sur le second porte-avions (frère du *Charles-de-Gaulle*) ont été lancées.

3. Entretien avec l'un des auteurs, 28 mars 2006.

nationaux[1] ». Il s'est alarmé de la pause prévisible des commandes de l'État français après les élections de 2007. Les états-majors planchent déjà discrètement sur des scénarios de réduction des forces et, par conséquent, des équipements nécessaires. « Nous ne pourrons pas avoir tous les matériels prévus. Il faudra revoir le format de nos armées et faire des choix drastiques[2] », confirme Charles Cova (UMP, Seine-et-Marne), vice-président de la commission de la Défense. Un pronostic auquel adhère son homologue Jean-Michel Boucheron (PS, Ille-et-Vilaine) : « La LPM est intenable financièrement. Nous devrons repenser notre modèle d'armée et d'équipements, inadapté aux menaces contemporaines[3]. »

Après quatre années d'euphorie, ces perspectives moins fastes inquiètent les dirigeants du Gifas et des syndicats professionnels spécialisés dans l'armement naval et terrestre. Les industriels de la défense, qui représentent 13 milliards d'euros de chiffre d'affaires et emploient 80 000 salariés, ont rédigé en 2004 un « Livre blanc de l'industrie française de défense » appelant à la poursuite des efforts d'équipement et au renforcement des budgets de recherche militaire, de 600 millions à 1 milliard d'euros par an[4]. « Nous craignons désormais que des ajustements brutaux perturbent les plans de charge des industriels, qui sont en pleine montée en cadence[5] », explique Guy Rupied, le délégué général du Gifas.

Le syndicat amplifie donc son lobbying auprès des ministres et des parlementaires. Chaque année, au mois de janvier, le

1. Communiqué de presse du Gifas, 6 juillet 2006.

2. Entretien avec l'un des auteurs, 29 mars 2006.

3. Entretien avec l'un des auteurs, 22 mars 2006.

4. Le « Livre blanc de l'industrie française de défense » a été rédigé en 2004 par le Conseil des industries de défense françaises (Cidef), qui regroupe le Gifas, le Groupement industriel des constructions et armements navals (Gican) et le Groupement des industries concernées par les matériels de défense terrestre (Gicat).

5. Entretien avec l'un des auteurs, 7 avril 2006.

Gifas organise un dîner-débat auquel il convie les membres des commissions de la Défense des deux chambres. Le dernier en date a eu lieu le 31 janvier 2006 dans les salons très chics du Cercle de l'Union interalliée, rue du Faubourg-Saint-Honoré, en présence d'une cinquantaine de parlementaires, dont Guy Teissier (UMP, Bouches-du-Rhône), président de la commission de la Défense à l'Assemblée. « Nous apprécions beaucoup ses efforts en matière de contrôle de l'exécution des budgets et nous le soutenons face aux tentatives de Bercy de rogner les crédits », confie Guy Rupied.

Le Gifas profite de ce rendez-vous annuel pour remettre aux députés une série d'argumentaires détaillés sur l'ensemble des points qui tracassent ses adhérents. Au menu du dîner du 31 janvier 2006, par exemple : une fiche apéritive sur « l'augmentation des cadences » dans les usines, qui nécessiterait un assouplissement des règles fiscales et des apports de fonds pour les PME qui investissent ; une mise en bouche sur « la situation des équipementiers » qui souhaitent « diversifier leurs sources de production », autrement dit se délocaliser ; une entrée roborative sur « le poids des réglementations françaises et européennes en matière sociale », qui devrait conduire à une réforme du Code du travail, notamment des règles sur la durée du travail. Plusieurs plats de résistance rappelaient ensuite les carences des budgets de recherche militaires, avant un dessert sucré sous forme de couplet en faveur de « la compétitivité dans le secteur spatial ». Les invités sont repartis l'estomac et le cartable pleins.

Les dirigeants du Gifas, régulièrement auditionnés par la commission de la Défense, multiplient aussi les occasions de rencontre avec la quinzaine de députés qui suivent de près les questions de défense. Outre Guy Teissier, ce sont notamment Michel Voisin (UMP, Ain), spécialiste des ventes d'armes en Asie, Gilbert Le Bris (PS, Finistère), féru de parachutisme, Pierre Lellouche (UMP, Paris), expert en géopolitique, Jean-Michel Boucheron (PS, Ille-et-Vilaine), pointu sur les programmes d'équipement, Yves Fromion (UMP, Cher), le seul saint-cyrien de l'Assemblée, Charles Cova (UMP, Seine-et-Marne), l'ancien capitaine de vaisseau surnommé « l'Amiral », Francis Hillmeyer (UDF, Haut-Rhin), qui a des amis au sein de la brigade franco-allemande, Jérôme Rivière (UMP, Alpes-Maritimes), chef de cabinet de François Léotard au ministère de la Défense de 1993 à 1995, René Galy-Dejean (UMP, Paris) et Jean Michel (PS, Puy-de-Dôme), experts en dissuasion nucléaire. Le cercle des initiés comprend également des élus défendant les ports militaires et les arsenaux maritimes de leur circonscription, tels Patricia Adam (PS, Finistère), Marguerite Lamour (UMP, Finistère), Philippe Vitel (UMP, Var) et Jean Lemière (UMP, Manche)[1].

Ces parlementaires sont choyés par tous les acteurs de la défense : le ministère les emmène sur les terrains d'entraînement, les états-majors les reçoivent pour des déjeuners informels, les services secrets les « débriefent » lors de séminaires à huis clos, les entreprises leur font visiter leurs usines, de Mérignac (Dassault) à Toulouse (EADS). « Il est très intéressant de se rendre compte sur place des réalités économiques », estime Jean-Michel Boucheron. « Les industriels ont toujours besoin de notre appui pour faire pression sur le ministère en faveur des crédits. Il s'agit d'échanges d'informations, pas de lobbying[2] », tient à préciser René Galy-Dejean.

Le Gifas, pour sa part, invite les députés au salon aéronautique du Bourget qu'il organise tous les deux ans. Il les sollicite surtout lorsqu'ils ont des rapports à rédiger, comme Yves

1. Voir notamment sur Guy Teissier le chapitre 2, sur Jean-Michel Boucheron le chapitre 3 et sur Charles Cova le chapitre 5. Yves Fromion (UMP, Cher), diplômé des écoles militaires de Saint-Cyr et de Saumur, a été officier de l'armée de terre, aide de camp de trois ministres de la Défense (de 1973 à 1975), membre d'un régiment de parachutistes d'infanterie de marine, avant d'être nommé sous-préfet et de rejoindre le cabinet de Jacques Chirac à la mairie de Paris de 1983 à 1986.

2. Entretien avec l'un des auteurs, 28 mars 2006.

Fromion, qui a planché en 2005 sur la recherche en matière de défense et en 2006 sur les exportations d'armement[1]. « Il est normal que je rencontre tous les acteurs, publics et privés, explique cet ancien officier d'active. J'ai plaidé pour un renforcement de l'effort financier sur la recherche, jusqu'à 1 milliard d'euros par an. Nous devrions y arriver en 2007. Quant aux exportations, je pense qu'il faut les promouvoir de manière plus active et simplifier la réglementation, jugée trop tatillonne par les entreprises. Les députés devraient même soutenir davantage nos ventes d'armes lorsqu'ils sont en mission à l'étranger. C'est vital pour notre défense[2]. » Les industriels n'ont rien trouvé à redire à ces conclusions.

Des universités d'été sponsorisées

Les relations entre les industriels et les députés sont aussi fréquentes que productives. Dans le club étroit des experts de la défense, tout le monde s'écoute et se comprend. Le climat est « convivial » lors des « universités d'été de la défense » qui se tiennent chaque année au début du mois de septembre. Cette initiative originale est due au président de la commission de la Défense, Guy Teissier, avec l'appui d'Olivier Darrason, un ancien député des Bouches-du-Rhône devenu consultant. « L'idée de Guy Teissier était de réunir l'ensemble des acteurs de ce secteur autour des membres de la commission de la Défense[3] », explique ce dernier. La première édition s'est déroulée en septembre 2003 à Arcachon (Gironde),

1. Rapport d'information « La recherche de défense et de sécurité : l'excellence française au service d'une nouvelle ambition », 9 mars 2005 ; rapport sur les exportations des équipements de défense et de sécurité, remis au Premier ministre Dominique de Villepin le 3 juillet 2006.
2. Entretien avec l'un des auteurs, 1er juin 2006.
3. Entretiens avec l'un des auteurs, 24 mars et 27 juin 2006.

en présence de la ministre Michèle Alliot-Marie. Les parlementaires étaient ravis. « Teissier a eu une très bonne idée. Cela nous donne l'occasion de dialoguer à bâtons rompus avec tout le monde, hors du cadre de la session parlementaire [1] », estime Gilbert Le Bris (PS, Finistère).

La manifestation n'a pas été financée sur les fonds de l'Assemblée nationale – bien que les invitations aient été lancées par le président de l'une de ses six commissions permanentes –, mais par les industriels du secteur (Thales pour la plus grosse partie, suivi par Dassault Aviation, EADS, la DCN, le CEA, EADS Space et Eurocopter). Les sponsors ont saisi cette occasion supplémentaire de faire leur lobbying : « Les relations informelles nouées durant ces deux jours permettent d'approfondir les contacts avec toute la communauté de la défense, commente Denis Verret, directeur délégué aux affaires publiques France chez EADS. C'est l'occasion de faire passer des messages importants, que ce soit sur un programme d'armement ou sur des restructurations industrielles à venir [2]. »

La deuxième édition de cette université d'été a eu lieu en septembre 2004 sur le site ensoleillé de l'île des Embiez (Var), toujours grâce à l'appui des industriels, EADS en tête. La troisième a pris ses quartiers à Colmar en septembre 2005, avec plus de 200 participants, dont des parlementaires venus d'Espagne, d'Allemagne et de Belgique. Le groupe Dassault Aviation en était le principal sponsor. Son président Charles Edelstenne en a profité pour distribuer aux députés les plaquettes du Gifas en faveur du soutien à la recherche. Serge Dassault était présent dans la salle, très attentif.

L'édition 2006 s'est déroulée à Aix-en-Provence les 11 et 12 septembre. Son thème principal était : « Systèmes d'hommes, systèmes d'armes, la transformation à l'épreuve

1. Entretien avec l'un des auteurs, 16 mai 2006.
2. Entretien avec l'un des auteurs, 30 juin 2006.

des faits ». Une visite de l'usine d'Eurocopter de Marignane (Bouches-du-Rhône) était prévue, ainsi que la présentation de rapports techniques et la tenue d'ateliers avec des députés de pays méditerranéens. Cette fois-ci, le principal contributeur était le groupe Safran (né de la fusion entre le motoriste Snecma et le groupe de télécoms Sagem). « Nous sommes fiers d'avoir créé une sorte de Davos de la défense », résume l'organisateur.

Un ancien député dans les coulisses

Visage émacié, voix sourde, calme olympien, Olivier Darrason, 52 ans, n'est pas seulement le metteur en scène des universités d'été de la défense pour le compte du député Guy Teissier. Le parcours professionnel de ce consultant lui a permis de développer sa société CEIS, au carrefour de la défense et de l'industrie. Énarque, sous-préfet et maître des requêtes au Conseil d'État, il connaît tous les rouages des circuits de décision administratifs. Ancien chef du cabinet de François Léotard lorsque celui-ci était ministre de la Culture, entre 1986 et 1988, il s'est constitué un carnet d'adresses politique très éclectique. Après un passage dans le privé au sein de la société SVP, Olivier Darrason s'est lancé dans la bataille électorale, devenant en 1993 député UDF de la circonscription d'Istres (Bouches-du-Rhône), où il a ses racines familiales. À l'Assemblée, il s'est imposé sur les sujets de défense ; rapporteur du budget de l'armée de l'air, il a signé des rapports remarqués en faveur du Rafale ou de l'hélicoptère de combat NH90. Battu en 1997, Olivier Darrason a décidé de réorienter sa carrière.

Ainsi, à la fin de 1997, l'ancien député a créé la Compagnie européenne d'intelligence stratégique (CEIS), spécialisée dans l'information économique, la gestion des risques et la veille technologique. Elle a commencé avec quelques contrats, notamment pour Dassault, puis elle s'est diversifiée et connaît aujourd'hui une forte croissance : elle emploie près de 40 consultants, anciens fonctionnaires, économistes, ingénieurs et militaires. La CEIS a recruté quelques grosses pointures, dont Pierre Conesa, ancien spécialiste des exportations d'armement au ministère de la Défense[1], et Jean Rannou, chef d'état-major de l'armée de l'air de 1995 à 2000[2].

Ses clients ? Le PDG n'en donne pas la liste. « Il s'agit à 90 % d'entreprises privées françaises et européennes de secteurs variés, de la défense à la biologie, et à 10 % d'institutions publiques. » En fait, la plupart des grands groupes de défense figurent parmi ses références. Le cabinet CEIS a travaillé pour le ministère de la Défense sur la définition des nouvelles technologies sensibles à protéger, sur la réorganisation de la Direction générale pour l'armement (DGA), annoncée en février 2005, ainsi que sur la réforme des états-majors mise en œuvre en mai 2005. Ce dernier contrat a valu à la CEIS d'être qualifiée dans *Le Monde* d'« officine » par un ancien conseiller de Lionel Jospin[3]. « Nous n'avons rien d'une

---

1. Pierre Conesa est directeur général de la CEIS depuis juin 2003. Né en 1948, énarque, il a été haut fonctionnaire au ministère de la Défense, notamment à la délégation des affaires stratégiques, puis en charge de missions sur les exportations d'armements au ministère et sur l'évaluation de la Direction du renseignement militaire auprès du chef d'état-major des armées.

2. Né en 1942, Jean Rannou, pilote de chasse, a fait l'essentiel de sa carrière militaire dans l'armée de l'air, notamment comme chef d'escadre, commandant de la base aérienne de Colmar, chef du bureau en charge de la planification. En 1990, il devient général de brigade aérienne, chef de la division forces nucléaires de l'état-major des armées, puis, en 1991, chef du cabinet militaire du ministre de la Défense, avant de présider en 1994 un groupe chargé d'élaborer le modèle d'armée 2015. Il a été nommé le 1er septembre 1995 général d'armée aérienne, chef d'état-major de l'armée de l'air. Depuis juillet 2000, il est consultant et siège notamment au conseil de surveillance de Thales Raytheon System.

3. Le 16 août 2005, Olivier Darrason et Jean Rannou ont signé dans *Le Monde* une tribune répondant point par point aux critiques formulées dans

officine mystérieuse, se défend Olivier Darrason. Nous répondons à des appels d'offres, nos missions sont clairement définies et nos méthodes parfaitement légales. »

La CEIS a développé une activité de relations publiques (notamment pour le compte de la Fédération française des sociétés d'assurances, qui finance un club Parlement et développement durable) et de lobbying. Le pôle « affaires publiques », qui organise principalement des colloques, est dirigé par Éric Schmidt, ancien membre du cabinet de Christian Paul, secrétaire d'État à l'Outre-mer du gouvernement Jospin et actuel député socialiste de la Nièvre. Symbole de son positionnement, la CEIS a installé ses bureaux parisiens dans un immeuble du boulevard Saint-Germain, à quelques enjambées du ministère de la Défense et du Palais-Bourbon.

Olivier Darrason, qui côtoyait son collègue marseillais Guy Teissier sur les bancs de l'Assemblée entre 1993 et 1997, s'est rapproché de lui quand ce dernier a été élu président de la commission de la Défense, en 2002. Depuis, le consultant est en contact étroit avec le député UMP. Outre l'organisation des universités d'été de la défense, il l'a soutenu au début de 2006 pour contrer le projet de Jean-Louis Debré, président de l'Assemblée, qui visait à fusionner les commissions de la Défense et des Affaires étrangères[1]. Olivier Darrason a aussi aidé l'élu marseillais lorsque celui-ci a organisé un colloque

---

la contribution parue dans ce même journal quelques jours auparavant (19 juillet 2005), signée de Louis Gautier, ancien conseiller de Lionel Jospin à Matignon. Louis Gautier critiquait la réforme de l'état-major édictée par décret le 21 mai 2005, renforçant les pouvoirs du chef d'état-major des armées sur ceux des trois armées, et il dénonçait l'influence trop grande d'une « officine » sur cette réforme. Se sentant attaqués, Olivier Darrason et Jean Rannou ont défendu la réforme au nom de l'efficacité et de la réactivité et ont rappelé le rôle technique de la CEIS (six mois de débats, 50 réunions organisées au ministère) dans cette réforme voulue et décidée par la ministre de la Défense Michèle Alliot-Marie.

1. Voir à ce sujet le chapitre 2.

sur les calanques de Cassis[1]. « La CEIS est une sorte de cabinet dans l'ombre de Guy Teissier », affirment plusieurs députés. « Nous discutons souvent. J'essaie de jouer un rôle de réservoir d'idées », précise Olivier Darrason, qui refuse de voir là une quelconque pression souterraine et se présente en défenseur de la « souveraineté nationale ».

Le président de la CEIS reconnaît également son influence auprès d'autres élus. « Nous ne travaillons pas à la commission de la Défense, mais certains de ses membres nous sollicitent pour nos compétences techniques et industrielles. » Des exemples ? Jérôme Rivière (UMP, Alpes-Maritimes) était en contact régulier avec le cabinet CEIS lorsqu'il a planché en 2003, avec trois de ses collègues, sur le mode de propulsion du futur second porte-avions français[2]. Quand Eurocopter (groupe EADS) a décidé, à la mi-2005, de monter en Corée du Sud une « mission parlementaire » qui l'aiderait à décrocher un gros contrat d'hélicoptères, la CEIS a accompagné les quatre députés volontaires[3].

Autre manifestation de cet entregent : Bernard Carayon (UMP, Tarn), auteur de plusieurs rapports sur l'intelligence économique et rapporteur de certains budgets de la défense à la commission des Finances, a créé à la fin de 2005 avec Jean-Michel Boucheron (PS, Ille-et-Vilaine) la fondation Prométheus pour développer la réflexion géopolitique. Une dizaine

1. Élu de Marseille, randonneur et défenseur des calanques au sein d'une association de protection du massif depuis le début des années 80, Guy Teissier préside depuis 2000 le Groupement d'intérêt public des calanques de Marseille-Cassis. Il défend la création d'un parc national et a organisé un colloque sur le sujet en juin 2005 avec l'aide de la CEIS. Contacté à plusieurs reprises par l'un des auteurs d'avril à août 2006, Guy Teissier n'a pu se rendre disponible pour répondre à ses questions.

2. Rapport d'information sur le mode de propulsion du second porte-avions, présenté le 5 novembre 2003 par Patricia Adam, Charles Cova, Marguerite Lamour et Jérôme Rivière.

3. Sur ce voyage en Corée du Sud, voir le chapitre 18.

d'entreprises, dont Dassault Aviation, EADS, Thales et Areva, parrainent cette fondation privée, où l'on retrouve le président de la CEIS comme membre du conseil d'orientation[1]. Olivier Darrason copréside par ailleurs le comité « intelligence économique » du Medef. Et ce n'est pas tout. Au premier semestre 2006, Yves Fromion (UMP, Cher) a été chargé par le gouvernement d'une mission de réflexion sur les exportations d'armement. Il a aussitôt fait appel à la CEIS pour coorganiser un colloque à l'Assemblée avec l'aide financière des industriels concernés[2]. À la tribune, Olivier Darrason menait les débats pendant une partie de la journée. Omniprésent et écouté, tant par les politiques que par les industriels, l'ancien député a réussi sa reconversion dans les affaires.

Les « affaires publiques » d'EADS

Dans le secteur de la défense, où l'on compte en milliards d'euros, le hasard n'a guère de place. Les rencontres sont rarement fortuites, les connivences toujours mûrement réfléchies.

1. Les entreprises fondatrices (subvention de 125 000 euros chacune pour cinq ans) de Prométheus sont : Alstom, Areva, Caisse nationale d'épargne et de prévoyance, CDC Entreprises, Dassault Aviation, EADS, les laboratoires Servier, Sagem Défense Sécurité, Sanofi-Synthelabo Groupe, Thales Communication. La fondation a pour objet de « contribuer à l'analyse des enjeux de la mondialisation, de concourir à la paix économique et à la transparence des échanges par la participation à l'élaboration de politiques publiques et la promotion de la recherche stratégique » (www.promethee.fr/).

2. Colloque sur « Les conditions du rayonnement international de l'industrie française de défense », le 22 mai 2006, ouvert par Yves Fromion (UMP, Cher) et Michèle Alliot-Marie, ministre de la Défense. Le colloque était co-organisé par la CEIS et le club Défense & Stratégie, dirigé par Nicolas Pilliet. Les sponsors du colloque étaient : Alcatel Alenia Space, Armaris, Dassault Aviation, EADS, MBDA, Thales, Safran.

Elles sont même conçues comme des horloges de précision par les grands groupes. La méthode « affaires publiques » d'EADS – groupe né en juillet 2000 de la fusion des activités françaises de Matra et d'Aérospatiale, des filiales du constructeur allemand Daimler-Benz et de l'espagnol CASA – est révélatrice. Le géant aéronautique européen fait régulièrement appel aux services du Gifas ou de cabinets de conseil comme la CEIS. Il a créé en son sein une véritable machine de guerre de lobbying politique pour protéger ses intérêts.

Le dispositif est dirigé à Paris par Denis Verret. Ce cadre de 55 ans au physique longiligne et à la voix monocorde est rompu aux us et coutumes des réseaux politico-industriels. Ancien élève de l'ENA, diplômé de la Harvard Business School, il a été conseiller commercial à Washington, membre du cabinet de Laurent Fabius à Matignon (1984-1986), avant d'entrer chez Thomson-CSF à la direction internationale, puis de rejoindre le groupe public Aérospatiale en 1994 en tant que chargé des affaires commerciales. Depuis juillet 2000, il est *senior vice-president*, délégué aux affaires publiques France du groupe EADS[1]. Une fonction qu'il assume avec sérénité : « Nous incarnons de grands projets industriels européens, d'Airbus à Ariane, synonymes de succès collectifs enthousiasmants dans une industrie emblématique, dit-il en nous recevant dans les salons du siège parisien d'EADS, boulevard de Montmorency, dans le XVIe arrondissement. Nous devons cultiver cette image positive et convaincre les élus de

1. La fonction « affaires publiques » (ou *political affairs* en anglais) existe de la même manière en France, en Allemagne et en Espagne, les trois principaux pays d'implantation d'EADS. Ces trois pôles, dont l'organisation est calquée sur celle des pouvoirs politiques de chaque pays, servent, selon Denis Verret, de « levier d'efficacité sur les capitales ». Denis Verret est aussi, depuis juillet 2003, directeur délégué coordination et support d'EADS International, aux côtés de Jean-Paul Gut, directeur général délégué d'EADS et directeur d'EADS International.

soutenir l'entreprise, même s'ils sont parfois déçus quand il y a des ratés. »

EADS a des arguments de poids pour se faire entendre : 113 000 salariés, 70 usines en Europe, un chiffre d'affaires de 34 milliards d'euros en 2005 (+ 8 % en un an), des bénéfices de 1,7 milliard (+ 39 %), des places de leader conquises dans les domaines des avions commerciaux (Airbus), des avions militaires (Eurofighter, A-400 M), des hélicoptères (Eurocopter), des missiles (MBDA), du spatial (EADS Space, Astrium, Ariane).

La direction des affaires publiques, petite équipe de trois personnes, utilise une vaste panoplie de techniques pour traiter « toute la chaîne politique », des élus locaux jusqu'à l'Élysée en passant par les états-majors[1] et les organisations professionnelles. Les parlementaires sont particulièrement soignés, de manière « non abusive », selon Denis Verret : « Nous ne leur demandons jamais de faveurs, mais nous essayons de leur faire prendre conscience qu'ils font bien leur travail en s'intéressant à nos sujets, qui sont – c'est notre chance – d'intérêt public. » Une lettre d'information institutionnelle est envoyée aux députés et sénateurs afin qu'ils perçoivent « l'extraordinaire vitalité de l'entreprise ». Les rapporteurs des budgets qui concernent l'aéronautique et la défense sont vus « systématiquement ». Les élus sont invités aux salons professionnels (Bourget et Farnborough) ou à visiter des sites importants d'EADS (Les Mureaux, Bordeaux, Toulouse, Marignane, Hambourg), trois à quatre fois par an. La direction des affaires publiques a monté à leur intention des stages de trois jours afin de les familiariser avec la vie de l'entreprise.

1. Denis Verret a passé un accord avec l'état-major des armées afin que celui-ci propose des noms de « conseillers militaires » qu'EADS puisse embaucher pour ses relations avec les armées. Trois « conseillers militaires », un par armée (terre, air, marine), ont ainsi été recrutés.

Ces contacts réguliers, complétés par les participations aux colloques et aux universités d'été, ont des retombées en termes d'image. En 2005, le groupe EADS a été élu « entreprise de l'année » par 216 parlementaires interrogés dans le cadre des Trophées des relations institutionnelles, organisés par le cabinet Spin Partners et *La Revue parlementaire*. Deux tiers des élus considèrent que la communication d'EADS est en « adéquation » avec leurs attentes et que le groupe fait partie des « champions français dans le domaine de la recherche [1] ». La stratégie d'influence porte ses fruits.

Les bons ambassadeurs d'Airbus

Denis Verret épluche enfin les agendas officiels des voyages parlementaires, ministériels et présidentiels à l'étranger afin de fournir aux participants des argumentaires pro-EADS et de signaler aux représentants du groupe, aux quatre coins du monde, le passage de tel ou tel responsable politique. « Lors de leurs contacts dans le pays visité, les élus et les ministres peuvent être conduits à faire passer des messages qui servent les intérêts français. Ce faisant, ils ne promeuvent pas une entreprise particulière, ils défendent une relation économique entre deux pays, face à des concurrents qui font la même chose. Le président François Mitterrand était extrêmement fin à la manœuvre. Son successeur, Jacques Chirac, sait aussi très bien vanter des solutions européennes quand elles sont performantes. »

Ce lobbying millimétré est utile. Au printemps 2006, la maison EADS a connu de fortes turbulences. L'un de ses dirigeants, Jean-Louis Gergorin, a dû quitter l'entreprise après

---

1. Source : Spin Partners, *La Revue parlementaire*, octobre 2005, Trophées des relations institutionnelles, remis le 3 novembre 2005 sous le haut patronage de Christian Poncelet, président du Sénat, et François Loos, ministre délégué à l'Industrie.

avoir reconnu dans la presse qu'il était l'un des « corbeaux » présumés de l'affaire Cleastream – ce scandale lié à une liste trafiquée de comptes bancaires où figuraient des noms de personnalités politiques (dont Nicolas Sarkozy), transmise à Dominique de Villepin et à la justice dans des conditions controversées. Puis ce sont les retards de fabrication du gros porteur A380 et les stock-options vendues opportunément par le coprésident français du groupe, Noël Forgeard, juste avant l'annonce de mauvaises nouvelles, qui ont déclenché une crise politico-médiatique. Noël Forgeard a dû laisser sa place, le 2 juillet, à Louis Gallois, président de la SNCF et ancien patron d'Aérospatiale.

La tension est vite retombée. D'opportunes annonces de commandes d'avions ont été faites au salon britannique de Farnborough en juillet 2006. Jacques Chirac, prévenu très tôt des difficultés d'Airbus, a tout fait pour calmer le jeu, notamment du côté de la chancelière allemande Angela Merkel, inquiète des soubresauts français. Les ministres et les députés, qui ont auditionné en urgence Noël Forgeard avant sa démission, ont répété en chœur leur attachement au succès d'EADS. Normal : l'État reste actionnaire à hauteur de 15 % du groupe qu'il a contribué à porter sur les fonts baptismaux en 2000. Et tirer sur Airbus reviendrait à menacer des milliers d'emplois que les élus de l'Ouest, de Toulouse à Rochefort, ne veulent pas voir disparaître !

L'un d'entre eux défend ces salariés bec et ongles. Il s'agit de Jean Diébold (UMP, Haute-Garonne). Cet adjoint au maire de Toulouse est un ancien cadre des usines locales d'Airbus, filiale d'Aérospatiale devenue celle d'EADS. Il ne cache pas sa fidélité à la maison qui l'a employé jusqu'à son élection en 1986 avant de le faire travailler comme consultant pendant quelques années : « L'aéronautique, c'est mon métier, c'est mon milieu, dit cet homme de 67 ans à la carrure sportive. Je suis acquis à la cause d'Airbus[1]. »

1. Entretien avec l'un des auteurs, 21 mars 2006.

Jean Diébold consacre une partie de son temps de travail parlementaire à ce rôle d'ambassadeur. Lors de son mandat précédent, de 1993 à 1997, il s'est démené pour promouvoir un projet d'avion de transport militaire (baptisé FLA) qui allait devenir l'A400-M, le grand programme d'Airbus lancé en 2002. L'élu raconte : « Louis Gallois, qui était à l'époque PDG d'Aérospatiale, m'avait conseillé de défendre ce projet, qui ne voyait pas le jour pour des raisons budgétaires. Alors j'ai joué les VRP pendant des mois, me rendant partout, y compris au salon aéronautique de Farnborough avec des maquettes du FLA. »

Réélu à l'Assemblée en 2002, Jean Diébold a pris la présidence du groupe d'études sur l'industrie aéronautique et spatiale, qui regroupe près de 70 députés élus de circonscriptions où des emplois sont concernés par l'évolution de ce secteur. Son rôle ? « Permettre aux industriels de nous interpeller, savoir ce qu'ils attendent du Parlement et du gouvernement », explique-t-il simplement. Les membres du groupe d'études ont auditionné les PDG des grands groupes : Charles Edelstenne (Dassault Aviation), Noël Forgeard (EADS), Denis Ranque (Thales), Jean-Paul Béchat (Snecma), Jean-Luc Vigneron (GIAT Industries). Ils ont fait la tournée des usines et participé aux dîners annuels du Gifas. Le circuit est balisé.

Toujours prompt à défendre son ancien employeur, Jean Diébold est intervenu dans l'hémicycle le 22 juin 2005, lors de la séance des questions d'actualité, au lendemain du salon du Bourget. Il a demandé au ministre des Transports Dominique Perben si le système des avances publiques remboursables perçues par Airbus pour ses nouveaux modèles – système critiqué par son concurrent américain Boeing – serait bien préservé. Selon lui, la suppression de ces avances serait « injuste » et menacerait le succès de l'entreprise, qui est aussi « dû, bien sûr, à la mobilisation et à la compétence de l'ensemble des équipes d'Airbus ».

Dans sa réponse, le ministre des Transports a rassuré le député de Haute-Garonne et rappelé qu'une réflexion était engagée sur le « dispositif d'aide à la recherche, indispensable au secteur aéronautique ». « C'est mon travail d'intervenir de la sorte, commente Jean Diébold. Bien sûr, ma question était favorable à un industriel, mais il est le premier employeur de ma circonscription. Ce n'est pas du lobbying, mais de l'intérêt général. »

Un député très discret à la Sogerma

Jean Diébold n'est pas le seul à porter les couleurs d'EADS et d'Airbus à l'Assemblée. L'ingénieur Jean-Louis Léonard (UMP, Charente-Maritime), 56 ans, vice-président du groupe d'études sur l'industrie aéronautique et spatiale, est encore plus concerné par l'avenir de cette entreprise, dont il est toujours l'un des salariés. Ancien directeur de l'usine de Rochefort de la Sogerma, filiale d'EADS spécialisée dans la maintenance d'avions et la fabrication de certaines pièces aéronautiques, il a gardé un pied dans son ancienne usine lorsqu'il a été élu au Palais-Bourbon, en 1993 puis en 2002. « Juste un contrat à temps partiel pour pouvoir continuer de cotiser pour ma retraite[1] », précise ce député trapu à la chevelure ondoyante, grand amateur de chasse et de cigares. Son job à la Sogerma ? « Un rôle d'appui et de conseil pour des missions commerciales », explique Bernard Pommier, le vice-président en charge de la communication de cette société, qui précise que Jean-Louis Léonard a un contrat de travail Sogerma à Rochefort « depuis vingt-sept ans[2] ».

Le député, qui est aussi maire de Châtelaillon-Plage et vice-président de la communauté d'agglomération de La Rochelle,

1. Entretiens avec l'un des auteurs, 29 mars et 17 mai 2006.
2. Entretien téléphonique avec l'un des auteurs, 7 août 2006.

ne cache pas le contenu de sa mission : « J'ai un rôle de conseiller, de négociateur, pour promouvoir la maison. » Il affirme ainsi avoir réglé en 2002 un contentieux commercial de la Sogerma en Roumanie. La même année, en France, il s'est battu en vain pour sauver le contrat de maintenance des avions C-130 de l'armée de l'air, contrat perdu par la Sogerma au profit d'un concurrent portugais moins cher[1]. « La perte de ce contrat a déséquilibré les comptes de l'entreprise, notamment l'usine de Mérignac », explique-t-il. En 2003, Jean-Louis Léonard dit avoir œuvré pour que l'usine de Rochefort, qui fabrique notamment des pièces aéronautiques, récupère une partie de la fabrication du fuselage de l'A-320. Selon lui, « l'établissement risquait de couler sans ce transfert de charge ». Sa proximité avec le secrétaire d'État aux Transports Dominique Bussereau[2] (élu de Charente-Maritime)

1. La Sogerma a été battue en 2002 lors d'un appel d'offres du ministère de la Défense (alors tenu par le socialiste Alain Richard) sur la maintenance des avions de transport Hercules C-130, qui constituait auparavant 15 % de son activité. La société portugaise OGMA, moins-disante, a été retenue. Faute d'expérience, elle a d'abord eu quelques difficultés pour assurer l'entretien de ces avions et a même dû faire appel en urgence à la Sogerma pour l'aider ! Le sujet a fait l'objet de passes d'armes au sein de la commission de la Défense, où siège notamment Jean-Louis Léonard. Le 7 novembre 2005, Michel Sainte-Marie (PS, Gironde) a critiqué la ministre de la Défense pour son manque de soutien à la Sogerma et les conditions d'exécution du contrat par OGMA. Michèle Alliot-Marie a répondu que les Portugais avaient connu des « difficultés initiales dues à des pratiques déplorables de la Sogerma consistant à ne pas transmettre les pièces officielles ». Et la ministre a rappelé que le devis proposé en 2002 par la Sogerma était de 20 % supérieur à celui de ses concurrents : « Si nous sommes prêts à aider les industriels, encore faut-il qu'ils fassent preuve de responsabilité. Ce n'est pas parce qu'on a un marché depuis longtemps qu'on peut fixer n'importe quel prix et agir à sa guise. » Jean-Louis Léonard estime que les services du ministère ont mis en avant de manière exagérée des problèmes de prix et de qualité pour justifier le contrat avec OGMA.

2. C'est sur la proposition de celui-ci que le Premier ministre Jean-Pierre Raffarin a nommé en août 2003 Jean-Louis Léonard à la présidence

et avec le Premier ministre Jean-Pierre Raffarin (élu de la Vienne) aurait permis de faire aboutir le dossier au début de 2004.

Membre de la commission de la Défense, Jean-Louis Léonard préside aussi au Palais-Bourbon le groupe d'amitié France-Pologne. À ce titre, il se rend régulièrement dans ce pays. Il y a accompagné Jean-Pierre Raffarin en visite officielle en novembre 2003, ainsi que Nicolas Sarkozy, ministre de l'Intérieur, en octobre 2005. Le député y séjourne également pour d'autres motifs, professionnels et personnels. En septembre 2005, il était à Varsovie pour rencontrer ses homologues de la Diète, à qui il a vanté les mérites des Airbus. La compagnie aérienne polonaise Lot était en passe de choisir les avions de l'américain Boeing pour remplacer sa flotte vieillissante. « Il n'en fallait pas plus pour rendre féroce notre député dont on connaît l'attachement à l'avion européen et dont l'usine Sogerma de Rochefort, chère à son cœur, est largement dépendante [1] », peut-on lire sur le site Internet de l'élu de Charente-Maritime. Le voyage n'a pas suffi à renverser la décision polonaise. « On m'a demandé d'y aller, mais il était un peu tard pour changer la donne », explique Jean-Louis Léonard.

Le député est par ailleurs actionnaire d'une petite entreprise familiale de mécanique, la Sefoc, installée à Saint-Vit, dans le Doubs [2]. Il l'a aidée à se diversifier dans l'aéronautique

---

du Programme de recherche et d'innovation dans les transports terrestres (Predit), un organisme chargé de coordonner les recherches publiques et privées dans le domaine des transports. Son plan 2002-2006 était doté de 300 millions d'euros de fonds publics pour encourager les projets innovants, par exemple sur les véhicules propres, la sécurité ou l'effet de serre.

1. « Le député Léonard plaide pour Airbus en Pologne », www.jeanlouisleonard.com/.

2. La Société d'études et de fabrication d'outils carbure (Sefoc), créée en 1969, spécialisée dans la fabrication d'outils coupants spéciaux et dans le décolletage de précision, est présidée par Serge Gigandet. Elle a réalisé un chiffre d'affaires de 1,7 million d'euros et une perte de 150 000 euros

et étudie désormais la possibilité d'implanter une usine en Pologne. « Mais il est encore trop tôt pour vous en parler », dit-il, soudain mystérieux.

L'élu de la Charente-Maritime est également resté très discret lors de la tourmente subie au printemps 2006 par la Sogerma, due, selon lui, à des « erreurs stratégiques » des anciens dirigeants et à des « décisions discutables » de l'État. Il est vrai que seul le site bordelais de cette filiale d'EADS a été touché par la tempête, celui de Rochefort étant épargné. Le 12 mai 2006, le conseil d'administration d'EADS a annoncé la fermeture du site de Bordeaux-Mérignac, qui a perdu 237 millions d'euros en 2005. Déjà touché par deux plans sociaux à la suite de l'arrêt des contrats de maintenance des C-130 et de diversifications ratées, celui-ci voyait ses 1 100 emplois condamnés. À l'Assemblée, lors de la séance de questions d'actualité du 16 mai 2006, les élus bordelais ont relayé l'émotion soulevée par cette fermeture brutale. Le député-maire de Bordeaux Hugues Martin (UMP) a parlé d'un « sinistre de portée nationale sans précédent » et d'une décision « ni rationnelle, ni acceptable ». L'élu socialiste Michel Sainte-Marie, maire de Mérignac, a dénoncé un « coup de poignard dans une activité stratégique du tissu industriel national et aquitain », demandant au gouvernement d'empêcher ce « désastre ».

En pleine tempête Clearstream, le Premier ministre Dominique de Villepin s'est précipité à Mérignac le 24 mai pour affirmer sa volonté que « le plus grand nombre d'emplois soient préservés » sur le site. Dans la foulée, le coprésident d'EADS Noël Forgeard, qui avait refusé tout amendement à sa décision devant les syndicats, a été convoqué à Matignon en compagnie d'Arnaud Lagardère, le coprésident du conseil d'administration du groupe. Après plusieurs semaines de

---

en 2005. Au sein de son conseil de surveillance siègent notamment l'ancien président Henri Léonard et Jean-Louis Léonard.

négociations, EADS a finalement promis de reclasser 650 personnes et de proposer à chaque salarié touché de la Sogerma une « offre de mobilité » vers un autre site français.

La direction du groupe a mis de l'eau dans son vin. Et elle a dépêché sur place un « démineur » politique en la personne de Jean-Pierre Philippe. Proche collaborateur de Jean-Paul Gut, le directeur général délégué d'EADS, Jean-Pierre Philippe a côtoyé nombre d'élus du PS quand il dirigeait le cabinet de Louis Mermaz, président du groupe socialiste à l'Assemblée durant les années Mitterrand. Il est le mari de Nathalie Kosciusko-Morizet, députée UMP de l'Essonne et étoile montante du parti majoritaire. Chargé du dossier Sogerma à la mi-mai 2006, le démineur a discuté avec les élus locaux pour négocier une sortie honorable. À gauche, il a contacté Michel Sainte-Marie et Alain Rousset (président PS du conseil régional), ainsi que le député-maire de Bègles Noël Mamère (Verts). À l'UMP, il a dialogué avec Hugues Martin et Alain Juppé (ancien maire de Bordeaux). « Chacun a joué sa partition. Ils ont tous compris qu'il fallait bâtir des solutions de reprise. Nous savions que nous ne pouvions pas partir comme cela[1] », confie Jean-Pierre Philippe. À l'arrivée, plusieurs candidats à la reprise d'activités de maintenance aéronautique (dont le Français Touraine Air Transport et le fonds financier Butler Capital, associé à EADS) se sont manifestés. La tension est retombée d'un cran après la visite sur place, le 13 juillet 2006, du nouveau coprésident d'EADS Louis Gallois.

L'établissement Sogerma de Rochefort, lui, a conservé un profil bas durant toute cette crise. Il espère même tirer avantage de la situation en demandant à sa maison mère EADS un renforcement de son plan de charges. « Nous préférons agir discrètement, en parfaite coordination avec les élus locaux, pour conforter notre pôle aéronautique rochefortais »,

1. Entretien téléphonique avec l'un des auteurs, 27 juillet 2006.

confie Jean-Louis Léonard, fort de sa double casquette de salarié de la Sogerma et de député. L'élu UMP aime ce genre de missions d'intermédiaire, à la confluence des deux mondes où il sait naviguer.

Chapitre 18

« Monsieur le Député est en mission à l'étranger »

Tout était bien organisé par Alcatel. Parfaitement huilé et minuté. Quelques contacts politiques, des rencontres avec des industriels chinois, un passage au centre de recherche du groupe français de télécoms, situé à Shanghai, et un zeste de tourisme. Implanté depuis une dizaine d'années au cœur de cette métropole en plein boom, Alcatel voulait montrer aux parlementaires français « ce qui se passe en Chine ».

Du 17 au 23 avril 2006, une douzaine d'entre eux ont accepté l'invitation. « On ne peut pas passer à côté du marché chinois, confie Caroline Mille, directrice de la communication d'Alcatel jusqu'en juin 2006 et organisatrice de ce voyage, premier du genre pour le géant français. Nous sommes confrontés à la mondialisation, et cela touche même nos centres de recherche. Nous souhaitions faire découvrir ces réalités complexes aux parlementaires [1]. »

---

1. Entretien avec l'un des auteurs, 23 mai 2006. Caroline Mille a quitté la direction de la communication d'Alcatel en juin 2006 pour occuper la même fonction au sein de France Telecom.

Accessoirement, Alcatel espérait également faire pièce aux critiques récurrentes des élus hexagonaux sur le thème de la délocalisation. Son président, Serge Tchuruk, a déjà suscité une vague de réprobation en France en évoquant à propos de l'avenir d'Alcatel la perspective d'une entreprise « sans usines ». La carte de ses implantations industrielles se réduit comme peau de chagrin depuis dix ans. Alors, si les centres de recherche s'en vont aussi en Chine...

Le choix des élus conviés à ces tribulations printanières chinoises a fait l'objet d'un savant dosage, concocté par Caroline Mille avec l'aide du lobbyiste Paul Boury. Jean-Paul Davin, ex-conseiller parlementaire de Jean-Pierre Raffarin à Matignon, embauché par Alcatel en 2005 comme directeur des relations institutionnelles – autrement dit du lobbying politique –, a peaufiné la liste.

À gauche, Alain Gouriou, député socialiste des Côtes-d'Armor, est du voyage : il a une usine Alcatel dans son fief breton. Suivent Jean-Michel Boucheron (PS, Ille-et-Vilaine) spécialiste de défense et d'espace, Jean-Marie Le Guen (PS, Paris) et Bruno Le Roux (PS, Seine-Saint-Denis), vice-présidents du groupe d'amitié France-Chine, et Henri Weber, député européen et membre de la garde rapprochée de Laurent Fabius.

À droite, le libéral Jean-Michel Fourgous (UMP, Yvelines), rapporteur du budget de la recherche, côtoie Jean-Paul Charié (UMP, Loiret), proche du monde industriel, Patrice Martin-Lalande (UMP, Loir-et-Cher), bon connaisseur de la Chine et des nouvelles technologies, l'ancien chef d'entreprise Pierre Hériaud (UMP, Loire-Atlantique) et l'ingénieur Alfred Trassy-Paillogues (UMP, Seine-Maritime)[1].

1. Alain Joyandet (UMP, Haute-Saône) a dû se décommander, tout comme Claude Gatignol (UMP, Manche), retenu par une visite ministérielle sur le site de la future centrale EPR, dont il est un ardent promoteur.

Alcatel avait aussi invité Guy Drut (UMP, Seine-et-Marne), le président du groupe d'amitié France-Chine à l'Assemblée, mais il n'a pu se joindre au groupe. En revanche, son homologue au Sénat, Jean Besson, sénateur de la Drôme, a réussi à se libérer. À ces élus se sont ajoutés Caroline Mille, Paul Boury et deux journalistes, Élisabeth Chavelet, de *Paris Match,* et Marie-Cécile Renault, du *Figaro*. Alcatel a demandé à Dominique Roux, économiste, professeur à Paris-Dauphine, d'être du voyage. Cet expert reconnu des télécoms connaît bien les milieux politiques, puisque sa fille n'est autre que Valérie Pécresse, députée UMP des Yvelines et protégée du clan Chirac.

L'opération de relations publiques a bien fonctionné. Seul Jean-Paul Charié n'en a pas pleinement profité : malade dès l'embarquement, il a dû être rapatrié en urgence. Patrice Martin-Lalande, qui enchaîne les voyages en Asie [1], s'est amusé des découvertes des néophytes sur l'empire du Milieu. L'ambiance était bon enfant. Bruno Le Roux a pris des photos.

Chez Alcatel, on est satisfait : « Nous semons à dix ans. Nous formons les parlementaires. Il n'y a pas de pression de notre part. » Aucune gêne n'est perceptible quant à ce rôle de tour-opérateur auprès des élus. « Cela nous permet de voir que le monde change vite. Nous ne faisons pas assez de voyages comme celui-ci [2] », estime Jean-Paul Charié une fois remis de ses soucis de santé. Les responsables d'Alcatel s'étonnent presque que l'on puisse être surpris par de telles initiatives : « Beaucoup d'autres groupes font cela depuis longtemps... »

Jean-Paul Davin, le directeur des relations institutionnelles d'Alcatel, en sait quelque chose. Entre 1995 et 2000, au sortir

---

1. Patrice Martin-Lalande, vice-président du groupe d'amitié France-Chine, a effectué deux voyages en Chine depuis 2002 : l'un avec le Groupe parlementaire espace (voir *infra*) en 2004, l'autre en compagnie de Patrick Devedjian, ministre délégué à l'Industrie, en visite officielle en mai 2005.

2. Entretien avec l'un des auteurs, 28 juin 2006.

du cabinet d'Édouard Balladur à Matignon, il a occupé les mêmes fonctions chez Elf, sous la présidence de Philippe Jaffré. Là, il « traitait » les députés et sénateurs avec le même soin. Il les emmenait en mer du Nord, au Gabon et en Angola, où le groupe avait obtenu des permis importants, en partie grâce à l'aide des parlementaires et à plusieurs visites ministérielles. Ses successeurs ont repris le flambeau. Arrivé chez Alcatel, Jean-Paul Davin souhaite poursuivre dans cette voie, surtout après l'opération réussie en Chine.

Des voyages de tous types en catalogue

À l'instar d'Elf (devenu Total) et d'Alcatel, les grandes entreprises, privées comme publiques, sollicitent les députés pour des voyages à l'étranger. Elles sont surtout soucieuses de diversifier leurs contacts avec le monde politique et de faire passer des messages sur la défense de leurs intérêts. C'est ce que font notamment EADS, Dassault, Vinci, Veolia, Areva, EDF, Suez, RTE... Les unes veulent redorer leur blason ou faire valoir leurs réalisations hors des frontières (comme Veolia ou Vinci), d'autres souhaitent éviter une trop forte dérégulation de leur secteur (comme EDF ou RTE dans l'électricité) ou, au contraire, obtenir des soutiens pour leurs opérations de privatisation (comme Suez et GDF, qui veulent se rapprocher). « On reçoit des invitations de toutes parts, mais je préfère décliner, d'abord parce qu'on n'a pas le temps de tout faire et ensuite parce que je préfère ne pas être redevable à qui que ce soit [1] », explique Didier Migaud (PS, Isère), très sollicité en tant que pilier de la commission des Finances.

Il est l'un des rares à affirmer ne pas succomber à ces tentations. Car la plupart des députés raffolent des déplacements à l'étranger. En la matière, la palette est aussi riche que la bro-

1. Entretien avec l'un des auteurs, 6 avril 2006.

chure d'un voyagiste haut de gamme. Quant aux méthodes de lobbying, elles sont de plus en plus raffinées... et controversées.

Certains élus ont un faible pour ces « voyages découverte » à l'invitation des entreprises. D'autres, plus accros, ont créé des associations extraparlementaires financées par les organismes privés ou publics d'un secteur, qui leur permettent de multiplier les déplacements autour de leurs thèmes de prédilection. Il s'agit d'une influence indirecte, mais ces voyages contribuent parfois au lobbying international des entreprises « partenaires ». Des élus profitent des missions parlementaires officielles, mi-diplomatiques, mi-touristiques, pour consolider leur image, développer des affaires ou se faire les avocats d'une « diplomatie économique » aux contours souvent flous. Enfin, on trouve, de manière surprenante, des députés qui montent de toutes pièces des expéditions de VRP à la demande de grands groupes pour faire du lobbying en leur nom à l'autre bout de la planète. Au risque de s'attirer des critiques : ces expéditions ont toutes les apparences de délégations officielles, sauf qu'elles ont pour principal objectif de faciliter la signature d'un contrat...

Les structures associatives n'ont pas, *a priori*, de but commercial. Elles facilitent simplement les échanges entre les députés qui en sont membres et les sponsors d'un secteur économique. Elles constituent aussi un moyen bien commode de voyager aux frais des entreprises. Ainsi, les parlementaires de l'association Avenir Transports, financée principalement par des industriels et présidée par le député UMP du Rhône Christian Philip, adorent les « voyages d'études »[1]. Un petit groupe de députés et sénateurs est allé passer deux jours à Cologne en février 2003 à l'invitation d'United Parcel Service,

1. L'association Avenir Transports est soutenue notamment par une vingtaine de grandes entreprises (de la SNCF à Renault) et par une trentaine d'organismes professionnels sectoriels. Voir à ce sujet le chapitre 5.

numéro un mondial du transport express. En septembre 2004, ils ont fait leurs bagages pour Stockholm, « sous le patronage de Keolis », un groupe spécialisé dans les transports, autour du thème « Privatisation des réseaux de transports urbains ». Des membres de l'association se sont ensuite rendus aux États-Unis et au Canada, en octobre 2004, à l'invitation des groupes Connex et Bombardier Transports[1]. À l'université de Montréal, ils ont participé à un colloque sur le thème « Transports en commun et transports routiers urbains, qui doit payer ? », dans le cadre des « Entretiens Jacques Cartier ». Le périple comportait également des visites des sites du groupe Bombardier à Dorval et La Pocatière, des réunions avec les dirigeants de Connex à Boston, ainsi que des rencontres avec des industriels et des élus locaux.

Le dernier voyage en date valait le détour. Une vingtaine de parlementaires et d'industriels ont passé une semaine en Russie, du 9 au 14 mai 2006. Ils ont visité les métros de Moscou et de Saint-Pétersbourg, la Cité des étoiles ainsi que le nouveau terminal pétrolier de Primorsk, sur la mer Baltique, inauguré en grande pompe par Vladimir Poutine en décembre 2001. Christian Philip étant « retenu » par d'autres obligations, la délégation d'Avenir Transports était conduite par François Messina (représentant d'Aéroports de Paris), le trésorier de l'association. Il a expliqué au journaliste des *Nouvelles de Saint-Pétersbourg* : « Certaines compagnies françaises seraient vraisemblablement très intéressées par une collabora-

1. Le voyage a eu lieu du 3 au 9 octobre 2004, à l'invitation de Connex et de Bombardier. Groupe français, Connex (devenu Veolia Transport au début de 2006) est le premier opérateur privé de transports collectifs (terrestres et maritimes) en Europe et aux États-Unis, avec un chiffre d'affaires de 4,35 milliards d'euros en 2005. Il a racheté à la mi-2005 la compagnie ATC, qui exploite le réseau ferroviaire de la banlieue de Boston, ainsi que la compagnie de bus Viens à Montréal. Bombardier est un groupe industriel canadien, spécialiste de transports ferroviaires (constructeur de trains, de métros) et d'aéronautique.

tion professionnelle avec la Russie dans les domaines du transport et du transport pétrolier. Je pourrais leur expliquer qu'il y a une région ici, au nord-ouest de la Russie, où règne un climat extrêmement favorable aux investissements[1]. » Les visiteurs d'Avenir Transports ont également remarqué l'absence de parkings payants à Moscou et Saint-Pétersbourg, décelant là quelques opportunités futures. « Il n'y a pas de loi en Russie qui autorise une quelconque autorité à instaurer un parking payant. Peut-être qu'un jour[2]... », écrit François Messina dans le compte rendu.

En Russie, la délégation d'Avenir Transports était accompagnée de quelques membres d'une autre association voyageuse, le Groupe parlementaire espace, qui rassemble des élus spécialistes des questions spatiales sous la houlette d'un président étonnant, le député UMP de la Loire, Christian Cabal.

Un « Américain » dans l'espace

Christian Cabal, élu de Saint-Étienne, pneumologue et professeur de médecine, est surnommé « l'Américain » par ses collègues tant il passe de temps outre-Atlantique. Pas un mois sans qu'il enchaîne les déplacements. Après Moscou en mai 2006, il est passé à Bruxelles, puis à New York, avant de préparer un nouveau voyage aux États-Unis pour septembre 2006. Et encore, affaibli par des ennuis de santé, il a allégé son programme ces deux dernières années !

Réputé influent, l'homme est du genre discret. Pourquoi s'intéresse-t-il à l'espace ? « C'est une passion ancienne »,

1. Dimitri Kholostov, « Les visiteurs de la délégation française découvrent l'efficacité de la politique environnementale en œuvre au sein du système d'oléoduc de la Baltique et du terminal pétrolier de Primorsk », *Les Nouvelles de Saint-Pétersbourg*, 20 mai 2006.

2. Voir le site www.avenir-transports.org.

confie cet abonné précoce à la revue *Air & Cosmos*, devenu à l'Assemblée l'expert incontournable sur le sujet et un ambassadeur officieux de la cause spatiale européenne et française. « Un facilitateur[1] », dit-il, affirmant s'être démené pour sauver Arianespace de la faillite financière en 2003 ou pour que les fusées russes Soyouz puissent décoller depuis la base française de Kourou à partir de 2008.

Le Groupe parlementaire espace (GPE), que Christian Cabal préside depuis 2002, est pourtant un OVNI au Palais-Bourbon. Privilège rare, il dispose dans les locaux de l'Assemblée d'un bureau spacieux, où trônent des maquettes de fusées, et il emploie un permanent à temps plein[2]. Mais le GPE n'est mentionné ni sur le site de l'Assemblée, ni dans les listes des groupes d'études officiels. Explication de Christian Cabal : « Nous rassemblons des députés, des sénateurs et des parlementaires européens. Les règlements de l'Assemblée et du Sénat n'autorisent pas les groupes mixtes de plusieurs chambres, il y a un blocage, je ne sais pas pourquoi[3]. »

Les statuts du GPE indiquent que cette association loi 1901 a pour but « d'informer le pouvoir législatif sur les évolutions du domaine spatial et d'être ainsi un acteur de la décision politique ». Le groupe se veut « un lien entre tous ceux qui participent au développement de l'espace en France et en

1. Entretien avec l'un des auteurs, 8 juin 2006.

2. Il s'agit d'Emmanuel de Lipkowski, un spécialiste de l'espace venu de la Commission européenne.

3. Le Groupe parlementaire espace compte environ 150 membres, députés, sénateurs, députés européens, anciens parlementaires. Sa présidence change en fonction de la majorité à l'Assemblée. Depuis 2002, il est présidé par le député Christian Cabal (UMP, Loire) avec huit vice-présidents : les députés Loïc Bouvard (UMP, Morbihan), Pierre Cohen (PS, Haute-Garonne), Pierre Ducout (PS, Gironde), Jean-Claude Lenoir (UMP, Orne), Patrice Martin-Lalande (UMP, Loir-et-Cher), et les sénateurs Bertrand Auban (PS, Haute-Garonne), Alain Gournac (UMP, Yvelines), Henri Revol (RI, Côte-d'Or).

Europe ». Mais il a également d'autres missions plus discrètes qui ressemblent fortement à du lobbying. Depuis 2003, il est en effet lié au CNES (Centre national d'études spatiales) par une convention financière détaillée, aux termes de laquelle cet organisme public lui verse une subvention d'un montant de plus de 90 000 euros par an, ce qui lui permet de payer son permanent et certains voyages[1]. En échange de quoi ? Selon la convention, la collaboration avec le GPE a notamment permis de « soutenir l'effort du CNES au niveau national, européen et mondial ». Le document précise que la liste des actions à engager par le GPE est soumise chaque année à

---

1. Le CNES soutient financièrement le GPE depuis le milieu des années 90. Le 10 mars 2003, une première convention triennale (2003-2005) a été signée entre le CNES et le GPE pour encadrer cette subvention annuelle. Le 16 janvier 2006, une deuxième convention triennale (2006-2008) a été signée. Selon ce document, le CNES a « l'intérêt et le devoir d'informer les parlementaires sur son activité et de sensibiliser la représentation nationale aux enjeux de l'espace ». Les deux parties signataires (Yannick d'Escatha – président du CNES depuis le 19 février 2003 – et Christian Cabal pour le GPE) considèrent que « les objectifs de collaboration entre le CNES et le GPE [de la première convention] ont été largement atteints ». Ils ont également permis « d'informer de manière très active les parlementaires (députés, sénateurs, députés français du Parlement européen) sur la politique spatiale de la France et dont le CNES a la responsabilité, de mener des actions concertées GPE-CNES au niveau européen avec l'Agence spatiale européenne, la Commission européenne et le Parlement européen, de structurer et de mener à bien en étroite liaison avec le CNES la présidence française de la septième conférence interparlementaire sur l'espace, de poursuivre ensemble un dialogue permanent avec les grands acteurs mondiaux du secteur spatial ».

La subvention annuelle du CNES au GPE est de 91 470 euros, versés après définition commune des actions à mener chaque année, comptes rendus détaillés des actions engagées, communication de tous les documents financiers. Selon la convention, des frais de mission supplémentaires pour le compte du CNES peuvent compléter la subvention à hauteur de 10 000 euros par an, mais seulement avec « l'autorisation écrite du directeur de la communication externe du CNES ».

l'aval du CNES. Autrement dit : le GPE, structure parlementaire censée « informer le pouvoir législatif » de manière autonome, est *de facto* sous l'influence directe du CNES. Christian Cabal l'admet à demi-mot en nous confiant : « Notre rôle est de répondre à des questions du CNES sur tout ce qui est législatif et réglementaire. J'ai une liaison permanente avec le président, Yannick d'Escatha, que je vois au moins tous les quinze jours. En ce moment, je travaille sur une loi espace que le CNES souhaite voir mise en place[1]. »

Interrogé sur le sujet, le CNES précise que la convention financière a été validée par ses instances dirigeantes, mais tient à nuancer ses contreparties : « Le groupe GPE nous est utile au plan des relations internationales, mais pas sur le plan législatif puisque nous avons des relations directes avec les ministères[2] », explique Arnaud Benedetti, le directeur de la communication de l'établissement public.

Tous les industriels du secteur spatial (EADS, Arianespace, Safran, etc.) participent également comme « donateurs » aux activités du GPE, qui organise notamment des conférences interparlementaires européennes sur l'espace. La dernière s'est tenue à Bruxelles les 12 et 13 juin 2006.

Christian Cabal passe surtout beaucoup de temps à cultiver un réseau international qui le mène de Tokyo à Los Angeles, aux frais de ses « donateurs » et souvent à leur service. Le député connaît les patrons des agences spatiales du monde entier. Les cosmodromes de Kourou (Guyane française), Cap Canaveral (Floride) ou de Baïkonour (Kazakhstan) n'ont plus de secrets pour lui. En 2004, il a conduit une délégation du GPE en Chine, une autre en Russie. Accompagné de Loïc

1. La loi espace vise à combler le vide juridique qui existe autour des responsabilités de la France en tant qu'État lanceur depuis la base de Kourou (Guyane). Le projet de loi, concocté au ministère, était à l'examen au Conseil d'État en juillet 2006.

2. Entretien avec l'un des auteurs, 24 juillet 2006.

Bouvard (UMP, Morbihan) et de Pierre Lasbordes (UMP, Essonne), Christian Cabal a aussi été reçu en juillet 2004 sur la base militaire de Vandenberg, en Californie, un des centres de commandement militaire spatial les plus protégés des États-Unis.

En 2005, « l'Américain » s'est rendu à Berlin, à Rome et deux fois en Russie, où il a notamment fait la promotion des avions Airbus auprès de la compagnie Aeroflot, avant de se rendre à Los Angeles et à Chicago, où il a déjeuné avec le président de Boeing. Choyé au plus haut niveau de l'État, le député a accès à des informations confidentielles sur la défense et à certains télégrammes diplomatiques. La plupart de ses voyages ne sont ni mandatés, ni payés par l'Assemblée nationale. Christian Cabal n'y voit pas de problème. « Je mets de l'huile dans les rouages », affirme-t-il.

Les bons plans voyage de l'Assemblée

Les députés n'auraient-ils que de rares occasions, en dehors de tous ces voyages « sponsorisés », de faire leurs bagages dans le cadre de leurs activités parlementaires ? Bien sûr que non. Sans être une agence de tourisme, l'Assemblée nationale peut être une salle d'embarquement régulière pour des élus baladeurs. Le budget des « voyages et déplacements » de l'Assemblée était de 6,4 millions d'euros en 2004[1]. La délégation du Bureau de l'Assemblée en charge des affaires internationales peut difficilement plaider la disette pour limiter les déplacements : le Palais-Bourbon, qui accumule les excédents financiers, dort sur un matelas de plus de 180 millions d'euros inemployés !

1. En hausse par rapport aux 6,1 millions dépensés en 2003 et aux 3,9 millions engagés en 2002, année moins faste du fait des élections.

Les opportunités de voyages ne manquent pas au vu de la diversité des activités internationales de l'Assemblée : groupes d'amitié, coopérations parlementaires, missions d'observation des élections, commissions bilatérales, réunions des délégations françaises au sein des organismes internationaux les plus variés [1]...

Certains députés, qui accumulent des miles sur leur carte de fidélité, sont devenus des spécialistes de ce genre de voyages. René Dosière (PS, Aisne), vice-président de l'Assemblée, ne manquerait pour rien au monde les déplacements au Québec, où il a naguère enseigné pendant deux ans. Député-maire de Châlons-en-Champagne, Bruno Bourg-Broc (UMP, Marne), lui, a été désigné vice-président de l'Assemblée parlementaire de la francophonie, une noble institution qui lui permet, avec plusieurs autres membres de la délégation française, de se promener dans toutes les contrées amies de la langue française, de Niamey (Niger) à Hué (Vietnam) [2]. De son côté, Loïc Bouvard

1. Les délégations françaises au sein de l'assemblée parlementaire du Conseil de l'Europe (45 pays membres, spécialisée dans les droits de l'homme) au sein de l'assemblée de l'Union de l'Europe occidentale (naguère compétente sur la sécurité) sont présidées par Bernard Schreiner (UMP, Bas-Rhin). La délégation française à l'assemblée parlementaire de l'Organisation pour la sécurité et la coopération en Europe (naguère active pour le rapprochement Est-Ouest) est présidée par Michel Voisin (UMP, Ain). L'assemblée parlementaire de l'Otan (Organisation du traité de l'Atlantique Nord), centrée sur les questions de défense, est présidée jusqu'en novembre 2006 par Pierre Lellouche (UMP, Paris), également président de la délégation française en son sein. Bernard Deflesselles (UMP, Bouches-du-Rhône) et Christophe Masse (PS, Bouches-du-Rhône) ont représenté la France à la première session ordinaire de mars 2005 de l'Assemblée parlementaire euro-méditerranéenne.

2. La section française de l'APF comprend 90 députés et 60 sénateurs, répartis proportionnellement suivant les effectifs des groupes parlementaires dans chaque assemblée. Les présidents des groupes d'amitié avec les pays francophones constitués à l'Assemblée nationale et au Sénat en sont membres de droit. Le président de droit de la section française est le prési-

(UMP, Morbihan), 77 ans, est probablement l'un des plus grands globe-trotters parlementaires, au titre de la francophonie, de l'Otan, du Groupe parlementaire espace ou des 70 groupes d'amitié dont il est membre : en 2005, il s'est notamment rendu en Croatie, au Brésil, en Corée du Sud, en Roumanie, en Azerbaïdjan, au Danemark et en Albanie.

Les initiés savent que les 172 groupes d'amitié bilatéraux enregistrés au Palais-Bourbon constituent de bons passeports[1]. Mais gare aux pièges ! L'Assemblée ne finance que douze missions par an et une même destination ne peut être visitée deux fois au cours d'une législature.

La répartition des postes de présidents et de vice-présidents de groupes d'amitié obéit à des règles d'équilibre politique, la

---

dent de l'Assemblée nationale, qui délègue traditionnellement ses fonctions à un président délégué (actuellement Bruno Bourg-Broc).

1. Depuis 1959, les groupes d'amitié bilatéraux sont reconnus explicitement à l'Assemblée nationale. Depuis 1981, ils ne peuvent se constituer qu'avec un agrément du Bureau de l'Assemblée. En théorie, ils sont autorisés avec tout pays siégeant à l'ONU reconnu diplomatiquement par la France (en l'absence d'une telle reconnaissance, il peut s'agir de groupes d'études à vocation internationale ou de simples groupes d'études). Les groupes politiques se partagent les présidences en fonction de leurs effectifs et désignent les titulaires après avoir consulté les parlementaires (une seule présidence possible). Les vice-présidences (quatre au maximum par député) sont obligatoirement réparties entre tous les groupes politiques. Les groupes d'amitié disposent d'un secrétariat administratif et de moyens financiers (par exemple pour les réceptions de personnalités étrangères à Paris) qui dépendent des questeurs, lesquels attribuent chaque année un crédit général pour tous les groupes d'amitié. Les missions (12 par an, 6 à 7 participants maximum selon les pays) doivent faire l'objet d'autorisations de la part de la délégation du Bureau chargée des affaires internationales, en tenant compte des demandes, des dépenses envisagées, de l'opportunité politique, des autres programmes de coopération parlementaire prévus et des précédentes visites (un seul échange par groupe d'amitié et par législature). Les groupes d'amitié peuvent aussi auditionner des ambassadeurs, des représentants d'associations, des diplomates du ministère des Affaires étrangères, et prendre d'autres initiatives encore.

majorité du moment se réservant les meilleures places. Elle fait surtout l'objet d'âpres marchandages durant les premiers jours de la législature. La fonction de président d'un groupe d'amitié permet aussi des déplacements dans les pays concernés, lors des voyages officiels du président de la République ou des ministres.

Même s'ils ne bénéficient pas de missions tous frais payés par l'Assemblée, certains députés tiennent à leur groupe d'amitié parlementaire, qui permet de cultiver un tropisme local. Gilbert Le Bris, député-maire socialiste de Concarneau, par exemple, ne lâcherait pour rien au monde la présidence du groupe France-Seychelles. Serait-ce pour les eaux turquoise qui baignent cet archipel de l'océan Indien ? Nullement. Le député breton avance une autre explication : « Les pêcheurs au thon de Concarneau sont les premiers partenaires économiques des Seychelles. Ils vont pêcher tous les ans dans les eaux territoriales seychelloises grâce à des droits achetés par l'Union européenne. Nos gars sont connus comme les loups de mer à Victoria, la capitale[1]. » Le maire de Concarneau s'est rendu plusieurs fois aux Seychelles, à titre personnel, ces dernières années, afin d'y nouer des contacts économiques et politiques. « Il y a pire comme destination », admet-il. Gilbert Le Bris ne se fait guère d'illusions sur les activités de son groupe à l'Assemblée. « Si je propose un voyage au nom du groupe d'amitié parlementaire, on va me rire au nez ! »

Jean-Michel Couve, sexagénaire toujours bronzé, député UMP du Var et maire de Saint-Tropez, préside, quant à lui, le groupe d'amitié avec Malte. À Paris, une fois par semaine, cet édile de la Côte élu depuis 1986 s'occupe de faire avancer ses pions en tant que vice-président du groupe d'études sur le tourisme et de celui sur le littoral. Et Malte ? Quel lien avec Saint-Tropez ? Il se trouve qu'est organisée chaque année,

1. Entretien avec l'un des auteurs, 16 mai 2006.

depuis 2002, une prestigieuse régate entre la cité balnéaire varoise et La Valette, avec escales en Sardaigne et en Sicile : le trophée Bailli de Suffren, une course croisière de yachts de tradition. Pierre André de Suffren de Saint-Tropez fut vice-amiral de la marine royale sous Louis XVI, lieutenant du roi de la citadelle de Saint-Tropez et ambassadeur de l'ordre souverain de Malte. La Société nautique de Saint-Tropez, organisatrice de la course, est richement dotée par la mairie pour la préparation de la régate. Grâce au groupe d'amitié de l'Assemblée, Jean-Michel Couve entretient des relations privilégiées avec le personnel politique maltais, souvent invité à Saint-Tropez pour l'occasion.

Un avocat pour les Serbes

D'autres groupes d'amitié permettent à certains députés de tisser des liens qui dépassent le strict cadre politique et favorisent parfois des contacts professionnels fort utiles.

Xavier de Roux, député UMP de la Charente-Maritime et ancien avocat d'affaires au sein du prestigieux cabinet Gide Loyrette Nouel, en constitue une parfaite illustration. Vice-président de la commission des Lois, ce juriste réputé a suspendu son statut d'associé au cabinet Gide lors de son premier mandat (1993-1997) et s'en est « désassocié » depuis sa réélection en 2002. « Les règles d'incompatibilité du Code électoral interdisent aux députés exerçant la profession d'avocat de plaider contre l'État français. Je ne pouvais pas demeurer associé de Gide, mais je garde mon statut d'avocat[1] », explique cet homme de haute stature en nous recevant dans le bureau qu'il a conservé au siège parisien de Gide. Officiellement retiré des affaires, il reste néanmoins actif comme membre de la « commission internationale du cabinet, chargée

1. Entretien avec l'un des auteurs, 18 mai 2006.

de son développement ». Gide a ainsi ouvert 19 bureaux à l'étranger et Xavier de Roux y a largement contribué.

Entre 1993 et 1997, alors que la guerre faisait rage en ex-Yougoslavie, l'élu de Charente-Maritime présidait le groupe d'amitié France-Serbie. « On m'a toujours donné des pays difficiles, raconte-t-il. Nous invitions à Paris des diplomates serbes que le ministère des Affaires étrangères ne pouvait recevoir officiellement. » Le député s'est rendu plusieurs fois à Belgrade afin de rencontrer ses homologues et de faire passer des messages. Quelques années plus tard, en avril 2004, le cabinet Gide Loyrette Nouel a ouvert un bureau à Belgrade. « Mes bonnes relations avec les Serbes ont probablement aidé le cabinet à prendre pied dans ce pays européen en plein développement[1] », reconnaît Xavier de Roux. Le 8 octobre 2004, Gide Loyette Nouel a aussi organisé, avec l'ambassade de France, un colloque à l'université de Belgrade pour célébrer le bicententaire du Code civil français. Plusieurs associés du cabinet participaient à cette manifestation, ainsi que Xavier de Roux, intervenant en sa double qualité de « vice-président de la commission des Lois » et d'« associé du cabinet Gide Loyrette Nouel », selon le communiqué officiel de l'ambassade de France[2].

Ces « bonnes relations » ont également permis à l'avocat de plaider, au printemps 2006, devant la Cour internationale de justice de La Haye comme défenseur de l'État de Serbie-et-Monténégro. Ce pays est accusé de génocide par la Bosnie-Herzégovine à la suite des massacres subis par les populations non serbes durant la guerre en Bosnie de 1991 à 1993[3].

1. Entretien avec l'un des auteurs, 1er juillet 2006.

2. Source : ambassade de France en Serbie et Montenegro, 2004.

3. Source : verbatim des audiences, « Affaire relative à l'application de la convention pour la prévention et la répression du crime de génocide (Bosnie-Herzégovine c. Serbie-et-Monténégro) », Cour internationale de justice de La Haye (www.icj-cij.org). Les audiences publiques sur le fond, ouvertes le 27 février 2006, se sont achevées le 9 mai 2006, et la cour a mis son jugement en délibéré.

Devant les magistrats de La Haye, Xavier de Roux était l'un des « coagents » représentant le gouvernement de Belgrade, aux côtés de son ami francophile Radoslav Stojanovic, chef du conseil juridique du ministère des Affaires étrangères et professeur à la faculté de droit de l'université de Belgrade.

Lors des séances de plaidoiries qui se sont tenues du 27 février au 9 mai 2006, Xavier de Roux était parfois remplacé par Natacha Fauveau Ivanovic, du cabinet Gide Loyrette Nouel. L'avocat français s'est évertué à démontrer, avec ses confrères, que la notion de génocide ne pouvait pas s'appliquer et que les preuves de l'implication de Belgrade dans les massacres de musulmans bosniaques n'existaient pas. « J'étais l'un des avocats du gouvernement serbe et je le suis toujours », précise Xavier de Roux, soulignant que les règles d'incompatibilité autorisent ce type de mission. Membre du Parlement français et avocat de la Serbie, voilà qui n'est pourtant pas banal.

Émissaire en Iran

Parallèlement à ces déplacements à Belgrade et à La Haye, le député de la Charente-Maritime a repris, en 2002, la présidence du groupe d'amitié France-Iran, notamment aux côtés de Jean-Michel Boucheron (PS, Ille-et-Vilaine). La diplomatie parlementaire est prise au sérieux par les Iraniens. Messages, invitations à déjeuner et à dîner : les responsables du groupe d'amitié constituent, aux yeux de Téhéran, l'un des relais possibles en France afin d'éviter un isolement complet, notamment sur le dossier nucléaire[1]. « Il ne se passe guère de

1. Les sénateurs maintiennent également des contacts réguliers avec l'ambassade d'Iran. Une délégation de la commission des Affaires économiques du Sénat, composée de Gérard César, Michel Bécot, Philippe Arnaud et Daniel Reiner, a effectué une mission en Iran du 15 au 18 avril 2003.

semaines que nous ne soyons en contact avec l'ambassade d'Iran à Paris[1] », explique Jean-Michel Boucheron. « Je garde le contact avec les officiels iraniens, et notamment avec mon homologue au Parlement iranien M. Mohammadi, député de Shiraz, dont la fille fait des études en France », poursuit Xavier de Roux.

Avocats des mollahs, nos deux députés ? « Pas du tout. Mais le dialogue est indispensable », estime l'élu UMP. « Je les respecte et je les écoute car l'Iran est un grand pays, mais ils savent très bien que je ne suis pas d'accord avec eux sur tout », renchérit le député socialiste, qui a signé une chronique, peu remarquée à l'époque, dans le journal *Le Monde*, le 22 février 2005, titrée : « L'Iran aura la bombe[2] ».

Les autorités iraniennes, qui refusent les contrôles internationaux sur leur activité nucléaire, poursuivent leur « drague » des responsables du groupe d'amitié parlementaire France-Iran. En avril 2006, elles leur ont transmis une invitation en bonne et due forme, leur promettant qu'ils visiteraient en Iran une centrale atomique afin de leur prouver leur bonne volonté pacifique. « S'ils veulent inviter quelqu'un, ils peuvent proposer aux ingénieurs de l'Agence internationale de l'énergie atomique[3] », juge Jean-Michel Boucheron, qui a décliné l'offre.

1. Entretien avec l'un des auteurs, 22 mars 2006.

2. Dans cet article du 22 février 2005, Jean-Michel Boucheron estimait qu'« une logique est enclenchée concernant la question du nucléaire iranien » qui peut « entraîner la communauté internationale dans une nouvelle et dangereuse impasse ». Pour lui, l'avènement d'une bombe iranienne semble inéluctable au plan géopolitique. « Il s'agit d'un pronostic, basé sur une simple analyse historique, commente aujourd'hui le député d'Ille-et-Vilaine. Du point du vue iranien, pourquoi n'aurait-il pas le droit de fabriquer une bombe, quand nombre de pays de la région, de l'Inde à l'Israël, en possèdent déjà ? Les événements récents montrent que les Iraniens poursuivent dans cette voie. » Entretien avec l'un des auteurs, 22 mars 2006.

3. Entretien avec l'un des auteurs, 28 juin 2006.

« Comme je ne suis pas spécialiste de l'atome, je crains d'être manipulé », avoue Xavier de Roux. Ce dernier a donné dans un premier temps son accord de principe, sans cacher son embarras d'être convié, tous frais payés, par Téhéran. « J'ai demandé à l'Assemblée nationale et au Quai d'Orsay de prendre en charge notre mission. Ils ont refusé. Ce serait un peu gênant d'être ainsi entre les mains des autorités iraniennes[1]. » Interrogé à nouveau en juillet 2006, l'élu UMP se disait toujours « ouvert mais prudent[2] » à l'idée de se rendre en Iran.

En vérité, Xavier de Roux est déjà un habitué des vols Paris-Téhéran. Dès 2000, participant à la visite sur place d'une délégation patronale du Medef, l'avocat avait envisagé d'y ouvrir un bureau de Gide Loyrette Nouel. Depuis 2004, il dit s'être rendu à cinq reprises en Iran. Il y a par exemple accompagné François Loos, ministre du Commerce extérieur. « Et j'y suis allé d'autres fois à titre privé, pour mieux connaître ce pays », précise-t-il.

Mais la frontière est ténue entre le mandat politique et les affaires économiques. L'avocat s'est ainsi activé sur un contrat de conseil confié au cabinet Gide Loyette Nouel par le ministère iranien des Communications lors de l'attribution en mars 2004 de la première licence privée de téléphonie mobile[3]. « Je suis intervenu sur l'environnement du dossier, pas sur le plan technique », explique Xavier de Roux.

Usant de ses bons contacts avec les politiques iraniens, il a également joué les conciliateurs entre le gouvernement de Téhéran et le groupe Renault, à la demande de Louis Schweitzer, alors PDG du constructeur automobile français.

1. Entretien avec l'un des auteurs, 18 mai 2006.
2. Entretien avec l'un des auteurs, 1er juillet 2006.
3. Communiqué de presse du cabinet Gide Loyrette Nouel, « Gide Loyrette Nouel fournit des services de conseil pour l'attribution de la première licence GSM privée en Iran », 22 mars 2004.

En effet, au printemps 2004, Renault a signé un accord important avec le ministère iranien de l'Industrie pour installer une usine de montage en partenariat avec le fabricant Iran Khodro destinée à assembler 300 000 Logan par an, puis des Mégane à partir de 2006. En avril 2006, le ministère de l'Industrie a menacé de rompre le contrat si Renault ne s'engageait pas à exporter au moins 20 % des Logan fabriquées en Iran. Le constructeur français a finalement accepté ces conditions. Xavier de Roux nous a confirmé avoir joué un rôle de bons offices. « Mais je ne souhaite pas évoquer cette mission », ajoute-t-il.

Des contrats controversés en Irak

Certains élus revendiquent plus ouvertement un rôle actif de « diplomatie économique parlementaire », mélange de contacts politiques et de promotion des entreprises. Au risque, parfois, de prêter le flanc aux critiques.

Les relations parlementaires entre la France et l'Irak au cours des précédentes législatures illustrent ces dérives. Après la victoire de la droite aux législatives de mars 1993, alors que le régime dictatorial de Saddam Hussein était sous le coup d'un embargo des Nations unies, Jacques Chirac, président du RPR et député de Corrèze, voulut restaurer des liens avec ce pays naguère « ami » [1]. Il demanda à l'une de ses fidèles, Roselyne Bachelot, fraîche élue RPR du Maine-et-Loire, de prendre à l'Assemblée la présidence d'un groupe d'études sur les problèmes de l'Irak. Celui-ci réunissait un échantillon de députés de tous bords, allant de gaullistes proarabes comme Daniel Garrigue et Patrick Ollier à des socialistes proches des thèses laïques du régime irakien tel Jean-Pierre Chevènement.

---

1. Voir Claude Angeli et Stéphanie Mesnier, *Notre allié Saddam*, Olivier Orban, 1992.

Que fit ce groupe parlementaire entre 1993 et 2003, date du début de la guerre américaine en Irak ? Il plaida avec constance pour une levée de l'embargo onusien sur ce pays. Ses membres rencontrèrent Tarek Aziz, numéro deux du régime irakien, à Paris. Ils multiplièrent les voyages en Irak, souvent accompagnés d'entrepreneurs attirés par les promesses de contrats économiques[1].

« Ce qui nous paraissait important, c'était de mettre fin à l'embargo, pour des raisons humanitaires, se souvient Daniel Garrigue (UMP, Dordogne). De plus, la France avait tout intérêt à renouer des relations économiques avec l'Irak. J'ai toujours défendu les positions des entreprises françaises à l'étranger, en Irak ou ailleurs[2]. »

Profitant de ces introductions, d'anciens ambassadeurs du Quai d'Orsay reconvertis dans le privé, des responsables politiques ainsi que des hommes d'affaires proches de Jacques Chirac auraient bénéficié d'allocations de pétrole de la part du gouvernement irakien en échange de leur influence supposée sur la diplomatie française.

Le scandale a pris de l'ampleur à l'occasion d'une enquête commandée par l'ONU, rendue publique en 2005, sur les dérives liées au programme « Pétrole contre nourriture » dont bénéficiait l'Irak durant l'embargo. Son volet français fait l'objet d'une instruction judiciaire au tribunal de grande instance de Paris, conduite depuis 2002 par le juge Philippe Courroye et toujours en cours[3]. « Il était normal que des gens

---

1. Voir « France-Irak : la tentation du dialogue », *Le Monde*, 18 mars 1994 ; « Les entreprises françaises pointent le nez à Bagdad », *La Tribune*, 23 juin 1994 ; « Comment le lobby irakien se remobilise », *Le Nouvel Économiste*, 21 octobre 1994.

2. Entretien avec l'un des auteurs, 28 juin 2006.

3. Voir (sur le site www.iic-offp.org) les différents rapports de la commission d'enquête indépendante de l'ONU dirigée par Paul Volcker sur le programme « Pétrole contre nourriture », commission qui, en 2005, a mis en cause 139 compagnies pétrolières et 2 253 entreprises commerciales issues d'une soixantaine de pays. Voir également Vincent Hugeux, « Ces

fassent du business. Moi, je n'ai jamais rien demandé et on ne m'a jamais rien proposé », poursuit Daniel Garrigue.

Le député UMP de Dordogne, fidèle à son intérêt pour cette région, préside le groupe d'études à vocation internationale sur les problèmes de la république d'Irak, qui existe toujours à l'Assemblée. En sommeil depuis l'invasion américaine de la fin de 2002, ce groupe, où siège notamment le très controversé Didier Julia (UMP, Seine-et-Marne), pourrait se réveiller progressivement[1]. En juin 2006, son président est entré en contact avec le responsable de la mission interministérielle française pour la reconstruction en Irak. « Le moment est venu de relancer le groupe sur l'Irak en renouant le dialogue avec les Irakiens, notamment dans la partie kurde, confie Daniel Garrigue. Mais les entreprises françaises doivent être prudentes car les règles du jeu économiques ne sont pas encore bien définies. »

De la « diplomatie économique » en Libye

Ancien membre du groupe d'études sur l'Irak, Patrick Ollier (UMP, Hauts-de-Seine) ne cache pas, lui non plus, ses penchants proarabes. Adepte, comme son ami Daniel Gar-

---

Français qui courtisaient Saddam », *L'Express*, 9 février 2004 ; Gérard Davet et Natalie Nougayrède, « Pétrole contre nourriture : la disgrâce des réseaux français », *Le Monde*, 12 avril 2004 ; et le livre-enquête de Franck Hériot et Laurent Chabrun, *Les Corrompus de Saddam Hussein*, Plon, 2006.

1. Didier Julia est l'un des vice-présidents du groupe. Il s'était rendu en Irak peu de temps avant l'attaque américaine pour rencontrer Tarek Aziz, en septembre 2002 et février 2003, avec Thierry Mariani (UMP, Vaucluse) et Éric Diard (UMP, Bouches-du-Rhône), suscitant une vive polémique. Didier Julia s'est aussi activé, de manière très contestée, lors des prises d'otages de journalistes français en Irak en 2004, s'attirant les reproches de son parti.

rigue, d'une « diplomatie parlementaire » active, il s'est beaucoup investi depuis 2002 dans le renouveau des relations avec un autre pays « à risques » : la Libye.

Le régime du colonel Mouammar al-Kadhafi, longtemps mis au ban de la communauté internationale pour cause de soutien au terrorisme, a renoncé à la fin de 2003 à ses options radicales pour sortir de son isolement. En novembre 2004, le président de la République française a effectué une visite de « réconciliation » à Tripoli, après que le régime libyen eut accepté d'indemniser financièrement les familles des victimes de l'attentat du DC10 d'UTA, en 1989, dont il était jugé responsable[1]. Jacques Chirac était accompagné d'une délégation d'entreprises françaises (dont Total, Gaz de France, Areva ou encore Alcatel), intéressées par le marché libyen et ses ressources en hydrocarbures.

Patrick Ollier l'avait devancé de plusieurs mois en tant que président de la commission des Affaires économiques. Dès avril 2003, il était à Tripoli pour renouer des liens parlementaires et économiques avec le pays, bien décidé à profiter de l'image positive de la France comparée à celle des Américains. Sur son blog, le député témoignera : « Le colonel

1. Le 19 septembre 1989, un DC10 de la compagnie UTA qui effectuait le vol Brazzaville-Paris explosait en vol au-dessus du Niger, après une escale à N'Djamena (Tchad), causant la mort de 170 personnes. En mars 1999, à la suite d'une plainte déposée par l'association SOS Attentats contre le colonel Kadhafi, la cour d'assises de Paris condamnait par contumace six membres présumés des services secrets libyens à la réclusion criminelle à perpétuité pour cet attentat. Après de longues négociations, les familles des victimes ont obtenu, en septembre 2003, un accord de principe sur une indemnisation (en moyenne un million de dollars par famille) versée par la Libye. À la suite d'un autre accord financier intervenu en août 2003 avec les familles des 270 victimes de l'attentat de Lockerbie (Écosse), le 21 décembre 1988, sur un avion de la Panam, la Libye a bénéficié le 13 septembre 2003 d'une levée des sanctions internationales qui avaient été imposées par l'ONU au lendemain de ces actes terroristes.

Kadhafi m'a indiqué lui-même l'admiration qu'il portait au général de Gaulle, ainsi qu'au président de la République Jacques Chirac, depuis sa position concernant l'Irak. Le colonel Kadhafi m'a aussi indiqué que cette prise de position mettait la France en haut de l'échelle des appréciations que l'on peut avoir des pays occidentaux en Libye[1]. »

Depuis, le bouillant député-maire de Rueil-Malmaison, pourtant très occupé à la commission des Affaires économiques, s'est rendu au moins six fois dans la capitale libyenne. Il a créé à l'Assemblée un groupe d'études à vocation internationale sur la Libye, qu'il préside. En décembre 2005, il a annoncé la naissance d'une « association France-Libye » visant à développer les échanges culturels et touristiques.

Le 5 mars 2006, de retour d'un déplacement à Tripoli, le parlementaire s'est félicité que ce pays veuille « retrouver sa place dans le concert des nations » et ait « engagé l'ouverture de son économie à l'Occident ». Concrètement, lors de ce voyage, Patrick Ollier a suivi de près certains gros contrats en cours de discussion, notamment dans le domaine nucléaire pour le CEA et Areva, ainsi que dans celui des télécoms pour Alcatel, sans que l'on sache exactement quel était son rôle[2]. Le 15 mars 2006, un accord de coopération franco-libyen dans le domaine de la recherche nucléaire civile, le premier du genre, a été signé[3].

Efficace, Patrick Ollier ? En tout cas prêt à la contre-attaque. Lorsqu'il a appris, en mai 2006, que son nom avait été cité dans la ténébreuse affaire Clearstream pour de pré-

1. Voir son site www.patrickollier.com, 9 mai 2006.

2. Voir notamment « Areva sur le point de signer un contrat avec la Libye », AFP, repris dans *Les Échos*, 6 mars 2006.

3. Le protocole d'accord a été signé le 15 mars 2006 entre le chef du Bureau national de recherche et de développement Ali Kchout côté libyen et l'administrateur général du Commissariat à l'énergie atomique (CEA) Alain Bugat côté français. Dépêche AFP du 15 mars 2006.

tendues « accointances excessives avec certains pays arabes », le député des Hauts-de-Seine, compagnon de la ministre de la Défense Michèle Alliot-Marie, est monté au créneau. Interrogé sur RTL par Jean-Michel Apathie, il a demandé que la justice découvre qui avait prononcé son nom dans cette affaire, ajoutant : « Les accointances avec les pays arabes : oui ! Je les revendique même puisque c'est mon job [...]. Je suis président de la commission des Affaires économiques et j'ai lancé des opérations de diplomatie économique pour soutenir le commerce extérieur de la France. Je suis président du groupe d'amitié France-Libye, j'ai aidé à retrouver des relations normales avec la Libye et même aidé à régler les problèmes de cet attentat que vous avez en mémoire[1]. »

---

1. Interview sur RTL, le 9 mai 2006. Le même jour, sur son blog, Patrick Ollier est encore plus disert : « En ma qualité de président de la commission des Affaires économiques à l'Assemblée nationale, j'ai créé une mission de diplomatie économique puisque ma commission contrôle le ministère du Commerce extérieur. C'est dans ce cadre-là qu'il y a des missions de diplomatie économique pour valoriser l'industrie et la production industrielle françaises à l'étranger. Chaque fois que nous le pouvons dans nos déplacements, les vice-présidents, les députés et moi-même faisons en sorte de faire valoir les industries et les entreprises françaises pour les défendre et pour renforcer l'action produite par le ministère du Commerce extérieur. Nous développons des clubs affaires quand nous le pouvons. Je reçois, aussi, à la commission des Affaires économiques, des délégations d'industriels qui viennent nous rencontrer, sachant que nous sommes spécialisés aussi dans ces problèmes. J'ai reçu des délégations venant du Tadjikistan, des délégations venant de l'Ouzbékistan, des délégations d'hommes d'affaires venant d'Israël comme venant de la Jordanie. Nous avons eu des réunions avec les députés qui ont bien voulu y participer et les présidents des groupes d'amitié dans la salle de la commission. Et tout ceci, je le répète, fait partie de mon travail. »

Vraie-fausse mission parlementaire en Corée

Patrick Ollier n'est pas le seul à avoir une conception très extensive de cette « diplomatie économique ». Quelques élus vont même plus loin, n'hésitant pas à prêter leur concours à des missions de lobbying à l'étranger à la demande de grands groupes français[1].

Richard Mallié, député UMP des Bouches-du-Rhône, ne fait pas dans la langue de bois pour évoquer ce problème. « VRP ? Cela ne me dérange pas, dit-il de sa voix rauque. Au contraire, c'est un devoir. Je suis fils de commerçant. Si je peux mettre de l'huile dans les rouages, faire signer un contrat qui rapporte des devises et assure des emplois, je ne suis pas contre[2]. »

Élu dans une circonscription proche de Marignane, où est implanté le fabricant d'hélicoptères Eurocopter (filiale du groupe EADS), ce député bulldozer est fier d'avoir contribué, en 2005, à la signature d'un important contrat militaire entre cette entreprise et la Corée du Sud.

Il raconte : « Les dirigeants d'EADS m'ont demandé de monter une mission parlementaire d'une petite semaine en Corée du Sud afin de les aider sur un gros dossier. Je n'avais jamais fait cela, je ne savais pas où je mettais les pieds, alors j'ai dit qu'il fallait qu'il y ait quatre députés des diverses commissions, dont un de l'opposition. Et que tous nos frais de transport et d'hôtel soient pris en charge par l'entreprise, car ce n'était pas à l'Assemblée de payer ce voyage... »

Durant l'été 2005, le député des Bouches-du-Rhône, qui est l'un des vice-présidents du groupe d'amitié France-Corée du

---

1. Rappelons que le règlement de l'Assemblée nationale interdit à tout député « d'exciper ou de laisser user de sa qualité dans des entreprises financières, industrielles ou commerciales ou dans l'exercice des professions libérales ou autres et, d'une façon générale, d'user de son titre pour d'autres motifs que pour l'exercice de son mandat ».

2. Entretien avec l'un des auteurs, 31 mai 2006.

Sud, rencontre des dirigeants d'EADS et d'Eurocopter pour mieux comprendre les enjeux du contrat. La négociation, entamée depuis deux ans, porte sur la coproduction, avec le groupe Korea Aerospace Industries (KAI), de 245 hélicoptères de transport militaire KHP pour un montant estimé entre 6 et 8 milliards de dollars. La concurrence avec le fabricant américain Bell et un duo italo-britannique (Agusta-Westland) est rude. Pour promouvoir la candidature d'Eurocopter, la mission parlementaire doit rencontrer les milieux politiques.

Qui en a eu l'idée ? Les avis divergent sur ce point. Pour Richard Mallié, c'est Eurocopter qui a commandité ce voyage, et il affirme avoir ensuite lui-même activé l'ambassade de France à Séoul pour obtenir de l'aide. De son côté, la direction d'EADS explique de façon plus diplomatique la genèse de cette curieuse mission : « C'est le fruit d'une concertation étroite entre notre groupe et les ambassades des deux pays, qui en ont facilité l'organisation, avance Denis Verret, directeur délégué aux affaires publiques France chez EADS. Ce contrat était stratégique au plan géopolitique et économique, car le marché coréen est réputé difficile d'accès pour les non-Américains. Une mission parlementaire nous a semblé plus appropriée qu'une visite ministérielle[1]. »

Quelle que soit la version, le résultat est le même : Eurocopter a financé le voyage. Interrogée sur le sujet, sa direction nous l'a confirmé par l'intermédiaire d'Olivier Darrason, le président de la société CEIS, un cabinet d'intelligence économique qui s'est occupé de ce déplacement[2]. « Cette mission de parlementaires a été payée par Eurocopter[3] », explique-

1. Entretien avec l'un des auteurs, 30 juin 2006. En 2002, l'avionneur français Dassault n'avait pas réussi à vendre son avion de combat Rafale en Corée du Sud. Il avait été écarté au profit du F-15 du groupe américain Boeing.

2. Courriels de l'un des auteurs à Eurocopter, 8 et 19 juin 2006.

3. Entretien avec l'un des auteurs, 27 juin 2006. Sur la CEIS, voir également le chapitre 17.

t-il, ajoutant que les membres du Congrès américain font souvent des voyages de ce genre.

Au début d'août 2005, Richard Mallié prend contact avec plusieurs de ses collègues à l'Assemblée afin de constituer sa « mission de parlementaires », qui doit avoir lieu à la fin du mois. L'infatigable Loïc Bouvard (UMP, Morbihan), membre de la commission des Affaires étrangères, se porte tout de suite volontaire. De même que Michel Voisin (UMP, Ain), vice-président de la commission de la Défense et membre assidu d'une centaine de groupes d'amitié à l'Assemblée (un record !).

Il ne manque qu'un député socialiste pour former le quatuor escompté. Un premier élu sollicité décline. Le deuxième, Jean-Paul Bacquet (PS, Puy-de-Dôme), annule au dernier moment en raison d'un « problème familial ». « C'était un prétexte, explique-t-il aujourd'hui. J'ai tout de suite compris que ce n'était pas une mission parlementaire officielle, payée par l'Assemblée. Je ne voulais pas y aller[1]. »

À 48 heures du départ, Richard Mallié est pris de court. Il propose à la députée socialiste Geneviève Gaillard (Deux-Sèvres), avec qui il s'était rendu en Inde quelques mois plus tôt[2], de se joindre à eux. « On m'a dit que Bacquet ne pouvait pas y aller et qu'il fallait un socialiste, comme pour une mission parlementaire officielle, témoigne celle-ci. Au pied levé, j'ai accepté. Je me suis fait piéger[3]. »

Le voyage a lieu du 29 août au 3 septembre 2005. Les quatre députés, accompagnés par Pierre Conesa, directeur général de CEIS, sont accueillis à Séoul par des responsables d'EADS, d'Eurocopter et de l'ambassade de France. « Une fois arrivée sur place, je me suis rendu compte qu'il s'agissait

1. Entretien avec l'un des auteurs, 30 juin 2006.

2. Voir au chapitre 6 les détails à propos de ce voyage d'une délégation de députés français membres du groupe d'études sur le Tibet à Dharamsala, du 20 au 26 mars 2005.

3. Entretien avec l'un des auteurs, 22 juin 2006.

d'un voyage de commande d'EADS. Je ne pouvais pas revenir. J'ai observé ce qui se passait, c'est tout », raconte Geneviève Gaillard. Les réunions s'enchaînent durant trois jours, notamment chez KAI, au sein des partis politiques, des ministères, et avec des membres de la commission de la Défense du Parlement sud-coréen. « Les cadres d'Eurocopter ne nous accompagnaient pas aux rendez-vous, précise Richard Mallié. Pour les Coréens, nous étions une mission de parlementaires. Nous avons vu beaucoup de monde et j'ai pu évoquer le programme des hélicoptères KHP, comme cela, au fil des rencontres. »

Bilan du voyage de cette « délégation » ? « Elle a été là-bas au bon moment pour faire passer des messages sur la coopération Europe-Corée du Sud », estime Denis Verret chez EADS. Richard Mallié, à qui Eurocopter a demandé de renouveler l'expérience en Inde, juge l'expérience positive. « Nous avons réussi à nouer des contacts », dit-il.

Son collègue Michel Voisin, très partisan de cette « diplomatie parlementaire » en faveur des contrats d'armement, s'est montré plus modeste au cours d'un colloque à l'Assemblée : « Nous avons rencontré 14 des 18 parlementaires de la commission de la Défense coréenne. Mais de là à dire que c'est cela qui a fait avancer les choses, je crois qu'il faut avoir beaucoup d'humilité sur les choix qui ont été faits[1]. » Geneviève Gaillard, quant à elle, regrette de s'être laissé embarquer dans cette aventure aux frontières des activités parlementaires : « Je ne connaissais rien aux hélicoptères. J'ai appris beaucoup de choses. Mais c'est la dernière fois que je participe à une mission pareille. »

1. Colloque sur « Le rayonnement international de l'industrie française de défense » organisé à l'Assemblée nationale le 22 mai 2006 à l'initiative d'Yves Fromion (UMP, Cher). Intervention de Michel Voisin (UMP, Ain), vice-président de la commission de la Défense, sur le thème de « La diplomatie parlementaire ».

En décembre 2005, Eurocopter a été retenu par le gouvernement sud-coréen et KAI. Richard Mallié s'est réjoui publiquement de ce succès français, qui permet « surtout de préserver l'emploi et la pérennité du site d'Eurocopter dans les Bouches-du-Rhône [1] ». Le contrat a été signé le 5 juin 2006 à Séoul par le PDG d'Eurocopter, Fabrice Brégier. Coïncidence : Richard Mallié était à nouveau présent dans la capitale coréenne à cette date. Il participait à une mission parlementaire du groupe d'amitié France-Corée du Sud [2] – officielle, cette fois-ci.

1. Site de Richard Mallié (www.depute-mallie.com), communiqué « Contrat d'Eurocopter avec la Corée du Sud », décembre 2005.

2. Mission composée d'André Santini (UDF, Hauts-de-Seine, président du groupe d'amitié), Richard Mallié (UMP, Bouches-du-Rhône), Antoine Carré (UMP, Loiret) et Jean-Marie Le Guen (PS, Paris), du 1er au 5 juin 2006.

Conclusion

Transparence, transparence...

La pression croissante des lobbies à l'Assemblée n'est pas une invention. Ils s'insinuent dans les commissions, se glissent dans les groupes d'études, s'immiscent dans les colloques, s'infiltrent dans les voyages et s'invitent dans les séances publiques.

Mieux organisés, les industriels et les syndicats professionnels savent faire passer leurs messages auprès de leurs porte-voix. La plupart ont créé en leur sein des directions des « affaires publiques » ou des « relations institutionnelles » chargées des rapports avec les élus. À Paris, une trentaine de cabinets se sont spécialisés dans le lobbying, avec des plans de communication sophistiqués et des experts venus de la publicité ou recrutés directement à l'Assemblée. De nouveaux groupes de pression apparaissent pour promouvoir les intérêts des consommateurs, d'associations et d'organisations militantes.

Ces influences ne sont pas malsaines en elles-mêmes. Le lobbying est une activité courante, pratiquée dans tous les pays, enseignée dans les grandes écoles de commerce et les universités, disséquée sous forme d'ouvrages et de cas pratiques. Les élus, après tout, sont libres d'y céder ou pas, d'accepter ou non les invitations, d'écouter qui ils veulent pour se forger leur opinion, d'intervenir en faveur des demandes qu'ils jugent fondées. Nombre d'entre eux réussissent, malgré le flot des sollicitations, à préserver leur indépendance d'esprit et à défendre leurs convictions.

Mais notre plongée dans les coulisses du Palais-Bourbon montre que les groupes de pression conditionnent certains députés, parfois « à l'insu de leur plein gré », pour reprendre la formule ambiguë qu'avait utilisée un coureur cycliste pour justifier son dopage. L'esprit de leur corps d'origine ou la proximité avec un secteur économique conduisent des parlementaires à « porter » les revendications de ceux qui les contactent. Obsédés par leur réélection, ils mettent un point d'honneur à relayer les souhaits émanant de leur circonscription, quelle qu'en soit la source. Une inclination que les groupes d'intérêts savent utiliser à leur profit. Le professeur Michel Clamen, auteur du *Manuel du lobbying*, le résume de manière abrupte à l'attention des élus : « Même si la perspective vous déplaît, vous tenez dans le raisonnement du lobbyiste la place que le client occupe dans le questionnement du marketing. Les clés de cette approche sont, le plus souvent, géographiques. [...] Certaines firmes industrielles recensent de façon précise les personnalités que la géographie électorale rapproche de leurs usines. Dès qu'un problème se pose, on avertit la personnalité la plus proche qui, en général, accepte d'intervenir[1]. »

Qui plus est, la frontière entre la persuasion et l'influence est mal définie. À l'Assemblée, l'absence de règles sur le lobbying favorise son déploiement et aussi son dévoiement. L'hypocrisie et l'opacité qui prévalent autour de son existence

1. Michel Clamen, *Manuel du lobbying*, Dunod, 2005.

au sein du Palais-Bourbon confinent à l'absurde. Faute de reconnaissance et de contrôle, les dérives se multiplient, par le biais des assistants parlementaires, des colloques, des voyages[1], des cartes d'accès. Des pratiques tolérées deviennent abusives. D'autres flirtent avec les frontières des lois et du règlement de l'Assemblée. Des soupçons de trafics d'influence, d'emplois fictifs, de corruption ou de financement politique se propagent. Fondés ou pas, ils ajoutent au discrédit dont la classe politique souffre aux yeux de l'opinion.

Le débat sur la transparence et la régulation du lobbying au Parlement mérite donc d'être lancé. Des députés le réclament. Les professionnels également. La démonstration de téléchargement par des représentants de distributeurs de musique dans les salles attenantes à l'hémicycle, en décembre 2005, lors de la discussion du projet de loi sur les droits d'auteur Internet, a choqué des élus et provoqué des réactions en chaîne. Jean-Christophe Adler, président de l'Association française des conseils en lobbying (AFCL), la principale organisation qui regroupe une vingtaine de cabinets spécialisés, a envoyé, le 24 mars 2006, une lettre aux présidents de l'Assemblée nationale et du Sénat pour défendre une « pratique intègre, respectueuse des institutions avec lesquelles nous travaillons quotidiennement ». « À l'occasion de certains débats, il nous a semblé que notre profession pouvait faire l'objet d'amalgames

1. Dernier exemple en date : en juillet 2006, une vingtaine d'élus ont été conviés par le groupe Suez (services aux collectivités, énergie) à assister aux matchs de la Coupe du monde de football en Allemagne. Parmi eux, Jérôme Chartier (UMP, Val-d'Oise), Éric Woerth (UMP, Oise) et Philippe Vitel (UMP, Var). Également invités, Patrick Ollier (UMP, Hauts-de-Seine), président de la commission des Affaires économiques, et Marc Laffineur (UMP, Maine-et-Loire), membre de la commission des Finances, ont refusé l'offre, se disant « choqués » par ces pratiques. Le groupe Suez a mené durant l'été une campagne de lobbying pour que les députés UMP votent en septembre le projet de loi autorisant sa fusion avec Gaz de France. Voir *Libération*, 18 juillet 2006.

et de jugements inappropriés, confondant le lobbying avec sa caricature », écrivait-il. Reconnaissant que « certaines parties prenantes ont parfois fait preuve de manque de discernement », le président de l'AFCL se disait prêt à aborder « ces questions de façon transparente, afin d'améliorer notre charte de déontologie ». À la suite de ces courriers, des contacts ont été pris, avec les deux chambres, que Jean-Christophe Adler souhaite productifs : « Il faut remettre les choses à plat, arrêter de nier la réalité. Notre profession existe depuis quinze ans, nous travaillons les dossiers et nous aidons les parlementaires. Pourquoi ne pas nous reconnaître [1] ? »

Cette question de la reconnaissance « officielle » des lobbies n'est pas neuve. « Il y a une dizaine d'années, nous avions déjà demandé à pouvoir être enregistrés au Parlement, comme cela se pratique au niveau européen ou aux États-Unis, rappelle le consultant Thierry Lefébure, cofondateur de l'AFCL. Mais Philippe Séguin et René Monory, alors respectivement présidents de l'Assemblée et du Sénat, avaient refusé [2]. » Les élus disaient craindre un déferlement des groupes de pression à proximité de leurs hémicycles. L'association est revenue à la charge plusieurs fois. Sans succès. Cela n'a pas empêché le déferlement redouté, mais il s'est fait de manière anarchique !

D'autres professionnels, réunis au sein de l'Association française des conseils en affaires publiques (AFCAP), vont plus loin. Ils estiment que les chartes de déontologie défen-

1. Entretien avec l'un des auteurs, 16 mai 2006. Voir la liste des membres de l'AFCL (avec leur parcours professionnel) et sa charte de déontologie sur le site www.afcl.net/.

2. Entretien avec l'un des auteurs, 15 mars 2006. Ancien membre du cabinet d'Édouard Balladur au ministère de l'Économie (1986-1988), Thierry Lefébure a créé son cabinet de lobbying et cofondé l'AFCL en 1991 avec Olivier Le Picard (C & I) et Paul Boury (Boury & Associés). Il a présidé l'AFCL pendant sept ans, et il est aujourd'hui un des membres de l'Association française pour le développement de l'intelligence économique (Afdie).

dues par l'AFCL et l'Association pour les relations avec les pouvoirs publics (ARPP)[1] ne suffisent pas à encadrer leur métier. « Les chartes sont dépourvues de sanctions effectives et d'organes indépendants de contrôle[2] », juge l'avocat Mathieu Boissavy, le secrétaire général de l'AFCAP. Pour éviter les abus et « démocratiser l'influence », les membres de cette dernière réclament une réglementation spécifique et la transparence des activités de lobbying.

La régulation de ces pratiques, quelle qu'en soit la forme, devrait être complétée par un réexamen du statut des élus et du fonctionnement de l'Assemblée. L'un ne peut se concevoir sans l'autre. Les interrogations, à ce propos, sont nombreuses.

Est-il souhaitable qu'un député puisse poursuivre ses activités professionnelles dans le secteur privé ?

Est-il sain que nombre d'élus conservent leur statut de profession libérale, notamment en tant que « consultants », sans que l'on sache si les intérêts qu'ils défendent à l'Assemblée recoupent ceux de leur clientèle ?

Est-il normal que les déclarations d'activité des parlementaires soient tenues secrètes, de même que celles portant sur leur patrimoine ?

Pourquoi la loi ne prévoit-elle pas de sanctions en cas de fausse déclaration de patrimoine par les élus ?

---

1. L'Association pour les relations avec les pouvoirs publics (ARPP), fondée en 1985, regroupe des responsables en charge des relations avec les pouvoirs publics au sein d'établissements publics, d'organismes publics et parapublics, d'organisations professionnelles et de grandes entreprises. Les sociétés de conseil ne peuvent y adhérer. L'ARPP s'est dotée d'une charte de déontologie. Longtemps présidée par Aude de Chavagnac (Conseil supérieur du notariat), elle l'est actuellement par Marie-José Ranno (chambre de commerce et d'industrie de Paris). Voir www.arpp.net/.

2. Xavier Delacroix (dir.), *Influencer la démocratie, démocratiser l'influence. Enjeux et perspectives d'un lobbyisme démythifié*, AFCAP, 2005. L'AFCAP a lancé une pétition en faveur d'une réglementation du lobbying en France comme en Europe. Voir www.affairespubliques.com.

Le règlement de l'Assemblée est-il appliqué, notamment les articles réprimant le mélange du mandat parlementaire et de la promotion d'entreprises commerciales ? S'il est inapplicable, pourquoi n'est-il pas réformé ?

La transparence ne serait-elle pas nécessaire sur les contacts des élus avec les lobbies, les cadeaux et invitations reçus, les associations, clubs et colloques financés par les groupes de pression ?

Les élus condamnés par la justice ne devraient-ils pas devenir automatiquement inéligibles ?

Pourquoi ne pas limiter davantage le cumul des mandats, nationaux et locaux ?

Comment élargir les pouvoirs du Parlement et rendre son fonctionnement plus démocratique, afin de redorer son blason et d'enrayer l'absentéisme de ses membres ?

Faut-il réformer le mode de scrutin pour freiner la montée des intérêts locaux et catégoriels ?

Nous n'avons pas la prétention de répondre à ces questions, qui nécessitent d'amples discussions entre tous les acteurs de la vie publique. Les idées sur ces sujets, venant des députés, des partis ou de clubs de réflexion, ne manquent pas. Citons, par exemple, la proposition de loi de René Dosière (PS, Aisne) pour sanctionner les fausses déclarations de patrimoine (mars 2004), celle de Jean-Jacques Gaultier (UMP, Vosges) pour rendre inéligibles les élus corrompus condamnés pour des fautes graves (décembre 2005) et celle de Christian Blanc (apparenté UDF, Yvelines) pour supprimer le cumul des mandats (mai 2006), mesure reprise également dans le programme du Parti socialiste. On pourrait mentionner aussi les travaux de l'Institut Montaigne, présidé par l'ancien patron d'Axa Claude Bébéar, sur le travail parlementaire[1],

1. « Comment améliorer le travail parlementaire », Institut Montaigne, groupe de travail présidé par Pierre Bellon (Sodexho), octobre 2002. L'institut suggérait d'interdire le cumul des mandats, d'aménager le statut des

les suggestions des élus UDF autour d'Hervé Morin (Eure) pour une réforme des institutions ou celles de la Convention pour la VIe République (C6R) lancée par Arnaud Montebourg (PS, Saône-et-Loire), concernant notamment le mode de scrutin et le statut des élus[1]. Des premiers pas pour améliorer le fonctionnement de l'Assemblée ont été effectués grâce aux initiatives de Jean-Luc Warsmann (UMP, Ardennes) concernant le contrôle des lois six mois après leur entrée en vigueur et de Jean-Louis Debré (UMP, Eure) sur les droits de l'opposition. De son côté, Paul Quilès (PS, Tarn) a fait adopter en mai 2006 une proposition visant à élargir les pouvoirs de contrôle du Parlement. Mais il reste beaucoup à faire.

La plupart des pays développés, confrontés aux problèmes de lobbying, les abordent ouvertement. En Allemagne, où les groupes de pression sont enregistrés au Bundestag depuis 1972, une nouvelle réglementation voulue par les sociaux-démocrates est entrée en vigueur au début de 2006 après des révélations portant sur les revenus annexes de certains élus de la CDU recrutés par les milieux patronaux. Elle impose aux parlementaires de rendre publics leurs activités et leurs émoluments. Certains élus sur la sellette ont refusé de déclarer leurs revenus au 31 mars 2006 et contesté le texte les y contraignant devant la Cour fédérale constitutionnelle. Le débat

---

élus, de renforcer les pouvoirs d'enquête. Voir wwwinstitutmontaigne.org/.

1. Les parlementaires UDF ont, le 30 mai 2006, fait des propositions de réformes institutionnelles sur le mode de scrutin, le cumul des mandats, le contrôle du Parlement. Voir www.6eme-republique.com/. De son côté, la Convention pour la VIe République, présidée par François Colombet (magistrat, ex-député PS de l'Allier, proche d'Arnaud Montebourg), suggère d'instaurer une démocratie parlementaire. Elle a fait également des propositions en faveur du non-cumul des mandats et sur le statut de l'élu pour limiter les risques de corruption (avec l'association Anticor). Voir www.c6r.org/.

n'est pas tranché, mais il est sur la place publique. À Bruxelles, à défaut d'une réglementation, les lobbies sont déclarés et le commissaire européen Sim Kallas a ouvert en mai 2006 un « livre vert » de concertation sur la transparence des groupes de pression. Aux États-Unis, un des lobbyistes les plus en vue de Washington, Jack Abramoff, a reconnu au début de 2006 avoir arrosé durant des années des élus du Congrès, leur offrant des places à des matchs de football ou des week-ends de golf en Écosse. Dans ce pays, les lois sur le lobbying, qui datent de 1995, obligent les cabinets spécialisés à déclarer leurs clients et leur chiffre d'affaires, dont le cumul dépasse les 2 milliards de dollars chaque année. Elles interdisent aux membres du Congrès de recevoir des cadeaux d'une valeur supérieure à 100 dollars par an. Le scandale Abramoff a montré que les textes étaient souvent contournés ou mal appliqués. En avril 2006, le Sénat et la Chambre des représentants ont adopté un nouveau projet de loi plus strict, qui impose notamment aux lobbyistes de communiquer les informations sur l'ensemble de leurs relations avec les élus.

Sans forcément copier ces exemples, la France devrait, à quelques mois des échéances électorales, regarder en face ses propres pratiques au lieu de les ignorer.

La politique de l'autruche n'a jamais été salutaire.

ANNEXES

Hit-parade des 577 députés selon leur activité dans l'hémicycle

Ce classement simple est basé sur les interventions recensées en séance publique par le site de l'Assemblée nationale entre le début de 2004 et la mi-mai 2006, soit pendant la moitié de la législature.

Il reflète l'activité des députés dans l'hémicycle, que ce soit comme rapporteurs d'un budget, d'un projet de loi ou d'une proposition de loi, initiateurs d'un amendement ou d'une question orale, orateurs désignés par un groupe politique pour soutenir ou critiquer les textes soumis au vote.

Plusieurs facteurs contribuent à ce classement : l'investissement dans les travaux parlementaires, la fonction au sein d'une commission, la combativité dans les débats, le poids politique au sein d'un groupe politique, les règles de répartition des temps de parole entre groupes politiques...

Le haut du tableau est très disputé entre des députés de tous les bords politiques, avec de fortes personnalités en tête, comme l'UMP Richard Mallié et le communiste Maxime Gremetz.

Souvent en première ligne, trois présidents de groupes politiques (Jean-Marc Ayrault pour les socialistes, Bernard Accoyer pour l'UMP, Alain Bocquet pour les communistes) sont bien classés, de même que trois des six présidents des commissions permanentes (l'UMP Patrick Ollier pour les Affaires économiques, l'UMP Jean-Michel Dubernard pour les Affaires sociales et l'UMP Pierre Méhaignerie pour les Finances), le rapporteur général de la commission des Finances (l'UMP Gilles Carrez) et ses principaux contradicteurs (les socialistes Augustin Bonrepaux et Didier Migaud, le communiste Jean-Pierre Brard, l'UDF Charles de Courson).

Mais d'autres personnalités se font remarquer par leur interventionnisme, comme le communiste André Chassaigne, le socialiste Gérard Bapt, la Verte Martine Billard, l'UMP Michel Bouvard ou l'UDF Jean Dionis du Séjour.

Enfin, au-delà de la 430e place (au-dessous de 10 interventions en séance), on trouve 145 députés, qui comptent parmi les moins présents dans l'hémicycle. Ils font partie de notre famille des députés fantômes (voir le chapitre 1). Petite précision : les interventions en séance du président de l'Assemblée nationale Jean-Louis Debré (comptabilisé sur le site avec 0 intervention) ne sont pas recensées. Le cas de Jean Michel (PS, Puy-de-Dôme) est considéré comme non disponible, les données le concernant étant non fiables sur le site.

Rang	Député	Nombre d'interventions*
1	Richard Mallié UMP Bouches-du-Rhône	212
2	Maxime Gremetz PC Somme	199
3	Jean-Marc Ayrault PS Loire-Atlantique	191
4	Patrick Ollier UMP Hauts-de-Seine	191
5	Guy Geoffroy UMP Seine-et-Marne	187
6	André Chassaigne PC Puy-de-Dôme	177
7	Jean-Michel Dubernard UMP Rhône	177
8	Augustin Bonrepaux PS Ariège	172
9	Daniel Paul PC Seine-Maritime	162
10	Bernard Accoyer UMP Haute-Savoie	161
11	François Brottes PS Isère	155
12	Gérard Bapt PS Haute-Garonne	154
13	Martine Billard Verts Paris	152
14	Jean-Pierre Brard PC Seine-Saint-Denis	152
15	Michel Bouvard UMP Savoie	151
16	Jean Dionis du Séjour UDF Lot-et-Garonne	145
17	Jean-Marie Le Guen PS Paris	140
18	Muguette Jacquaint PC Seine-Saint-Denis	136
19	Pierre-Louis Fagniez UMP Val-de-Marne	130
20	Christian Bataille PS Nord	123
21	Jacques Desallangre PC Aisne	123
22	Didier Migaud PS Isère	121
23	Hervé Mariton UMP Drôme	116
24	Yves Bur UMP Bas-Rhin	114
25	Jean-Yves Le Bouillonnec PS Val-de-Marne	112
26	Michel Piron UMP Maine-et-Loire	110
27	Jean Le Garrec PS Nord	106

28	Pierre-Christophe Baguet UDF Hauts-de-Seine	105
29	Martine David PS Rhône	105
30	Alain Bocquet PC Nord	102
31	Hervé Novelli UMP Indre-et-Loire	102
32	Jean Glavany PS Hautes-Pyrénées	101
33	Christian Paul PS Nièvre	99
34	François Rochebloine UDF Loire	99
35	Alain Néri PS Puy-de-Dôme	98
36	Alain Vidalies PS Landes	98
37	Jean Leonetti UMP Alpes-Maritimes	96
38	Pierre Méhaignerie UMP Ille-et-Vilaine	95
39	Henri Emmanuelli PS Landes	94
40	Gilles Carrez UMP Val-de-Marne	92
41	Jacques Myard UMP Yvelines	91
42	Jean-Louis Dumont PS Meuse	87
43	Patrice Martin-Lalande UMP Loir-et-Cher	87
44	René Dosière PS Aisne	86
45	Christine Boutin UMP Yvelines	85
46	Thierry Mariani UMP Vaucluse	85
47	François Liberti PC Hérault	82
48	Jean-Claude Sandrier PC Cher	82
49	Jean-Pierre Blazy PS Val-d'Oise	80
50	Charles Cova UMP Seine-et-Marne	80
51	Hélène Mignon PS Haute-Garonne	80
52	Jérôme Lambert PS Charente	79
53	Édouard Landrain UMP Loire-Atlantique	79
54	Claude Goasguen UMP Paris	78
55	François Hollande PS Corrèze	78
56	Charles de Courson UDF Marne	77
57	Alain Gest UMP Somme	77
58	Gaëtan Gorce PS Nièvre	77
59	Jacqueline Fraysse PC Hauts-de-Seine	76
60	Éric Raoult UMP Seine-Saint-Denis	75
61	Philippe Auberger UMP Yonne	74
62	Frédéric Dutoit PC Bouches-du-Rhône	74
63	Jean Lassalle UDF Pyrénées-Atlantiques	73
64	Marylise Lebranchu PS Finistère	73
65	Jean-Luc Préel UDF Vendée	73
66	Pierre Cohen PS Haute-Garonne	71

67	Anne-Marie Comparini UDF Rhône	71
68	Claude Greff UMP Indre-et-Loire	71
69	Janine Jambu PC Hauts-de-Seine	71
70	Francis Delattre UMP Val-d'Oise	70
71	Jean-Jacques Descamps UMP Indre-et-Loire	70
72	Pascal Terrasse PS Ardèche	70
73	Bernard Roman PS Nord	69
74	Christian Vanneste UMP Nord	68
75	Francis Vercamer UDF Nord	68
76	Albert Facon PS Pas-de-Calais	67
77	Chantal Robin-Rodrigo App.PS Hautes-Pyrénées	67
78	M. Jean-Marc Roubaud UMP Gard	66
79	Gilbert Biessy PC Isère	65
80	Richard Cazenave UMP Isère	65
81	Lucien Degauchy UMP Oise	65
82	Philippe Folliot App.UDF Tarn	65
83	Michel Vaxès PC Bouches-du-Rhône	65
84	François-Michel Gonnot UMP Oise	64
85	Jean-Pierre Balligand PS Aisne	63
86	Arnaud Montebourg PS Saône-et-Loire	63
87	Serge Poignant UMP Loire-Atlantique	63
88	Philippe Vitel UMP Var	63
89	Patrick Bloche PS Paris	62
90	Marc Le Fur UMP Côtes-d'Armor	62
91	Xavier de Roux UMP Charente-Maritime	62
92	Patrick Roy PS Nord	62
93	Jean Gaubert PS Côtes-d'Armor	61
94	Jean-Louis Idiart PS Haute-Garonne	61
95	Henri Nayrou PS Ariège	61
96	Jacques Brunhes PC Hauts-de-Seine	60
97	Maurice Giro UMP Vaucluse	60
98	Marc Laffineur UMP Maine-et-Loire	60
99	Jean-Christophe Lagarde UDF Seine-Saint-Denis	60
100	Jean-Pierre Soisson UMP Yonne	60
101	Julien Dray PS Essonne	59
102	Jean-Michel Fourgous UMP Yvelines	59
103	Catherine Génisson PS Pas-de-Calais	59
104	Christophe Caresche PS Paris	58
105	Jean-Claude Lenoir UMP Orne	58

106	François Sauvadet UDF Côte-d'Or	58
107	Jean-Luc Warsmann UMP Ardennes	58
108	Marie-Hélène des Esgaulx UMP Gironde	57
109	Daniel Garrigue UMP Dordogne	57
110	Nicolas Perruchot UDF Loir-et-Cher	57
111	Yves Durand PS Nord	56
112	Dominique Tian UMP Bouches-du-Rhône	56
113	Paulette Guinchard PS Doubs	55
114	René Couanau UMP Ille-et-Vilaine	53
115	Léonce Deprez UMP Pas-de-Calais	53
116	Louis Giscard d'Estaing UMP Puy-de-Dôme	53
117	Danièle Hoffman-Rispal PS Paris	53
118	Jean Auclair UMP Creuse	52
119	Patrick Braouezec PC Seine-Saint-Denis	52
120	Ghislain Bray UMP Seine-et-Marne	52
121	Michel Vergnier PS Creuse	52
122	Jean-Pierre Door UMP Loiret	51
123	Bernard Perrut UMP Rhône	51
124	Jérôme Rivière UMP Alpes-Maritimes	51
125	Bernard Carayon UMP Tarn	50
126	Yves Censi UMP Aveyron	50
127	Jean-Pierre Decool App.UMP Nord	50
128	Jean-Marie Geveaux UMP Sarthe	50
129	Antoine Herth UMP Bas-Rhin	50
130	Alain Joyandet UMP Haute-Saône	50
131	Yves Simon App.UMP Allier	50
132	Yves Cochet Verts Paris	49
133	Pierre Cardo UMP Yvelines	47
134	Claude Evin PS Loire-Atlantique	47
135	Gérard Léonard UMP Meurthe-et-Moselle	47
136	Muriel Marland-Militello UMP Alpes-Maritimes	47
137	Valérie Pecresse UMP Yvelines	47
138	Jean Launay PS Lot	46
139	Jean-Claude Lefort PC Val-de-Marne	46
140	Bruno Le Roux PS Seine-Saint-Denis	46
141	Noël Mamère Verts Gironde	46
142	Pierre Morel-A-L'Huissier UMP Lozère	46
143	Yves Nicolin UMP Loire	46
144	Dominique Richard UMP Maine-et-Loire	46

145	Georges Colombier UMP Isère	45
146	François Dosé PS Meuse	45
147	Pierre Lellouche UMP Paris	45
148	François Loncle PS Eure	45
149	Émile Blessig UMP Bas-Rhin	44
150	Yves Coussain UMP Cantal	44
151	Claude Gaillard UMP Meurthe-et-Moselle	44
152	Élisabeth Guigou PS Seine-Saint-Denis	44
153	Jacques Le Guen UMP Finistère	44
154	Nadine Morano UMP Meurthe-et-Moselle	44
155	Guy Teissier UMP Bouches-du-Rhône	44
156	Georges Tron UMP Essonne	44
157	François Guillaume UMP Meurthe-et-Moselle	43
158	Maurice Leroy UDF Loir-et-Cher	43
159	Hervé Morin UDF Eure	43
160	Jacques Remiller UMP Isère	43
161	François Vannson UMP Vosges	43
162	Claude Leteurtre UDF Calvados	42
163	Lionnel Luca UMP Alpes-Maritimes	42
164	Philippe Rouault UMP Ille-et-Vilaine	42
165	Éric Besson PS Drôme	41
166	Patrick Lemasle PS Haute-Garonne	41
167	Michel Raison UMP Haute-Saône	41
168	François Bayrou UDF Pyrénées-Atlantiques	40
169	Bernard Deflesselles UMP Bouches-du-Rhône	40
170	André Gerin PC Rhône	40
171	André Schneider UMP Bas-Rhin	40
172	Rodolphe Thomas UDF Calvados	39
173	Jean-Claude Lemoine UMP Manche	38
174	Frédéric Reiss UMP Bas-Rhin	38
175	Jean-Paul Anciaux UMP Saône-et-Loire	37
176	Alain Claeys PS Vienne	37
177	Claude Gatignol UMP Manche	37
178	Philippe Vuilque PS Ardennes	37
179	Martine Aurillac UMP Paris	36
180	Jean-Paul Bacquet PS Puy-de-Dôme	36
181	Bernard Derosier PS Nord	36
182	Yves Fromion UMP Cher	36
183	Geneviève Gaillard PS Deux-Sèvres	36

184	Franck Gilard UMP Eure	36
185	Jean-Pierre Gorges UMP Eure-et-Loir	36
186	Mansour Kamardine UMP Mayotte	36
187	Jean-Charles Taugourdeau UMP Maine-et-Loire	36
188	Philippe Tourtelier PS Ille-et-Vilaine	36
189	Huguette Bello NI Réunion	35
190	Jacques Domergue UMP Hérault	35
191	Annick Lepetit PS Paris	35
192	Michel Liebgott PS Moselle	35
193	Chantal Brunel UMP Seine-et-Marne	34
194	Jean-Paul Charié UMP Loiret	34
195	Patrick Delnatte UMP Nord	34
196	Arlette Grosskost UMP Haut-Rhin	34
197	David Habib PS Pyrénées-Atlantiques	34
198	Laurent Hénart UMP Meurthe-et-Moselle	34
199	Robert Lamy UMP Rhône	34
200	Henriette Martinez UMP Hautes-Alpes	34
201	Jean Proriol UMP Haute-Loire	34
202	Odile Saugues PS Puy-de-Dôme	34
203	René André UMP Manche	33
204	Paul Giacobbi App.PS Haute-Corse	33
205	Jean-Pierre Grand UMP Hérault	33
206	Philippe Houillon UMP Val-d'Oise	33
207	Michel Hunault UDF Loire-Atlantique	33
208	Juliana Rimane UMP Guyane	33
209	Paul-Henri Cugnenc UMP Hérault	32
210	Pierre Goldberg PC Allier	32
211	Françoise de Panafieu UMP Paris	32
212	Martial Saddier UMP Haute-Savoie	32
213	Sylvia Bassot UMP Orne	31
214	Michel Herbillon UMP Val-de-Marne	31
215	Denis Jacquat UMP Moselle	31
216	Yvan Lachaud UDF Gard	31
217	Jean-Yves Le Déaut PS Meurthe-et-Moselle	31
218	Jean-Marc Nudant UMP Côte-d'Or	31
219	Christiane Taubira App.PS Guyane	31
220	Laurent Wauquiez UMP Haute-Loire	31
221	Bertho Audifax UMP Réunion	30
222	Gabriel Biancheri UMP Drôme	30

223	Claude Birraux UMP Haute-Savoie	30
224	Martine Carrillon-Couvreur PS Nièvre	30
225	Arlette Franco UMP Pyrénées-Orientales	30
226	Daniel Mach UMP Pyrénées-Orientales	30
227	Gilles Artigues UDF Loire	29
228	Luc Chatel UMP Haute-Marne	29
229	Jean-François Chossy UMP Loire	29
230	Nathalie Gautier PS Rhône	29
231	Philippe-Armand Martin (Marne) UMP Marne	29
232	Gilbert Meyer UMP Haut-Rhin	29
233	Étienne Pinte UMP Yvelines	29
234	François Asensi PC Seine-Saint-Denis	28
235	Patrick Beaudouin UMP Val-de-Marne	28
236	Yves Jego UMP Seine-et-Marne	28
237	Pierre Lequiller UMP Yvelines	28
238	Jean-Claude Viollet PS Charente	28
239	Jérôme Bignon UMP Somme	27
240	Michel Delebarre PS Nord	27
241	Pierre Ducout PS Gironde	27
242	Pierre Hellier UMP Sarthe	27
243	Christian Kert UMP Bouches-du-Rhône	27
244	Alfred Trassy-Paillogues UMP Seine-Maritime	27
245	Manuel Valls PS Essonne	27
246	Pierre Albertini App.UDF Seine-Maritime	26
247	Gérard Charasse NI Allier	26
248	Jérôme Chartier UMP Val-d'Oise	26
249	Alain Gouriou PS Côtes-d'Armor	26
250	Jean-Yves Hugon UMP Indre	26
251	Jean-Louis Léonard UMP Charente-Maritime	26
252	Victorin Lurel PS Guadeloupe	26
253	Jean-Pierre Nicolas UMP Eure	26
254	Christian Philip UMP Rhône	26
255	Serge Blisko PS Paris	25
256	Marc-Philippe Daubresse UMP Nord	25
257	Christian Decocq UMP Nord	25
258	Philippe Feneuil UMP Marne	25
259	Jean-Michel Ferrand UMP Vaucluse	25
260	Nathalie Kosciusko-Morizet UMP Essonne	25
261	Martine Lignières-Cassou PS Pyrénées-Atlantiques	25

262	Louis-Joseph Manscour PS Martinique	25
263	Didier Mathus PS Saône-et-Loire	25
264	Pierre Morange UMP Yvelines	25
265	Jean-Yves Chamard UMP Vienne	24
266	Dominique Dord UMP Savoie	24
267	François Grosdidier UMP Moselle	24
268	François Lamy PS Essonne	24
269	Robert Lecou UMP Hérault	24
270	Didier Quentin UMP Charente-Maritime	24
271	Émile Zuccarelli NI Haute-Corse	24
272	Marc Bernier UMP Mayenne	23
273	Marie-George Buffet PC Seine-Saint-Denis	23
274	Jean-Pierre Dufau PS Landes	23
275	Yannick Favennec UMP Mayenne	23
276	Jacques Floch PS Loire-Atlantique	23
277	Jean-Paul Garraud UMP Gironde	23
278	Francis Hillmeyer UDF Haut-Rhin	23
279	Jean-Pierre Kucheida PS Pas-de-Calais	23
280	Michel Lefait PS Pas-de-Calais	23
281	Philippe Pemezec UMP Hauts-de-Seine	23
282	Francis Saint-Léger UMP Lozère	23
283	Bernard Schreiner UMP Bas-Rhin	23
284	René-Paul Victoria UMP Réunion	23
285	Michel Voisin UMP Ain	23
286	Marie-Jo Zimmermann UMP Moselle	23
287	Joël Beaugendre UMP Guadeloupe	22
288	Jacques-Alain Bénisti UMP Val-de-Marne	22
289	Bruno Bourg-Broc UMP Marne	22
290	Roland Chassain UMP Bouches-du-Rhône	22
291	Alain Marsaud UMP Haute-Vienne	22
292	Alain Marty UMP Moselle	22
293	François Scellier UMP Val-d'Oise	22
294	Daniel Vaillant PS Paris	22
295	Patricia Adam PS Finistère	21
296	Jean-Marie Binetruy UMP Doubs	21
297	Philippe Briand UMP Indre-et-Loire	21
298	Sébastien Huyghe UMP Nord	21
299	Jean-Louis Bernard UMP Loiret	20
300	Christian Cabal UMP Loire	20

301	Olivier Jardé UDF Somme	20
302	Pierre Lasbordes UMP Essonne	20
303	Jean-Marc Lefranc UMP Calvados	20
304	Jean Marsaudon UMP Essonne	20
305	Denis Merville UMP Seine-Maritime	20
306	Marie-Renée Oget PS Côtes-d'Armor	20
307	Germinal Peiro PS Dordogne	20
308	Pierre-André Périssol UMP Allier	20
309	Michel Roumegoux UMP Lot	20
310	Rudy Salles UDF Alpes-Maritimes	20
311	Maryvonne Briot UMP Haute-Saône	19
312	Michel Charzat PS Paris	19
313	Marie-Françoise Clergeau PS Loire-Atlantique	19
314	Marcel Dehoux PS Nord	19
315	Guy Drut UMP Seine-et-Marne	19
316	Bruno Gilles UMP Bouches-du-Rhône	19
317	Gabrielle Louis-Carabin UMP Guadeloupe	19
318	Marie-Françoise Pérol-Dumont PS Haute-Vienne	19
319	Irène Tharin UMP Doubs	19
320	Jean-Pierre Abelin UDF Vienne	18
321	Antoine Carré UMP Loiret	18
322	Jean-Paul Chanteguet PS Indre	18
323	Arnaud Lepercq UMP Vienne	18
324	Philippe Martin PS Gers	18
325	Christian Ménard UMP Finistère	18
326	Frédéric Soulier UMP Corrèze	18
327	Jean Ueberschlag UMP Haut-Rhin	18
328	Patrick Balkany UMP Hauts-de-Seine	17
329	Yves Deniaud UMP Orne	17
330	Georges Fenech UMP Rhône	17
331	Michel Françaix PS Oise	17
332	Jacques Godfrain UMP Aveyron	17
333	Pascale Gruny App.UMP Aisne	17
334	Emmanuel Hamelin UMP Rhône	17
335	Gilbert Le Bris PS Finistère	17
336	Dominique Le Mèner UMP Sarthe	17
337	Céleste Lett UMP Moselle	17
338	Alfred Marie-Jeanne NI Martinique	17
339	Jacques Bobe UMP Charente	16

340	Chantal Bourragué UMP Gironde	16
341	Françoise Branget UMP Doubs	16
342	Philippe Cochet UMP Rhône	16
343	Geneviève Colot UMP Essonne	16
344	Louis Cosyns UMP Cher	16
345	Stéphane Demilly UDF Somme	16
346	Michel Diefenbacher UMP Lot-et-Garonne	16
347	Gérard Dubrac UMP Gers	16
348	Cécile Gallez App.UMP Nord	16
349	Gérard Hamel UMP Eure-et-Loir	16
350	Alain Rodet PS Haute-Vienne	16
351	Daniel Spagnou UMP Alpes-de-Haute-Provence	16
352	Alain Suguenot UMP Côte-d'Or	16
353	Béatrice Vernaudon UMP Polynésie Française	16
354	Loïc Bouvard UMP Morbihan	15
355	Jean-Claude Mignon UMP Seine-et-Marne	15
356	Bérengère Poletti UMP Ardennes	15
357	Marcelle Ramonet UMP Finistère	15
358	Simon Renucci App.PS Corse-du-Sud	15
359	Vincent Rolland UMP Savoie	15
360	Alain Venot UMP Eure-et-Loir	15
361	Maxime Bono PS Charente-Maritime	14
362	Bernard Depierre PS Côte-d'Or	14
363	Nicolas Dupont-Aignan UMP Essonne	14
364	Joël Giraud App.PS Hautes-Alpes	14
365	Louis Guédon UMP Vendée	14
366	Jean-Claude Guibal UMP Alpes-Maritimes	14
367	Michel Heinrich UMP Vosges	14
368	Michel Lejeune UMP Seine-Maritime	14
369	Pierre Micaux UMP Aube	14
370	Jacques Pélissard UMP Jura	14
371	Jean-Claude Perez PS Aude	14
372	Marc Reymann UMP Bas-Rhin	14
373	René Rouquet PS Val-de-Marne	14
374	Hélène Tanguy UMP Finistère	14
375	Brigitte Barèges UMP Tarn-et-Garonne	13
376	Marcel Bonnot UMP Doubs	13
377	Jean-Louis Christ UMP Haut-Rhin	13
378	Dino Cinieri UMP Loire	13

379	Alain Cousin UMP Manche	13
380	Jean-Pierre Dupont UMP Corrèze	13
381	Philippe Edmond-Mariette NI Martinique	13
382	Étienne Mourrut UMP Gard	13
383	Jean-Marie Rolland UMP Yonne	13
384	Édouard Balladur UMP Paris	12
385	Jean Bardet UMP Val-d'Oise	12
386	Daniel Boisserie PS Haute-Vienne	12
387	Danielle Bousquet PS Côtes-d'Armor	12
388	Jean-Christophe Cambadélis PS Paris	12
389	Hervé de Charette UMP Maine-et-Loire	12
390	Édouard Courtial UMP Oise	12
391	Alain Ferry App.UMP Bas-Rhin	12
392	Jean-Pierre Giran UMP Var	12
393	Jean-Jacques Guillet UMP Hauts-de-Seine	12
394	Maryse Joissains-Masini UMP Bouches-du-Rhône	12
395	Jacques Masdeu-Arus UMP Yvelines	12
396	Dominique Paillé UMP Deux-Sèvres	12
397	Axel Poniatowski UMP Val-d'Oise	12
398	Josette Pons UMP Var	12
399	Bernard Pousset UMP Indre	12
400	Paul Quilès PS Tarn	12
401	Roger-Gérard Schwartzenberg App.PS Val-de-Marne	12
402	André Vallini PS Isère	12
403	Gérard Voisin UMP Saône-et-Loire	12
404	Jean-Yves Besselat UMP Seine-Maritime	11
405	Alain Cortade UMP Vaucluse	11
406	Claude Darciaux PS Côte-d'Or	11
407	Éric Diard UMP Bouches-du-Rhône	11
408	Damien Meslot UMP Territoire-de-Belfort	11
409	Kléber Mesquida PS Hérault	11
410	Béatrice Pavy UMP Sarthe	11
411	Daniel Poulou UMP Pyrénées-Atlantiques	11
412	Jean Tiberi UMP Paris	11
413	Claude Bartolone PS Seine-Saint-Denis	10
414	Jacques Bascou PS Aude	10
415	Étienne Blanc UMP Ain	10
416	Roland Blum UMP Bouches-du-Rhône	10
417	Pierre Bourguignon PS Seine-Maritime	10

418	Gérard Cherpion UMP Vosges	10
419	Olivier Dassault UMP Oise	10
420	Richard Dell'Agnola UMP Val-de-Marne	10
421	Tony Dreyfus PS Paris	10
422	Pierre Forgues PS Hautes-Pyrénées	10
423	Éric Jalton PS Guadeloupe	10
424	Dominique Juillot UMP Saône-et-Loire	10
425	Aimé Kergueris UMP Morbihan	10
426	Marguerite Lamour UMP Finistère	10
427	Pierre Lang UMP Moselle	10
428	Alain Marleix UMP Cantal	10
429	Daniel Prévost UMP Ille-et-Vilaine	10
430	Camille de Rocca Serra UMP Corse-du-Sud	10
431	Jean-Claude Abrioux UMP Seine-Saint-Denis	9
432	Sylvie Andrieux PS Bouches-du-Rhône	9
433	Jean-Louis Bianco PS Alpes-de-Haute-Provence	9
434	Christian Blanc App.UDF Yvelines	9
435	Josiane Boyce UMP Morbihan	9
436	Dominique Caillaud UMP Vendée	9
437	François Cornut-Gentille UMP Haute-Marne	9
438	Jean-Yves Cousin UMP Calvados	9
439	André Flajolet UMP Pas-de-Calais	9
440	Gérard Grignon App.UMP Saint-Pierre-et-Miquelon	9
441	Serge Roques UMP Aveyron	9
442	Jean-Marie Sermier UMP Jura	9
443	Michel Terrot UMP Rhône	9
444	Jean-Michel Boucheron PS Ille-et-Vilaine	8
445	Gilles Cocquempot PS Pas-de-Calais	8
446	Michel Dasseux PS Dordogne	8
447	Bernard Debré App.UMP Paris	8
448	Marc Francina UMP Haute-Savoie	8
449	Jean-Jacques Gaultier UMP Vosges	8
450	Henri Houdouin UMP Mayenne	8
451	Françoise Imbert PS Haute-Garonne	8
452	Serge Janquin PS Pas-de-Calais	8
453	Jacques Le Nay UMP Morbihan	8
454	Jean-Pierre Le Ridant UMP Loire-Atlantique	8
455	Geneviève Levy UMP Var	8
456	Christophe Masse PS Bouches-du-Rhône	8

457	Georges Mothron UMP Val-d'Oise	8
458	Jean-Luc Reitzer UMP Haut-Rhin	8
459	Dominique Strauss-Kahn PS Val-d'Oise	8
460	Michèle Tabarot UMP Alpes-Maritimes	8
461	Jean-Michel Bertrand UMP Ain	7
462	Jean-Paul Dupré PS Aude	7
463	Laurent Fabius PC Seine-Maritime	7
464	Jean Lemière UMP Manche	7
465	Alain Madelin UMP Ille-et-Vilaine	7
466	Jean-Marc Nesme UMP Saône-et-Loire	7
467	Michel Pajon PS Seine-Saint-Denis	7
468	Christophe Priou UMP Loire-Atlantique	7
469	Ségolène Royal PS Deux-Sèvres	7
470	Jean-Claude Thomas UMP Marne	7
471	Michel Zumkeller UMP Territoire-de-Belfort	7
472	Jean-Claude Beauchaud PS Charente	6
473	Yves Boisseau UMP Calvados	6
474	Roger Boullonnois UMP Seine-et-Marne	6
475	Jacques Briat UMP Tarn-et-Garonne	6
476	Jean-Claude Decagny UMP Nord	6
477	Michel Destot PS Isère	6
478	Marc Dolez PS Nord	6
479	William Dumas PS Gard	6
480	Jean de Gaulle UMP Paris	6
481	Joël Hart UMP Somme	6
482	Christian Jeanjean UMP Hérault	6
483	Marc Joulaud UMP Sarthe	6
484	Armand Jung PS Bas-Rhin	6
485	Jacques Kossowski UMP Hauts-de-Seine	6
486	Jean-Claude Leroy PS Pas-de-Calais	6
487	Pascal Ménage UMP Indre-et-Loire	6
488	Bernadette Païx UMP Haute-Garonne	6
489	Pierre Amouroux UMP Yvelines	5
490	Jean-Claude Beaulieu UMP Charente-Maritime	5
491	Bernard Brochand UMP Alpes-Maritimes	5
492	Odette Duriez PS Pas-de-Calais	5
493	Jean-Claude Flory UMP Ardèche	5
494	Lucien Guichon UMP Ain	5
495	Christophe Guilloteau UMP Rhône	5

496	Pierre Hériaud UMP Loire-Atlantique	5
497	Jean-Yves Le Drian PS Morbihan	5
498	Gérard Menuel UMP Aube	5
499	Robert Pandraud UMP Seine-Saint-Denis	5
500	Jean-Jack Queyranne PS Rhône	5
501	Jean Roatta UMP Bouches-du-Rhône	5
502	André Santini UDF Hauts-de-Seine	5
503	Alfred Almont UMP Martinique	4
504	Jean-Marie Aubron PS Moselle	4
505	Jean-Claude Bateux PS Seine-Maritime	4
506	Victor Brial UMP Wallis-et-Futuna	4
507	Michel Buillard UMP Polynésie Française	4
508	François Calvet UMP Pyrénées-Orientales	4
509	Daniel Fidelin UMP Seine-Maritime	4
510	Georges Ginesta UMP Var	4
511	Georges Hage PC Nord	4
512	Hugues Martin UMP Gironde	4
513	Jean-Claude Mathis UMP Aube	4
514	Marie-Anne Montchamp UMP Val-de-Marne	4
515	Henri Sicre PS Pyrénées-Orientales	4
516	André Thien Ah Koon App.UMP Réunion	4
517	Manuel Aeschlimann UMP Hauts-de-Seine	3
518	Pierre Bédier UMP Yvelines	3
519	Jean-Michel Couve UMP Var	3
520	Pierre Frogier UMP Nouvelle-Calédonie	3
521	Jean Grenet UMP Pyrénées-Atlantiques	3
522	Édouard Jacque UMP Meurthe-et-Moselle	3
523	Édouard Leveau NI Seine-Maritime	3
524	Alain Moyne-Bressand UMP Isère	3
525	Christophe Payet PS Réunion	3
526	Max Roustan UMP Gard	3
527	Michel Sainte-Marie PS Gironde	3
528	Liliane Vaginay UMP Loire	3
529	André Berthol UMP Moselle	2
530	Jean Diébold UMP Haute-Garonne	2
531	Philippe Dubourg UMP Gironde	2
532	Conchita Lacuey PS Gironde	2
533	Thierry Lazaro UMP Nord	2
534	Brigitte Le Brethon UMP Calvados	2

535	Guy Lengagne PS Pas-de-Calais	2
536	Gérard Lorgeoux UMP Morbihan	2
537	Bernard Madrelle PS Gironde	2
538	Bernard Mazouaud UMP Dordogne	2
539	Jean-Marie Morisset UMP Deux-Sèvres	2
540	Éric Woerth UMP Oise	2
541	Véronique Besse NI Vendée	1
542	Jean-Claude Bois PS Pas-de-Calais	1
543	Gilles Bourdouleix UMP Maine-et-Loire	1
544	Thierry Carcenac PS Tarn	1
545	Joëlle Ceccaldi-Raynaud UMP Hauts-de-Seine	1
546	Jean Charroppin UMP Jura	1
547	Jean-Pierre Defontaine App.PS Pas-de-Calais	1
548	Jean-Marie Demange UMP Moselle	1
549	Patrick Devedjian UMP Hauts-de-Seine	1
550	René Galy-Dejean UMP Paris	1
551	François Huwart App.PS Eure-et-Loir	1
552	Patrick Labaune UMP Drôme	1
553	Jack Lang PS Pas-de-Calais	1
554	Franck Marlin App.UMP Essonne	1
555	Alain Merly UMP Lot-et-Garonne	1
556	Léon Vachet UMP Bouches-du-Rhône	1
557	Jean-Sébastien Vialatte UMP Var	1
558	Gérard Weber UMP Ardèche	1
559	Bernard Bosson UDF Haute-Savoie	0
560	René Bouin UMP Maine-et-Loire	0
561	Laurent Cathala PS Val-de-Marne	0
562	Jean-Louis Debré UMP Eure	0
563	Jean Delobel PS Nord	0
564	Francis Falala UMP Marne	0
565	Daniel Gard UMP Aisne	0
566	Charles-Ange Ginesy UMP Alpes-Maritimes	0
567	Serge Grouard UMP Loiret	0
568	Patrick Herr UMP Seine-Maritime	0
569	Didier Julia UMP Seine-et-Marne	0
570	Jacques Lafleur UMP Nouvelle-Calédonie	0
571	Jean-François Mancel UMP Oise	0
572	Jean-François Régère UMP Gironde	0
573	Joël Sarlot NI Vendée	0

574	Michel Sordi UMP Haut-Rhin	0
575	Gérard Vignoble UDF Nord	0
576	François-Xavier Villain App.UMP Nord	0
	Jean Michel PS Puy-de-Dôme	non disponible

* Nombre d'interventions en séance publique recensées par le site de l'Assemblée nationale entre le 20 janvier 2004 et le 13 mai 2006 (date de notre classement).

Source : Assemblée nationale.

HIT-PARADE DES 50 DEPUTÉS LES MOINS ACTIFS

Les députés les moins actifs ne vont guère apprécier de figurer dans ce Top 50. Mais les données rassemblées auprès des sources officielles de l'Assemblée pour établir ce classement n'en sont pas moins objectives.

Les interventions en séance témoignent d'une certaine présence dans l'hémicycle.

Les propositions de loi personnelles sont la preuve d'un travail législatif, tout comme les amendements.

Si les rapports écrits dépendent souvent des fonctions dévolues par les groupes politiques majoritaires (quelques rares députés d'opposition en rédigent), les questions écrites, elles, dépendent de la seule initiative des élus.

Le cumul des cinq critères quantitatifs retenus, s'il ne mesure pas l'activité en commissions ni celle des groupes d'études, groupes d'amitié, délégations parlementaires ou missions diverses, permet tout de même, sur la base des données disponibles, de se faire une idée précise de ceux qui ne font pas grand-chose au Palais-Bourbon.

Rang	Député	Cinq critères*				
		A	B	C	D	E
1	Laurent CATHALA (PS, Val-de-Marne)	0	0	0	0	5
2	Jean DELOBEL (PS, Nord)	0	0	0	0	20
3	Bernard BOSSON (UDF, Haute-Savoie)	0	0	0	0	34
4	Jacques LAFLEUR (UMP, Nouvelle-Calédonie)	0	0	0	1	0
5	Joël SARLOT (NI, Vendée)	0	0	0	1	47
6	René BOUIN (UMP, Maine-et-Loire)	0	0	0	2	4
7	Patrick HERR (UMP, Seine-Maritime)	0	0	0	2	12
8	Francis FALALA (UMP, Marne)	0	0	0	2	2564
9	Charles-Ange GINESY (UMP, Alpes-Maritimes)**	0	0	0	6	10
10	Daniel GARD (UMP, Aisne)	0	0	0	11	80

11	Gérard VIGNOBLE (UDF, Nord)	0	0	1	0	15
12	Serge GROUARD (UMP, Loiret)	0	0	1	10	116
13	François-Xavier VILLAIN (app. UMP, Nord)	0	4	0	2	202
14	Didier JULIA (UMP, Seine-et-Marne)	0	5	1	3	99
15	Jean-François MANCEL (UMP, Oise)	0	7	0	0	105
16	Joëlle CECCALDI-RAYNAUD (UMP, Hauts-de-Seine)**	1	0	0	0	22
17	François HUWART (PS, Eure)**	1	0	0	0	46
18	Jack LANG (PS, Pas-de-Calais)	1	0	0	0	99
19	Jean-Pierre DEFONTAINE (app. PS, Pas-de-Calais)	1	0	0	1	22
20	Patrick DEVEDJIAN (UMP, Hauts de Seine)**	1	0	0	2	3
21	Gilles BONDOULEIX (UMP, Seine-et-Marne)	1	0	0	2	41
22	Jean CHARROPPIN (UMP, Jura)	1	0	0	2	238
23	Jean-François REGERE (UMP, Gironde)	1	0	0	3	117
24	René GALY-DEJEAN (UMP, Paris)	1	0	0	6	19
25	Patrick LABAUNE (UMP, Drôme)	1	0	0	9	149
26	Gérard WEBER (UMP, Ardèche)	1	0	0	11	119
27	Léon VACHET (UMP, Bouches-du-Rhône)	1	0	0	14	314
28	Jean-Sébastien VIALATTE (UMP, Var)	1	0	0	25	100
29	Thierry CARCENAC (PS, Tarn)	1	0	4	211	9
30	Alain MERLY (UMP, Lot-et-Garonne)	1	1	0	6	222
31	Jean-Claude BOIS (PS, Pas-de-Calais)	1	1	1	1	514
32	Véronique BESSE (NI, Vendée)	1	2	0	4	52
33	Michel SORDI (UMP, Haut-Rhin)	1	2	0	11	91
34	Franck MARLIN (app. UMP, Essonne)	1	2	0	20	97
35	André BERTHOL (UMP, Moselle)	2	0	0	3	63
36	Conchita LACUEY (PS, Gironde)	2	0	0	3	64
37	Bernard MAZOUAUD (UMP, Dordogne)	2	0	0	4	46
38	Gérard LORGEOUX (UMP, Morbihan)	2	0	0	5	60

39	Jean-Marie MORISSET (UMP, Deux-Sèvres)	2	0	0	7	336
40	Jean DEMANGE (UMP, Moselle)	2	0	0	8	126
41	Thierry LAZARO (UMP, Nord)	2	0	0	9	22
42	Jean DIEBOLD (UMP, Haute-Garonne)	2	0	0	12	25
43	Bernard MADRELLE (PS, Gironde)	2	0	0	78	78
44	Eric WOERTH (UMP, Oise)*	2	0	4	0	19
45	Guy LENGAGNE (PS, Pas-de-Calais)	2	1	16	56	181
46	Philippe DUBOURG (UMP, Gironde)	2	3	0	12	198
47	Liliane VAGINAY (UMP, Loire)*	3	0	0	1	6
48	Pierre FROGIER (UMP, Nouvelle-Calédonie)	3	0	0	2	14
49	Edouard LEVEAU (NI, Seine-Maritime)	3	0	0	2	136
50	Jean GRENET (UMP, Pyrénées-Atlantiques)	3	0	0	7	45

* 5 critères de l'activité parlementaire déterminent le rang des députés dans ce classement, par ordre croissant successif :

1er critère du classement (A) : nombre d'interventions en séance publique entre le 20 janvier 2004 et le 18 mai 2006 (soit 28 mois, la moitié de la législature) ;

2e critère (B) : nombre de propositions de loi dont le député est l'initiateur depuis le début de la législature ;

3e critère (C) : nombre de rapports écrits depuis le début de la législature ;

4e critère (D) : nombre d'amendements discutés en séance, dont le député est auteur ou coauteur, de juillet 2005 au 1er juin 2006 (source : Assemblée nationale, 2 juin 2006) ;

5e critère (E) : nombre de questions écrites depuis le début de la législature (sur un total de 99 157 questions au 18 mai 2006).

Source : site de l'Assemblée nationale, 18-19 mai 2006 (pour les critères A, B, C, E).

NI : non-inscrit ; PS : socialiste ; app. : apparenté.

** Patrick Devedjian (ex-ministre) depuis le 04/10/05 ; Joëlle Ceccaldi-Raynaud (remplaçant Nicolas Sarkozy) du 08/06/02 au

01/01/05 et depuis le 27/07/05 ; Charles-Ange Ginesy (remplaçant Christian Estrosi, nommé ministre) depuis le 03/07/05 ; François Huwart depuis le 24/03/03 ; Eric Woerth depuis le 19/09/05 ; Liliane Vaginay depuis le 03/07/05.

Hit-parade des 50 stakhanovistes des questions

Les députés UMP se positionnent au mieux dans le classement, à l'exception d'une apparentée socialiste (Chantal Robin-Rodrigo, Hautes-Pyrénées) et d'un UDF (Yvan Lauchaud, Gard), qui ont réussi à se glisser dans le Top 10.

Quelques départements ruraux sont très représentés, avec des matchs étonnants de députés qui se suivent de près, tels Lachaud/Roubaud dans le Gard, Liberti/Mesquida dans l'Hérault, Falala/Bourg-Broc dans la Marne, Saint-Léger/Morel-A-L'Huissier en Lozère, Warsmann/Poletti dans les Ardennes ou Zimmermann/Jacquat en Moselle. Mais de nombreux départements ruraux n'ont pas d'« accros » aux questions.

Certains députés se spécialisent dans les questions écrites, indépendamment de leur origine géographique ou partisane : Jean-Luc Warsmann (UMP, Moselle), Jean Tiberi (UMP, Paris), Francis Falala (UMP, Marne), Francis Hillmeyer (UDF, Haut-Rhin), Claude Darciaux (PS, Côte-d'Or), Thierry Mariani (UMP, Vaucluse), François Liberti (PC, Hérault), Éric Raoult (UMP, Seine-Saint-Denis).

Les deux champions toutes catégories sont Jean-Luc Warsmann (UMP, Ardennes) et Francis Falala (UMP, Marne), avec plus de 2 500 questions posées depuis 2002, soit environ quinze fois plus que la moyenne des députés (173 questions), et un rythme hallucinant de 12 par semaine entre juin 2002 et juin 2006 !

Rang	Député	Nombre de questions posées*
1	Jean-Luc WARSMANN (UMP, Ardennes)	2 671
2	Francis FALALA (UMP, Marne)	2 586
3	Marie-Jo ZIMMERMANN (UMP, Moselle)	2 404
4	Thierry MARIANI (UMP, Vaucluse)	2 360
5	Bruno BOURG-BROC (UMP, Marne)	2 129
6	Chantal ROBIN-RODRIGO (app. PS, Hautes-Pyrénées)	1 525
7	Denis JACQUAT (UMP, Moselle)	1 455

8	Léonce DEPREZ (UMP, Pas-de-Calais)	1 449
9	Jean-Marc ROUBAUD (UMP, Gard)	1 449
10	Yvan LACHAUD (UDF, Gard)	1 435
11	Francis SAINT-LEGER (UMP, Lozère)	1 375
12	Marc LE FUR (UMP, Côtes-d'Armor)	1 304
13	Pierre MOREL-A-L'HUISSIER (UMP, Lozère)	1 216
14	Bérengère POLETTI (UMP, Ardennes)	1 209
15	Jérôme RIVIERE (UMP, Alpes-Maritimes)	1 077
16	Bernard PERRUT (UMP, Rhône)	1 030
17	Dino CINIERI (UMP, Loire)	844
18	Jean TIBERI (UMP, Paris)	818
19	Eric RAOULT (UMP, Seine-Saint-Denis)	762
20	Claude DARCIAUX (PS, Côte-d'Or)	704
21	Dominique PAILLE (UMP, Deux-Sèvres)	698
22	Etienne MOURRUT (UMP, Gard)	675
23	Francis HILLMEYER (UDF, Haut-Rhin)	634
24	François LIBERTI (PC, Hérault)	631
25	Kléber MESQUIDA (PS, Hérault)	623
26	Marcelle RAMONET (UMP, Finistère)	567
27	Alain BOCQUET (PC, Nord)	564
28	Maxime GREMETZ (PC, Somme)	531
29	François CORNUT-GENTILLE (UMP, Haute-Marne)	529
30	Pascal TERRASSE (PS, Ardèche)	527
31	Jean-Claude BOIS (PS, Pas-de-Calais)	520
32	Laurent HENART (UMP, Meurthe-et-Moselle)	492
33	Martine AURILLAC (UMP, Paris)	480
34	Joël GIRAUD (app. PS, Hautes-Alpes)	459
35	Jacques REMILLER (UMP, Isère)	457
36	André CHASSAIGNE (PC, Puy-de-Dôme)	438
37	François VANNSON (UMP, Vosges)	438
38	Jacques LE NAY (UMP, Morbihan)	428
39	Jean-Paul DUPRE (PS, Aude)	414
40	Michel HUNAULT (UDF, Loire-Atlantique)	414
41	Michel BOUVARD (UMP, Savoie)	409
42	Philippe VUILQUE (PS, Ardennes)	395

43	Martine LIGNIERES-CASSOU (PS, Pyrénées-Atlantiques)	385
44	Jacques DESALLANGRE (PC, Aisne)	368
45	Armand JUNG (PS, Bas-Rhin)	363
46	Christophe MASSE (PS, Bouches-du-Rhône)	363
47	Philippe-Armand MARTIN (UMP, Marne)	362
48	Denis MERVILLE (UMP, Seine-Maritime)	350
49	Michel RAISON (UMP, Haute-Saône)	347
50	Marie-Françoise PEROL-DUMONT (PS, Haute-Vienne)	340

* Nombre de questions écrites déposées à l'Assemblée par chaque député entre le début de la législature (juin 2002) et le 7 juin 2006, sur un total de 100 253 questions.

Source : base de données de l'Assemblée nationale, 7 juin 2006.

HIT-PARADE DES 50 DÉPUTÉS AYANT DÉPOSÉ LE PLUS D'AMENDEMENTS

Les élus d'opposition, socialistes et verts, très prolixes en amendements, occupent l'essentiel des places de ce classement, qui couvre la quasi-totalité de la session 2005-2006 (juillet 2005-2 juin 2006), avec quelques champions, connus pour leur activisme, comme François Brottes, Jean-Louis Dumont, Alain Vidalies ou Christian Paul. Les trois députés verts de l'hémicycle réussissent le tour de force de se placer dans le peloton des plus actifs.

Ce classement est surtout le révélateur du positionnement des élus socialistes, qui avaient déposé 19 032 amendements durant l'année civile 2005, soit 72,6 % du total des 26 225 enregistrés à l'Assemblée sur cette période. Faute d'avoir l'initiative des textes ou la majorité des voix, ils multiplient les amendements (souvent cosignés en groupes), quitte à engorger les discussions, ou à être accusés d'obstruction lors des discussions parlementaires. La quasi-totalité des amendements qu'ils soumettent au vote ne sont pas votés. En 2005, par exemple, 149 amendements « socialistes » avaient été adoptés, soit 0,7 % de leurs propositions.

Seuls rescapés de la majorité dans ce hit-parade de la session 2005-2006, Gilles Carrez, qui s'impose naturellement parmi les auteurs d'amendements les plus prolixes en tant que rapporteur général de la commission des Finances (les projets de loi de finances qui passent par lui nécessitent de multiples corrections), aux côtés de Xavier de Roux, pilier de la commission des Lois, de Gérard Hamel, spécialiste des textes sur le logement, d'André Flajolet, rapporteur des textes sur l'eau, ou encore de Sébastien Huyghe.

Globalement, 3 047 amendements avaient été adoptés en 2005, avec les origines suivantes : 54 % provenaient des commissions, 25 % des élus UMP, 12 % du gouvernement, 5 % des élus socialistes, 2 % de l'UDF, 0,6 % des élus communistes et 0,4 % des députés non-inscrits. (Source : rapport d'activité 2005 de l'Assemblée nationale).

Rang	Député	Nombre d'amendements déposés*
1	François BROTTES (PS, Isère)	970
2	Jean – Louis DUMONT (PS, Meuse)	932
3	Alain VIDALIES (PS, Landes)	806
4	Christian PAUL (PS, Nièvre)	686
5	Martine BILLARD (Verts, Paris)	673
6	Yves COCHET (Verts, Paris)	672
7	Noël MAMERE (Verts, Gironde)	663
8	Gérard BAPT (PS, Haute-Garonne)	638
9	Jean GAUBERT (PS, Côtes-d'Armor)	631
10	Pascal TERRASSE (PS, Ardèche)	623
11	David HABIB (PS, Pyrénées-Atlantiques)	573
12	Nathalie GAUTIER (PS, Rhône)	564
13	Marylise LEBRANCHU (PS, Finistère)	557
14	Augustin BONREPAUX (PS, Ariège)	555
15	François DOSE (PS, Meuse)	538
16	Pierre COHEN (PS, Haute-Garonne)	522
17	Gaëtan GORCE (PS, Nièvre)	521
18	Martine LIGNIERES-CASSOU (PS, Pyrénées-Atlantiques)	520
19	Pierre DUCOUT (PS, Gironde)	509
20	Christophe CARESCHE (PS, Paris)	490
21	Jean LE GARREC (PS, Nord)	460
22	Jean-Pierre BALLIGAND (PS, Aisne)	448
23	Didier MIGAUD (PS, Isère)	440
24	Chantal ROBIN-RODRIGO (app. PS, Hautes-Pyrénées)	435
25	Claude DARCIAUX (PS, Côte-d'Or)	433
26	Yves DURAND (PS, Nord)	409
27	Alain NERI (PS, Puy-de-Dôme)	394
28	Jean-Yves LE BOUILLONNEC (PS, Val-de-Marne)	369
29	Jean LAUNAY (PS, Lot)	365
30	Gilles CARREZ (UMP, Val-de-Marne)	364
31	Alain GOURIOU (PS, Côtes-d'Armor)	359
32	Henri EMMANUELLI (PS, Landes)	356

33	Michel CHARZAT (PS, Paris)	353
34	Jean-Louis IDIART (PS, Haute-Garonne)	342
35	Xavier de ROUX (UMP, Charente-Maritime)	341
36	Gérard HAMEL (UMP, Eure-et-Loir)	336
37	Arnaud MONTEBOURG (PS, Saône-et-Loire)	332
38	Sylvie ANDRIEUX (PS, Bouches-du-Rhône)	331
39	Pierre BOURGIGNON (PS, Seine-Maritime)	331
40	Germinal PEIRO (PS, Dordogne)	329
41	Alain CLAEYS (PS, Vienne)	312
42	Tony DREYFUS (PS, Paris)	311
43	Catherine GENISSON (PS, Pas-de-Calais)	307
44	Jean-Pierre BLAZY (PS, Val-d'Oise)	304
45	André FLAJOLET (UMP, Pas-de-Calais)	300
46	Muguette JACQUAINT (PC, Seine-Saint-Denis)	298
47	Sébastien HUYGUE (UMP, Nord)	292
48	Jean-Yves LE DEAUT (PS, Meurthe-et-Moselle)	291
49	Jean-Marie LEGUEN (PS, Paris)	288
50	William DUMAS (PS, Gard)	280

* Nombre d'amendements discutés en séance publique dont le député est l'auteur ou le coauteur, selon la base de données du site de l'Assemblée nationale (de juillet 2005 au 2 juin 2006).

Les règles d'incompatibilité du statut de député

Le code électoral et le règlement de l'Assemblée nationale définissent les incompatibilités d'activité et encadrent strictement l'usage du mandat électif et les obligations déclaratives des parlementaires.

Le statut de député est incompatible avec...

A. Plusieurs mandats locaux

L'article LO 137 du code électoral interdit le cumul des mandats de député et de sénateur.

L'article LO 141 limite le cumul du mandats de parlementaire avec un seul mandat local. Depuis la loi organique du 5 avril 2000, un député ou un sénateur ne peut conserver qu'un seul des mandats suivants : conseiller régional, conseiller général, conseiller municipal d'une commune d'au moins 3 500 habitants (au-dessous de 3 500 habitants, un deuxième mandat local est accepté), conseiller de Paris, conseiller de l'Assemblée de Corse.

B. La fonction publique et les entreprises publiques

L'article 23 de la Constitution et l'article LO 153 du code électoral interdisent le cumul du mandat parlementaire avec la fonction de membre du gouvernement. Plusieurs autres articles interdisent l'exercice du mandat parlementaire avec la fonction de membre du Conseil constitutionnel, membre du Conseil économique et social et magistrat.

L'article LO 142 interdit, de manière générale, le cumul du mandat parlementaire avec toutes les fonctions publiques non électives, autrement dit le statut de fonctionnaire, y compris le statut de juré d'assises.

Deux exceptions sont prévues par cet article. Les professeurs de l'enseignement supérieur, dont la nomination et la carrière sont indépendantes du pouvoir exécutif, peuvent conserver leur fonction ainsi que les ministres du culte dans les départements du Haut-Rhin, du Bas-Rhin et de la Moselle.

L'article LO 144 autorise les parlementaires à rester en fonction quand le gouvernement leur confie une mission temporaire (six mois maximum, sauf dérogation).

L'article LO 145 du code électoral rend incompatible le mandat de parlementaire avec les fonctions de président, membre du conseil d'administration, directeur général, directeur général adjoint et conseil permanent dans les entreprises nationales et établissements publics nationaux. Mais cette incompatibilité ne s'applique pas aux parlementaires désignés en cette qualité comme membres de conseils d'administration dans les entreprises nationales.

C. La direction de certaines entreprises privées

Le libre exercice des activités privées est la norme. Toutefois, le législateur a progressivement édicté des règles d'incompatibilité, visant à assurer l'indépendance des parlementaires vis-à-vis de l'exécutif et à éviter les tentations d'abus de mandat. En l'occurrence, les parlementaires ne peuvent exercer de responsabilités de direction dans des entreprises privées ayant des relations avec les collectivités publiques. Plus précisément :

L'article LO 146 du code électoral interdit aux parlementaires d'exercer les fonctions de chef d'entreprise, de président de conseil d'administration, de président et de membre du directoire, de président du conseil de surveillance, d'administrateur délégué, de directeur général, directeur général adjoint ou gérant, exercées dans certaines sociétés, entreprises ou établissements privés.

Cette interdiction s'étend également à la direction de fait, exercée directement ou par personne interposée. Dans une décision du 18 octobre 1977, le Conseil constitutionnel a précisé que la « direction de fait » signifie une participation active et régulière à la conduite et aux décisions de l'entreprise. La seule détention d'une partie, quelle qu'en soit l'importance, du capital d'une société, et l'exercice des droits qui y sont attachés, ne sont pas assimilables à une direction de fait susceptible d'entraîner l'incompatibilité. Par ailleurs, le Conseil a aussi précisé en 1988 qu'une fonction incompatible le demeure « même si elle est exercée sans la contrepartie d'une rémunération », sauf quelques exceptions.

Les sociétés visées par l'article LO 146 sont celles qui :

– bénéficient d'avantages accordés par l'État ou les collectivités locales, sauf quand il s'agit de l'application automatique d'un règlement ;

– ont exclusivement un objet financier ou les sociétés civiles faisant publiquement appel à l'épargne ;
– travaillent principalement pour le compte de l'État, d'une collectivité ou d'un établissement public, ou d'une entreprise nationale ou d'un État étranger ;
– exercent à but lucratif certaines activité immobilières ;
– sont détenues à plus de 50 % par les sociétés précédentes.

L'article LO 148 prévoit que, par dérogation aux dispositions des articles LO 146 et LO 147, les parlementaires peuvent exercer une fonction de direction non rémunérée dans certaines sociétés locales d'équipement ou à vocation sociale n'ayant pas pour objet de faire ni de distribuer des bénéfices et, en qualité de représentant d'un conseil municipal, général ou régional, dans des organismes d'intérêt régional ou local à but non lucratif.

Il est interdit à un député de...

A. Commencer une nouvelle activité de conseil

L'article LO 146-1 « interdit à un parlementaire de commencer à exercer, après le début de son mandat, toute fonction de conseil qui n'était pas la sienne avant son élection ».

Cette interdiction ne s'applique pas aux membres des professions libérales soumises à un statut législatif ou réglementaire ou dont le titre est protégé (avocat, experts-comptables, commissaires aux comptes).

B. Accepter un poste d'administrateur dans certaines sociétés

L'article LO 147 interdit à tout parlementaire d'accepter en cours de mandat une fonction de membre du conseil d'administration dans les entreprises visées par l'article LO 146.

C. Plaider contre l'État en tant qu'avocat

L'article LO 149 interdit aux députés avocats de plaider directement ou indirectement contre l'État, les sociétés nationales, les collectivités ou établissements publics. Par ailleurs, ils ne peuvent plaider ou consulter pour le compte d'entreprises nationales ou des sociétés privées visées par les articles LO 145 et LO 146.

Il leur est également interdit de plaider dans des affaires « à l'occasion desquelles des poursuites pénales sont engagées devant les juridictions répressives pour crime ou délit contre la Nation, l'État et la paix publique ou en matière de presse ou d'atteinte au crédit ou à l'épargne ».

Selon le Conseil constitutionnel, ces interdictions s'appliquent aussi aux associés des avocats investis d'un mandat parlementaire.

D. Faire figurer son nom et sa qualité dans une publicité

L'article LO 150 interdit à tout parlementaire de « faire ou de laisser figurer son nom suivi de l'indication de sa qualité dans toute publicité relative à une entreprise financière, industrielle et commerciale ».

E. User de son titre dans des entreprises ou pour tout autre motif que l'exercice de son mandat

L'article 79 du règlement de l'Assemblée nationale complète le dispositif : « Il est interdit à tout député, sous les peines disciplinaires prévues aux articles 70 à 76, d'exciper ou de laisser user de sa qualité dans des entreprises financières, industrielles ou commerciales ou dans l'exercice des professions libérales ou autres et, d'une façon générale, d'user de son titre pour d'autres motifs que pour l'exercice de son mandat. »

F. Adhérer une association où un groupe d'intérêts le liant par un mandat impératif

L'article 79 du règlement ajoute : « Il lui est également interdit, sous les mêmes peines, d'adhérer à une association ou à un groupement de défense d'intérêts particuliers, locaux ou professionnels ou de souscrire à l'égard de ceux-ci des engagements concernant sa propre activité parlementaire, lorsque cette adhésion ou ces engagements impliquent l'acceptation d'un mandat impératif. »

Le député est obligé de...

A. Déclarer ses activités

L'article LO 151 oblige les parlementaires, dans les 30 jours suivant leur entrée en fonction, à se démettre de leurs activités incompatibles et à remettre au Bureau de leur assemblée une déclaration d'activité – certifiée sur l'honneur exacte et sincère – même s'ils n'en ont aucune ou n'envisagent pas d'en conserver. Le non-respect de cette obligation peut être sanctionné par la démission d'office du mandat parlementaire par le Conseil constitutionnel.

En cours de mandat, tout élément de nature à modifier la déclaration initiale du parlementaire doit être également déclaré au Bureau.

Une délégation de ce Bureau examine les déclarations présentées et peut demander des compléments d'information. C'est le Bureau qui classe les dossiers « compatibles » et peut émettre des doutes et des contestations.

Les cas litigieux sont souvent réglés au terme d'un dialogue avec le parlementaire. Sinon, le Conseil constitutionnel peut être amené à décider souverainement, sur saisine du Bureau, du garde des Sceaux ou du parlementaire. De 1958 à 2002, le Conseil a rendu 7 décisions d'incompatibilités.

B. Déclarer son patrimoine

L'article LO 135-1 du code électoral oblige le député, dans les deux mois suivant son entrée en fonction, à déposer auprès de la Commission pour la transparence de la vie politique une déclaration certifiée sur l'honneur exacte et sincère de sa situation patrimoniale, concernant la totalité de ses biens propres ainsi que, éventuellement, ceux de la communauté. Ces biens sont évalués à la date du fait générateur de la déclaration.

Le député doit aussi communiquer à la même commission, pendant l'exercice de son mandat, toutes les modifications substantielles de son patrimoine chaque fois qu'il le juge utile.

Un mois avant la fin de son mandat, le député doit déposer une nouvelle déclaration, avec d'éventuelles observations sur l'évolution de son patrimoine.

Source : « Le statut du député », octobre 2002, Assemblée nationale ; « Règlement de l'Assemblée nationale », octobre 2005, Assemblée nationale.

Les avantages du statut de député

L'INDEMNITÉ PARLEMENTAIRE

– Les indemnités attribuées aux députés ont été définies par l'ordonnance n° 58-1210 du 13 décembre 1958.

– L'indemnité de base est calculée « par référence au traitement des fonctionnaires occupant des emplois de l'État classés dans la catégorie présentement dite hors échelle. Elle est égale à la moyenne du traitement le plus bas et du traitement le plus élevé de cette catégorie », ce qui correspond au traitement d'un conseiller d'État ayant moins d'une année d'ancienneté dans son grade.

– S'y ajoute l'indemnité de résidence, comme pour les fonctionnaires, au taux de 3 %.

– Selon l'article 2 de l'ordonnance précitée : « L'indemnité parlementaire est complétée par une indemnité dite de fonction. » Le montant de cette indemnité est égal au quart du montant de l'indemnité parlementaire (indemnité parlementaire proprement dite majorée de l'indemnité de résidence).

– Depuis le 1er novembre 2005, les indemnités mensuelles brutes sont les suivantes :

Indemnité de base	5 326,34 €
Indemnité de résidence (3 %)	159,79 €
Indemnité de fonction (25 % du total)	1 371,53 €

Soit un brut mensuel de 6 857,66 €

Retenues obligatoires. Doivent être déduites du brut mensuel diverses retenues :

– cotisation à la caisse des pensions pendant les quinze premières années de mandat : 1 137,28 €

– contribution exceptionnelle de solidarité : 54,86 €

– contribution sociale généralisée et contribution au remboursement de la dette sociale : 532,16 €

– cotisation au fonds de garantie de ressources : 26,63 €
Soit un net mensuel de 5 106,73 €

Régime fiscal
L'indemnité parlementaire de base majorée de l'indemnité de résidence, à l'exclusion de l'indemnité de fonction est imposable suivant les règles applicables aux traitements et salaires.

L'ÉCRÊTEMENT DES INDEMNITÉS AFFÉRENTES À L'EXERCICE D'UN MANDAT LOCAL

Aux termes de la loi organique n° 92-175 du 25 février 1992, le député titulaire de mandats ou fonctions électorales locales ne peut cumuler les indemnités afférentes à ces mandats ou fonctions avec son indemnité parlementaire de base que dans la limite d'une fois et demie cette dernière. De telles indemnités sont actuellement ainsi plafonnées pour un député à 2 663,17 € par mois.

LES PRESTATIONS FAMILIALES

Les députés perçoivent des prestations familiales équivalentes à celles du régime général des salariés.

LES FRAIS DE SECRÉTARIAT ET DE MANDAT

– Pour faire face aux diverses dépenses liées à l'exercice de leur mandat qui ne sont pas directement prises en charge ou remboursées par l'Assemblée, les députés bénéficient d'une indemnité représentative de frais de mandat dont le montant est revalorisé comme les traitements de la fonction publique. Depuis le 1er novembre 2005, le montant mensuel de cette indemnité est de 6 192 € brut.

– Les députés disposent, en outre, d'un crédit affecté à la rémunération de collaborateurs. Calculé en principe pour trois, il peut toutefois, au gré du député, être versé au profit d'un nombre de personnes variant de un à cinq. Le député a la qualité d'employeur : il recrute, licencie, fixe les conditions de travail et le salaire de son personnel. Le crédit ouvert pour chaque député est revalorisé comme les traitements de la fonction publique. À partir du 1er novembre 2005, le montant mensuel du crédit est de 8 784 €.

Les députés peuvent embaucher leur conjoint ou leur enfant, mais le crédit est alors plafonné à 4 392 euros.

– En cas de non-emploi de la totalité du crédit, la part disponible demeure acquise au budget de l'Assemblée nationale ou peut être cédée par le député à son groupe politique pour la rémunération d'employés de ce groupe.

LES FACILITÉS DE CIRCULATION

Déplacements sur l'ensemble du territoire national par voie ferroviaire

L'Assemblée nationale délivre à tous les députés une carte nominative qui permet l'accès gratuit :

– à l'ensemble du réseau SNCF en 1re classe,

– aux prestations de couchage (couchettes et voitures-lits), liées aux déplacements à l'intérieur des frontières de la métropole.

Déplacements à Paris et dans la région parisienne

– L'Assemblée dispose d'un parc d'une vingtaine de voitures affectées en priorité aux déplacements des délégations officielles ainsi qu'aux déplacements imposés par les travaux législatifs. Il répond, dans la mesure du possible, aux déplacements des députés liés à leurs autres obligations et effectués à partir du Palais-Bourbon dans Paris ou à destination des aéroports.

– En outre, l'Assemblée nationale fait appel aux taxis parisiens lorsque le parc n'est pas en mesure de répondre à toutes les demandes.

Déplacements aériens

L'Assemblée nationale prend en charge chaque année

• pour les députés métropolitains :

– 40 voyages aller et retour entre Paris et la circonscription lorsqu'elle est desservie par une ligne aérienne régulière (quatre-vingts passages « circonscription »),

– 6 voyages aller et retour en France métropolitaine, hors circonscription ;

• pour les députés d'outre-mer :

– un crédit annuel égal, pour les députés des départements, au coût de 26 passages en classe club-affaires entre Paris et la circonscription et, pour les députés des territoires et collectivités territoriales, au coût de 16 passages en première classe entre Paris et la circonscription ;

– 4 voyages aller et retour en France métropolitaine.

LES DÉPENSES DE RESTAURATION ET DE LOGEMENT

Restauration

Deux restaurants sont à la disposition des députés. L'un leur est strictement réservé, l'autre leur permet de recevoir des invités. Les prestations sont à la charge des députés.

Logement

– L'Assemblée dispose d'un droit de réservation pour quelques appartements ILN à louer à Paris.

– Elle attribue des prêts pour l'acquisition d'un logement ou d'un local à usage de bureau ou de permanence, soit à Paris, soit dans la circonscription. Le montant moyen des prêts consentis aux députés, d'une durée de 10 ans à 2 %, s'élève à 76 225 €.

– Elle possède à proximité du Palais-Bourbon un immeuble à usage hôtelier où les parlementaires peuvent réserver des chambres à leurs frais.

LES DÉPENSES DE TÉLÉPHONE ET DE COURRIER

Téléphone et télécopieur

– Les communications, à destination de l'ensemble du réseau métropolitain, passées à partir du poste téléphonique installé dans le bureau des députés, au Palais-Bourbon, sont prises en charge par l'Assemblée nationale. Les messages transmis par les télécopieurs mis à la disposition des députés sont également pris en charge.

– Les députés peuvent aussi bénéficier, sur demande, d'un forfait global de communication qui permet de prendre en charge, dans la limite du forfait téléphonique parlementaire, les frais relatifs à 5 lignes téléphoniques (fixes ou mobiles) et un abonnement d'accès à Internet, ou à quatre lignes téléphoniques et deux abonnements d'accès à Internet.

Courrier

– Les correspondances de nature parlementaire, c'est-à-dire écrites par un député pour l'accomplissement de son mandat législatif, sont affranchies aux frais de l'Assemblée nationale.

Ne bénéficient pas de cet affranchissement :

– les correspondances d'ordre privé,

– les correspondances présentant un caractère général ou collectif (invitations, faire-part, cartes de visite, imprimés, tracts, appels à des souscriptions, journaux).

SÉCURITÉ SOCIALE ET PENSIONS

Sécurité sociale

– Les députés sont obligatoirement affiliés au fonds de sécurité sociale de l'Assemblée nationale, régime spécial créé par le Bureau de l'Assemblée nationale en 1948 et géré par un comité de gestion composé des trois questeurs et d'un représentant de chacun des groupes politiques.

– Ce fonds fournit des prestations en nature pour maladie et maternité et attribue un capital-décès ou des allocations en cas de décès.

Pensions

– La caisse de pensions des députés, créée par une résolution de la Chambre des députés du 23 décembre 1904, est alimentée par une cotisation prélevée sur l'indemnité parlementaire et par une subvention inscrite au budget de l'Assemblée.

– Les pensions sont calculées d'après le nombre d'annuités de cotisations, étant précisé que les députés acquittent une cotisation double pendant les quinze premières années de mandat.

– Le droit à pension est ouvert à l'âge de 60 ans. Cet âge est ramené à 50 ans pour les titulaires de la carte de déporté ou interné de la Résistance ou de déporté ou interné politique. Il est susceptible d'être ramené à 55 ans pour les anciens députés qui acceptent un abattement temporaire.

– La pension est calculée au prorata de la durée des annuités acquises, dans la limite d'un plafond de 40 annuités.

– La pension moyenne pour un député est actuellement, en brut, de 2 192 € par mois.

– La suppression, dès la date de sa promulgation, par la loi du 21 août 2003, de l'article L.75 du code des pensions civiles et militaires ne permet plus aux députés appartenant à un corps de la fonction publique de demander la liquidation de leurs droits à pension au titre de la fonction publique dans des conditions différentes de celles qui s'appliquent à ce corps.

ALLOCATION D'AIDE AU RETOUR À L'EMPLOI

– À l'instar du système prévu pour les anciens ministres, les anciens députés non réélus aux élections générales peuvent prétendre jusqu'à l'expiration du sixième mois qui suit la fin de la législature à une allocation d'aide au retour à l'emploi qui leur assure, compte tenu des rémunérations d'activité ou de retraites qu'ils perçoivent par ailleurs, un revenu brut mensuel égal à l'indemnité parlementaire de base. Cette allocation est ensuite réduite progressivement.

Source : http://www.assemblee-nationale.fr/, rubrique « connaissance » puis « indemnité ».

Liste confidentielle des 50 lobbies titulaires d'un badge d'accès permanent à l'Assemblée nationale

Ces cinquante privilégiés disposent de la carte d'accès « salon de la paix ». Ce précieux sésame leur permet d'aller et venir partout où ils veulent dans l'enceinte du Palais-Bourbon, à l'exception du « périmètre sacré », qui inclut l'hémicycle et les salons voisins (Delacroix, Pujol et Casimir-Périer).

Ces badges sont traditionnellement réservés aux entreprises d'État et aux organismes d'intérêt public. Mais la liste que nous publions prouve que les critères d'attribution manquent pour le moins de clarté.

On y trouve aussi bien l'Association nationale des industries alimentaires (ANIA) que la CFDT et Force ouvrière (mais pas la CGT), ou encore Canal +, autorisé en 1999 « durant la période d'examen des textes sur l'industrie des médias ». En revanche, le groupe Total-Fina-Elf s'est vu refuser le renouvellement de sa carte à deux reprises en 2002 et 2003.

Cette liste est datée du 4 avril 2006.

04/04/2006

ASSEMBLÉE
NATIONALE

LISTE DES DES ORGANISMES ET DE LEURS REPRESENTANTS

TITULAIRES D'UNE CARTE D'ACCÈS "SALON DE LA PAIX"

Organismes titulaires	Représentants	Date de la décision de questure
ACFCI « Assemblée des Chambres Française de Commerce et d'Industrie »	[redacted]	RQ n° 18 du 24 juillet 02
ADEME « Agence de l'Environnement et de la Maîtrise de l'Energie »	[redacted]	RQ n° 15 du 2 juillet 02
ADF « Assemblée des Départements de France » anciennement APCG « Assemblée des Présidents de Conseils généraux de France »	[redacted]	RQ n° du 17 juin 1997
AIR FRANCE **2 cartes**	[redacted]	RQ n° 09 du 12 mars 1996
AMF (Association des Maires de France)	[redacted]	RQ n° 10 du 7 avril 1998
ANIA	[redacted]	RQ n° du 17 juin 1997
A.N.P.E.	[redacted]	RQ n°10 du 7 avril 1998
ASSEMBLEE PERMANENTE DES CHAMBRES D'AGRICULTURE	[redacted]	RQ n°27 du 21 décembre 1997
APCM « Assemblée Permanente des Chambres de Métiers »	[redacted]	RQ n°22 du 30 septembre 1997

ARF Association des Régions de France	[redacted]	**RQ 23 du 24/09/03**
BANQUE DE FRANCE	[redacted]	**RQ n° 05 du 20 février 2001**
CAISSE DES DEPOTS	[redacted]	**SGP&SGQ septembre 1998**
CAPE (CENTRE D'ACCUEIL DE LA PRESSE ÉTRANGÈRE)	[redacted]	**RQ 08 DU 12 MARS 02**
C.E.A.	[redacted]	**RQ n° 20 du 25 juillet 1995**
C.F.C.E « Centre Français du Commerce Extérieur »	[redacted]	**RQ 03 du 21janvier 1998**
C.F.D.T.	[redacted]	**RQ n° du**
CHAMBRE DE COMMERCE ET D'INDUSTRIE DE PARIS	[redacted]	**RQ 24 du 23 novembre 1993**
CHARBONNAGES DE FRANCE	[redacted]	**RQ 16 du 7 mai 1996**
CNAMTS « Caisse Nationale de l'Assurance Maladie des Travailleurs Salariés »	[redacted]	**RQ 26 du 13 novembre 2002**
Commission européenne Représentation en France de la Commission européenne	[redacted]	**RQ 23 du 24/09/03**
Commission de régulation de l'énergie (CRE)	[redacted]	**RQ 29 du 20 octobre 2004**
Comité interministériel pour les questions de coopération économique européenne	[redacted]	**RQ. 09 du 16/04/1997**
CONSEIL ECONOMIQUE ET SOCIAL	[redacted]	**RQ 17 du 10/07/2001**
COUR DES COMPTES	[redacted]	**RQ 32 du 6 novembre 1996**

CONSEIL SUPERIEUR DE L'AUDIOVISUEL (CSA)	[redacted]	**RQ 22 du 09/10/02**
CONSEIL SUPERIEUR DU NOTARIAT	[redacted]	**RQ 05 du 20 février 2001**
Organismes titulaires	Représentants	**Date de la décision de questure**
D.A.T.A.R. (Délégation à l'Aménagement du Territoire et à l'Action Régionale)	[redacted]	**RQ n°10 du 1er juin 1993**
EDF	[redacted]	**RQ 19 du 12/10/1993**
F.N.S.E.A.	[redacted]	**RQ 06 du 27 avril 1993**
Force Ouvrière	[redacted]	**Présidence 02/02/94**
France TELECOM	[redacted]	**RQ 02 du 16 janvier 1996**
France TELEVISIONS 2 cartes	[redacted]	**RQ 03 du 30 janvier 01**
G.D.F.	[redacted]	**RQ n° du 22 septembre 1982**
GIE Conseil national des barreaux – Barreau de Paris – Conférence des Bâtonniers	[redacted]	**RQ n° 20 du 30 juin 04**
Institut National de l'Audiovisuel « I.N.A. »	[redacted]	**RQ n°19 du 9 septembre 1997**
INSERM (Institut National de la Santé et de la Recherche Médicale)	[redacted]	**RQ 21 du 15/10/02**
Jeunes Agriculteurs (ancien CNJA).	[redacted]	**RQ 29 du 29 novembre 1994**
MEDEF.	[redacted]	**RQ 27 du 21 décembre 1993**
MEDIATEUR DE LA REPUBLIQUE	[redacted]	**RQ n° 11 du 27 avril 1999**
MUTUALITE AGRICOLE (Union des caisses centrales de la Mutualite agricole)	[redacted]	**RQ n° 6 du 27 novembre 1993**

MUTUALITE FRANCAISE	[redacted]	**RQ 22 du 19 septembre 1995**
Observatoire national de l'éducation à l'environnement pour un développement durable	[redacted]	**RQ n° 12 du 5 mai 04**
LA POSTE	[redacted]	**RQ n° 11 du 26 mars 1996**
RADIO FRANCE	[redacted]	**RQ 30 du 27 octobre 2004**
R.A.T.P.	[redacted]	**RQ n° 23 du 26 juin 1996**
S.N.C.F. **2 cartes**	[redacted] [redacted]	**RQ 11 du 26 mars 1996** **RQ 10 du 22 mars 2006**
Union nationale des associations familiales (UNAF)	[redacted]	**RQ 21 du 2/10/01**
Union professionnelle artisanale UPA	[redacted]	**RQ 23 du 24/09/03**
Voies Navigables de France (VNF)	[redacted]	**RQ 20du 25/09/02**

Personnalité privée	[redacted]	
Personnalité privée	[redacted]	

TOTAL FINA. ELF	[redacted] **Refusée lors du renouvellement de la 12ème législature (DQ du 02-07-02)**	***CAB Président RQ 08 du 12 mars 02*** ***La demande du groupe Total a été rejetée le 24/09/03* RQ 23**

Centre National des Caisses d'Epargne et de Prévoyance (CENCEP)	**Organisme autorisé en 1999 seulement**	
CANAL+	**Autorisé durant la période d'examen des textes sur l'industrie des médias**	
G.D.F.	[redacted]	**Autorisation temporaire limitée à la durée de l'exaùmen du projet de loi EDF-GDF** **RQ n° 12 du 5 mai 04**

Dernière mise à jour le 1er juillet 2004

23 000 EUROS POUR PARRAINER UN COLLOQUE PARLEMENTAIRE

Le document reproduit page suivante est extrait d'une plaquette envoyée par la société Altedia M&M Conseil, au début de 2006, à des partenaires potentiels (entreprises, organismes publics et privés) en vue de l'organisation d'un colloque parlementaire devant se tenir à l'Assemblée nationale en mars 2006.

Trois types de partenariat sont proposés :

– le partenariat officiel à 23 000 euros permet notamment de soumettre une contribution écrite ou orale et d'être présent à la table d'honneur ;

– le partenariat 2 (15 000 euros) ne donne pas droit à la tribune des orateurs ;

– le partenariat 3 (11 500 euros) ne permet que de placer son logo sur la plaquette et de disposer d'une table pour 10 invités.

PARTENARIAT OFFICIEL

CONTRIBUTION INTELLECTUELLE AUX TRAVAUX

- Etre force de propositions pour l'élaboration du programme
- Soumettre une contribution écrite ou orale

COMMUNICATION INSTITUTIONNELLE

- Positionner votre logo sur l'ensemble des supports :
  . carton d'invitation
  . dossier du congressiste
- Bénéficier d'un espace publi-rédactionnel
- Être remercié dans les actes, bénéficier d'exemplaires des actes

RELATIONS PUBLIQUES

- Disposer d'une table réservée pour 10 invités
- Être présent à la table d'honneur
- Invitations gratuites

RELATIONS MEDIAS

- Être cité au sein du dossier de presse
- Diffuser votre point de vue au sein du dossier de presse

BUDGET : 23 000 EUR H.T.

PARTENARIAT 2

COMMUNICATION INSTITUTIONNELLE

- Positionner votre logo sur l'ensemble des supports :
  . carton d'invitation
  . dossier du congressiste
- Bénéficier d'un espace publi-rédactionnel
- Être remercié dans les actes, bénéficier d'exemplaires des actes

RELATIONS PUBLIQUES

- Disposer d'une table réservée pour 10 invités
- Invitations gratuites

RELATIONS MEDIAS

- Être cité au sein du dossier de presse

BUDGET : 15 000 EUR H.T.

PARTENARIAT 3

COMMUNICATION INSTITUTIONNELLE

- Positionner votre logo sur l'ensemble des supports :
  . carton d'invitation
  . dossier du congressiste
- Être remercié dans les actes, bénéficier d'exemplaires des actes

RELATIONS PUBLIQUES

- Disposer d'une table réservée pour 10 invités
- Invitations gratuites

RELATIONS MEDIAS

- Être cité au sein du dossier de presse

BUDGET : 11 500 EUR H.T.

DES LOBBYISTES PROCHES DU POUVOIR

La société Perroquet Institutionnel Communication (Pic Conseil) est spécialisée dans le lobbying.

Selon ses statuts mis à jour au 7 mars 2005, son actionnaire majoritaire est Frédéric Lefebvre. Ce spécialiste en communication est aujourd'hui conseiller chargé des relations avec le Parlement au cabinet du ministre d'État, ministre de l'Intérieur et de l'Aménagement du territoire, Nicolas Sarkozy.

Il possède toujours 51 % du capital de Pic Conseil, sous forme de 510 parts en nue propriété, dont il a confié l'usufruit à son associé Steven Zunz (via la société SZ consulting) jusqu'au 30 juin 2007. Il reste donc actionnaire de la société, sans en toucher actuellement les dividendes.

Le troisième actionnaire de Pic Conseil est Stephan Denoyes, ancien assistant parlementaire de Christian Estrosi, député UMP des Alpes-Maritimes devenu ministre délégué à l'Aménagement du territoire en juillet 2005, auprès de Nicolas Sarkozy.

PERROQUET INSTITUTIONNEL COMMUNICATION
PIC CONSEIL
Société à Responsabilité Limitée
au capital de 8.000 euros
Siège social : 25, rue de Ponthieu
75008 PARIS
410.839.757 R.C.S. PARIS

STATUTS MIS A JOUR SUITE AUX CESSIONS
DE PARTS INTERVENUES LE 7 MARS 2005
(Frédéric LEFEBVRE -cession de la nue-propriété de 25 parts sociales -/
Monsieur Stephan DENOYES)
(ZUNZ ET COMPAGNIE / Monsieur Stephan DENOYES
(cession de 5 parts sociales en pleine-propriété)

ARTICLE 8 – CAPITAL SOCIAL

Le capital social est fixé à 8.000 euros. Il est divisé en 1.000 parts sociales de 8 euros chacune, numérotées de 1 à 1.000 et attribuées aux associés comme suit, après cessions de parts et de nue-propriété, savoir :

ASSOCIES	PLEINE PROPRIETE	USUFRUIT	NUE PROPRIETE
En usufruit temporaire jusqu'au 30 Juin 2007			
La Société SZ CONSULTING à concurrence de CINQ CENT TRENTE CINQ parts sociales numérotées de 21 à 65 et de 246 à 735 ci		535 parts	
En nue-propriété temporaire jusqu'au 30 Juin 2007			
Monsieur Frédéric LEFEBVRE à concurrence de CINQ CENT DIX parts sociales numérotées de 21 à 65 et de 246 à 710 ci			510 parts
En pleine- propriété			
Monsieur Stéphan DENOYES à concurrence de TRENTE CINQ parts sociales numérotées de 736 à 765 et de 996 à 1.000 ci	35 parts		
En nue-propriété temporaire jusqu'au 30 Juin 2007			
Monsieur Stéphan DENOYES à concurrence de VINGT CINQ parts sociales numérotées de 711 à 735 ci			25 parts
En pleine-propriété			
La Société ZUNZ ET COMPAGNIE à concurrence de QUATRE CENT TRENTE parts sociales numérotées de 1 à 20, 66 à 245 et de 766 à 995 ci	430 parts		

Les groupes d'études et leurs présidents à l'Assemblée nationale

Les sans-abri (Georges Fenech, UMP, Rhône)

L'adoption (Michèle Tabarot, UMP, Alpes-Maritimes)

L'industrie aéronautique et spatiale (Jean Diébold, UMP, Haute-Garonne)

Le développement agro-industriel et l'industrie agroalimentaire (Marc Le Fur, UMP, Côtes-d'Armor)

L'amiante (Jean Lemière, UMP, Manche)

Les îles anglo-normandes (Alain Cousin, UMP, Manche)

La protection des animaux (Geneviève Gaillard, PS, Deux-Sèvres)

Les appellations d'origine (Francis Saint-Léger, UMP, Lozère)

Les industries d'armement (Pierre Lellouche, UMP, Paris)

Préparation de l'adoption d'un traité international relatif au commerce des armes légères et de petit calibre et la question des mines antipersonnel (Jean-Claude Sandrier, PC, Cher)

L'artisanat et les métiers d'arts (Jean-Louis Christ, UMP, Haut-Rhin)

Les arts de la rue (Pierre Bourguignon, PS, Seine-Maritime)

Le développement de la vie associative et du bénévolat (Muriel Marland-Militello, UMP, Alpes-Maritimes)

L'assurance (Xavier de Roux, UMP, Charente-Maritime)

Le financement de la production audiovisuelle (Dominique Richard, UMP, Maine-et-Loire)

L'automobile (Jacques Mesdeu-Arus, UMP, Yvelines ; Jean-Marc Nudant, UMP, Côte-d'Or)

Les biocarburants (Stéphane Demilly, UDF, Somme)

Les calamités agricoles (Jean-Pierre Decool, apparenté UMP, Nord)

Le cancer et la santé publique (Paul-Henri Cugnenc, UMP, Hérault)

Le caoutchouc et le pneumatique en France (Alain Néri, PS, Puy-de-Dôme)

La chasse (Jean-Claude Lemoine, UMP, Manche)

La châtaigneraie (Jean-Claude Flory, UMP, Ardèche)

L'industrie de la chaussure, du textile et de l'habillement (Christian Vanneste, UMP, Nord)

Le cheval (Jacques Myard, UMP, Yvelines)

L'industrie chimique (Jacques Remiller, UMP, Isère)

Le cinéma (pas de président)

Le climatisme et le thermalisme (Alain Bocquet, PC, Nord)

Les problèmes des conjoints survivants (Jean-Luc Préel, UDF, Vendée)

La consommation (Pierre Ducout, PS, Gironde)

La construction et le logement (François Scellier, UMP, Val-d'Oise)

La lutte contre la contrefaçon (Bernard Brochand, UMP, Alpes-Maritimes)

La coutellerie et les arts de la table (André Chassaigne, PC, Puy-de-Dôme)

Les déchets industriels, agricoles et ménagers (Jacques Pélissard, UMP, Jura)

La démographie et la population (Henriette Martinez, UMP, Hautes-Alpes)

Les déplacements urbains (Christian Philip, UMP, Rhône)

Le droit des malades (Claude Greff, UMP, Indre-et-Loire)

Les droits de l'homme (Rudy Salles, UDF, Alpes-Maritimes)

Les problèmes de l'eau (Philippe Rouault, UMP, Ille-et-Vilaine)

L'économie sociale (Jean-Louis Dumont, PS, Meuse)

L'élevage (Pierre Morel-A-L'Huissier, UMP, Lozère)

La filière électronique et numérique (François-Michel Gonnot, UMP, Oise)

L'élevage bovin en bassin allaitant (Jean-Marc Nesme, UMP, Saône-et-Loire)

Les énergies (Claude Gatignol, UMP, Manche)

La protection de l'enfance et de la jeunesse (Michel Vaxès, PC, Bouches-du-Rhône)

Les droits de l'enfant (Ségolène Royal, PS, Deux-Sèvres)

Les enseignements artistiques (François Brottes, PS, Isère)

La filière fromagère (Jean-Paul Bacquet, PS, Puy-de-Dôme)

La filière ovine (Arnaud Lepercq, UMP, Vienne)

La fonction publique territoriale (pas de président)

La fonderie française (François Cornut-Gentille, UMP, Haute-Marne)

La forêt, le bois, le meuble et l'ameublement (Antoine Carré, UMP, Loiret)

La formation alternée en milieu rural (François Rochebloine, UDF, Loire)

Les Français à l'étranger (Geneviève Colot, UMP, Essonne)

Les zones et les travailleurs frontaliers (Étienne Blanc, UMP, Ain)

Les fruits et les légumes (Léon Vachet, UMP, Bouches-du-Rhône)

Les applications des biotechnologies en génétique et problèmes éthiques (Valérie Pécresse, UMP, Essonne)

Les grandes villes et les agglomérations (Brigitte Le Brethon, UMP, Calvados)

L'horticulture (Jean-Charles Taugourdeau, UMP, Maine-et-Loire)

L'hospitalisation psychiatrique (Maryvonne Briot, UMP, Haute-Saône)

Les métiers de l'hôtellerie, de la restauration et des loisirs (Thierry Mariani, UMP, Vaucluse)

La lutte contre l'illettrisme (Yves Durand, PS, Nord)

Les industries mécaniques (Martial Saddier, UMP, Haute-Savoie)

Les inondations (Max Roustan, UMP, Gard)

L'Internet, les technologies de l'information et de la communication et le commerce électronique (Patrick Bloche, PS, Paris ; Patrice Martin-Lalande, UMP, Loir-et-Cher ; André Santini UDF, Hauts-de-Seine)

La jeunesse, l'intégration et la citoyenneté (Jean Leonetti, UMP, Alpes-Maritimes)

Le Kosovo (René André, UMP, Manche)

Les langues régionales (Henri Sicre, PS, Pyrénées-Orientales)

Le littoral (Louis Guédon, UMP, Vendée)

La longévité (Denis Jacquat, UMP, Moselle)

Le maïs (David Habib, PS, Pyrénées-Atlantiques)

Les maladies orphelines (Marc Laffineur, UMP, Maine-et-Loire)

Les marchés et les commerces non sédentaires (Philippe Feneuil, UMP, Marne)

Le médicament et les produits de santé (Yves Bur, UMP, Bas-Rhin)

La mer et la pêche maritime (Aime Kergueris, UMP, Morbihan)

La montagne (François Vannson, UMP, Vosges)

La musique (Jean-Claude Bateux, PS, Seine-Maritime ; Jean-Claude Lefort, communiste, Val-de-Marne)

Les infections nosocomiales (Gérard Bapt, PS, Haute-Garonne)

L'obésité (Jean-Marie Le Guen, PS, Paris)

L'oléiculture (Daniel Spagnou, UMP, Alpes-de-Haute-Provence)

L'OMC et la régulation internationale (Olivier Dassault, UMP, Oise)

Les parcs nationaux (Michel Lefait, PS, Pas-de-Calais)

Les parcs naturels régionaux (Jean-Paul Chanteguet, PS, Indre)

Le patrimoine (Alain Moyne-Bressand, UMP, Isère)

L'intercommunalité, les pays et les politiques contractuelles (Bernard Perrut, UMP, Rhône)

La pêche de loisir et la protection du milieu aquatique (Jean-Louis Bianco, PS, Alpes-de-Haute-Provence)

Les pêcheries côtières, la gestion des ressources halieutiques et les cultures marines (Jean-Marc Lefranc, UMP, Calvados)

La dépendance des personnes âgées (Philippe Vitel, UMP, Var)

L'intégration des personnes fragilisées (Jean-François Chossy, UMP, Loire)

La pierre naturelle, le granit, les matériaux de construction (Philippe Tourtelier, PS, Ille-et-Vilaine)

La plasturgie (Lucien Guichon, UMP, Ain)

Les PME (Jean-Paul Charié, UMP, Loiret)

Les pollutions industrielles historiques (Christian Decocq, UMP, Nord)

La politique portuaire (Michel Delebarre, PS, Nord)

La presse (Michel Français, PS, Oise ; Alain Joyandet, UMP, Haute-Saône ; François Sauvadet, UDF, Côte-d'Or)

Les conditions carcérales et les prisons (Christine Boutin, UMP, Yvelines)

Les professions libérales (Marc Bernier, UMP, Mayenne)
Les professions de santé (Richard Mallié, UMP, Bouches-du-Rhône)
Les rapatriés (Christian Kert, UMP, Bouches-du-Rhône)
La route et la sécurité routière (Richard Dell'Agnola, UMP, Val-de-Marne)
La ruralité (Yves Censi, UMP, Aveyron)
La santé et l'environnement (Nathalie Kosciusko-Morizet, UMP, Essonne)
Le scoutisme (Pierre-Christophe Baguet, UDF, Hauts-de-Seine)
Les sectes (Philippe Vuilque, PS, Ardennes)
La sécurité et la défense civiles (Alain Marsaud, UMP, Haute-Vienne)
La sécurité intérieure (pas de président)
Les séismes et les risques naturels (Jacques Bascou, PS, Aude)
La directive Seveso (Daniel Garrigue, UMP, Dordogne)
Le sida (Jean-Claude Lefort, PC, Val-de-Marne)
La sidérurgie (Joseph Liebgott, PS, Moselle)
Le sport et l'éducation sportive (Edouard Landrain, UMP, Loire-Atlantique)
Le tabac (Germinal Peiro, PS, Dordogne)
La tauromachie (Jean Grenet, UMP, Pyrénées-Atlantiques)
Les technologies médicales (Jacques Domergue, UMP, Hérault)
La télévision numérique terrestre et le développement des technologies de l'audiovisuel (Emmanuel Hamelin, UMP, Rhône)
Le problème du Tibet (Lionnel Luca, UMP, Alpes-Maritimes)
Le tourisme (Léonce Deprez, UMP, Pas-de-Calais)
La prévention et la lutte contre la toxicomanie (Bruno Le Roux, PS, Seine-Saint-Denis)
Les transports multimodaux (Sébastien Huyghe, UMP, Nord)
La trufficulture (Jean Launay, PS, Lot)
La modernisation de la vie politique française (Jérôme Chartier, UMP, Val-d'Oise)
Les villes et les banlieues (Pierre Cardo, UMP, Yvelines)
Les petites villes et les villes moyennes (Marylise Lebranchu, PS, Finistère)

Les villes et les pays d'art et d'histoire, les secteurs sauvegardés, les sites classés, les paysages (Patrick Braouezec, PC, Seine-Saint-Denis)

La viticulture (Alain Suguenot, UMP, Côte-d'Or)

Les voies d'eau et les voies navigables (Axel Poniatowski, UMP, Val-d'Oise)

Le vol libre et l'aviation légère (Bruno Le Roux, PS, Seine-Saint-Denis)

Les vols de nuit et les nuisances aéroportuaires (Charles de Courson, UDF, Marne)

Les gens du voyage (Éric Raoult, UMP, Seine-Saint-Denis)

Table des matières

Ouvrage composé par Nord Compo
Villeneuve-d'Ascq

Impression réalisée sur CAMERON par
BRODARD ET TAUPIN
La Flèche

pour le compte des Éditions Fayard
en septembre 2006

Imprimé en France
Dépôt légal : octobre 2006
N° d'édition : 76523 – N° d'impression : 37581
ISBN : 2-213-63008-9
35-57-3248-8/01